HISTÓRIA
DA TELEVISÃO
NO BRASIL

Consulte nosso catálogo completo e últimos lançamentos em **www.editoracontexto.com.br**.

ANA PAULA GOULART RIBEIRO
IGOR SACRAMENTO
MARCO ROXO
(ORGANIZADORES)

HISTÓRIA DA TELEVISÃO NO BRASIL

editora**contexto**

Montagem de capa e diagramação
Gustavo S. Vilas Boas

Produção
Adriana Teixeira

Preparação de textos
Daniela Marini Iwamoto

Revisão
Lilian Aquino

Dados Internacionais de Catalogação na Publicação (CIP)
(Câmara Brasileira do Livro, SP, Brasil)

História da televisão no Brasil / Ana Paula Goulart
Ribeiro, Igor Sacramento, Marco Roxo, (orgs.). – São Paulo :
Contexto, 2018.

Vários autores.
Bibliografia
ISBN 978-85-7244-484-2

1. Televisão – Brasil – História I. Ribeiro, Ana Paula Goulart.
II. Sacramento, Igor. III. Roxo, Marco.

10-06047	CDD-384.550981

Índice para catálogo sistemático:
1. Brasil : Televisão : História   384.550981

2018

Editora Contexto
Diretor editorial: *Jaime Pinsky*

Rua Dr. José Elias, 520 – Alto da Lapa
05083-030 – São Paulo – SP
PABX: (11) 3832 5838
contexto@editoracontexto.com.br
www.editoracontexto.com.br

SUMÁRIO

INTRODUÇÃO

TELEVISÃO E HISTÓRIA

Ana Paula Goulart Ribeiro
Igor Sacramento
Marco Roxo

O que há em comum em uma casa de quarto e sala de um município pequeno no interior do país e um apartamento moderno, recheado da mais avançada tecnologia? Ambas as residências devem ter ao menos um aparelho de televisão. Talvez o apartamento tenha vários, espalhados em quartos, salas e por vezes até na cozinha e nos banheiros. Telas de alta definição e acesso a muitos canais. O único aparelho da casinha certamente estará em lugar nobre. Pois poucas, pouquíssimas são as casas brasileiras que não têm ao menos um aparelho. Por vezes até onde a eletricidade ainda não chegou, a televisão está lá. Funciona a óleo.

Hoje onipresente, a televisão era uma incógnita quando sua primeira transmissão foi ao ar, em setembro de 1950. Ao longo de sua existência, foi se firmando como a mídia de maior impacto na sociedade brasileira. Ela é a principal opção de entretenimento e de informação da grande maioria da população do país. Para muitos, é a única. Suas imagens pontuam – e mobilizam em muitas formas – a vida e as ações de milhares de pessoas. A televisão faz parte, enfim, da vida nacional. Ela está presente na estruturação da política, da economia e da cultura brasileiras.

Apesar disso, ainda existem poucos estudos históricos realizados sobre a televisão brasileira. Majoritariamente, os que existem oscilam entre o "generalismo", que tende a perder os detalhes dos fatos e processos, e o "particularismo", que, preso a uma análise pontual, desconsidera a dimensão contextual mais ampla. Em parte, esse impasse é provocado pela própria diversidade dos aspectos (sociais, culturais, econômicos, estéticos, tecnológicos, discursivos, editoriais e políticos) da televisão e dos seus tipos (comercial, aberta, a cabo, pública, estatal, comunitária, universitária etc.), bem como pela variedade de seus gêneros (jornalismo, dramaturgia e entretenimento).

Apesar das dificuldades de se trabalhar com um objeto tão multifacetado, têm sido realizadas, nos últimos anos, pesquisas com o objetivo comum de desfazer certos impasses teóricos e metodológicos enfrentados para, assim, consolidar e diversificar a análise histórica da televisão brasileira. E é justamente a trajetória desse meio de comunicação que este livro conta. Para isso, nós, os organizadores, convidamos pesquisadores que aceitaram o desafio de analisar e contextualizar a televisão. São pesquisadores das áreas de Antropologia, Comunicação, História e Sociologia, especialistas no assunto e que partem da ideia de que a análise televisiva requer a consideração do caráter multifacetado dessa mídia (social, político, econômico, cultural, discursivo, estético, produtivo, profissional e tecnológico). Assim, além de proporcionar uma leitura sistemática dos mais recentes estudos sobre o assunto, o livro permite uma revisão histórica que tanto pode servir como fonte para consultas quanto suscitar o interesse pela realização de novas pesquisas sobre outros episódios, personagens, produtos e processos televisivos não abordados aqui.

Os capítulos analisam os *laços indissolúveis* entre as "dimensões internas" (aspectos empresariais, técnicos, artísticos, discursivos e profissionais, bem como as rotinas de produção e as estratégias de programação) e as "dimensões externas" (as pressões institucionais, o ambiente regulatório, a política nacional, a transformação econômica, as mudanças tecnológicas, as condições de produção, as estéticas e lógicas de recepção) ao fazer televisivo.

Um ponto fundamental a destacar é a relevância dada à análise dos programas televisivos. No nosso entender, não é possível uma história que não seja elaborada para mostrar como os processos televisivos e sociais se constituem específica e mutuamente a ponto de não existir, senão de modo simplificadamente convencionado, televisão e sociedade como dois campos distintos. A televisão *na* sociedade e a sociedade *na* televisão não existem como meros reflexos de um no outro, mas como balizas dinâmicas, intercambiáveis, negociáveis e em disputas. É essa dialética que não se pode perder. Ao longo deste livro, a história da televisão assume forma concreta com os agentes, individuais e institucionais, e as relações, fazeres e disputas existentes.

A obra foi dividida em seis partes, seguindo as décadas de existência da televisão no Brasil. Na primeira, "Anos 1950: a televisão em formação", são analisadas a sua estruturação, as experimentações realizadas pelas primeiras emissoras (TV Tupi, TV Paulista, TV Record e TV Rio) e a emergência de um público televisivo. No capítulo "Imaginação televisual e os primórdios da TV no Brasil", Marialva Carlos Barbosa reflete sobre a formação de um imaginário tecnológico sobre a televisão, antes e imediatamente após a implantação da primeira emissora, a TV Tupi Difusora, de São Paulo, e comenta as reações do público diante da constituição de uma nova mídia e, também, de um novo público – o público televisivo. Em seguida, Cristina Brandão destaca, dentro da programação da época, os programas de teledramaturgia (telenovelas e teleteatros), marcados pela adaptação de clássicos da literatura nacional e estrangeira, mas também contando com a criação inédita de autores brasileiros, novos artífices da televisão.

Na segunda parte, "Anos 1960: a televisão em ritmo de popularização", encontram-se os capítulos que discutem a popularização da televisão, no momento em que houve o aumento de telespectadores das classes populares e a consequente produção de programas que procuravam conquistá-los. Nessa década, três novas emissoras (TV Excelsior, TV Globo e TV Bandeirantes) entraram na disputa pelo público.

Alexandre Bergamo analisa as imagens elaboradas no período sobre o público televisivo entre os produtores de televisão, tanto entre aqueles que vinham do teatro consagrado ou do rádio popular (e imaginavam a televisão como continuidade daqueles meios) quanto entre aqueles que se especializaram como profissionais de televisão. O autor demonstra o quanto as diferentes imagens do público implicaram a realização de programas com formatos distintos, dedicando maior atenção ao estudo da teledramaturgia. O capítulo "A MPB na era da TV" trata dos populares programas musicais produzidos nessa década que, na constituição de um público televisivo, imbricaram-se com o musical. Marcos Napolitano analisa os programas "Fino da Bossa" e "Jovem Guarda" e mostra como se deram as relações entre a música popular brasileira e a TV, bem como as disputas entre a MPB e a Jovem Guarda pela conquista do público musical e televisivo.

A terceira parte, "Anos 1970: a televisão em tempos de modernização", trata das transformações por que a televisão brasileira passou na década de auge e declínio da Ditadura Militar. Nos anos 1970, a televisão se modernizou não só pela sua centralidade no projeto de integração nacional do Estado autoritário, mas também pela necessidade mercadológica de renovação. Nesse momento, a administração, a produção, a programação e o quadro de profissionais televisivos mudaram. Uma emissora se destacou na conquista da liderança e na realização de um conjunto de inovações: a TV Globo. Os capítulos dessa parte se concentram nessas mudanças e em seus impactos no cenário televisivo. Ana Paula Goulart Ribeiro e Igor Sacramento abordam as estratégias e práticas de modernização desenvolvidas pelas emissoras brasileiras de televisão, especialmente pela Globo, no contexto de implantação, expansão e consolidação da rede nacional. Os autores comentam a campanha pela higienização do grotesco nos programas de auditório, em prol da conquista do "padrão de qualidade" e, depois, analisam as mudanças ocorridas no jornalismo e na dramaturgia em direção à modernização das linguagens e formatos. Em seguida, Regina Mota analisa o programa "Abertura", da TV Tupi, que foi dirigido por Fernando Barbosa Lima e que teve como um dos apresentadores o cineasta Glauber Rocha. A autora demonstra como se deu televisualmente o encontro do pioneirismo do diretor televisivo com a inventividade do cineasta, que, naquele programa, fazia seu testamento estético e político.

A quarta parte do livro, "Anos 1980: a televisão em transição democrática", discute as novas formas de popularização da televisão brasileira no contexto de distensão política e de reconfiguração do mercado com o fim da TV Tupi, o aparecimento do SBT e da TV Manchete. Maria Celeste Mira analisa a estratégia de popularização da emissora de Silvio Santos, que gerou polêmicas, mas também influenciou a programação de sua principal concorrente, a TV Globo. Em seguida, Marco Roxo, depois de traçar uma gênese da presença do "mundo cão" na televisão, escreve uma história cultural dos programas telejornalísticos que surgiram no contexto dos anos 1980 e serviram aos projetos de popularização de suas emissoras. "Aqui e Agora" (TV Tupi), "Aqui Agora" (SBT) e "O Povo na TV" (SBT) são os programas destacados pelo autor. Ao final dessa parte, Marina Caminha analisa as narrativas ficcionais televisivas juvenis produzidas nos anos 1980, especialmente o seriado "Armação Ilimitada", da TV Globo.

"Anos 1990: a televisão em divergência" é o título da quinta parte do livro, que conta com capítulos que analisam as mudanças no cenário televisivo diante da consolidação de um modelo democrático neoliberal no país. Nesse momento, houve a consolidação de novas emissoras (SBT e Manchete), a passagem da administração da TV Record da família Machado de Carvalho para a Igreja Universal do Reino de Deus, comandada pelo bispo Edir Macedo. Valério Cruz Brittos e Denis Gerson Simões estudam a reestruturação do mercado televisivo em face do novo cenário de multiplicidade de ofertas para os consumidores de produtos audiovisuais, com a ampliação de canais de TV aberta, a entrada do sistema de TV por assinatura e a popularização do videocassete e do videogame. Os autores procuram entender as estratégias das emissoras para vencer a concorrência num contexto pré-digitalização. Depois, Beatriz Becker trata precisamente de uma das mudanças ocorridas na televisão brasileira daquele momento. "Pantanal", novela escrita por Benedito Ruy Barbosa e dirigida por Jayme Monjardim, propôs uma nova forma de fazer ficção televisiva, mostrando que um produto de qualidade pode conquistar a audiência. Por fim, Kleber Mendonça analisa as tentativas da TV Globo, no campo do telejornalismo, de fazer frente à popularização ditada pelas outras emissoras, especialmente pela TV Record e pelo SBT. O autor estuda o "Linha Direta", programa que combinou a autoridade jornalística, a linguagem melodramática e a interatividade tecnológica para conquistar o público.

A última parte do livro, "Anos 2000: a televisão em convergência", também conta com dois capítulos, que tratam das transformações na programação televisiva ocasionadas pela produção de novos formatos, pelo *boom* de *reality shows*, pela digitalização da TV e pela crescente relação com o cinema e com a internet. No capítulo "Cinema e televisão no contexto da transmediação", Yvana Fechine e Alexandre Figueirôa observam, primeiramente, as novas tendências da programação televisiva, voltada a programas interativos e a *reality shows*. Depois, analisam as múltiplas relações entre a televisão e o cinema: o impacto no cenário televisivo da consolidação da Globo Filmes e de seus produtos audiovisuais transmidiáticos, a produção ficcional do núcleo Guel Arraes (da TV Globo) e o lançamento do Programa de Fomento à Produção e Teledifusão do Documentário Brasileiro, ou DOC TV (iniciativa do Ministério da Cultura). Ana Silvia Médola e Léo Vitor Redondo analisam as transformações na produção ficcional nas redes nacionais abertas diante do impacto das tecnologias digitais e de suas promessas de interatividade. Os autores observam como a produção teledramatúrgica tem se reestruturado em busca de maior interação com o seu público, tornando-se mais espalhada e presente em diferentes mídias digitais.

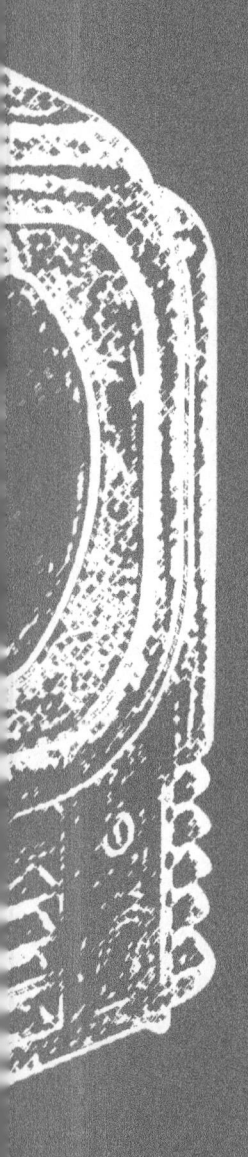

ANOS 1950
a televisão em formação

A década de 1950 representa o marco inaugural da televisão no Brasil. Quais são os significados da presença dessa nova tecnologia comunicativa na formação do público e na busca de um tipo de programação adaptado ao meio? O alto custo do aparelho, a busca de financiamentos para a manutenção das emissoras no ar, a limitada amplitude social, a inédita experiência do ver TV e a adaptação dos programas de rádio e peças de teatro ao meio televisivo são traços controversos que caracterizam a televisão nessa época. A década é marcada pelo caráter ao mesmo tempo aventureiro e improvisado da experiência televisiva no Brasil.

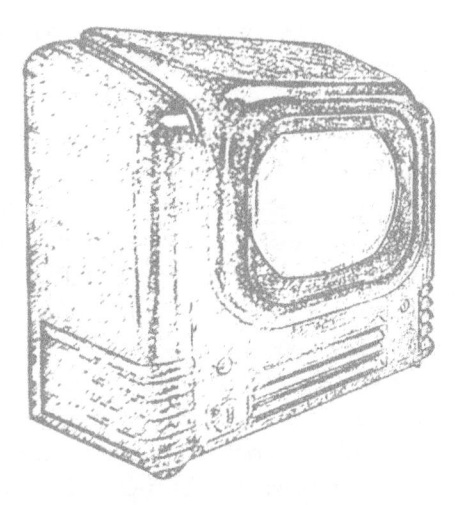

IMAGINAÇÃO TELEVISUAL
E OS PRIMÓRDIOS
DA TV NO BRASIL

Marialva Carlos Barbosa

Em janeiro de 1944, a revista *Seleções do Reader's Digest* publica um anúncio que, no mínimo, causa estranhamento a quem se dedica a pesquisar a história dos meios de comunicação. Ocupando uma página ostenta o título: "A eletrônica trará a televisão ao nosso lar".

A publicidade da empresa General Electric destaca a imagem de uma menina loura apontando uma caixa, onde, em preto e branco, um palhaço ocupa parte da tela e é acompanhada por um texto que procura explicar as potecialidades técnicas do novo invento, possibilitado pelo desenvolvimento da "eletrônica", classificada como "uma nova ciência para um novo mundo". A empresa, deixa claro o anúncio, participa ativamente do esforço científico de tornar possível a transmissão de imagens em aparelhos domésticos, realizando experimentos no sentido de desenvolver a "nova ciência" (ver p. 22).

Seis anos antes da instalação das primeiras emissoras no país, a TV Tupi Difusora de São Paulo e a TV Tupi do Rio de Janeiro, observa-se nos anúncios publicitários, nas matérias publicadas nos jornais diários, nas revistas antes destinadas exclusivamente a publicar notícias sobre o rádio, a formação de um imaginário tecnológico sobre a televisão, que a apresenta de múltiplas formas.

Tecnologia que insere, definitivamente, o país na modernidade; possibilidade decorrente da capacidade inventiva do homem; ampliação da reprodução sobre a forma de verdade das imagens do mundo; meio mais completo do que a radiotelegrafia, que permitiu a eclosão das ondas sonoras nos espaços domésticos: essas são algumas das formas com que se caracteriza o novo meio. Imersa numa imagem de sonho, na qual aparece materialmente como próximo ao rádio e ao cinema, um misto dos dois, a televisão antes de ser materialidade povoou o imaginário da população, criando o que estamos chamando de uma imaginação televisual.

Essa imaginação permite a construção material do meio como um híbrido entre o rádio e o cinema e a sua instauração num lugar simbólico, como veremos ao longo deste capítulo, que multiplica as faces desconhecidas e torna os acontecimentos do mundo ainda mais próximos. Dependente diretamente de um imaginário tecnológico que, também no Brasil, se formou gradativamente desde os primeiros anos do século XX, quando inúmeros artefatos imagéticos, sonoros e motores invadiram o cotidiano do público, a televisão exacerbou a imaginação em torno das possibilidades de reprodução em imagens do que era captado pelo olhar humano. Com a moderna tecnologia da eletrônica, as imagens em movimento, prerrogativa dos que saíam do espaço privado para os lugares públicos de exibição cinematográfica, passam a ser possíveis de serem disponibilizadas no espaço doméstico.

A rigor, a imaginação tecnológica, em torno dos meios de comunicação, seria exacerbada já na década de 1920, quando se criou a possibilidade de ouvir os sons do mundo através de um transmissor que emitia, também no espaço da casa, as chamadas ondas hertzianas. A radiodifusão despertou, ainda, as potencialidades inventivas de muitos que procuravam se aproximar do novo meio construindo, a partir dos mais diferentes artefatos, transmissores artesanais através dos quais escutavam sons do mundo.[1] Muitos podiam ser (e eram) inventores de aparelhos que permitiam a recepção das ondas sonoras.

Na década seguinte assistiu-se a popularização do rádio e, nos anos 1940, quando o país se preparava para adensar aquela que conceituamos como sua primeira modernidade,[2] começam a aparecer na imprensa encenações em torno de outro artefato tecnológico doméstico que colocaria definitivamente as imagens do mundo ao alcance do público na sua sala de visita. Muitos já "ouviam falar de televisão, mesmo antes de ver a televisão".[3]

Antes de entrar no universo que mostra a imaginação do público preexistente ao aparecimento da televisão, convém situar o leitor num passado que ilustra o momento de surgimento da televisão no Brasil.

IMPROVISANDO UMA TELEVISÃO

Invariavelmente, os textos que se referem aos primórdios da televisão no Brasil destacam o gênio administrativo e empreendedor de Assis Chateaubriand, que, numa espécie de corrida em direção à nova tecnologia, não mede esforços para implantar, de maneira pioneira, a televisão no país. Nessas análises históricas sobressaem as memórias de um tempo cuja marca mais evidente eram as ações improvisadas. Improviso que levou ao extremo de se descobrir, na hora mesmo da inauguração, que não havia receptores para um público ainda em formação. Nessas histórias, há sempre referência ao fato de Chateaubriand ter "contrabandeado" duzentos aparelhos, espalhando-os pelas ruas de São Paulo, para que pudessem ser vistas as imagens do primeiro dia de transmissão.

Entretanto, neste texto cujo intuito é remontar brevemente a atmosfera desse tempo de gênese da televisão brasileira, quero destacar uma imagem que, também, repetidas vezes aparece nas descrições do dia em que foi ao ar, oficialmente, as primeiras transmissões da TV brasileira: homens de paletó e gravata, mulheres bem vestidas, como se fossem a uma festa, colocam-se de pé diante de uma espécie de móvel-caixa, de onde saem imagens esmaecidas e pouco nítidas. Todos estão em silêncio. Juntos, assistem, pela primeira vez, a uma emissão da televisão brasileira.

A cena que se perpetuou em fotografia congela o exato momento em que a primeira imagem da televisão brasileira foi ao ar e o público que se espremia diante de um aparelho de TV no saguão dos Diários Associados. A cena reproduz, em parte, a aglomeração de pessoas que sempre se formava nas portas dos prédios dos jornais para ler juntas as notícias que faziam a sensação das cidades, e que se repetiram durante décadas também em frente às bancas de jornal para ver as mesmas manchetes de sensação. A televisão, nos seus primórdios, repetia um gesto cotidiano do público diante da novidade e da sensação.

Qualificada por alguns autores[4] como "fase elitista", esse primeiro momento caracteriza-se pelo improviso, pela pouca disponibilidade de receptores, em função também de seus altos custos, e, sobretudo, pela experimentação de uma nova linguagem que levaria, pelo menos, duas décadas para se estruturar. Inaugurada, oficialmente, em 18 de setembro de 1950, a TV Tupi Difusora de São Paulo realizava emissões experimentais desde abril daquele ano. As imagens, nesses primórdios, não ultrapassavam o saguão do prédio dos Diários Associados, localizado na rua 7 de Abril, em São Paulo, onde havia alguns aparelhos instalados. Em 10 de setembro, ainda na fase experimental, vai ao ar um filme em que o ex-presidente Getúlio Vargas fala de seu retorno à vida política.

No dia 18 de setembro de 1950, a cerimônia de inauguração, ainda sem ser transmitida, começa às cinco da tarde. Às sete horas descobre-se um defeito em uma das três câmeras, o que faz com que o show inaugural só começasse a ser transmitido após as oito horas. Durante o discurso na cerimônia, Chateaubriand destaca a ação de quatro empresas que, com recursos publicitários, tornaram possível o custoso empreendimento: a Companhia Antarctica Paulista, o grupo Sul América Seguros, o Moinho Santista e a Organização Francisco Pignatari, fabricante da Prata Wolff.

> O empreendimento da televisão no Brasil, em primeiro lugar, devemo-lo a quatro organizações que, logo, desde 1946, se uniram aos Rádios e Diários Associados para estudá-lo e possibilitá-lo neste país. Foram a Companhia Antarctica Paulista, a Sul América Seguros de Vida e suas subsidiárias, o Moinho Santista e a Organização Francisco Pignatari. Não pensem que lhes impusemos pesados ônus, dado o volume da força publicitária que detemos.[5]

Nesse pequeno trecho, duas indicações: em primeiro lugar, o dono dos Associados remarca que as ações no sentido de implantação da TV no país se iniciaram em 1946, ou seja, quatro anos antes daquela data. Em segundo lugar, que "o empreendimento" televisão fora dispendioso, já que eram quatro dos maiores anunciantes dos anos 1950 que subsidiavam a iniciativa. Destacando a importância da adesão de primeira hora, o proprietário dos Diários Associados continua realçando a importância de ter conseguido montar as emissoras com recursos de empresas nacionais.

> Este transmissor foi erguido, pois, com a prata da casa; isto é, com os recursos de publicidade que levantamos sobre a prata Wolff e outras não menos macias pratas da casa: a Sul América, que é o que pode haver de bem brasileiro; as lãs Sams, do Moinho Santista, arrancadas ao coro das ovelhas do Rio Grande e, mais que tudo isso, ao Guaraná Champagne da Antarctica, que é a bebida dos nossos selvagens, o cauim dos bugres do Pantanal mato-grossense e de trechos do vale amazônico.[6]

Graças à venda de um ano de espaço publicitário a essas empresas, fora possível fazer face aos custos de montagem das duas primeiras emissoras. Nada mais natural que o homem-chave dos Associados agradecer, à exaustão, os recursos que tornaram possível a "mais subversiva máquina de influir na opinião pública".

> Atentai bem e vereis como é mais fácil do que se pensa alcançar uma televisão: com prata Wolff, lãs Sams, bem quentinhas, Guaraná Champagne, borbulhante de bugre e tudo isto bem amarrado e seguro na Sul América, faz-se um *bouquet* de aço e pendura-se no alto da torre do Banco do Estado um sinal da mais subversiva máquina de influir na opinião pública – uma máquina que dá asas à fantasia mais caprichosa e poderá juntar os grupos humanos mais afastados.[7]

O trecho final do discurso, além da alusão ao fato de a torre de transmissão estar localizada no alto do prédio do Banco do Estado de São Paulo, indica ainda a forma como a tecnologia era vista pelo maior magnata da imprensa brasileira da época: a televisão era uma "máquina" capaz de influenciar a opinião pública e, ao mesmo tempo, uma "máquina" que diminuía distâncias e possibilitava a exacerbação da imaginação fantasiosa de um mundo provável e possível. "Uma máquina que dá asas à fantasia mais caprichosa" e capaz de "juntar os grupos humanos mais afastados".

O primeiro programa transmitido pela TV Tupi Difusora de São Paulo foi o "TV na Taba", apresentado por Homero Silva e que teve ainda a participação de atores como Lima Duarte e Mazzaropi, e cantores como Hebe Camargo e Ivon Curi, entre outros.

No Rio de Janeiro, a aventura começara em janeiro daquele ano. No dia do padroeiro da cidade, 20 de janeiro, deveria ter sido inaugurada a sede da emissora carioca, mas problemas técnicos impediram as transmissões, que só começariam no ano seguinte. Em 20 de janeiro de 1951, o presidente da República Eurico Gaspar Dutra pessoalmente ligou o transmissor da TV Tupi do Rio de Janeiro, marcando o início das transmissões do Canal 6 da então capital da República.

Dois anos antes, o proprietário dos Diários Associados fizera a encomenda dos equipamentos necessários à RCA, nos Estados Unidos, para a montagem das emissoras. Também dos Estados Unidos vieram os técnicos responsáveis pelas instalações dos equipamentos. Segundo as versões apresentadas para o fato, foi um desses técnicos, Walther Obermüller, que descobriu que não havia nenhum televisor em todo território nacional para captar as imagens, o que fez com que Chateaubriand contrabandeasse os duzentos receptores e os espalhasse pelos bares e lojas de São Paulo. O alcance limitado da transmissão – cerca de cem quilômetros – também fez com que as imagens pudessem ser vistas por não mais do que um punhado de pessoas.[8]

No Rio de Janeiro, a emissora, com apenas duas câmeras e um estúdio pequeno, ocupava o quarto andar do prédio da avenida Venezuela, 43, na praça Mauá, onde funcionavam as rádios Tupi e Tamoio, também do grupo Associados. Para os que viveram a experiência pioneira, essa foi uma das razões para que desde este momento algumas transmissões do Canal 6 do Rio de Janeiro tenham sido feitas das ruas, transmitindo-se espetáculos tais como eram encenados nos teatros. Também a proibição dos cassinos levou muitos dos grandes astros que se apresentavam nos três cassinos do então Distrito Federal a procurar na televisão um novo lugar para apresentar seus dotes artísticos, juntando-se aos novos diretores, atores, cenógrafos e outros profissionais.

Loredo destaca também as dificuldades iniciais da TV Tupi do Rio de Janeiro decorrentes da falta de estrutura, como a ausência de estúdios adequados.

> Os estúdios não tinham nenhum tratamento acústico e, além disso, as janelas ficavam abertas para evitar o calor quando os panelões (refletores de estúdio da época) fossem acesos. Mesmo assim era uma sauna. O suor pingava do rosto dos atores e das atrizes nas cenas ambientadas em pleno inverno. E ali, entre fios espalhados pelo chão, microfones, barulhos de carros e apitos de navio entrando pelas janelas – visto que os estúdios eram construídos ao lado do cais do porto – os programas iam ao ar.[9]

Em São Paulo, nos dias que se seguiram ao da inauguração, paulatinamente é colocada no ar a programação da emissora: musicais, teleteatros, programas de entrevistas e um pequeno noticiário, "Imagens do Dia". As transmissões ocorriam entre às cinco da tarde e às dez da noite, com grandes intervalos entre os programas, para que pudessem ser preparados para ir ao ar, sempre ao vivo. Ainda em novembro de 1950 é autorizada a concessão da TV Record de São Paulo e da TV Jornal do Comércio de Recife.

Chateaubriand lança em 1951, quando começam a ser produzidos no país os primeiros receptores da marca Invictus, uma campanha publicitária para estimular a compra dos aparelhos. Mas o preço continuava proibitivo para a maioria da população: custava três vezes mais do que um produto também objeto de desejo da classe média ascendente: as radiolas.[10] Em 1952 existiam em todo o país cerca de 11 mil televisores.

Apesar disso, os anos 1950 seriam marcados também pela expansão da televisão como uma rede de imagens nas principais cidades do país: de 1955 a 1961 são inauguradas 21 novas emissoras. Em 1955, começa a funcionar a TV Itacolomi (de Belo Horizonte). Quatro anos depois é a vez da TV Piratini (de Porto Alegre) e a TV Cultura (de São Paulo). Em 1960, são inauguradas a TV Itapoan (de Salvador), TV Brasília, TV Rádio Clube (de Recife), TV Paraná, TV Ceará, TV Goiânia, TV Mariano Procópio (de Juiz de Fora), Tupi-Difusora (de São José do Rio Preto). E, no ano seguinte, seria a vez da TV Vitória, TV Coroados, TV Borborema (de Campina Grande), TV Alterosa (de Belo Horizonte), TV Baré, TV Uberaba, TV Florianópolis, TV Aracaju, TV Campo Grande e TV Corumbá.

Mas mesmo antes dessa explosão inicial, a televisão já fazia parte do cotidiano do público como imaginação. Antes de ser imagem, como expectativa, a televisão já estava colocada definitivamente na sala de visitas do público.

TELEVISÃO: O SEU LUGAR É NA SALA DE VISITAS

Meio século transcorreu desde que a primeira mensagem radiotelegráfica foi transmitida. Hoje a radiodifusão leva às mais longínquas fronteiras da terra as notas de uma sinfonia ou as últimas notícias das frentes de batalha.

Amanha, por meio da televisão, presenciaremos, *comodamente sentados em nossa casa*, um jogo de futebol, ou o vistoso espetáculo de um corso carnavalesco. Acompanharemos o intrépido explorador em suas viagens através das selvas ou seguiremos o voo de um avião sobre o cimo dos Andes...[11]

O anúncio do novo artefato tecnológico, cujo uso ainda era experimental, encena uma expectativa em relação aos modos de ver televisão que a coloca definitivamente na sala de visitas dos que inicialmente serão chamados de "telespectadores". A ideia de comodidade se sobressai em muitas das reproduções e nos textos que informam as possibilidades tecnológicas do novo "invento revolucionário da eletrônica".

Ainda que em relação à televisão, diferentemente do que acontecera com o rádio, a complexidade técnica impedia o exercício do "saber-fazer",[12] não havendo possibilidade de os novos receptores serem construídos de maneira artesanal, havia mesmo antes de sua materialização uma designação prévia dos modos de ver e dos conteúdos que poderiam ser considerados relevantes para o potencial público.

Muitas décadas ainda seriam necessárias para que fosse possível a gravação de externas, mas o anúncio de *Seleções* refere-se, sobretudo, às imagens de um

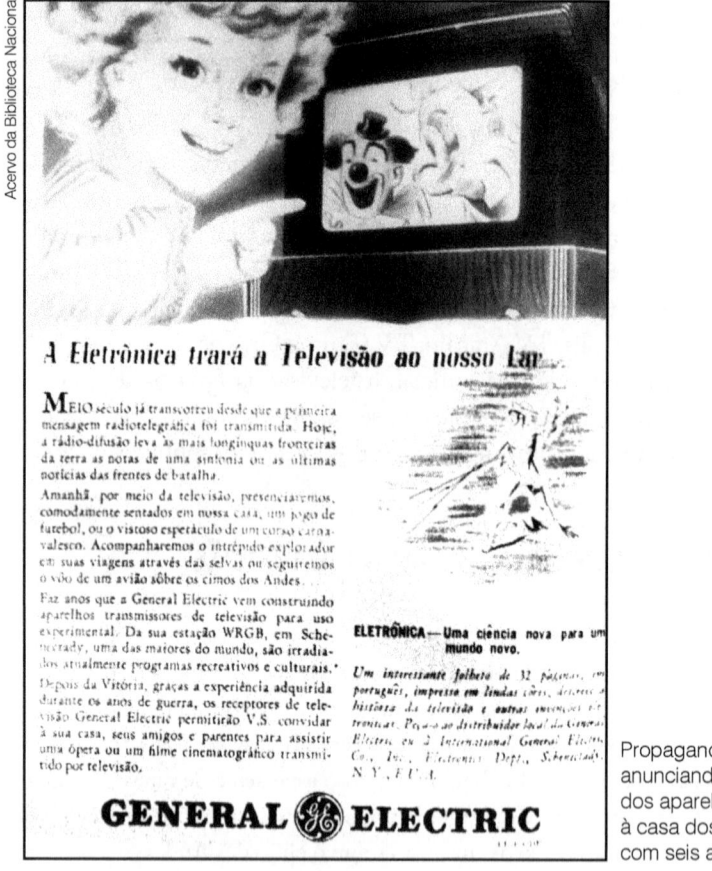

Propaganda da General Electric
anunciando a chegada
dos aparelhos de televisão
à casa dos brasileiros,
com seis anos de antecedência.

mundo em movimento, no qual atores coletivos construíam cenários gerais a serem fixados e transmitidos na sala de visitas das casas. Duas ordens de assuntos são destacadas: os de natureza coletiva, de um mundo exterior que reúne uma multiplicidade de atores (jogo de futebol, carnaval), e os de ordem individual, visões de um mundo desconhecido que, até a eclosão da reprodução das imagens técnicas, só aparecia, como imagem, na imaginação do público (a selva e o voo por cima de montanhas inóspitas). Lugares desconhecidos, distantes, envoltos em uma atmosfera de sonho, que o novo invento colocaria definitivamente na casa daqueles que "comodamente" sentassem diante da televisão.

Destacando uma dualidade temporal, o anúncio apresenta o presente como sendo ainda o tempo do som que se propaga tornando o mundo espacialmente mais próximo a partir da possibilidade sonora: a música de uma sinfonia ou as notícias do *front* tornavam, pelo som, o mundo interconectado ou comunicacionalmente presente. Dois tipos de som são dominantes: aqueles que divulgam a informação e os que possibilitam o entretenimento. Já o amanhã, como presentificação do futuro, era, para o anúncio, o tempo da imagem, no qual também informação e entretenimento se fariam presentes no universo do público graças às possibilidades técnicas da televisão.

O presente, fazendo uma espécie de caminho natural em direção ao futuro, permite o aparecimento de novas e engenhosas invenções, artefatos que querem representar cada vez mais a sonoridade e visualidade do mundo, abrindo caminho num universo ainda desconhecido mais potencialmente possível. Um universo que coloca em relevo a imaginação das possibilidades comunicacionais da televisão. Como uma utopia comunicacional, a televisão ainda é para a maioria do público o *nenhures*, algo que só existe como imagem-imaginação, mas que gradualmente se transforma em utopia midiática.

Os conceitos de utopia comunicacional e de utopia midiática que estamos utilizando não possuem nenhum paralelo com a ideia de utopia da comunicação utilizada por Breton.[13] A utopia comunicacional não pode ser pensada apartada de uma teoria sobre a utopia como um conceito complexo.

Diretamente relacionada à possibilidade de alguma coisa, que, mesmo previamente concebida como irrealizável, pode se transformar numa possibilidade lateral da própria realidade, e estabelecendo elo fundamental com a imaginação produtora de sentidos através de imagens, pensar na possibilidade imagética da TV é quase que naturalmente visualizar a utopia como o reino da televisão, já que em nenhum meio massivo a produção de ficções imaginativas via imagens é mais expressiva. As imagens da TV constroem um parâmetro identitário e, ao mesmo tempo, permitem a produção da imaginação, que só se realiza naquilo que se projeta como ficção, nas imagens. A televisão transforma suas imagens numa função da imaginação do público. Através das imagens, percebe-se não o lugar onde se está, mas um espaço longínquo, o alhures, que pela imaginação torna-se próximo, em certa medida realizável. Olha-se o *nenhures*, ou seja, o que é transmitido pela TV, um lugar que só existe como imagem potencial para atingir o *alhures* (o lugar onde gostaríamos de estar), que só se realiza com o complemento da imaginação.

Desde antes de ocupar um lugar na sala de visitas, houve a produção de variações imaginativas sobre as possibilidades futuras do veículo, acionando-se uma imaginação particular que produz, de início mentalmente, a materialidade de um meio que ainda não fazia parte do universo cultural do público. A televisão já nasce dependente da imaginação comunicacional do público e como utopia midiática.

A utopia é criação distintiva de um autor, é gênero declarado que apresenta o *nenhures*, o nenhum-lugar, uma espécie de lugar vazio a partir do qual se pode olhar. A utopia, ao introduzir variações imaginativas sobre o passado e o futuro, permite a sua presentificação através da ficção. Podemos, assim, distinguir utopia comunicacional e utopia midiática. A primeira seria decorrente da ação humana que transforma, pelo ato narrativo, o ser em ser humano. Já a segunda é instaurada pela possibilidade técnica que permite múltiplas produções discursivas específicas instaladas nos meios de comunicação desde a invenção da impressão no século XVI. Nesse sentido, a utopia seria "uma mentalidade, um *Geist*, uma configuração de fatores que permeia toda a gama de ideias e sentimentos".[14] Em outras palavras, seria um "sistema simbólico abarcante". A utopia pode ser definida ainda como um modo de pensamento específico, como um sonho que se quer realizado ou como uma ficção que dá forma a outra realidade.

> Faz anos que a General Electric vem construído aparelhos transmissores de televisão para uso experimental. Da sua estação WRGB, em Schenectady, uma das maiores do mundo, são irradiados anualmente programas educativos e culturais.
>
> Depois da vitória, graças a experiência adquirida durante os anos de guerra, os receptores GE permitirão V.S. convidar à sua casa seus amigos e parentes para assistir uma ópera ou um filme cinematográfico transmitido por televisão.[15]

Na continuação do anúncio, reafirma-se mais uma vez a expectativa prévia em relação aos modos de ver. A televisão deve ocupar um lugar coletivo da casa, no qual se reunirão pessoas próximas para assistir, em conjunto, àquilo que naquele instante era possível: as transmissões produzidas em estúdio ou a difusão de filmes. Ações compartilhadas, o ato de *ver com* está, pois, inscrito desde os primórdios na maneira como o público deveria se relacionar com o meio. A televisão foi imaginada para ser vista não apenas na sala de visitas, mas num ambiente de reunião coletivo, no qual a voz audível da plateia se confundiria com o som que seria emitido pelo novo meio.

Outro anúncio, publicado logo após ir ao ar as primeiras imagens da TV brasileira, em 18 de setembro de 1950, com as transmissões da TV Tupi Difusora, em precários estúdios instalados na sede da emissora, em São Paulo, convidava o público a se dirigir a um dos revendedores GE para, enfim, ver a televisão: "Você já ouviu falar. Agora vá ver TELEVISÃO" (ver p. 29).

Após esse título chamativo, na publicidade se destaca um desenho que mostra, novamente, os modos possíveis de ver televisão. E mais uma vez assistir de maneira coletiva, ao redor de uma plateia cada vez mais vasta, parece ser o imperativo com que se imagina a possibilidade receptiva do meio.

Num cenário semelhante a uma sala de projeção cinematográfica, abria-se a cortina e, no vazio, aparecia a imagem de um receptor: uma caixa de madeira, com uma tela ovalada, na qual uma imagem de mulher domina a cena. Na plateia, o público, disposto como num cinema, senta-se lado a lado e olha fixamente o novo aparelho que atesta definitivamente a entrada do país noutro tempo. Risonhos, boquiabertos, homens e mulheres formam uma espécie de massa amorfa (todos aparecem no desenho com um rosto semelhante e com nenhuma qualidade individual) pouco familiarizada com o novo artefato tecnológico. Mais uma vez, a suposição era de que a televisão deveria ser vista de maneira coletiva, agora não mais na sala de visitas, mas em lugares previamente montados para a sua recepção: a televisão era apresentada definitivamente como uma espécie de outro cinema.

Complementando a imagem, o texto dizia:

> Enfim, você vai ter a oportunidade de ver a televisão em funcionamento regular! Nos revendedores GE vocês poderão ver, num receptor General Electric, a reprodução nítida e precisa das imagens irradiadas pelo transmissor GE da TV Tupi. Líder mundial em eletrônica e televisão, a primeira a fornecer e instalar um transmissor de TV no Rio de Janeiro, a General Electric tem agora a satisfação de oferecer também aos lares cariocas os seus afamados receptores, com os quais você poderá assistir em casa aos mais importantes acontecimentos. Vá ver a televisão GE nos revendedores General Electric.[16]

O texto destaca igualmente a possibilidade de assistir na comodidade da casa aquilo que se passava no mundo. Mas, mesmo quem já tinha ouvido falar da televisão, nos idos de setembro de 1950, jamais tinha visto a imagem de um receptor. Envolta numa atmosfera de sonho e irrealidade, ao mesmo tempo acionava possibilidades reais e imaginárias em torno da nova mídia. O mundo ficaria ao alcance do público em imagens. Além disso, acrescentavam a possibilidade de partilhar momentos em torno de alguma coisa que não se sabia bem o que era e, sobretudo, o que seria. A televisão causava um misto de estranhamento e admiração.

Afinal, prometia-se a "reprodução nítida e precisa das imagens", prometia-se também que através desses receptores poder-se-ia "assistir em casa aos mais importantes acontecimentos". Criava-se, portanto, uma expectativa que estava longe das possibilidades iniciais do meio: as imagens ainda não eram nem precisas, nem nítidas e nem era possível a produção de programas que transmitissem em casa os mais importantes acontecimentos. O anúncio enfatizava as possibilidades futuras da TV, ao mesmo tempo em que convidava para ver de perto algo que existia na mente daqueles que já tinham ouvido falar na televisão como imagem-imaginação.

Complementando o anúncio, um desenho de outro modelo, no qual a tela ocupa menos da metade de um móvel construído como ornamento a ser colocado ao lado de outros nas salas de visitas: sofás, cristaleiras, mesas de centro e outros utensílios domésticos das famílias brasileiras mais abastadas dos anos 1950.

Há, portanto, gradativamente a formação de uma imagem-imaginação em torno da televisão e das expectativas que traria para o cotidiano de seu potencial público. Ver imagens reproduzidas em movimento sem sair de casa, ou seja, sem estar em contato com as imagens criadas de um mundo que também estava do lado de fora, instaura a "privatização móvel" de que fala Raymond Williams.[17]

O centro de interesse passa a ser o interior das residências. Volta-se, cada vez mais, desde meados dos anos 1950 – num longo processo que ainda não terminou na primeira década do século XXI – para o interior das casas, de onde todos olham para janelas reais ou imaginadas (como a televisão, no passado, ou os microcomputadores, no presente) e através delas veem (e escutam) as imagens de um mundo lá fora que determinam a forma de existência de suas vidas. As tecnologias de comunicação que se desenvolvem, a partir de então, vêm suprir essas necessidades e dar resposta a "estruturas de sentimento",[18] que existem primeiramente como imaginação e que, gradativamente, transformam-se em possibilidade tecnológica real. Olhar pela janela, para fora, ou, ainda, presumir que a televisão ocuparia lugar de destaque nas salas de visita, ou, mais ainda, que possibilitaria a produção de rituais nos modos de ver (em conjunto, partilhando temas, cerimônias possíveis em datas especiais) e que se espalharia pelos lugares públicos (como restaurantes e bares), amplificando o burburinho na hora das refeições, são estruturas de sentimento materializadas em práticas culturais que existem como possibilidade antes de serem práticas comunicacionais.

Mais do que um mero "sentido vivido de um tempo",[19] a estrutura de sentimento apresenta-se como uma imaginação de possibilidades das relações do público com o meio de comunicação, uma expectativa para a materialização de uma relação comunicacional, que existe como possibilidade e desejo antes de se realizar. Novas práticas e hábitos sociais e mentais, que se iniciam e se tornam dominantes numa determinada época, preexistem como imaginação comunicacional, como possibilidade mental, enfim, como estrutura de sentimento.

Na análise dessa imagem, merece atenção especial a visão de como é construído o público. Numa sala de projeção coletiva, aparece na plateia uma dezena de rostos de homens e mulheres. Todos absolutamente iguais: as mulheres brancas, de cabelos curtos e sorriso nos rostos; os homens, também brancos, de paletó e gravata. Todos vestidos adequadamente para uma ida a uma sala de cinema na década de 1950. Todas as fisionomias são idênticas: os homens possuem o mesmo rosto e as mulheres também. O público é, portanto, apresentado numa indiferenciação reveladora. Não há identidade individual, há somente uma massa amorfa diante da televisão e, como tal, esses homens e mulheres são representados.

Assim, mesmo supostamente como espectador individual, dentro da sua casa, o público, na imaginação televisual pré-concebida, é visto na situação de "privatização móvel".[20] Essa privatização facilita a disjunção de um comportamento privado e de um público e, ao mesmo tempo, obscurece a relação entre ambos. A televisão seria o meio por excelência dessa situação qualitativamente nova. Ao mesmo tempo em que ajuda a mascarar o isolamento com o sentimento de construção de outra proximidade, num segundo nível ajuda a produzir uma noção de consenso numa sociedade que vive de maneira dispersa e atomizada.

Como uma espécie de duplo, o público deixa de ser indivíduo mesmo dentro de casa, diante do novo móvel que ocupa lugar nobre na sua sala de visitas. O indivíduo dá lugar, no ambiente privado da casa, ao telespectador diante de um aparelho, artefato de uma era que traz para dentro da casa imagens de um mundo de desejo e possibilidade, de possuir objetos que, antes, só eram vistos no mundo lá fora. Agora, mesmo quando "os produtos são guardados no carro e o carro chega de volta ao lar", há a interferência do mundo exterior na identidade "mais completa e humana", que estaria à sua disposição "ao rodar da chave na porta da frente: uma família, um casamento, filhos, parentes, amigos".[21] O comportamento econômico do consumidor passa também a ser acionado da poltrona da sala de estar, por que ali recebe estímulos do que pode ser desejado, comprado, trazido para casa, primeiro como imagem-imaginação e depois como produto.

TELEVISÃO:
O "BRINQUEDO MAIS FASCINANTE DO SÉCULO XX"

Aqueles que só tinham, até então, ouvido falar de televisão (até porque o rádio era o meio de massa por excelência, através do qual o público buscava informação e entretenimento) tiveram as mais diferentes reações ao ver as imagens que agora saíam daquela caixa de madeira. Estupefatos, duvidavam que "seus ídolos tivessem aquela cara" ao vê-los nas imagens onduladas, pouco nítidas e imprecisas que a televisão nos seus primórdios oferecia.

Nas revistas da época que reproduziam o novo artefato tecnológico, a TV aparecia sempre como uma espécie de rádio com visor. No lugar do pano fino que no rádio deixava o som dos alto-falantes se espalhar pelos ambientes, agora se via uma tela, primeiro oval e depois retangular, e a imagem pouco nítida, sempre em *close*, de um personagem cujo rosto era desconhecido. Afinal, "as primeiras experiências de televisão deixam o público furioso. Eles não podem acreditar que seus ídolos tenham essa cara!", sentencia o texto que resume os fatos mais importantes de 1949, na revista O *Cruzeiro* de 24 de dezembro de 1949.

Ainda nos primeiros anos em que a televisão aparece na cena cotidiana, as repetidas alusões à possibilidade de receber imagens sem interferências de todas as ordens – chuviscos, ondulações, parca nitidez – deixam claro que o público vê o que ainda está encharcado da sua imaginação. É apenas a imaginação, e não a imagem pouco nítida, que permite a ele descortinar o casal dançando na tela ou imaginar, através de uma visão meio esmaecida, o rosto que aparece na cena.

Procurando ultrapassar os limites do meio, as empresas anunciam a introdução de outras tecnologias inovadoras. "Compare! A imagem do visor redondo gigante é muito melhor!", apregoava a empresa Zenith, em 1952, para destacar a "vantagem notável" que oferecia e que permitia a ampliação da imagem na tela da televisão. "Ao simples girar de um botão", a tela retangular da televisão podia se transformar numa "imagem gigante sem ondulação!".

> Este é um detalhe decisivo para a escolha de seu televisor: somente Zenith pode lhe oferecer a comodidade de uma imagem ampliada quando a perfeita visão exigir tamanho muito maior do que a tela retangular. E sem a ondulação que é resultado da oscilação da ciclagem da energia elétrica.[22]

Exemplificando a nova possibilidade tecnológica – a imagem em *zoom* ao simples toque de um botão –, aparece no anúncio um casal dançando, no formato original, ou seja, ocupando um pedaço retangular numa tela redonda, e na imagem ampliada, ocupando todo o espaço disponível da tela da TV.

Aquele aparelho tecnológico desconhecido, mas potencialmente possível, aos poucos torna-se mais comum aos olhos de muitos. Ainda no decorrer da déca-

Anúncio publicado na revista
O Cruzeiro, de setembro
de 1950, em referência
às primeiras exibições de
televisão no Brasil, pela TV
Tupi de São Paulo, a primeira
emissora nacional.

da de 1950, proliferam nas revistas destinadas a noticiar o mundo do rádio, como *Radiolândia* ou *Revista do Rádio*, colunas dedicadas a amplificar o mundo da televisão. "Telefans", "televizinhos", "telespectadores" são agora nomes comuns para designar aqueles que diretamente se relacionavam com o novo artefato cotidiano que ainda era pouco encontrado nas casas, mesmo nas capitais que já possuíam emissoras, como o Rio e São Paulo.

A revista *Radiolândia*, já no seu segundo número, em janeiro de 1954, cria a coluna "Televisolândia", destinada a divulgar

> um apanhado de informações, comentários e pequenas reportagens
> sobre a televisão e sua gente – esses artistas que vão se tornando ídolos de

um público mais apaixonado, talvez, que aquele que consagrou nomes como Silvio Caldas, Ary Barroso, Dalva de Oliveira, Emilinha Borba, Dircinha e Linda Batista, Araci de Almeida e tantos outros igualmente famosos da rádio brasileira.[23]

Poucos anos depois da primeira emissão, constatavam a força comunicacional do meio, capaz de popularizar artistas que não eram anteriormente conhecidos, mesmo que atuantes "na rádio e no teatro".

> Entre os artistas que atuam na televisão carioca, encontramos nomes já consagrados na rádio e no teatro, que jamais tiveram a popularidade que agora desfrutam. Vejam, por exemplo, Mara Rúbia, inegavelmente a maior vedete de nosso teatro de revista. Aparecendo em dois programas da TV Tupi ("Furo de Amostras" e "Casal do Barulho"), Mara tornou-se de tal forma popular, que, hoje em dia, não pode sair à rua sem que seja assaltada por uma legião de fans [sic] – crianças e senhoras que desejam pegá-la, abraçá-la, admirá-la *como se fosse uma criatura irreal*. Isso se passava ao mesmo tempo em que trabalhava somente no teatro? De maneira alguma, confessou-nos, apesar de ser o maior cartaz feminino de revista e de ter atraído ótimos lucros às bilheterias de seus empresários.[24]

A reação do público diante de um personagem da TV é no mínimo curiosa, como também é a forma como a atriz é qualificada na matéria. Ao ver a imagem de Mara Rúbia na televisão, percebem-na como personagem que vive exclusivamente dentro da caixa de madeira, uma espécie de criatura irreal, e somente o ato real de "pegá-la, abraçá-la e admirá-la" poderia transportá-la para o mundo da vida.

No imaginário televisual, mesmo muito depois da primeira década de sua existência, as imagens atestam muito mais a possibilidade de sonho do que uma cópia da realidade presumida. Os artistas, os cantores, os personagens dos teleteatros, são criaturas que só existem dentro daquele móvel, e apresentam-se como figuras imaginárias numa eterna utopia midiática.

O fato de receber as imagens na intimidade do lar forjava, paradoxalmente, um ideal de intimidade que o público nutria em relação aos seus novos ídolos, agora de posse de uma imagem que presumia a materialidade de seus corpos. Entretanto, esses corpos no "brinquedo mais fascinante do século XX" pareciam irreais e não afetados pelo tempo. Em uma palavra, imperecíveis.

Em muitos anúncios, mesmo aqueles não diretamente relacionados com a televisão, os modos de ver que a coloca na sala de visitas, a ideia de intimidade, o fato de o aparelho ser entronizado num lugar de destaque no cenário cotidiano, no qual aparece associado ao ato prazeroso de descanso no lar, são repetidas vezes representados.

Esse é o caso da publicidade de sapatos Iris, modelos Alvorada e Café. Acompanhando um texto que associava o produto à ideia de descanso – "Iris Alvorada ou Iris Café, os sinônimos mais recentes de resistência, beleza e conforto" –, a foto mostra um homem comodamente sentado frente a um aparelho de TV localizado na sala. Abrindo a porta, entrando no ambiente doméstico, o conforto e o descanso só seriam agora completos diante da televisão.

Ao entrar na intimidade da casa, a relação do público com aqueles que eram os personagens do meio também passava a ser de intimidade.

> A doçura de Haydée Miranda ajudou-a a vencer. O segredo da televisão talvez resida na intimidade com que os programas são recebidos nos nossos lares, fazendo com que os seus artistas mereçam um particular carinho dos telespectadores. Haydée Miranda, a estrelinha dos Calouros, apesar da antiga rádioatriz da [Rádio] Tamoio, só veio a conhecer a fama depois de aparecer na televisão. O seu público foi conquistado pela beleza suave do seu rosto e pelo encanto que irradia sua simpática presença.[25]

Noutra matéria, em que se descreve o "trágico destino de Sônia Ketter", qualificada como a "namorada da televisão", muitos outros aspectos que constroem este painel de sentidos que estamos qualificando como imaginação televisual aparecem representados:

> Sonia aprendeu música, literatura, vários idiomas e estava longe de supor que tudo isso reunido a sua beleza fora do comum, seria aproveitado em um *sentido novo* e que ela se tornaria a namorada da televisão no Brasil. [...] Os primeiros telespectadores sentiram atenção despertada para aquela moça loura, de olhar simpático e sorriso belo. Ninguém atentava para o nome, mas ninguém o esquecia. Era, nas conversas de família, nos comentários depois das transmissões da TV Tupi, a lourinha da televisão.[26]

O "brinquedo do século XX" tornava possível a apreensão de múltiplos sentidos e o aprisionamento do público a partir de encenações que destacavam o que o personagem era para a visão, para a audição, em múltiplas percepções sensoriais. A televisão podia tornar presente para o público o retrato em preto e branco de Sonia Ketter: o fato de ter aprendido música, literatura, aliado a sua "beleza fora do comum", poderia se tornar visível através de um "sentido novo", ou seja, via imagem amplificada na tela real/irreal da TV.

Em contato com a imaginação produtora de sentidos que constrói invariavelmente uma nova imagem muito além do olhar, a personagem perdia o nome e ganhava a prevalência de um rosto. Assim, Sônia se transformava numa moça loura, num sorriso belo, transfigurando-se definitivamente na "lourinha da televisão".

Tal como Haydée, a "lourinha da televisão" era agora um rosto visível, no qual o público podia perceber a simpatia, o encanto, o sorriso belo e o ornamento dos cabelos claros. A voz que dominava com exclusividade os ambientes midiáticos até os anos 1950 ganha um novo sentido: são agora voz e imagem numa única percepção, ampliando a capacidade sensorial do público.

No trecho anterior aparecem novamente vestígios dos modos de ver televisão. A emissão era seguida em silêncio, pois afinal não era apenas a imagem que se ressentia das possibilidades tecnológicas: sendo o som também precário e quase inaudível, requeria uma atenção suplementar, que incluía a ausência do mínimo barulho durante as transmissões.

Mas, terminado esse momento, o som da televisão era encoberto pelas "conversas de família", pelos "comentários depois das transmissões", nos quais o texto produzido era invariavelmente complementado pelas múltiplas opiniões da plateia. No pequeno trecho fica visível, portanto, que o ato de *ver com*, que domina a forma como o público se relaciona com o meio, partilhando opiniões com alguém que está ao seu lado no momento da emissão, está presente na cena da TV desde as primeiras emissões.

A própria escassez de receptores, já que nesse primeiro momento apenas alguns poucos aquinhoados podiam dispor de vultosas quantias para comprá-los, como já assinalamos, fazia como que a ação de ver televisão de forma partilhada fosse exacerbada, recriando-se em torno dela novas tipologias dos antigos saraus domésticos. Os chamados "televizinhos" compareciam em grande número nos horários dos programas mais esperados. Às crianças debruçadas nas janelas pedia-se invariavelmente por silêncio. Os adultos se espremiam nas poltronas da sala, em assentos que se multiplicavam de maneira improvisada diante daquele móvel de onde saíam imagens meio mágicas, repletas de sons, de um *alhures* que existia como potencialidade imaginativa.

Bibi Ferreira raptada por um chofer de praça. Que diria a leitora se, ao tomar um táxi, fosse desviada de seu caminho e levada para um distante bairro da cidade? Todos os casos de tarados, certamente, desfilariam em sua cabeça e o susto não haveria de ser pequeno. Foi o que aconteceu com Bibi Ferreira quando, ao tomar um táxi em São Paulo, foi reconhecida pelo chofer e levada para vila Mariana, *onde toda uma família, inclusive televizinhos, foi convocada pelo ardoroso fã, para festejar sua presença*. O moço era um telespectador assíduo dos programas da TV Difusora, onde a querida atriz estreava pouco tempo antes, e não quis perder a oportunidade de externar o seu entusiasmo. Depois de várias temporadas, Bibi conseguiu popularidade com apenas algumas apresentações em televisão.[27]

Aqueles que juntos comentavam durante as emissões a performance de Bibi Ferreira nos programas da TV Difusora queriam ver o corpo real da atriz, manifestar-se diante dela também como outra espécie de personagem oculto da televisão. No trecho, não importa se real ou ficcional, de um caso inusitado em que um chofer de táxi rapta a passageira famosa para apresentá-la ao seu real público, o que interessa destacar são as ações, às vezes, irracionais diante de uma popularidade que se alarga via emissão televisual.

Tornando mais fácil o reconhecimento daqueles que antes ficavam encobertos pelo som da voz nas emissoras de rádio, a televisão transforma seus personagens em rostos visíveis e perfeitamente identificáveis. Como que para materializar o que havia apenas como o nenhures, era preciso mostrar que Bibi Ferreira realmente existia para além da caixa de madeira que emitia luzes sob a forma de imagens fluidas, mas não o suficiente para que os rostos deixassem de ser identificados.

Desde menina sempre pensara em teatro. Sempre desejara ser uma atriz grande, que dominasse as plateias. Fez sua estreia como Dulcina – um curto papel, e depois outro. Mas devia sair do palco para tomar parte no *brinquedo mais fascinante do século XX: a televisão*. O talento, a beleza, e, sobretudo, a juventude da moça da televisão, aquela que nascera para o estrelato quase ao mesmo tempo em que a *magia da imagem* entrava nos anos brasileiros, que era fascínio para os jovens que a viam e a adoravam à distância, *era algo imperecível*.[28]

Como o "brinquedo mais fascinante do século XX", a televisão transforma-se em lugar para a produção simbólica, para a realização do sonho, das utopias, inclusive aquela que torna possível o aprisionamento do tempo. A utopia midiática, na qual essas imagens-imaginação sobre a televisão tornam-se possíveis de ser acessadas, produz um sentido de tempo particular, destacando-se a construção de um eterno presente.

A imagem que aparece na tela não tem passado nem futuro, só a permanência eterna que aumenta de maneira assustadora a espessura do agora. Estendendo o instante em que a imagem está na tela num presente que não termina nem quando a emissão acaba, a utopia midiática faz do agora mesmo um presente estendido de maneira exponencial. Na televisão e na percepção do público que visualiza as suas imagens há um só tempo, e esse é o presente. Um presente estendido que engloba o passado tornado presente e o futuro transfigurado em extensão do mesmo presente. Dessa forma, a lourinha da TV Tupi de 1952 é ainda, na memória dos que a viram em cena, a lourinha da TV de 1952, fato que torna a imagem-imaginação "algo imperecível".

NOTAS

1 Ver Michele Vieira, *De inventores a ouvintes: o rádio no imaginário científico e tecnológico (1920-1930)*, Niterói, 2010, dissertação (mestrado em Comunicação), UFF.

2 Ver Marialva Barbosa, "Imprensa e encenações de modernidade no início da República", em *Revista Vivência*, Natal, UFRN, 2010.

3 *O Cruzeiro*, 23 set. 1950.

4 Ver Sérgio Mattos, *História da televisão brasileira*, Petrópolis, Vozes, 2002.

5 Discurso de Assis Chateaubriand durante inauguração da TV Tupi Difusora de São Paulo, disponível em <http://www.telehistoria.com.br/canais/emissoras/tupi/tupi5.htm>, acesso em 5 abr. 2010.

6 Idem.

7 Idem.

8 Ver Sandra Reimão (org.), *Em instantes: notas sobre a programação na TV brasileira (1965-1995)*, São Paulo, Cabral Editora Universitária, 1997.

9 Ver João Loredo, *Era uma vez... a televisão*, São Paulo, Alegro, 2000, p. 5.

10 Sérgio Mattos, op. cit., p. 80.

11 Anúncio "A eletrônica trará a televisão ao nosso lar", em *Seleções do Reader's Digest*, jan. 1944, grifo nosso.

12 Ver Beatriz Sarlo, *Paisagens imaginárias*, São Paulo, Edusp, 2005.

13 Ver Philippe Berton, *L'Utopie de la communication*, Paris, La Découverte, 1997.

14 Paul Ricoeur, *Ideologia e utopia*, Lisboa, Edições 70, 1991, pp. 451-2.

15 *Seleções do Reader's Digest*, op. cit., grifos nossos.

16 Anúncio "Você já ouviu falar. Agora vá ver TELEVISÃO", em *O Cruzeiro*, 29 set. 1950.

17 Ver Raymond Williams, *Towards 2000*, London, Penguin Books, 1985.

[18] Ver Raymond Williams, *Marxismo e literatura*, Rio de Janeiro, Jorge Zahar, 1979.

[19] Conforme Cora Kaplan, "What We Have Again to Say: Williams, Feminism and the 1840s", em Christopher Prendergast (ed.), *Cultural Materalism: on Raymond Williams*, Minneapolis, University of Minnesota Press, 1995.

[20] Ver Raymond Williams, op. cit., 1985.

[21] Idem, p. 188.

[22] "A moça da televisão: o trágico destino de Sonia Ketter", em O *Cruzeiro*, n. 21, p. 11, jan. 1952.

[23] *Radiolândia*, n. 2, jan. 1954.

[24] "A TV cria ídolos", em *Radiolândia*, op. cit., grifos nossos.

[25] "Televisolândia", em *Radiolândia*, op. cit.

[26] "A moça da televisão: o trágico destino de Sonia Ketter", op. cit.

[27] "Televisolândia", em *Radiolândia*, op. cit., grifos nossos.

[28] "A moça da televisão: o trágico destino de Sonia Ketter", op. cit.

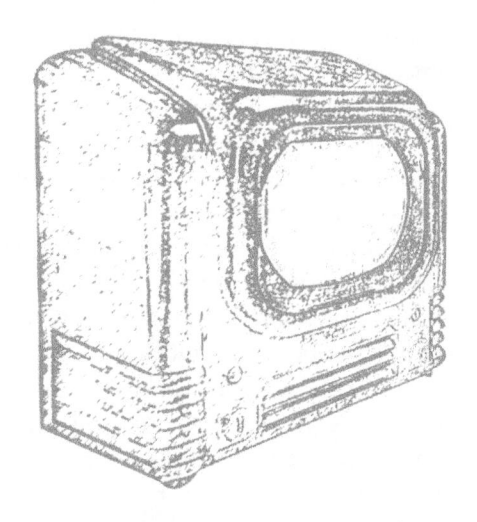

AS PRIMEIRAS
PRODUÇÕES TELEFICCIONAIS

Cristina Brandão

Principal gênero dramático da televisão brasileira a que se assistiu nos anos 1950, o teleteatro foi o programa ficcional de maior prestígio junto ao público, aos profissionais da televisão e aos críticos que acompanhavam as telepeças em todos os horários e emissoras existentes naqueles primeiros anos da TV. Isso se deve, em parte, ao fato de os principais teleteatros ("Grande Teatro Tupi", "TV de Vanguarda", "TV de Comédia", "Câmera Um") trazerem para a TV um referencial da chamada "alta cultura", exibindo os clássicos da dramaturgia e literatura mundiais e, ainda, levando à telinha os atores mais representativos do nosso teatro. Sua produção/exibição se organizou com o virtual monopólio de um grupo – a Rede Tupi de Televisão – que integrava o primeiro oligopólio da informação no Brasil, os Diários Associados, de propriedade de Assis Chateaubriand.

Antes de partir para a encenação de uma peça de fôlego, a TV brasileira ensaiava, em São Paulo, pequenas dramatizações destinadas ao público jovem feminino.

Registramos o exemplo do "Teatro Walter Foster" (pequenas cenas românticas) apresentado após a estreia da televisão nos seus primeiros dias de funcionamento. A TV Tupi foi ainda mais longe: dois meses depois de inaugurada colocou no ar sua primeira telepeça - "A Vida Por Um Fio" - adaptação do filme de Anatole Litvak, protagonizado pela atriz Barbara Stanwyck. A atriz faz o papel de uma mulher que sofre de paralisia e vive enclausurada em seu quarto, mantendo contato com o resto do mundo através do telefone. Um dia, ouve por acaso numa linha cruzada uma conversa entre dois homens que planejavam um assassinato. A ação da peça se baseia no esforço da mulher para tentar impedir que o crime se realize até que, no final, acaba descobrindo que a vítima seria ela própria e que o crime estava sendo encomendado pelo marido. O assassino estrangula a mulher com o próprio fio do telefone. Flávio Luiz Porto e Silva, em sua pesquisa sobre o teleteatro paulista, afirma que o texto da peça se prestava "bastante a um primeiro teleteatro", primeiro, porque o cenário era único; segundo, os interlocutores com quem a personagem tentava se comunicar só apareciam através das vozes, e o papel, de grande tensão e dramaticidade se ajustava perfeitamente ao de Lia de Aguiar, cujo nome já era suficiente para despertar a curiosidade dos telespectadores e rádio-ouvintes.[1]

A experiência com pequenos teleteatros continuou até que grupos ou companhias teatrais paulistas passaram a frequentar a TV com assiduidade, mostrando os espetáculos que estavam em cartaz nos palcos paulistas. Madalena Nicol foi uma das primeiras a se apresentar na televisão, onde exibiu as peças *Antes do café* (um monólogo de Eugene O'Neill, anteriormente visto nos palcos do Teatro Brasileiro de Comédia - TBC -, em 1949) e *A voz humana*, de Jean Cocteau. A presença da atriz no vídeo era motivo de prestígio para a emissora e serviu como motivação para montagens mais ambiciosas. A TV Tupi reservou-lhe um horário especial criando o "Teatro Madalena Nicol", que iria ao ar por duas semanas consecutivas.

TELETEATROS - "CARTÃO DE VISITAS" DAS EMISSORAS

Uma análise da programação levada ao ar durante os primeiros meses mostra claramente um engatinhar hesitante na busca de atrações e programas para preencher os horários das transmissões, mas levaria ainda algum tempo para que as estações de TV pudessem estruturar sua programação, uma verdadeira caixa de surpresas para os primeiros telespectadores. A Tupi optou por acompanhar o ritmo das manifestações culturais paulistanas, aproximando-se mais de um modelo de televisão cultural do que do comercial em seu primeiro ano de funcionamento. Esse fato foi decisivo para a ascensão do teleteatro no meio televisivo. A dramaturgia, aliada à estética cinematográfica, irá constituir-se num laboratório permanente de experiências televisivas durante toda a década da TV ao vivo. Os anseios de se atingir um programa que trouxesse o prestígio aos canais, somados ao ideal de se fazer algo artístico na televisão, como se fazia no cinema, foram responsáveis pela aproximação do meio eletrônico com o vasto acervo da literatura e da dramaturgia e com técnicas cinematográficas.

Mas, nos seus primeiros anos, a televisão enfrentaria toda sorte de dificuldades inerentes aos empreendimentos "pioneiros" da época, principalmente a falta de público. A imprensa dos Diários Associados, através da publicidade em jornais e revistas, motivava a população a comprar os aparelhos. Estima-se que, no final de 1950, existiam apenas dois mil televisores em São Paulo – número esse que, um ano depois, aumentaria para sete mil, parte dos quais no Rio de Janeiro, onde já funcionava a TV Tupi carioca. Começa, nesse período, a montagem dos primeiros aparelhos no Brasil, o que se deve ao espírito empreendedor de Bernardo Kocubej, homem que praticamente fundou a indústria eletrônica nacional, colocando à venda os primeiros televisores da marca Invictus, concorrendo com os importados. Tão importante quanto a própria implantação da TV no Brasil, a fabricação de televisores criou condições para a consolidação do veículo entre nós e desencadeou o processo de formação de um importante e sofisticado setor industrial nacional.

Dentro do regime de iniciativa privada, a televisão iria seguir o modelo já testado do rádio no aspecto de regulamentação e sustentar-se com a publicidade, estreitando o elo entre a indústria de bens culturais e a indústria de bens tradicionais, voltados para o consumo, principalmente com o desenvolvimentismo de Juscelino Kubitschek.

Em meio à popularidade do rádio e do cinema (estrangeiro), a emissora que surgia em 1950 poderia ser comparada a mais uma iniciativa cultural do quilate de um TBC, de uma Vera Cruz e das Bienais que começaram a aparecer na sociedade paulista. Daí ter procurado afirmar-se como veículo de transmissão de uma cultura de caráter elitista, destinada a um público localizado nos dois centros urbanos mais populosos do país: São Paulo e Rio de Janeiro.

Exibindo uma programação ao vivo, pela inexistência do videoteipe, a TV Tupi apresentava programas idênticos nos dois estados e era obrigada a manter esquemas semelhantes de produção naquelas cidades em que Chateaubriand iria instalando suas afiliadas. Os telespectadores "privilegiados" com a aquisição de um aparelho de TV – sinônimo de *status* social – assistiam junto aos *televizinhos*, até a madrugada, aos teleteatros que desfilavam um repertório de autores como Shakespeare, Ibsen, Goethe, Pirandello, Strindberg, Maugham, Dostoievski, Lorca, Nelson Rodrigues, entre outros.

A TV brasileira acompanhava, em sua teledramaturgia, a tendência mundial. Basta dizer que em muitos outros países, entre eles, os Estados Unidos, o *live dra-*

ma constituiu-se na antologia dos anos dourados dos canais de TV. A diferença é que lá muitos espetáculos ao vivo foram também registrados em películas e cuidadosamente arquivados, deixando, no seu rastro, uma vasta bibliografia do período e, no Brasil, mesmo nos anos em que os espetáculos já podiam ser gravados em videoteipe, as fitas foram apagadas e grandes espetáculos teleteatrais, varridos da memória do público e alijados da história da nossa televisão.

Ao contrário da TV americana que já encontrara no cinema uma infraestrutura de imagem e som para o fornecimento de recursos humanos – bem como experiência com produções de Hollywood diretamente para a televisão –, a nossa televisão iria abastecer-se no rádio. Como a Vera Cruz encerrava suas produções em 1954 e nas telas predominavam as chanchadas, desprezadas como produtos de ínfima qualidade, a televisão encontraria no teatro a sua fonte fornecedora de pessoal e dramaturgia

O teatro ajudou a TV a construir seus formatos teledramáticos de programas e emprestou ao veículo, tanto em São Paulo como no Rio de Janeiro, seus principais atores, que, por sua vez, tornaram-se mais populares ao grande público. Contudo, a maioria dos profissionais, imortalizados por sua atuação nos teatros, e muitos, ainda hoje, engajados na produção ficcional da TV, nos anos 1950 e meados de 1960, pertenceram ao *cast* dos teleteatros. Poderíamos citar uma centena deles, mas anotamos aqui participações em teleteatros de Procópio Ferreira, Maria Della Costa, Ziembinsky, Sérgio Cardoso, Cacilda Becker, Sérgio Britto, Ítalo Rossi, Paulo Autran, Nathália Timberg, Zilka Salaberry, Francisco Cuoco, Laura Cardoso e Fernanda Montenegro.

Em toda a América Latina, a programação ficcional televisiva norteava-se por seus teleteatros aparecendo como programas mais importantes do período, mas, tal qual no Brasil, caracterizados pela convergência dos recursos técnicos incipientes, pela orientação criativa dos pioneiros e pela acolhida de uma audiência que começava a se perfilar. Na Colômbia, por exemplo, os teóricos da Comunicação Jesús Martín-Barbero e Germán Rey nos contam que o teleteatro seria um programa de natureza paradoxal, porque ao mesmo tempo em que ascendia a uma mídia que permitia difusões de massa só alcançadas pelo rádio, não escondia sua vocação cultural originária, combinando produtos da tradição culta, até então reservados a um público selecionado, com as condições impostas pelas narrativas audiovisuais da televisão. No estudo, os teóricos chamam atenção para o fato de o teleteatro ter, nos seus primeiros anos, contribuído para a renovação de uma tradição demasiadamente conservadora e clerical introduzindo novas questões ao pensamento tradicional, rompendo o cerco de um teatro fechado para lançá-lo às grandes audiências, deixando em evidência outras formas de viver, marcadas possivelmente por ideais de liberdade mais profanos e racionais e, portanto, mais modernos. De outro modo, não se pode explicar que se tenha montado na televisão obras como *O Pai*, de Strindberg, *O Inimigo do Povo*, de Henrik Ibsen, e *O Casamento*, de Gogol. A partir daí, surgiram as primeiras censuras morais à televisão.[2]

Se hoje é nas telenovelas ou minisséries que encontramos a linguagem e o padrão de qualidade tão procurados no universo ficcional da TV, não há dúvida de que o teleteatro, nas duas primeiras décadas de instalação da TV brasileira, foi o desbravador do desconhecido terreno da linguagem televisiva. Os pioneiros traziam técnicas oriundas do rádio e do cinema para aplicá-las à TV. Foi um lento aprendizado atrás das câmeras, no qual mergulharam profissionais oriundos de várias áreas da comunicação. Atuavam como bandeirantes que experimentaram diversas linguagens estéticas até descobrirem como fazer televisão. Seguindo os passos da TV Tupi, o teleteatro passava a ser uma espécie de "cartão de visitas" em todas as emissoras. De gêneros diversos, romântico, dramático, humorístico, policial ou terror, os teleteatros ocupavam quase todos os horários na programação (à tarde, à noite e de madrugada). O "TV de Vanguarda", por exemplo, apontado como um marco na história da televisão paulista, permaneceu no ar de 1952 a 1967. Em algumas análises do período aparece como paradigma da televisão dos anos 1950. Ao lado dele, consolidava-se outro importante teleteatro, o "Grande Teatro Tupi" do Rio de Janeiro entrando no ar para os cariocas (e nos primeiros anos da década de 1960 também para algumas cidades mineiras) todas as segundas-feiras, de 1956 a 1962, na TV Tupi; de 1963 a 1964, na TV Rio como "Grande Teatro" e, em 1965, na estreante TV Globo (ali recebeu o nome de "Quatro no Teatro"). Para Inimá Simões, através do "TV de Vanguarda", chegou-se a pensar que a televisão poderia ser "artística". Como se o veículo, à procura de sua própria afirmação, "se impregnasse, a cada encenação de Shakespeare, Lorca ou Jorge de Lima, de uma positividade alvissareira".[3] O teleteatro, de certa forma, carregou consigo uma tendência que ainda persiste na nossa televisão, qual seja, a de fazer a simbiose entre as obras-primas da literatura ou do teatro à comoção de maiores e heterogêneas plateias.

Outro ponto em comum com a encenação teatral é a qualidade de seu formato, que em países do continente americano deliberou-se por chamar de *unitário*. Trata-se, como a própria palavra sugere, de um formato de programa levado ao ar uma única vez, isto é, numa única transmissão, sem diluí-la em capítulos como são as telenovelas ou as minisséries. O teleteatro se basta em si mesmo, numa narrativa com começo, meio e fim, tal como uma peça teatral, esgotando sua proposição na unidade e nela se encerrando.

Em televisão, quando falamos em gênero, referimo-nos a algo mais do que simplesmente os temas das histórias – românticas, policiais, cômicas, suspense etc. Se em cinema os gêneros criam leis próprias, em televisão, acrescentamos a cada gênero durações específicas e parâmetros de produção próprios o que estamos observando no formato *unitário*, que poderia ultrapassar uma hora de duração.

NOS BASTIDORES DOS TELETEATROS

Ao vasculhar os bastidores dos teleteatros, chamamos atenção para o funcionamento de uma espécie de laboratório de experiências televisivas, nos pequenos estúdios das emissoras de TV. Era onde começavam os ensaios das telepeças que iriam ao ar em todos os horários. Nesses espaços foram traçados os códigos de uma linguagem de televisão que estava sendo formalizada. Entendemos por "linguagem de TV" o conjunto de características e normas específicas que determina a organização, em sistemas, dos signos e recursos expressivos de que a mídia dispõe, visando formular o seu discurso e dar-lhe um sentido pretendido. O teleteatro iria, então, delinear um método, com erros e acertos e muita ousadia, para se chegar a um produto ficcional de qualidade.

O espetáculo teleteatral começava na escolha de um bom repertório, principalmente aqueles programas que iriam ao ar no "horário nobre", como hoje, após o telejornal da noite. As equipes de produção de um teleteatro regozijavam-se em divulgar um grande texto teatral e acomodá-lo aos limites da pequena tela da TV. O esforço nem sempre era reconhecido pela crítica atenta nos jornais e revistas. Ao folhear a revista *Radiolândia*, por exemplo, pudemos encontrar uma crítica favorável a uma telepeça; no entanto, ainda lamentava-se a pouca adequação do texto teatral à linguagem televisiva:

> Boa adaptação de Sérgio Britto (ainda que demasiado presa ao texto teatral) na peça de Luigi Pirandello "Vestir os Nus" ("Vestire gli Ignudi"). Sua única falha era não utilizar um processo de exposição mais adequado à televisão, com maior variação de cenas, o que a obra do teatrólogo italiano comportava. Isto foi feito no início, com a cena do suicídio transportada para um bar, quando, na peça, se verifica num jardim público, talvez para facilitar a cenarização). Podia ter sido feito o mesmo em cenas subsequentes, que estão "contadas" na peça e poderiam ser "vividas" [...]. Entretanto, mesmo sem aproveitar toda a sugestão teleteatral da peça, Sérgio Brito e Mário Provenzano nos deram um dos melhores espetáculos do "Grande Teatro". Até mesmo a direção de TV de Provenzano (excetuando-se alguns virtuosismos não funcionais, tais como o detalhe dos pés no início do segundo ato) nos satisfez. Bons enquadramentos, ritmo quase sempre acertado, reforçando a dramaticidade

Acervo da Funarte

Apresentação do espetáculo "Canção do dia sagrado" para a TV Tupi, em 1957, no formato teleteatro, com os atores encenando ao vivo na TV. Na foto, Nathália Timberg e Sergio Britto.

das situações. Ótimos os cenários de Mário de Murtas. E quanto à interpretação teve o seu ponto alto na soberba atuação de Fernanda Montenegro (Ersília). Admirável de expressividade, transmitindo ao telespectador seu estado d'alma com uma pujança interpretativa que a consagra como uma das nossas maiores atrizes. Fernanda foi uma intérprete digna de Pirandello. Este é o maior elogio que se lhe pode fazer. Paulo Goulart, Paulo Padilha, Sérgio Brito e Fábio Sabag, num mesmo plano de equilíbrio e consciência profissional.[4]

A crítica, de autoria desconhecida, mas representativa do estilo de se comentar a programação da TV, dá-nos conta de que a televisão, ainda que estivesse engatinhando em termos de produção, era questionada em seus mínimos detalhes. Havia quem exigisse o melhor e não se conformasse com produções menos cuidadosas. Deslize algum dos espetáculos teleteatrais podia ser relevado. Os críticos estavam atentos às adaptações das histórias, seja da literatura, teatro ou do cinema, assim como a interpretação dos atores, direção, figurinos, cenografia, sonoplastia e até a cortes e enquadramentos, parecendo entender perfeitamente a linguagem televisiva que ainda nem se formara plenamente. Octacílio Colares, de *O Jornal*, escrevia sobre a adaptação do romance *Jane Eyre*, de Charlotte Brontë, que foi ao ar em 1958 na Tupi: "[...] condensar tais obras aos estreitos limites de um estúdio de TV e, em apenas duas horas de representação, será sempre perigoso", embora, mais adiante, no seu comentário, reconheça na adaptação a seleção das sequências mais "eloquentes, mais impregnadas de força expressional do estranho romance". Assim mesmo, ainda reclama de outras sequências que haviam sido suprimidas na adaptação e "que seriam o complemento para a realização perfeita do romance".[5]

O escritor Manoel Carlos, que participou do "Grande Teatro Tupi" adaptando cerca de cem textos da literatura ou do teatro para a televisão, assegura-nos que normalmente a iniciativa sobre algum texto partia de quem fazia a adaptação: "Eu sempre me interessei por literatura e por isso sugeria: 'Vamos fazer isso do Dostoievski, ou isso de Balzac, ou Maupassant'. [...] Outras vezes, o Sérgio sugeria, outras vezes, os atores. Eu lia, via se tinha possibilidade de fazer um bom teleteatro e fazia."[6]

Falamos de um método artesanal de se encenar teledramaturgia, mas verificamos que tais produções, apesar de tecnicamente limitadas, deixavam transparecer um lado criativo e ousado. Tal atividade demandava dos atores uma dedicação pessoal, era como um ideal artístico que contrastava com o acúmulo de trabalho, a má remuneração e a desestrutura funcional dos canais de televisão. O depoimento de João Loredo nos dá uma ideia da frágil estrutura organizacional que mal funcionava no interior das emissoras de televisão da época e da motivação daqueles primeiros profissionais que se vincularam a ela, capazes de driblar a adversidade, talvez, norteados por um idealismo romântico que vamos encontrar durante toda a década e também pela ousadia de estar fazendo algo ainda novo no país.

> Nós fazíamos ali, na avenida Venezuela, o teleteatro "Histórias do Teatro Universal", com Chianca de Garcia. Os estúdios não tinham tratamento acústico e nem ar-condicionado, por isso deixávamos as janelas abertas por causa do calor. A estação era próxima ao cais do porto e os apitos dos navios eram ouvidos no ar... até mesmo numa história romântica passada no Egito, com Paulo Porto e Yoná Magalhães... E o Chateaubriand ficava sem pagar a gente. Nós trabalhávamos até seis meses sem receber nada. Mas era aquele negócio: "estamos fazendo uma coisa nova" [...], porque naquele momento da televisão brasileira estávamos aprendendo tudo... Então a gente pagava uma cachaça pra um cidadão que ficava lá embaixo. Os estúdios eram no quarto

Acervo da Funarte

A peça *Ralé*, adaptação de Manoel Carlos do texto de Máximo Gorki para representação como teleteatro no Grande Teatro Tupi, em 1958. Com Nathália Timberg, Oscar Felipe, Fernando Torres, Aldo de Maio e Sergio Britto.

andar do prédio... Na hora que a peça estava indo pro ar ele virava a cara pra cima e gritava bem alto: "Chateaubriand não paga ninguém!". E aquilo era ouvido na casa dos telespectadores [...].[7]

Sem contar com qualquer experiência quanto ao uso da imagem, só restava aos primeiros profissionais a alternativa de aprender fazendo. E assim foi sendo formada a equipe pioneira, fundada apenas no entusiasmo e abnegação de Cassiano Gabus Mendes, Luís Gallon, Walter Tasca, Régis Cardoso, Walter George Durst, Dionísio de Azevedo, Ribeiro Filho, Túlio de Lemos, Walter Avancini, Álvaro Moya, Geraldo Vietri, entre outros, em São Paulo. Já no Rio de Janeiro tínhamos João Loredo, Chianca de Garcia, Pernambuco de Oliveira, Dermival Costa Lima, Fábio Sabag, Sadi Cabral, Herval Rossano, Paulo Bandeira, Daniel Filho, Maurício Sherman e inúmeros outros. Faziam um pouco de tudo, chegando até mesmo a pintar cenários, e ajudavam-se mutuamente. Era comum atravessarem as noites, após a programação se encerrar, experimentando ângulos diferentes e novas tomadas de câmera, pesquisando efeitos especiais e reproduzindo truques, misturando ideias próprias com o que viam nos filmes.

Os teleteatros, portanto, lutavam contra obstáculos quase intransponíveis, decorrentes do despreparo da mão de obra e de limitações técnicas, pois a televisão estava se desenvolvendo na base do empirismo, tateando na busca de sua própria identidade.

Existia, de um modo geral, uma absoluta escassez de estúdios e equipamentos. Vejamos, como exemplo, o caso da TV Paulista, que, em 1955, pensando na realização de um grande programa de teleteatro, criou o "Teledrama Três Leões", devido à loja que o patrocinava. Criativo, quase por necessidade em razão dos parcos recursos e espaço exíguo, obrigava seus produtores (José Castellar, Heloisa Castellar, Renal Alves e Álvaro Moya, entre outros) a grandes rasgos de inventividade. A própria escolha dos textos era feita em função dos limites do estúdio. Dava-se preferência a peças e histórias que apresentassem um único cenário, pois não havia possibilidades de grandes montagens e alterações cenográficas no decorrer do espetáculo. A emissora encontrava-se instalada num velho prédio de apartamentos, na esquina da rua da Consolação com a avenida Paulista. Seus dois estúdios eram pequenos e de tetos baixos, que não permitiam iluminação adequada, e as câmeras obedeciam a marcações restritas, abusando dos "planos médios". O maior desses estúdios era reservado à programação artística e o menor, no andar térreo, destinava-se aos comerciais, transmitidos ao vivo nos intervalos dos programas

Quando a voz do diretor, ouvida nos estúdios, dizia "está no ar", não havia meios de se interromper o espetáculo. Erros e gafes aconteciam ao vivo, e o nervosismo era geral: um processo que poderíamos comparar ao do teatro. Os atores, num corre-corre louco, tinham que passar entre os cabos das câmeras, trocar de roupas às pressas, mudar os cenários e rezar para que tudo desse certo ou para que o *cameraman* os estivesse focalizando com perfeição, conforme o combinado, na cena que estaria no ar. Por isso, maçanetas de portas saíam nas mãos dos atores, cenários despedaçavam, textos eram esquecidos e só lembrados através das *dálias* (espécie de "cola" para quem não decorou sua fala), tiros saíam fora da hora e os imbróglios eram quase diários. As soluções encontradas para solucionar dificuldades eram risíveis e acabaram dando aos teleteatros características próprias, que poderiam ser inseridas num catálogo de anedotários da TV. Numa peça, por exemplo, em que a cena seguinte se passava dias, meses ou anos depois sem uma cena intermediária, não havia tempo para que o intérprete pudesse trocar de roupas. E se ele tivesse envelhecido de uma cena para outra? A atriz paulista Cacilda Lanuza nos conta:

> O sistema usado era o seguinte: a gente começava assim, imensa de roupa. Todo mundo começava muito gordo, porque a gente colocava a roupa uma em cima da outra [...]. A gente tirava capote, depois tirava a capa de chuva, depois tirava o *tailleur* [...], já estava com a blusinha embaixo. Depois colocava uma echarpe, um lenço, e assim íamos fazendo as cenas. Mudando de traje conforme a passagem do tempo, mas sem tempo para ir realmente ao camarim [...]. O maquiador já estava ali às pressas, com todo material. Enquanto estava terminando a cena num cenário, o maquiador já estava pondo talco, *nugget*, nao sei o que na cabeça do outro, para envelhecê-lo rapidamente [...].[8]

Com essa vontade e essa sinceridade, a precariedade técnica importava pouco e muita gente acreditava estar fazendo obras-primas a cada semana, contou Sérgio Britto.[9] Teleteatros eram exigentes e, por serem mais longos, implicavam muitos ensaios, mais meios técnicos e humanos. Por isso ficavam restritos a uma apresentação por semana ou, às vezes, quinzenalmente. Muitos também trocavam de nome de acordo com o patrocinador, por exemplo: "Teatrinho Trol" (fábrica de brinquedos), "Teatro O Lar Feliz" (cadeia de lojas do Rio de Janeiro), "Teatro de Novelas Coty" (cosméticos), "Teledrama Três Leões" (loja paulista), "Teatro Invictus" (marca de televisor), "Teatro Walita" (eletrodoméstico), "Teatro Cássio Muniz" etc.

Cabe-nos destacar alguns teleteatros que fizeram sucesso na época:

Teleteatro	Período de exibição	Canal
TV de Vanguarda	1952 a 1967 (semanal)	TV Tupi (SP)
O Sítio do Pica-Pau Amarelo	1952 a 1963 (semanal)	TV Tupi (SP)
Câmera Um	1953 a 1967 (semanal)	TV Tupi (RJ)
Teatro Cacilda Becker	1953 a 1955 (semanal)	TV Paulista e TV Record
Teledrama	1955 a 1963 (semanal)	TV Paulista

Grande Teatro Tupi	1956 a 1965 (semanal)	TV Tupi (RJ e SP)
Teatro Moinho de Ouro	1956 (quinzenal)	TV Rio
Teatrinho Trol	1956 a 1966 (semanal)	TV Tupi (RJ)
Sob a Luz dos Refletores	1957 a 1958 (semanal)	TV Record
TV de Comédia	1957 a 1967 (quinzenal)	TV Tupi (SP)
Teledrama Continental	1959 (semanal)	TV Continental

O espetáculo eletrônico exibido para um público atento, em casa, tinha sua audiência medida através de cartas e telefonemas para as estações. A primeira aferição da audiência encomendada ao Ibope, por Chateaubriand foi em 1953, no Rio de Janeiro. O teleteatro "Histórias do Teatro Universal" está em décimo primeiro lugar entre os trinta programas mais assistidos. Na aferição da audiência, em 1956, os teleteatros sobem na preferência do público e aparecem em segundo lugar, depois dos musicais. Em seguida estão os telejornais, programas de pergunta e resposta, entrevistas e, por último, os esportivos.[10]

Colocar no ar um teleteatro, como vimos, exigia gastos vultosos e os espetáculos movimentavam equipes inteiras de atores, cenógrafos, figurinistas e técnicos para apresentações únicas, isto é, de apenas uma noite.

Mesmo imperfeita, notamos que, na primeira década da TV, havia uma silenciosa, mas determinante, evolução técnica nos seus bastidores, impulsionada por um amadorismo de suar a camisa. O novo veículo venceria, heroicamente, a precariedade de recursos pelo entusiasmo de cada um dos seus profissionais, fato constatado, principalmente, nas produções dos teleteatros e confirmados pelos profissionais da época em inúmeras entrevistas concedidas ao Museu da Imagem e do Som do Rio e Janeiro e ao setor de multimídias do Centro Cultural São Paulo.

O enfraquecimento do gênero só é sentido na segunda metade da década de 1960, quando a telenovela diária já se impunha como gênero de maior popularidade e de baixo custo para as emissoras de TV. Foi também o período em que aparecem, com maior frequência, os seriados e filmes americanos.

Apontado como produção onerosa e de parco retorno comercial, o teleteatro seria alijado da programação. Debatia-se, já fragilizado, no processo de racionalização da indústria cultural e enfrentava a concorrência com outros formatos de programas. Algumas tentativas esparsas e sem continuidade foram ainda feitas após o término dos grandes programas teleteatrais. Para Flávio Luiz Porto e Silva, o teleteatro, na verdade, não teria acabado, mas teria sido absorvido pela novela diária, que, para si, desviou os recursos de produção das emissoras, valendo-se inclusive dos mesmos produtores, autores, artistas e técnicos.[11]

Os anos 1960 mudariam o panorama da televisão brasileira. Com 15 estações de TV concentradas nas capitais, já se faziam sentir os efeitos da ampliação do consumo industrial e, apesar do impasse na situação político-econômica do país (com inflação crescente, que fazia aumentar as tensões internas), teríamos bem delineado um perfil urbano de consumo e a televisão começaria a assumir seu caráter comercial.

A televisão prosseguia, sem maiores recursos técnicos, mantendo sua ousadia na exibição de obras importantes e complexas, mas inseridas em meio a programas populares como musicais, esportivos, jornalísticos e também novelas. Os programas de auditório ganhariam também um vulto extraordinário na TV e, à medida que o veículo tornava-se acessível a todas as classes econômicas, a história do rádio se repetia na televisão.[12]

NOVELINHAS E OUTROS FORMATOS

A TV Tupi, pioneira, no Rio de Janeiro e em São Paulo, vai trazer do rádio a versão do formato em capítulos – radionovela/telenovela. Está na literatura sobre a TV brasileira o fato de São Paulo ter lançado, em 1951, a primeira telenovela, "Sua Vida Me Pertence", de autoria de Walter Foster, com Vida Alves e o próprio Walter Foster fazendo o par romântico, e ainda Lia de Aguiar, José Parisi, Dionísio de Azevedo, João Monteiro, Tânia Amaral, Astrogildo Filho e Néa Simões. Foi a vez de chegar aos domicílios o primeiro beijo na TV. "– Eu vou ter que dar o beijo? Nossa!!! – Não, receber. Eu é que vou dar. Fale com seu marido. O Gianni Gasparinetti é europeu, é moderno, sabe que não tem nada de mais. É profissional. A gente fará uma coisa terna, romântica, suave. Eu mesmo serei o diretor e o ator. Você confia em mim? É só. Está resolvido", dizia Foster a sua companheira de cena, Vida Alves.

É o início de uma produção que permanece até 1963, quando a telenovela passa a ser diária com a estreia, na TV Excelsior, de "2-5499 Ocupado", com Glória Menezes e Tarcísio Meira.

Durante os primeiros dez anos de TV são apresentadas inúmeras novelas que iam ao ar duas ou três vezes por semana, com uma duração média de vinte minutos por capítulo. As novelas não eram frequentes na programação. Hoje, ao final do último capítulo de sexta-feira, já sabemos como será a próxima novela que entra no ar na segunda-feira da semana seguinte. Naqueles anos, as telenovelas não eram exibidas seguidamente. Apareciam na programação vez ou outra e permaneciam no ar durante três ou quatro meses no máximo, e quando terminava o último capítulo, a emissora colocava naquele horário outro tipo de programa, não necessariamente uma novela. Poderia ser filmes, musicais ou revistas jornalísticas. Estamos falando de um formato teleficcional ainda irregular na programação. Segundo registrou a atriz Vida Alves, em suas memórias, o número de capítulos era de até vinte, e a trama, num núcleo só, ou seja, a partir de um protagonista, a história ia acompanhando seus interesses, seus amigos, seus familiares, seus inimigos, seus amores etc. A fórmula do "gancho" (final com suspense), que dava motivação aos telespectadores acompanharem a história, vigorava desde então. Cada capítulo terminava em alta, com uma pergunta no ar, para que a atenção do telespectador ficasse atiçada e ele voltasse a ligar o aparelho no dia seguinte. Contudo, nesse período, as novelas ainda perdiam em audiência para os teleteatros:

> A grande diferença é a questão econômica. A TV Tupi de São Paulo, por 12 anos consecutivos, fez toda sua programação ao vivo. E, além disso, usando a mesma equipe que era utilizada para as rádios Tupi e Difusora. Toda a garra, toda a força, toda a concentração da equipe [...] eram concentradas para o "TV de Vanguarda", o "TV de Comédia", os "Grandes Teatros". [...] Não economizavam esforços, e faziam gastos. Sendo assim, a novela era um produto menor.[13]

Uma historinha de amor ajudava a vender pasta de dente ou água de colônia, como acontecia com as radionovelas.[14] O número de personagens era pequeno (de seis a dez). "Semente de Amor", de Ilza Silveira, por exemplo, que foi levada ao ar em 1959, na TV Tupi carioca, tinha apenas nove personagens. Apesar de já conter elementos do folhetim, a estrutura ainda não se desenvolve em tramas paralelas à história principal. O enredo gira em torno de um par romântico que enfrenta os obstáculos impostos pelo amor. A novela durou apenas um mês, não havendo necessidade de uma complexa rede de personagens e subtramas.

As primeiras novelas foram escritas, produzidas e dirigidas por profissionais do rádio. O elenco também era formado por antigos radioatores com experiência nas radionovelas. O pessoal do rádio, acostumado a utilizar só a voz nos textos radiofônicos, esforçavam-se para substituir as entonações radiofônicas pela chamada "voz branca" da TV (com poucos harmônicos, tom grave). Os atores também não tinham uma expressão corporal adequada e não eram familiarizados com as câmeras. O resultado era que a locução ficava perfeita, mas a postura do corpo apresentava-se em total desacordo com as necessidades da cena. Artistas e escritores trabalhavam simultaneamente em rádios e na televisão. A Tupi, por exemplo, mantinha um elenco fixo para atuar nos dois meios, o que demandava, no mínimo, uma grande versatilidade. Mesmo na TV, além das novelas e algumas participações em teleteatros, os atores trabalhavam em outros programas da emissora como shows e humorísticos. O depoimento da atriz Norma Blum é revelador:

> Em geral os atores que faziam o "Grande Teatro" só faziam isso na televisão. Mas eu e outros atores como Yoná Magalhães, Cláudio Cavalcanti e Aracy

Cardoso fazíamos inúmeros programas por semana, todos ao vivo. Então, numa mesma semana, a gente fazia o "Grande Teatro" [Tupi], o "Teatro de Comédia", fazia a novela depois do "Repórter Esso". [...] Havia uma novela às quatro e meia da tarde que a gente ensaiava lá dentro do estúdio mesmo. Eram novelas curtinhas, de vinte minutos, meia hora. A gente recebia o capítulo na véspera, decorava quase na hora, ensaiava com o câmera, passava o texto, já se arrumando na maquiagem, aquela loucura. Na hora, a gente entrava e fazia a novelinha.[15]

A radionovela foi uma fonte inesgotável de referência para quem escrevia para a TV. Em São Paulo, a maioria dos textos era de autoria de José Castellar e J. Silvestre, novelistas de renome, oriundos do rádio. No Rio, aparecem autoras como Aparecida Menezes, Carla Civelli e Ilza Silveira, que teve uma trajetória rápida e intensa ocupando dois horários semanais – "Teatro do Lar Feliz", às 14h, terças e sextas, e "Teatro de Novelas Coty" (apesar do nome, eram novelas), às 20h30 –, até sua morte, aos 31 anos, num desastre de avião em 1963. Ilza começou no rádio como atriz e depois de um curso de seis meses sobre televisão, nos Estados Unidos, adaptou "O Colar", de Guy de Maupassant, em 1956. Dizem que Ilza Silveira incomodava o machismo reinante na televisão, pois fazia de tudo – escrevia, dirigia e cortava. *O Jornal*, do dia 22 de fevereiro de 1959, noticiava a atuação de Ilza Silveira como novelista e comentava sua novela "Trágica Mentira":

> Conhecida novelista responsável por duas histórias seriadas, cujos horários constituem uma tradição no vídeo carioca, lançou quinta, dia 12 do corrente como sequência dos sucessos das Novelas Coty, o primeiro episódio da novela de sua autoria, intitulada *Trágica Mentira*. Trata-se de um enredo cheio de emoção e "suspense", escrito com um fio condutor destinado a manter vivamente interessado o grande público *habitué* das apresentações da tela emissora da Urca.[16]

Utilizando seguramente o melodrama, as primeiras novelas seguiriam a dimensão trágica da ficção radiofônica, como podemos apreciar nos próprios títulos das histórias: "Noivado nas Trevas", "Meu Destino Trágico", "Só Resta o Silêncio", "Direto ao Coração", "O Homem sem Passado", "Alma da Noite", "Coração Inquieto" etc. Em "Um Beijo nas Sombras", uma mulher é dividida entre o amor e o dinheiro e será punida com a morte por trair seus sentimentos mais íntimos, optando pelo dinheiro. Um texto exemplar da tradição folhetinesca aculturado às paixões latino-americanas.[17]

Na produção, as telenovelas também se aproximam de seu passado imediato, a radionovela, reapresentando a figura do "narrador", herdada das *soap operas*. É aquela voz *over* que vai contando o que acontece no enredo e interligando as ações do drama, como um acessório aos diálogos e parte da estrutura do texto. Através dele se faz a ligação com os capítulos anteriores e, logo na abertura, um resumo dos eventos vai atualizar o telespectador que por ventura tenha perdido um capítulo. Não se pode esquecer que esse tipo de solução literária decorre da imposição da própria narrativa, sobretudo quando sabemos que as novelas ainda não eram diárias (eram exibidas às terças e quintas ou às segundas e quartas), o que introduzia um longo período de tempo entre um capítulo e outro. O narrador iria, ainda, criar o suspense no final do capítulo e antecipar os próximos passos da história. Em outro momento, a figura do narrador poderia ser usada também para "descrever" as cenas que não poderiam ser mostradas através de imagens. O *script* de "Um Beijo na Sombra" ilustra bem tal procedimento: o narrador inicia a fala e as imagens mostram um *close* da personagem Irene à janela, olhando para fora. Narrador: "Quem será capaz de compreender o estranho temperamento de certas mulheres? Irene estava noiva de Ricardo. No entanto, trocou o impetuoso, mas apaixonado, meigo e submisso professor de química por outro homem: o endinheirado Clemente, que lhe dá joias, riquezas...".[18] O texto prevalece, portanto, sobre as características visuais do meio. Lembramos, ainda, a inexistência de videoteipe como acontecia nos teleteatros, e as cenas estavam limitadas por cenários simples montados nos pequenos estúdios.

Os autores das novelas iriam trabalhar muito com adaptações de grandes romances, a maioria universais como *Ana Karenina*, *Adeus às armas*, *Doutor Givago*, *Os três mosqueteiros*, *O conde de Monte Cristo*, *César e Cleópatra*, *Corcunda de Notre Dame*, *Um lugar ao sol*, *O morro dos ventos uivantes*, *A história de Bernadette Soubirou*, *O diário de Anne Frank*, *O guarani*, *A muralha*, entre outros. As histórias de sofrimento profundo alternavam-se com enredos açucarados.

No dia primeiro de abril de 1953 teve início "Drama de Uma Consciência", de J. Silvestre, sob o patrocínio do Café Predileto, com direção de Bob Chust, certamente a primeira telenovela carioca. Era apresentada às sete e meia da noite, às quartas e sextas-feiras, com duração de meia hora. Alternava-se com outra às terças e quintas: "Coração Delator", uma adaptação do texto de Edgar Allan Poe e direção de Chianca de Garcia. No elenco: Lourdes Mayer, Avalone Filho, Paulo Porto, Ida Gomes e Fregolente. Mas foi "A Canção de Bernadete", adaptação de Ilza Silveira em 1957, uma das novelas de maior sucesso, no Rio, protagonizada por Aracy Cardoso.

No Rio de Janeiro, por exemplo, experimentava-se com a medida de intensidade dramática das lágrimas até o riso, combinando drama com a malícia e o humor cariocas.[19]

Além das novelas, a TV brasileira sempre flertou com os seriados, formato que mantinha um elenco de base vivendo, a cada episódio, várias situações. Em

1953, a TV Tupi iniciou a apresentação de "Somos Dois", produção de Cassiano Gabus Mendes para o horário vespertino. O casal era vivido por Cachita Oni e Jorge Dória, e algum tempo depois por Celeste Irene e Luiz Gustavo. O programa deu origem a "Namorados" e "Alô Doçura", esta última mais conhecida e popular das séries do gênero. Estreou em 1954, com Mário Sérgio e Eva Wilma, constituindo-se em sucesso absoluto por cerca de dez meses. Com a ida de Mário Sérgio para a Europa, John Hebert, com quem Eva Wilma se casara, ganhou o papel. Dessa forma, "Alô Doçura", considerado uma versão brasileira do seriado americano "I Love Lucy", permaneceu no ar por dez anos. Outras emissoras tentaram versões parecidas como "Namorados Valery", na TV Paulista, interpretados por Yara Lins e Francisco Negrão. "Romance e Melodia" e "Intimidades" constituem outros exemplos.

No Rio de Janeiro, havia "O Jovem Dr. Ricardo", uma série de episódios melodramáticos da vida de um jovem médico representado por Cyl Farney. Entre outros seriados, o público infanto-juvenil deliciava-se com "As Aventuras do Capitão Estrela", no gênero policial, com Dary Reis no papel principal.

Ainda no primeiro ano de implantação da TV Tupi em São Paulo, Péricles Leal apresentou um roteiro de seriado para adolescentes: "O Falcão Negro", um herói para os jovens, envolto em muitas aventuras, protagonizado por José Parisi – moreno, alto e forte, ligado às artes marciais. Eram aventuras de um espadachim justiceiro aos moldes de "Zorro". Cada episódio transportava o herói para locais fantásticos: ora a uma estranha região de homens-pássaros e ao Reino Misterioso de Almira ou Reino das Amazonas. Muitas vezes lutava com os vikings ou contra os cossacos, na Rússia. O seriado teve duas fases, a primeira durou oito anos. Depois foi exibido de 1967 a 1969. No Rio de Janeiro, o herói era vivido por Gilberto Murtinho, defensor dos desvalidos, o que comovia toda a população. As lutas de espadas encantavam as crianças, e os atores tiveram aulas de esgrima e se esmeravam nas lutas.

As crianças assistiam também aos importados "Papai Sabe Tudo" e a "Rintin-tin", mas, nos cinemas, fazia sucesso o "Vigilante Rodoviário", com Carlos Miranda e direção de Ary Fernandes. Carlos era paulistano, nascido no bairro da Mooca e funcionário de cinema, mas fazia também teatro amador. Para o papel, estudou luta livre e jiu-jitsu. E, para melhorar sua renda, seu cão Lobo ganhava um salário também. Na TV, o seriado iria começar na TV Tupi em 20 de dezembro de 1961, ficando até 1962. Depois passou para a TV Cultura, TV Excelsior e TV Globo do Rio de Janeiro. O ator interessou-se tanto pelo personagem que entregou sua vida a ele. Prestou concurso na Polícia Rodoviária e ingressou para a corporação.

A TELEVISÃO MUDA COM A TELENOVELA DIÁRIA

Nos anos 1960, cresce o número de aparelhos de TV em todos os estados. Basta dizer que, em toda a década de 1950, tínhamos um total de 434 mil aparelhos, e somente em 1966 foram vendidos 408 mil televisores, somando um total de 2,4 milhões de aparelhos em uso naquele ano. Isso representou uma taxa de crescimento de 401%. Na década, vamos ter ainda a expansão das emissoras de TV. O espaço atingido pelos transmissores se amplia sensivelmente. Com a chegada do videoteipe, em 1962, muitos programas ganham uma circulação mais ampla. A televisão começa a se implantar como veículo de massa.

A chegada da TV Excelsior, do grupo Simosen, representou, em 1960, uma renovação na maneira de se fazer televisão no país. Ela implantou uma visão empresarial de emissora: programação obedecendo a horários; criou seus próprios logotipo e slogan – "Eu também estou no 9" –; ofereceu salários mais elevados para compor seu elenco artístico e pessoal técnico; investiu na produção de telenovelas criando departamentos específicos de figurinos e cenografia etc. Finalmente, a TV Excelsior implantou na televisão brasileira uma mentalidade profissional que pressupunha o rompimento com um tipo de produção artesanal até então em vigor.

Com todas essas mudanças, a TV Excelsior vai mais longe, marca a história da telenovela brasileira, colocando no ar a primeira telenovela diária: "2-5499 Ocupado" do argentino Alberto Migré, com Tarcísio Meira e Glória Menezes. Aos poucos, o público se habituava a horários fixos de programas. A dona de casa sabia perfeitamente que todo dia, às oito da noite, tinha novela. A telenovela passava a fazer parte do cotidiano nacional e virava mania. Famílias inteiras acompanhavam os capítulos do chamado "folhetim eletrônico". De 1963 a 1969, foram produzidas 176 novelas. A TV Excelsior produziu 55, a Tupi, 60, e a TV Globo (criada em 1965) fez 22 novelas.

A novela seria responsável pela elevação dos índices de audiência da televisão e atingiria o horário nobre. Iria superar os demais programas das emissoras como telejornais, shows de variedades, inclusive os de auditório como Hebe Camargo, Dercy Gonçalves, Moacyr Franco e Chacrinha.

As primeiras novelas da década tiveram roteiros de novelistas estrangeiros como Alberto Migré, Abel Santa Cruz, Manuel Munhoz Rico, Felix Caignet e outros. Entre os brasileiros destacavam-se Raimundo Lopes, Amaral Gurgel, Gilda de Abreu, Ivani Ribeiro e Oduvaldo Viana. A maioria tinha sido também autor de radionovelas. Esses autores brasileiros chegam para introduzir nas telenovelas a preocupação em veicular histórias desenvolvidas no cotidiano das cidades brasileiras. Os personagens se movimentam em espaços familiares aos telespectadores. A partir daí, começa uma nova fase da ficção televisiva.

NOTAS

[1] Ver Flávio Luiz Porto e Silva, *O teleteatro paulista nas décadas de 50 e 60*, São Paulo, Idart, 1981.

[2] Ver Jesús Martín-Barbero e Germán Rey, *Os exercícios do ver: hegemonia audiovisual e ficção televisiva*, São Paulo, Senac, 2001.

[3] Inimá Simões, "TV a Chateaubriand", em Alcir Henrique Costa, Inimá Simões e Maria Rita Kehl, *Um país no ar: história da TV brasileira em três canais*, São Paulo, Brasiliense, 1986, p. 31.

[4] "Vestir os Nus", em *Radiolândia*, Rio de Janeiro, 9 fev. 1957.

[5] Otacílio Colares, "Jane Eyre", em *O Jornal*, Rio de Janeiro, 11 maio 1958 (Suplemento de TV).

[6] Depoimento concedido à autora em 9 out. 1996.

[7] Depoimento em vídeo de João Loredo para a Faculdade de Comunicação da UFJF, 1992.

[8] Flávio Luiz Porto e Silva, op. cit., p. 31.

[9] Depoimento concedido à autora em 12 jun. 1997.

[10] Ver o subcapítulo "O público e seus programas favoritos", em Cristina Brandão, *O Grande Teatro Tupi do Rio de Janeiro: o teleteatro e suas múltiplas faces*, Juiz de Fora, OP.COM/Editora da UFJF, 2005, pp. 90-7.

[11] Flávio Luiz Porto e Silva, op. cit., p. 81.

[12] As dificuldades enfrentadas pela TV Tupi, a pioneira, não impediram que outros empresários investissem na concessão de novos canais. A TV Tupi do Rio de Janeiro foi inaugurada em janeiro de 1951, a TV Paulista, em março de 1952, a TV Record, em setembro de 1953, a TV Rio, em julho de 1955, a TV Itacolomi (MG) em novembro de 1955, a TV Continental, no Rio de Janeiro, em 1957, e a TV Piratini (RS) em 1059. Em 1960, uma explosão de canais, de Brasília ao Ceará.

[13] Vida Alves, *Tupi, uma linda história de amor*, São Paulo, Imprensa Oficial, 2008, p. 211.

[14] No caso das radionovelas, a presença de firmas como a Colgate-Palmolive e Gessy Lever manifestavam uma vinculação orgânica entre o gênero e as necessidades comerciais das donas de casa. Possuíam departamentos de rádios próprios de onde originavam-se os roteiros importados de Cuba, Argentina e outros países latino-americanos e aclimatados ao universo nacional como foi "O Direito de Nascer", do cubano Feliz Caignet – um sucesso no rádio em 1952 e na televisão em 1964. Nessas redações, começaram também vários autores brasileiros como Benedito Ruy Barbosa e Ivani Ribeiro. As agências de publicidade MacCann Erickson, Standard e Lintas financiavam diversos programas, entre os quais as novelas.

[15] Depoimento concedido ao projeto "Memória da Telenovela Brasileira" do Museu Imagem e do Som do Rio de Janeiro, em 5 mar. 1989.

[16] Citado em Marta Klagsbrunn e Beatriz Resende, *A telenovela no Rio de Janeiro (1950-1963)*, Rio de Janeiro, CIEC, 1991, p. 61.

[17] Ver Renato Ortiz, "A evolução histórica da telenovela", em Renato Ortiz, Silvia Helena Simões Borelli e José Mário Ortiz Ramos, *Telenovela: história e produção*, São Paulo, Brasiliense, 1989, pp.11-54.

[18] Renato Ortiz, op. cit., p. 29.

[19] Ver Marta Klagsbrunn e Beatriz Resende, op. cit.

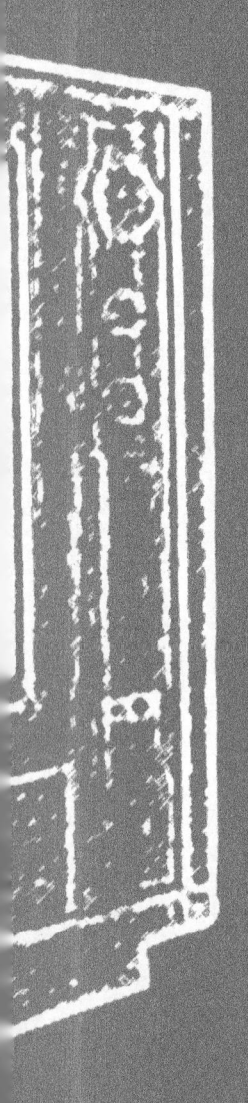

ANOS 1960
a televisão em ritmo de popularização

A pós dez anos de existência, a televisão brasileira vê brotar no seu interior uma *expertise*, um conjunto de técnicos, artistas, produtores, entre outros especialistas no meio, ao mesmo tempo em que o país vive uma atmosfera política cada vez mais radicalizada. As consequências desse processo se espraiaram para a música popular brasileira, cujos novos ídolos se popularizaram graças às novas técnicas televisivas. A década de 1960 caracteriza o prenúncio da massificação da televisão e a formatação definitiva da indústria cultural no Brasil.

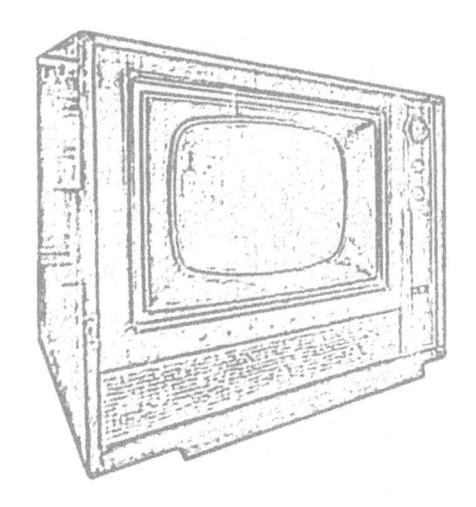

A RECONFIGURAÇÃO
DO PÚBLICO

Alexandre Bergamo

Os anos 1960 representam para a televisão brasileira um momento-chave. É nesse período que se consolidam certas práticas de "como fazer televisão", assim como outras são abandonadas, esquecidas ou profundamente transformadas. É nesse período também que a televisão, antes artigo de luxo, começa a se "popularizar", ou seja, se torna acessível a um número cada vez maior de pessoas. Embora no final dos anos 1960 um número reduzido de famílias tivesse televisão e estivesse concentrado em São Paulo e Rio de Janeiro, era um número crescente a ponto de chamar a atenção dos profissionais de televisão.[1] Por um lado, começa-se a se esboçar um quadro de "profissionais da televisão", por outro ganha contornos mais claros a ideia de que a televisão tem um "público" diferente daquele do rádio, do teatro ou do cinema.

A "grade de programação" das emissoras é aquilo que, de certa maneira, materializa a noção que esses profissionais têm de seu público. O "como fazer televisão", com isso, é indissociável da elaboração de uma certa rotina pensada a partir desse público. É na década de 1960 que a televisão começa a definir uma "forma" – expressa, entre outras coisas, por meio dessa "grade" – para si mesma em função disso. Na década seguinte uma modificação significativa acontecerá com a televisão e com a noção que ela tem de seu público. Contudo, a noção de público elaborada nos anos 1960 servirá de base – e, com isso, de "molde" – para a sua redefinição posterior. Também a noção de que a televisão é um veículo "popular" se constrói nesse período, e com ela se mescla a ideia de um "povo". Mas que "povo" é esse a que os profissionais de televisão muitas vezes se referiam? Que noção eles tinham de seu "público"?

Esse é o período, antes de tudo, de redefinição da dramaturgia de televisão. O produto cultural mais importante exibido, o teleteatro, que consistia de peças e de adaptações de filmes ou de obras da literatura, vai gradativamente sendo substituído por produções originais especialmente "criadas para a televisão". Com isso, as produções consagradas do teatro que ganhavam uma versão ou um espaço na TV, servindo como um meio de divulgação para as companhias de teatro, começaram a ser substituídas por produções cuja viabilidade estava ligada de forma indissociável a esse novo veículo. Mas se o teatro exibido pela televisão era o seu produto cultural de maior prestígio, o que pode ter motivado os profissionais a buscarem outros caminhos para a dramaturgia, a tal ponto que se pôde, posteriormente, falar em uma teledramaturgia?

Este capítulo tem o objetivo de colocar alguns problemas e apontar alguns elementos para que se possa pensar esse importante período na história da televisão brasileira.

A FAMÍLIA COMO PÚBLICO

O período foi marcado por rupturas e continuidades com o rádio. Esse aspecto a que os profissionais de televisão sempre enfatizaram.

> [a] televisão não nasceu sob a égide do teatro, [nasceu] sob a égide do rádioteatro e do cinema. Isso é que eu afirmo com segurança. Nenhum homem de teatro trabalhou na televisão nos primeiros 10 anos.[2]

O cinema, que eventualmente aparece também nos depoimentos, representa mais uma "fonte de inspiração" que uma "herança" e continuidade, como ficará claro mais adiante. Para compreendermos os rumos que a televisão adota nesse período, é importante que entendamos um pouco melhor as influências que ela sofreu do rádio, nas suas mais diversas formas.

Parte dessa influência se deve à representação que passou a ser feita da televisão. Podemos percebê-la, por exemplo, em anúncios publicitários que sequer tinham a televisão como seu produto principal. Durante os anos 1950 e 1960, uma vez que os programas de televisão eram, na maior parte das vezes, transposições de programas do rádio feitas pelos mesmos profissionais deste veículo, foi comum a suposição de que a televisão estava "substituindo" o rádio. Nos anos 1950, anúncios como os de aspiradores de pó, apenas para citar um exemplo, demonstram essa ideia de substituição: até meados da década, era comum, no "cenário" dos anúncios, o rádio entre os móveis da sala; já na segunda metade da década passa a ser comum encontrar o aparelho de televisão, e não mais o rádio.

Anúncio dos geradores Willys Dauphine, publicado na edição brasileira da revista *Seleções*, de dezembro de 1964. A "boa vida" no campo é proporcionada pelo uso de geradores e, também, pela possibilidade de assistir à televisão.

Nos anos 1960 essa "substituição" já havia se tornado um lugar-comum entre esses diversos anúncios. A publicidade da página anterior, por exemplo, é de 1964. A televisão – aparelho e programação – aparece como uma parte indissociável do cenário e da rotina familiar, ocupando um lugar que, antes, era do rádio.

Para isso, colaborou o fato de que vários dos programas de televisão eram anunciados chamando a atenção para o seu "sucesso" – esse era o termo utilizado nos anúncios – e para o fato de que, a partir de então, eles podiam não somente ser ouvidos no rádio, mas "também" vistos na televisão. Muitos "ídolos da televisão" eram, com isso, os "ídolos do rádio".

Outro aspecto importante a ser destacado é que os anúncios feitos para os "aparelhos de televisão" se confundem com os anúncios feitos para os "programas de televisão": ambos eram "para a casa" e "para a família". O anúncio reproduzido na página seguinte, também de 1964, é um bom exemplo do caráter "familiar" atribuído à televisão.

A implicação mais importante relativa a esse aspecto da publicidade é que se firmou a ideia de uma televisão que se constitui como "parte integrante da rotina de uma família". Uma imagem que remonta ao rádio e que a televisão vem para "substituir". Em função disso, sua programação começa a ser pensada, nos anos 1960, a partir da sua gradativa adaptação à "rotina familiar" e, principalmente, a partir de uma divisão de "horários" que buscasse uma melhor articulação entre o trabalho e o lazer. Pode-se acompanhar essa mudança comparando as duas notícias a seguir. A primeira é de 1961 e a segunda de 1965.

Nova fórmula para a TV

A Agência Midas descobriu o "ovo de Colombo" ao idealizar a sua programação das terças-feiras na TV Continental, no Rio. Em vez de promover um espetáculo de longa duração (já produz a "Noite de Gala" na TV Rio), resolveu reunir no mesmo dia, na mesma estação, pequenas atrações isoladas. Começa com "Rio, Boa Noite", ao qual têm comparecido diversas personalidades convidadas pelo produtor Carlos Reis. Há pouco, o governador Mauro Borges Teixeira, de Goiás, ali esteve, pela primeira vez na TV, sendo entrevistado por Murilo Néri. Segue-se um programa musical, "Spotlight", notícias de última hora e "Um Instante, Maestro", reportagem musical feita com muita inteligência por Flávio Cavalcanti. Encerram a programação um espetáculo teatral e o original "O Repórter da História", que tem a excelente direção de Geraldo Matheus.

(Fonte: *Manchete*, n. 501, Editora Bloch, 25 nov. 1961)

> **TV Rio esquema 66**
>
> [...]
> Das 4h às 5h30 – Festival de Filmes
> Das 5h30 às 7h – O Esquema do Garotão (infantis)
> Das 7h às 7h55 – O Esquema é Raridade (assuntos diversos)
> Das 7h55 às 8h10 – O Esquema é Notícia
> Das 8h10 às 9h – O Esquema é Show (de Golias e Roberto Carlos a Elvis)
> Das 9h às 9h50 – O Esquema é Novela
> Das 10h às 11h – O Esquema é Filme
>
> (Fonte: *Manchete*, n. 710, Editora Bloch, 27 nov. 1965)

Anúncio da empresa de televisores Empire, mostrando que a sala de estar das casas passaria a ser o lugar de reunião de toda a família para ver televisão.

A televisão foi gradativamente perdendo a característica de "lazer noturno familiar" para, ao estender cada vez mais sua programação para o horário vespertino e matutino, firmar-se como instrumento de "lazer" e de "informação" para todos os seus membros, para isso ajustando-se, cada vez mais, à rotina de horários de uma casa. A pioneira, nesse caso, foi a TV Excelsior, do Rio de Janeiro, que, em 1963, passou a combinar uma programação vertical (diferentes programas em um mesmo dia) com uma horizontal (um mesmo programa exibido todos os dias no mesmo horário).

A televisão brasileira, e principalmente a do Rio de Janeiro, se consolida com base na ideia de que o "fazer televisão" é fazer programas "ajustados à rotina de horários de trabalho e de lazer de uma casa". Daí que o "público" por excelência da televisão é a "família". Esse é um detalhe da maior importância. Quando a TV Globo, nos anos 1970, se consolida como a maior emissora no Brasil, graças ao projeto de integração nacional promovido pelo regime militar, ela estende a ideia de que a televisão é um "produto familiar" em nível nacional.

Durante os anos 1950 e 1960, dados os limites estreitos que a televisão tinha – em função de suas limitações técnicas – e o fato de que boa parte da programação e dos profissionais de televisão era a do rádio, fazia, evidentemente, todo o sentido a suposição de que o público da televisão fosse a família nuclear de classe média, para quem se tornava acessível, cada vez mais, o aparelho de televisão, e que este representava, de fato, uma substituição do rádio.

A consolidação de uma grade de programação com base na divisão entre o trabalho e o lazer dos membros da família e os desenvolvimentos feitos nos instrumentos de aferição da audiência da televisão, a partir dos anos 1970, são, talvez, os melhores exemplos do desdobramento e das implicações dessa ideia. No caso dos instrumentos de aferição da audiência, eles seguiram essa direção específica: sondagem dos horários e da rotina familiar perante a televisão, levando em conta que famílias de classes sociais diferentes têm também rotinas diferentes. Dessas pesquisas resultou a montagem de uma "grade de programação" que pudesse ser a "representação" dessa rotina.

O depoimento de Homero Icaza Sánchez, responsável por analisar os gráficos do Ibope para a Rede Globo, demonstra isso.

> O Daniel [Filho] tem uma gradação muito inteligente no nível das novelas. Às seis horas é o campo dos meninos. Às sete da noite começa o que chamamos horário cor de rosa. Aí temos o fenômeno da *catarse* [alívio das tensões pela identificação com o personagem] da telespectadora com a novela. Depois vem o jornal. Às oito aumenta um pouquinho a intensidade da ação da novela. Às dez você tem mais liberdade para fazer uma novela de costumes,

de crítica social, de realismo etc. A catarse é típica de cada horário e tem etapas de intensidade. Às sete a coisa se prepara para a catarse das oito. Por isso acho muito bom colocar um show no meio pra relaxar. É uma evolução da intensidade com a pausa do show. Mas isso é uma conclusão minha. Eu não chego a dizer ao autor da novela: agora você faz mais ou menos catarse. Eu me limito a dizer: olha, é para a audiência de tal horário, e o que estou utilizando é meu arquivo pessoal, teórico.

[...] Há um problema simples e sociológico que é o problema do lazer, do tempo disponível para distrações. Há um horário de meio-dia às duas da tarde que é a faixa de quem vai almoçar em casa. Você pode tentar alcançá-los, mas depois das duas não vai pegar mais ninguém. É possível retardar a hora de dormir e é o que está acontecendo com o telespectador que assiste a "O Bem-Amado". Essa novela segura o público que antes dela assistia à televisão até o horário em que ela passa e desligava nessa hora. Mas para casos como esse é preciso que o telespectador esteja em casa e já tenha ligado a televisão antes.[3]

Embora essa entrevista seja de 1973, ela faz referência a mudanças ocorridas no final dos anos 1960, como a separação entre um horário mais "crítico" e um mais "leve" para as telenovelas, intercalado pela apresentação do "Jornal Nacional", primeiro telejornal exibido em rede nacional. Além do mais, a programação de televisão já contava, desde meados dos anos 1960, com apresentações dominicais específicas, ou seja, com a ideia de que o domingo precisava ser pensado diferentemente dos demais dias da semana por ser o dia dedicado ao "descanso familiar".

Contudo, embora essa ideia a respeito da família como o público por excelência da televisão tenha se enraizado de tal forma nos anos 1960 e definido a grade de programação da televisão brasileira, ela não foi a única a vigorar. Essa era a ideia que os profissionais de propaganda tinham do público da televisão. Encaravam o veículo, com base numa ótica muito específica: a televisão como um "produto voltado para a casa", como "entretenimento familiar". Daí o esforço no sentido de ajustar a sua programação à rotina e às necessidades diárias de lazer e de informação de uma casa.

Entre os profissionais ligados à produção dos programas, em especial aqueles ligados à dramaturgia de televisão, o termo mais comumente utilizado para definir esse público era também outro: "povo". Se, por um lado, a ideia de uma televisão ajustada à rotina familiar colaborou para definir uma "forma" para sua "grade de programação", por outro, essa concepção diferente que os profissionais da teledramaturgia tinham sobre o público da televisão colaborou para que esta definisse para si um lugar de importância também na produção cultural nacional como um "produto cultural" específico. Não mais uma "substituição" do rádio, e sim um veículo original por si mesmo.

O POVO COMO PÚBLICO

Os depoimentos sobre as duas primeiras décadas da televisão referem-se a esse período, muitas vezes, como sendo de "experimentação" e de "improvisação". As "improvisações" a que esses profissionais fazem referência dizem respeito a uma série de situações às quais eles ficavam submetidos em função das limitações técnicas do veículo. São histórias, na maior parte das vezes, de caráter anedótico. Muito diferente disso é o contexto em que, ao falar desses primeiros anos da televisão, o termo "experimentação" aparece.

O depoimento abaixo, dado em meados dos anos 1970 por Cassiano Gabus Mendes, faz referência aos primeiros anos da televisão. Importante destacar isso, pois o termo aparece indistintamente em vários relatos, seja sobre os anos 1950, seja sobre os anos 1960:

> Naquele tempo você não tinha o empecilho do direito autoral e não tinha o empecilho da censura. Então você podia fazer o que quisesse. [...] Eu tenho algumas lembranças de algumas coisas que fizeram muito sucesso, mas mais pra frente. Essa fase dos primeiros cinco anos de televisão é muito difícil a gente lembrar porque nós fizemos tanta coisa misturada... E era tudo na base da experiência.
>
> Por exemplo: eu, no segundo ano de televisão, eu fazia um programa à meia-noite. Chamava-se "Música à Meia-Noite", mas não era... era só experiência, um programa de caráter experimental porque eu usava dublagens. Eu botava garotas pra dublar cantora americana, o outro era dublar pistonista, eu fazia balé e fazia poesia com imagens distorcidas.
>
> Eu aproveitava esse programa da meia-noite para começar a fazer mil experiências com câmera, porque cada vez a gente descobria uma coisa nova ali. Para nós era um brinquedo aquilo, naquela época.
>
> Então, hoje eu me lembro: esse programa era maravilhoso porque era um programa experimental, entende. Valia tudo. Você fazia um trecho de teatro, fazia um cara dizer uma poesia, ilustrava com umas coisas malucas, virava a câmera do avesso, botava ela de cabeça para baixo. Aquelas coisas que na época você não podia fazer ainda normalmente porque era muito complicado, mas, como à meia-noite muito pouca gente via e tinham poucos aparelhos, a gente podia brincar à vontade que ninguém achava ruim. Eu digo lá da direção e coisa [...].[4]

Dado o contexto do depoimento anterior e de tantos outros sobre as duas primeiras décadas da televisão no Brasil, o termo "experimentação" sugere muito mais tratar-se de um "olhar retrospectivo", voltado para certos eventos específicos, do que, propriamente, uma reconstrução fidedigna do período. O termo parece ser utilizado, nesses depoimentos, mais como um "demarcador entre dois períodos" muito distintos da história da televisão no Brasil: um primeiro período, quando a criação não era orientada segundo moldes rígidos, e um segundo período, este claramente dependente desses moldes rígidos para a produção. Indica também que aquela ideia de que a família era o público por excelência da televisão, com isso originando uma grade de programação ajustada à rotina de uma casa, passou a representar uma evidente limitação para a criação, uma vez que cobra dela uma adequação a essa rotina.

Não há uma data específica que possa ser utilizada como "marcador" dessa mudança. Em primeiro lugar, porque esses moldes foram sendo impostos aos diversos gêneros televisivos em momentos diferentes. Trata-se, com certeza, de um processo que tem seu início nos anos 1960, quando uma grade de programação ajustada à rotina de uma casa passa a ser definidora de boa parte da produção, e se estende por toda a história da televisão brasileira. Em segundo lugar, porque esse "olhar retrospectivo" estabelece uma separação entre dois momentos que parece ter sido criada apenas nos anos 1970. Estabeleceu-se, ali, naquele momento, uma separação com o passado de tal forma que ele passou a ser visto com certa autonomia em relação ao presente. Como se fossem, de fato, dois momentos de tal forma distintos que pudessem ser pensados de modo independente entre si.

No entanto, o uso do termo indica uma demarcação e uma divisão que, por estarem expressas numa forma "temporal", entre um passado e um presente, tendem a ocultar, por um lado, os fatores sociais que as geraram e, por outro, as continuidades existentes entre eles. Para compreendermos melhor o significado dessa demarcação temporal, temos que entender o contexto e as condições em que ela foi gerada.

Há um conflito que aparece em boa parte dos depoimentos dados a partir da segunda metade dos anos 1970 e que consiste numa oposição entre São Paulo e Rio de Janeiro quanto ao "pioneirismo" de certos usos e linguagens televisivos. Isso porque o programa de maior prestígio na televisão brasileira nas duas primeiras décadas era o teleteatro, e, dentre eles, o mais consagrado era o "Grande Teatro Tupi", do Rio de Janeiro. Em São Paulo, o teleteatro mais importante foi, nesse mesmo período, o "TV de Vanguarda". Os conflitos se expressam muitas vezes opondo esses dois programas e, com isso, gerando uma oposição entre "cidades" que mascara a desigualdade não entre os programas, mas entre as origens e as trajetórias sociais dos profissionais ligados a esses dois teleteatros.[5] Para compreendermos um pouco melhor isso, vejamos uma passagem da entrevista de Sérgio Britto, ator, produtor e diretor do "Grande Teatro Tupi", de 1956 a 1965, concedida à pesquisadora Cristina Brandão:

> Na Tupi havia uma certa invejinha em cima da gente, eu não tinha motivo para ter inveja nenhuma. Eu fazia o meu trabalho e ficava quieto lá dentro, mas na Tupi havia uma inveja em torno da gente. Mas na verdade nós éramos os nomes independentes da televisão. Vínhamos de teatro, onde tínhamos o nosso jeito. Nosso nome entrou para a televisão com mais prestígio, teve um espaço maior, inclusive econômico.[6]

Muito diferente disso era o *status* de que gozavam os profissionais vindos do rádio. Para esses profissionais, a desigualdade de *status* e de prestígio implicava uma clara relação de subordinação e de dependência artística frente ao teatro consagrado:

> Naquele tempo a divisão era bem flagrante, bem marcada mesmo, né? Gente que só faz teatro, que só faz radioteatro e gente que só faz televisão. Faz o rabo, né!?
>
> Então, às segundas-feiras, os "deuses" do teatro iam pra lá, ocupavam o estúdio e reproduziam, na televisão, o espetáculo que eles estavam fazendo em cena. Era teatro mesmo, entende. Teatro televisionado. [...] A gente não se afinava muito não. Porque a gente trabalhava lá todo dia, fazendo novela, trabalhando mesmo, né, no dia a dia da coisa. E eles só vinham às segundas-feiras. Eu me lembro que chegavam em bando, às três horas da tarde, ensaiavam até às sete, jantavam e iam fazer o teatrinho deles lá. E já vinha decorado, né, já vinha tudo pronto. Então era mais... lá... ra... ra, la... falaaavam, parecia melhor, né, porque falavam muito mais fluente e a gente... pô![7]

Os caminhos seguidos pela televisão brasileira nos anos 1960 são quase incompreensíveis se não levarmos em conta esse conflito gerado pela desigualdade entre origens sociais e posições ocupadas por esses profissionais. Mesmo a memória da televisão constituída a partir da segunda metade dos anos 1970 é, em grande medida, uma expressão desse conflito, uma vez que ele gerou relatos que são, antes de qualquer coisa, reproduções da desigualdade social e cultural que havia entre esses profissionais, portanto reproduções da desigualdade estrutural entre as origens e as posições sociais ocupadas por eles. Os dois depoimentos a seguir são exemplos claros dessa reprodução. O primeiro é do Walter George Durst:

Diretores e atores levavam para lá uma forma predominantemente teatral, começando pelo texto, os cenários e culminando com a interpretação viciadamente teatral dos atores, dizendo suas falas para serem ouvidas até nas últimas cadeiras.

[...] Todos os grandes atores foram lá. O Sérgio Cardoso, o Sérgio Brito, Fernanda Montenegro. Mas o ridículo era um só... porque eles tinham a câmera na cara deles e eles estavam berrando... Então nós passávamos o tempo todo rindo deles... achando incrível como eles não percebiam aquilo... E na verdade eles demoraram pelo menos uns cinco ou seis anos pra perceber, sabe?[8]

O segundo depoimento é o de Sérgio Britto:

Eu posso dizer que o meu grupo que fazia teleteatro era um grupo de atores privilegiados, de qualidade, inteligência, de nível cultural. Começamos a perceber que se podia falar mais baixo, que não se devia gesticular demais, porque a força estava mais na imagem. A direção começou a se voltar para isto, a cobrar uma sutileza maior, como no cinema. Às vezes o ator precisava ficar apenas parado, mostrar o sentimento que põe ar dentro dele e ele fala o texto que tem que falar. É quase só isto, mas como explicar isto ao ator é meio complicado, é a qualidade.[9]

Os profissionais oriundos do rádio estavam desprovidos do capital cultural necessário que permitisse sua entrada no campo da dramaturgia consagrada. Os esforços no sentido de adentrar ao campo artístico consagrado apenas traduziam e enfatizavam cada vez mais essa ausência de capital cultural e da virtude social específica que ele representava. O episódio citado a seguir, sobre o Hamlet de Lima Duarte, representa esse cenário muito bem. Independentemente da data precisa do episódio, seu significado está atrelado a essa falta de capital cultural e, sobretudo, à necessidade, posterior, de se buscar um caminho próprio para a dramaturgia de televisão:

Eu me lembro que na ocasião dele [Lima Duarte] fazer o Hamlet assim ele disse, ele falou assim, agora o que é que eu faço? Não sei nada disso! Eu sei lá porque que o Hamlet diz isso ou aquilo?! Não tinha jeito. Sabe o que ele fez? Foi no bar da esquina, que era um departamento muito importante da nossa televisão naquele tempo, encheu a cara e fez o Hamlet brilhantemente e tal... assim, sem entender nada! Porque era muito acima, evidentemente.

[...] E... achei que aí.... também que era... então que era o momento que a ficção tinha chegado ao ridículo! Quer dizer, em última análise os diretores já tavam... por exemplo, é... sabe, era quase tudo... tava levando Agatha Christie, histórias onde nem o diretor sabia pronunciar direito o nome dos personagens! Imagine o ator.[10]

A ideia de que a dramaturgia de televisão havia chegado ao ridículo, nos anos 1960, só faz sentido se levarmos em conta que a referência utilizada para pensá-la era o teatro consagrado. Esse é o momento, então, em que a ficção – aquela feita pelos profissionais vindos do rádio – começa a, deliberadamente, se distanciar do teatro, em especial aquele consagrado, e a se aproximar do "povo" e da "realidade". No entanto, "povo" e "realidade" são dois termos que apresentam uma multiplicidade de significados ao longo do tempo. Mas não é o caso, aqui, de tentar rastrear todos esses significados. Vamos no ater aos significados atribuídos aos termos por esses profissionais vindos do rádio nos anos 1960, momento de redefinição da dramaturgia e da definição de novos rumos para a televisão.

O "povo" era o "público" do rádio. Sendo assim a ideia de "povo" como o "público" da dramaturgia de televisão nos anos 1950 e 1960 era, em certa medida, uma continuidade da ideia feita do "público" do rádio. Não se tratava, é importante destacar, do público do teatro. Tratava-se de um "povo" ora descrito por suas qualidades morais, portanto não intelectuais ou culturais, ora descrito como ingênuo. Isso pode ser percebido nos depoimentos sobre o público da radionovela e, também, sobre o da televisão, como, respectivamente, nas descrições que seguem. A primeira é de Heloisa Castellar:

> O povo... o povo é muito bom, sabe? É um... não sei, eles são tão... é uma pureza e você sente essa pureza no momento em que você entra em contato com ele assim... através de uma coisa que você tá fazendo, né?[11]

A segunda descrição é de Lima Duarte:

> Porque você chega pro espectador: "Estou aqui na Suíça!" e ele acredita. No teatro, né? Então, na televisão nós fazíamos isso também. Põe uma tapadeira e diz: "Como chove na Noruega!" e ele acreditava.[12]

Embora o termo utilizado no segundo depoimento seja "espectador", trata-se de uma substituição, que muitas vezes ocorre da ideia de "povo". Essa imagem do "povo" remonta às radionovelas e aos profissionais que as faziam. Está, assim, na origem das disposições dos profissionais que, depois, migraram para a televisão. Colaboraram para a elaboração dessa imagem as intervenções, por meio de cartas e ligações telefônicas, dos ouvintes nas tramas das radionovelas, marcadas por gestos de apoio, torcidas, promessas ou censuras aos personagens. Foram essas cartas e essas ligações telefônicas, para expressar apoio ou reprovação ao comportamento dos personagens, que permitiram que se formasse a imagem de um público e, sobretudo, de um "povo" intelectualmente ingênuo e, em muitos aspectos de uma inocente pureza. Elaborou-se, com isso, uma imagem de "público" e de "povo" que é essencialmente moral. Essa imagem, de caráter moral, enraizou-se de tal maneira que passou a estruturar, naquele momento e nos anos posteriores, a dramaturgia de televisão, em especial as tramas das telenovelas, cujas oposições entre os personagens são marcadamente morais. Parte substancial da crítica feita à teledramaturgia de televisão, a partir dos anos 1970, por exemplo, consiste no fato de que ela reduz os conflitos sociais, econômicos, políticos e culturais a conflitos morais.[13]

O ponto central é que essa perspectiva moral implica não só uma concepção sobre o universo social, sobre o "povo", como também uma forma de pensar a própria inserção desses profissionais no interior desse universo e também a sua relação com a produção teatral consagrada, perante a qual esses profissionais ocupavam uma posição de menor prestígio. O tratamento moral feito pela teledramaturgia desse período ganha, em função disso, uma maior profundidade e seriedade. A teledramaturgia permitia, com isso, representar sua própria inserção nesse campo relativamente maior, o das artes consagradas. O tom moral representa um esforço de anulação, com sua representação maniqueísta do mundo, daqueles valores e do capital cultural específicos, acionados na disputa por posições de prestígio no campo da dramaturgia consagrada. O "povo" surge como o aliado possível nessa disputa, uma vez que é apenas com ele que se pode partilhar a experiência específica da exclusão do campo consagrado das artes e é justamente ele que, ao "acreditar" na ficção, anula os valores e o capital cultural específicos do campo artístico consagrado.

A subordinação estrutural a que esses profissionais vindos do rádio estavam sujeitos encontra seu limite no momento em que a ausência de capital cultural deixa de ser sentida apenas como um peso por esses profissionais e passa a representar motivo de vergonha, no momento em que a ficção chega ao "ridículo". Com isso, o "ridículo" da ficção é a tradução possível, na sua forma invertida, do "ridículo" representado pela posição ocupada por esses profissionais, marcada pela subordinação (cultural) e pela imitação. Esgotam-se, assim, as possibilidades de ligação com o campo artístico consagrado nos termos em que era feito pelo teatro.

Apenas no momento em que as tentativas de ligações com as posições dominantes no campo da dramaturgia se esgotaram é que a ligação com o "povo" passou a ser explorada de forma mais sistemática. Essas ligações já existiam desde as radionovelas, mas restringiam-se aos gestos de apoio ou de censura manifestados. O que ocorre, nos anos 1960, é que o "povo", que antes era tomado como sendo o "público" de suas tramas, passa também a ser a principal fonte de inspiração para elas. Diz Walter George Durst:

Era o momento de nos aproximarmos da realidade mesmo. Então, formei uma equipe com meu amigo Túlio de Lemos, que era simplesmente genial e o Roberto Palmares, que é atualmente diretor de cinema. E criamos um programa [na TV Excelsior] que se chamava, que se chamou "Teatro 63" e eu reputo o melhor programa que eu já fiz, até hoje, sabe? Que era... o que na verdade era um teleteatro, mas já me parece como uma grande transformação. Quer dizer, como é que nós fazíamos esse programa? Fazíamos do seguinte modo: o mês tem quatro semanas né? Virtualmente. Então nós escolhemos, pensamos assim numa reunião, nós três, escolhemos assim, pessoas-chave na... na estrutura da sociedade assim... na vida paulistana, partindo do princípio que São Paulo é o encontro de tudo, que aqui tinha tudo, não havia ficção comparável à própria cidade de São Paulo. Então escolhemos pessoas-chave assim nesse tipo. Por exemplo, o primeiro programa foi com uma extra, com uma figurante do cinema nacional daquele tempo, uma menina que se achava parecida com a Brigite Bardot, sabe? Ela... então o programa... o texto se chamou mesmo "Santa Brigite". O segundo com um "bicheiro", o terceiro com uma caixeirinha das Lojas Americanas. [...] descobertas as pessoas, escolhidas as pessoas, nós convidávamos pra fazer uma entrevista com ela, explicava como era o programa, ela ganhava um "cachezinho", absolutamente insignificante, e nós passávamos uns dois, três dias conversando com essa pessoa numa mistura de padre, psiquiatra e detetive, sabe?... E arrancar tudo de... da pessoa e do mundo que rodeava aquela pessoa. [...] de repente nós descobrimos a beleza da verdade, a realidade.[14]

O povo, sua vida e os dramas que são particulares a cada um de acordo com a posição social que ocupam na sociedade (caixas de lojas, figurantes, bicheiros, bandidos etc.) passam, então, para o primeiro plano da teledramaturgia. Isso marcou tanto os teleteatros quanto, posteriormente, mas ainda nos anos 1960, as telenovelas. O "povo", e com isso o "público" que eles imaginavam ser o da televisão, assume um duplo valor, artístico e social, como fonte de inspiração e como arma simbólica contra as posições dominantes do teatro consagrado, fundidos em uma mesma imagem: era "a beleza da verdade, a realidade".

No entanto, a partir da segunda metade dos anos 1970, eles "olham para o passado" tentando buscar, num mesmo e único movimento desse "olhar", tanto essa fusão entre a "verdade" e a "realidade" quanto o distanciamento com o teatro consagrado, como nos conta Walter George:

No fundo, no fundo, a gente estava copiando algum filme, sabe? Não deixava de ser um exercício fascinante e produtivo, sabe? Não tínhamos outros modelos e só aos poucos fomos descobrindo o que se podia fazer mais especificamente, como se podia utilizar com personalidade uma câmera de televisão. Durante anos fizemos todas as experiências possíveis e, já no papel, no texto, eu procurava explorar as situações que me pareciam mais plásticas. Na verdade – sem muita consciência – estávamos criando as formas de televisão mais básicas. Mas onde eu sentia que tudo dava certo mesmo é quando coincidia tudo isso com um texto brasileiro, onde o ator, de repente, tinha muito maior facilidade para interpretar... Naturalmente ficava muito mais verídico, muito mais autêntico... Mas quando a gente saía do contexto brasileiro, na maioria das vezes, era um salto sem rede. Às vezes dava certo. Em outras...[15]

Como diz o depoimento, "estávamos criando as formas de televisão mais básicas". Com isso, a maior parte das vezes em que esses profissionais se referem às "experimentações" que faziam, está-se referindo, em primeiro lugar, ao uso da câmera e, em segundo lugar, ao uso do som. A repetição constante da informação – de que eles estavam ou fazendo "experimentações" ou criando uma nova "linguagem" – indica que as controvérsias entre o campo artístico consagrado da dramaturgia, o teatro, e o novo campo que surgia, o da televisão. Elas encontram uma expressão e uma viabilidade distintiva justamente através do uso do instrumental técnico próprio da televisão, sendo o mais importante deles a câmera. No entanto, a câmera representava uma possibilidade de distinção não só perante o teatro, mas também perante o rádio.

A inserção da televisão no mercado da "produção cultural" se marca, portanto, pela ausência, por parte dos profissionais vindos do rádio, de um capital cultural que permitisse a disputa pelas posições de prestígio na produção artística consagrada, por um lado, e pela propriedade e pelo uso de recursos técnicos que eram particulares à televisão, em especial a câmera, por outro. Esses recursos técnicos – além, é claro, do duplo valor representado pelo "povo" – dão o tom à entrada no mercado da "produção cultural". As narrativas sobre a câmera, com isso, vêm carregadas, em muitos momentos, de emoção, o que traduz o alto significado que ela passou a adquirir como mecanismo de afirmação social e artística. No depoimento de Walter George Durst:

De repente eu percebo o que é o... o que era uma câmera, a mágica que aquilo fazia, o que... a beleza duma câmera em movimento, o quanto ela mudava, transformava as coisas, uma parede que era uma porcaria, não era nada, era uma tapadeira caindo, tudo bem tratado, como... tudo aquilo virava misterioso, sensacional![16]

A câmera possibilitou, com isso, que a criação buscasse outras formas de aproximação com as posições dominantes da área de dramaturgia que não o teatro. O cinema surge, assim, como uma referência constante nos depoimentos. Contudo, desprovido do capital cultural necessário para disputar as posições de prestígio também nessa outra área, o cinema aparece tão somente como fonte permanente de inspiração e imitação. Sua significação social, com isso, está muito mais ligada à possibilidade de afirmação da televisão como instrumento distintivo tanto frente ao teatro quanto frente ao rádio, do que a uma possibilidade de aproximação com o cinema propriamente dito. Diz Cassiano Gabus Mendes:

> O que eu procurava utilizar era a linguagem do cinema. Evidentemente eu sabia: a televisão é imagem, eu estava no cinema. Eu quis dizer com o negócio [da influência] do rádio apenas o fato de você utilizar os profissionais que eram mais ágeis na ocasião, entende. Então eles eram mais rápidos e não tinham tanto escrúpulo e medo de fazer a coisa que fosse [...] com medo de errar. Se os homens fossem intelectuais naquela época, a televisão ia nascer pesada e lerda porque os intelectuais têm medo de errar. Então a coisa ia ser muito mais lenta. Podia progredir, deveria mesmo progredir porque... nada fica estagnado, mas ia ser muito mais lento. Foi isso que eu quis dizer.
>
> Agora, a linguagem que eu usava era a linguagem de cinema. Eu procurava imitar o cinema. Não tinha nada que ver com o rádio.[17]

O cinema que surge constantemente como referência para imitação, até os dias de hoje, é o norte-americano, o das produções hollywoodianas. Outras produções são citadas, mas a maioria corresponde às produções americanas. Esse não é um detalhe fortuito. Trata-se do cinema de entretenimento, e não do campo cinematográfico brasileiro que ganhou contornos cada vez mais engajados politicamente por meio do Cinema Novo. Impossibilitados de ingressar na produção cultural dominante no período, os profissionais do cinema engajado politicamente passaram a definir-se pela rejeição agressiva dos traços que marcavam a televisão – eram definidos, em vários momentos, como lentos e tediosos. Os profissionais de televisão, em contrapartida, definem a si mesmos, nesse contexto, como ágeis. É no interior dessa controvérsia que começa a ser utilizado um termo cujo significado se encontra no caráter distintivo que ele pode imprimir à televisão frente às demais manifestações artísticas e culturais: o "ritmo". O termo passa a ser expressivo, com isso, tanto de uma certa agilidade no trabalho diário quanto da própria forma estética assumida pelos programas de televisão.

O instrumental técnico, mais especificamente a câmera, foi central nesse conflito. Os contextos em que ela aparece, nos depoimentos, são aqueles em que se pode observar uma inversão das relações de força entre profissionais da televisão - vindos do rádio - e profissionais do teatro. Se diante da dramaturgia consagrada a ficção de televisão chegava a ser estigmatizada como ridícula, diante da posse e do uso dos recursos técnicos é a dramaturgia consagrada - e intelectualizada - que passa a ser alvo de estigmatização: ela é "lenta" e "tediosa". Expressiva dessa imagem "lenta" e "tediosa" feita pelos profissionais de televisão é também a imitação que Lima Duarte faz, em seu depoimento, dos atores do teatro: "lá... ra... ra, la... falaaavam".

A ideia feita por esses profissionais do "povo", como fonte de inspiração e arma simbólica frente à dramaturgia consagrada, e o uso distintivo que eles passam a fazer dos recursos técnicos da televisão, em particular da câmera, estão, portanto, intimamente ligados. Mas até que ponto esse "povo" era também o "público" da televisão? Embora os rumos seguidos pela teledramaturgia enfatizassem - e se valessem - de uma maior ligação com o "povo", este não pode ser tomado como indicador da formação de um "público" para a televisão. Ainda que essa ideia de "povo" seja um claro esforço de elaboração e de compreensão desse "público", servindo até mesmo como fonte de inspiração, ela é, antes de mais nada, indicadora da formação de uma nova camada de produtores artísticos e culturais, camada esta ligada especificamente à televisão.

Esse novo grupo que surge ligado à televisão depende, com isso, tanto da definição de seu caráter distintivo frente às demais camadas de produtores artísticos e culturais, em especial aqueles vindos do teatro, quanto de uma definição para seu "público", ou seja, de uma definição para o "povo". Essa noção de "povo", portanto, é representativa não do "público" em si, mas da fronteira entre essa nova camada de produtores artísticos e culturais e as demais camadas, e da fronteira entre ela e o público da televisão, ainda que sem a exata clareza sobre qual fosse ele.

Embora a concepção de "povo" e de "público" desses profissionais tivesse suas raízes no rádio, eles sabiam também que o público do rádio não necessariamente era o público da televisão. As dimensões crescentes do veículo mudaram as condições de contato entre esses profissionais e seu público. Esses novos contatos, no entanto, deixavam de ser, gradativamente, feitos de forma direta, como por meio de cartas e ligações telefônicas, como na época das radionovelas, e foram se tornando cada vez mais indiretos, expressos por meio de números fornecidos da audiência. Essa mudança nas formas de contato com o público teve consequências tanto nos rumos seguidos pela televisão quanto nas formas pelas quais ela e seu "público" eram vistos. Essa audiência crescente fez da televisão um veículo cujas características se tornavam alvo de críticas cada vez mais severas. E, em função disso, passa a ser aplicado à televisão e aos seus profissionais um termo carregado de ambiguidades: a "fama".

A AUDIÊNCIA E O PÚBLICO

Era uma coisa de louco, mas ninguém levava muito a sério, rapaz. Ninguém, ninguém, não tinha visionário. Ninguém imaginou que a TV fosse ser isso que é hoje. Eu acho que todos que você entrevistar vão ser sinceros e vão dizer isso: era um brinquedo. Nós estávamos lá brincando.

[A transmissão ao vivo era] meio de brincadeira, né!? Meio [...] brincadeira. Podia acontecer tudo também que a gente livrava a cara. [...] A gente foi formado assim anarquicamente, entende. Eu que chegava lá no estúdio e falava: "pode pôr no ar que eu já tô pronto", entende. E não considerávamos nunca o telespectador, que era uma coisa que não existia na TV. Não tinha cem aparelhos. Eu me lembro que por mês vinham uns dados lá: oh, já tem duzentos aparelhos. Até que um dia disseram: já tem mil. E aí começaram a dizer: tem três espectadores por aparelho, já são três mil. Aí nós começamos a querer fazer uma televisão... Opa, né? E começou a entrar dinheiro, fundamentalmente, principalmente isso. [...] Aí, a coisa ficou séria.[18]

O depoimento de Lima Duarte é indicativo de que, nos anos 1950, a relevância social da televisão, para esses profissionais, era apenas aquela que permitisse uma distinção mais imediata e palpável: o volume de dinheiro que passava a representar o veículo. Antes, portanto, dela ser viável enquanto um "produto cultural", a televisão se tornou viável para o grupo em questão enquanto um "produto comercial". Essa viabilidade comercial a tornou alvo de críticas constantes por parte das camadas mais intelectualizadas da sociedade, críticas que se tornaram muito maiores durante o regime militar e com o crescimento da Rede Globo, feito com base em moldes estabelecidos por esse mesmo regime.

Mas o ponto que acredito ser o mais relevante é que o crescimento do número de televisores não significou uma ligação maior entre artistas e público, ou entre artistas e o conjunto da sociedade. Isso porque a dimensão expressa pela audiência não abriga nenhum, ou quase nenhum, conhecimento sobre o conjunto da sociedade. Portanto, sobre a própria dimensão social da televisão. A clara implicação disso é que essa dimensão social surge, a exemplo do depoimento anterior, de forma enigmática, como algo que irrompe inesperadamente do exterior.

A consolidação da legitimidade do público na sua forma estatística se deu também no interior de um conflito, dessa vez entre a "produção artística" e a "produção comercial". O trecho a seguir retrata bem a maneira como esse conflito era visto na sua relação com a televisão. Ele faz parte de uma peça de teatro, *Roda viva*, escrita por Chico Buarque em 1967 e encenada pela primeira vez em

1968, num momento em que seu nome como compositor já era razoavelmente conhecido e que, em função disso, sua presença era requisitada no interior de alguns programas televisivos de música. Na peça, ANJO e DIABO estão representados, mas não de forma maniqueísta. Eles não são versões do bem e do mal, e sim do agente ou empresário (o ANJO), aquele que explora o trabalho e a fama do artista, e da imprensa (o DIABO), que vende jornais à custa do sensacionalismo feito sobre esse artista. ANJO e DIABO, longe de serem antitéticos, são personagens cujo enfrentamento ocorre em função tão somente de interesses econômicos, e muitos são os momentos em que o ANJO voluntariamente compra os favores do DIABO. O artista, que faz sucesso graças à sua imagem na televisão, é descrito com desprezo, como uma figura inerte e passiva diante do ANJO e do DIABO, incapaz de controlar seu próprio destino. A cena a seguir é o momento da entrada do IBOPE, personagem que personifica o próprio instituto a que faz referência, anunciada pelo ANJO:

> ANJO
> Ibope é o representante oficial neste mundo
> Da divina luzinha vermelha
> Só ele tem acesso aos mistérios da luz
> É ele quem indica as preferências
> Da venerada televisão
> É ele que deveis consultar ao fim de cada dia
> Para saber os frutos de vossas boas ações
> Para confessar vossos pecados
> E para receber com humildade e resignação
> As penitências impostas
> A saber
> Mudança de horário
> Atraso de salário
> Cachê pendurado
> Vale negado
> Diretor em reunião
> Pisão, empurrão, não e não
> Amigos fugindo
> Mulheres traindo
> E atenção para o principal
> Em caso de pecado mortal
> Desemprego!... Até o juízo final!
> (A voz do ANJO é encoberta pelo estardalhaço das guitarras e das vozes suplicantes que repetem seu estribilho: "IBOP... IBOP..." em direção à figura eclesiástica do IBOPE)

Anjo
Corta! Corta! Você já não serve! Você está velho! Você está manco!
(Atirando alguns artistas para fora do palco)
Pro asilo! Pro necrotério!
(Diante da câmera, os artistas restantes atiram os braços afastando os concorrentes e procurando o primeiro plano. Quando se apaga a luz da câmera visada, voltam-se todos aos empurrões para outra câmera, em dança absurda.)[19]

O Ibope não age, toda ação é perpetrada pelo Anjo. A figura do Ibope surge como legitimadora de suas ações junto aos artistas. Isso indica o quanto a representação da sociedade na forma de número passou a significar a própria razão de ser, sob todas as formas que isso puder ser entendido, de todos ali envolvidos. Todos os níveis da vida desses artistas, de amores e traições a questões trabalhistas e de expressão artística, passaram a ser regulados pela presença da agência responsável por fornecer os números da audiência. E isso é narrado com preocupação, através das ações arbitrárias do Anjo e do Diabo com vistas aos seus próprios interesses e, com espanto, através da descrição da impotência e insignificância desses artistas que procuram o primeiro plano em frente à câmera em "dança absurda".

Mas essa é a concepção feita da audiência por alguém cujos vínculos não eram com a televisão, e sim com o campo artístico consagrado. Para muitos desses artistas, o que mais marcava a televisão era o seu aspecto comercial. Dessa forma, os profissionais da televisão, assim como seu público, eram, muitas vezes, reduzidos a esse caráter comercial e olhados, a exemplo da peça de Chico Buarque, com preocupação e espanto. O que ocorre é que se forma, nesse período, uma noção de "público" convertida em "índice de audiência", que, exatamente por vir apresentada na forma abstrata de número, sem a corporeidade que podemos ver nas noções de "família" e de "povo", ainda que na personificação de uma "agência de pesquisas", o Ibope, mobiliza uma multiplicidade de sentimentos e de concepções divergentes.

Por um lado, é importante lembrar, havia, no interior mesmo da televisão, posições divergentes quanto aos gêneros televisivos e à sua qualidade. Anos depois, também Walter George Durst, por exemplo, se manifesta contra os programas de perguntas e respostas da televisão por meio de uma peça de teatro, a *Rosa Lúbrica*, de 1978.[20] E é interessante que ele, há tempos autor reconhecido na televisão, tenha escolhido o teatro, gênero consagrado, para se manifestar contra um gênero televisivo. Por outro lado, é a audiência crescente que permite a esses mesmos profissionais da televisão, em particular os da teledramaturgia, nos anos 1960, uma certa independência frente a, justamente, determinadas imposições comerciais.

O depoimento a seguir é um exemplo disso. Ele se refere a um momento inicial da televisão, nascida no interior do rádio e de onde migraram seus profissionais. As telenovelas, assim como as radionovelas, eram contratadas e exibidas por um único patrocinador. A relação com esses patrocinadores é narrada na forma de uma interdição direta, de uma intromissão, nos temas e rumos das histórias. Diz Heloisa Castellar:

> Eram perfumes baratos... perfumes pra... Então, o dono era português. Então... esse português chamado seu Figueiredo, era muito engraçado. E ele então fazia o seguinte: fazia uma pesquisa pessoal dele. Então a novela foi feita... uma sinopse da novela; a novela então seria isso, isso, isso, isso. Aí quando eu tava mais ou menos no 4º, 5º capítulo, ele chegou lá e disse assim:
> – Olha, eu andei fazendo uma pesquisa com as empregadas e eu cheguei à conclusão do seguinte: precisa botar uma paralítica na novela. Tá?[21]

Essa interdição, justificada apenas pelo contrato que estava por trás do patrocínio, é de tal forma vista como ilegítima que a sua narrativa é feita de forma anedótica em todos os sentidos. A "pesquisa" feita pelo patrocinador é descrita de forma risível. Consiste de uma sondagem, sem nenhum critério profissional, com algumas empregadas domésticas. Quantas? Por que com empregadas domésticas? Qual o universo de pertencimento dessas empregadas? Por que justamente elas é que são tomadas como representativas da audiência da novela? Diante desse quadro, uma "paralítica" irrompe do nada. Que trama é essa que estava sendo narrada e que passou a cobrar, de forma tão inesperada, uma "paralítica"? A última frase resume-se a uma única sílaba ("Tá?") que lembra e cobra a autoridade do anunciante e da pesquisa por ele feita. E, evidentemente, o quadro anedótico fica completo se lembrarmos que o patrocinador era um "português" e "era muito engraçado".

Mas, cabe ressaltar, a narrativa adquire um tom anedótico porque parte de um ponto bastante específico: um contexto posterior em que esses números já haviam se tornado a própria razão de ser da dramaturgia de televisão e, principalmente, um contexto em que a programação não era mais definida pelos patrocinadores. Ao contrário, era a própria televisão que, fornecendo os números a esses patrocinadores, passava a definir os momentos, na programação, em que esses anúncios poderiam aparecer.

Essa mudança, que representou uma maior autonomia frente a esses anunciantes, aconteceu nos anos 1960 graças às dimensões crescentes da televisão e à elaboração de uma noção de "público" convertida em "índice de audiência". Diante desse contexto, o patrocinador, que era um português muito engraçado, é descrito como se não passasse de uma personagem ingênua e merecedora tão somente de descrédito. Seus perfumes eram "baratos", sua "pesquisa" com as empregadas domésticas é desqualificada, sua conclusão sobre a necessidade de uma "paralítica" é surpreendentemente ingênua e enfadonha, e sua autoridade, expressa no "Tá?", é risível e ilegítima, ainda que devesse ser obedecida por questões contratuais.

Essa noção de "público" convertida em "índice de audiência" tornou possível, portanto, um certo controle sobre a interdição do patrocínio. Não no sentido de que ele viesse a ser rejeitado, já que isso poderia representar a própria inviabilização econômica da televisão, mas no sentido de tornar possível o ajuste do patrocínio às formas expressivas da teledramaturgia e a uma grade de programação, cuja base era a ideia de que o público por excelência da televisão era a família nuclear, que se consolidava também nesse mesmo período, durante os anos 1960.

Mas essa noção de "público" não tornou possível apenas isso. Os depoimentos disponíveis mostram que sobre ela uma gama variada de sentimentos e de experiências passou a ser expressa ora positivamente, ora não. O seguinte depoimento, de Reginaldo Faria, é um exemplo disso. "Audiência" e "popularidade" haviam se tornado, para quem era alvo delas, uma certeza sensível que irrompia com a força de uma verdade, ainda que inesperada e enigmática, uma vez que era palpável e visível:

> A televisão já era um fenômeno de popularidade.
>
> Você fazia um filme de sucesso, como *Assalto ao Trem Pagador*, e só era reconhecido onde os artistas se reuniam [...]. De vez em quando alguém se aproximava perguntando "Você não fez aquele filme, é... o... *Trem Pagador?*". "Fiz". "Ah, então é você mesmo. Vi o teu filme, gostei muito do seu trabalho. Como é mesmo o seu nome?", coisas assim.
>
> [...]
>
> Quando fiz [a telenovela] "Ilusões Perdidas" [1965], eu morava em Copacabana. Entrei num mercadinho para comprar umas frutas. No caixa, estava de costas para rua, e o empacotador olhava para fora o tempo todo. Eu olhei também. Havia uma multidão lá fora, mas nem liguei. De repente, notei que a multidão estava olhando na minha direção. Instintivamente, olhei para trás, para dentro do mercado, e pensei: "Deu merda aí dentro".
>
> Mas o lance era comigo. Levei um susto. Parei, dei autógrafos. Mas há um detalhe: já tinha feito filmes, já tinha sido premiado como melhor ator em um deles, o *Cidade Ameaçada*. Só que essa foi a primeira reação ao perceber o lado da fama.[22]

Este, assim como outros depoimentos, chama a atenção para o fato de que a televisão, perante o cinema ou o teatro, ocupava um lugar indeterminado. Ao menos para aqueles cujos vínculos principais não eram com a televisão, e sim com as formas consagradas de arte. Em função disso, "fama" e "reconhecimento" passam a ser duas ideias diferentes que colocam em cena mecanismos de legitimidade completamente distintos. Tão distintos que a narrativa estabelece, no caso do depoimento anterior, e mantém o tempo todo essa distinção. O espaço descrito permite que não haja confusão entre as diferentes formas de consagração. Mas, uma vez que é a partir dele que se estabelecem as distinções a serem focadas, as pessoas passam a ser definidas como parte integrante e indissociável dos cenários descritos. Suas presenças se explicam exatamente pelos espaços que ocupam. De um lado, os lugares frequentados pelos artistas, de outro, o mercadinho em Copacabana. De um lado, portanto, um espaço claramente circunscrito pelos seus limites e seus frequentadores. De outro, um espaço cujos limites não são claramente definidos, cuja circunscrição não é visível. É desse espaço que irrompe uma massa anônima, porque indefinida pela ausência de limites espaciais visíveis, de pessoas cuja ligação com o ator é inesperada e inexplicável. É a "fama".

Mas, ainda que "fama" e "reconhecimento" fossem formas distintas de aceitação, a "popularidade" e a "visibilidade" palpáveis da televisão permitiram a ela sair daquele lugar de indeterminação e afirmar – diante de seu "público" que se agigantava, mas que era reconhecível tão somente por meio de uma expressão numérica, de "índice de audiência" – um espaço distintivo para si perante as demais produções artísticas e culturais. Para esses profissionais, a certeza de que estavam diante de um "público" diferente das demais produções se tornava uma certeza cada vez mais palpável, cada vez mais visível, ainda que pouco pudesse ser dito sobre esse ele. Trata-se de um público cuja definição, cada vez mais, se alicerça numa delimitação estatística, sem fronteiras espaciais definidas.

A FORMAÇÃO DO PÚBLICO E OS NOVOS RUMOS DA TELEVISÃO

Os anos 1960 são, portanto, um período-chave para a história da televisão brasileira, pois é quando ela define rumos para si mesma que implicam rupturas tanto com o rádio quanto com o teatro ou o cinema (ainda que ele fosse uma fonte permanente de inspiração e imitação). A ideia de que a família era o público por excelência da televisão, por exemplo, ainda que fosse uma herança do rádio, adquire feições, nos anos 1960, que são diferentes das antecedentes. A televisão se incorpora à rotina das famílias de forma diferente do rádio. A própria ideia de adaptação da programação da televisão à rotina de uma casa traz, em si mesma, um germe modificador dessa rotina, pois dela precisa fazer parte a televisão.

A televisão adquire, com o passar do tempo, um valor comercial inegável. No entanto, para aqueles que a olhavam "de fora", ou seja, os profissionais que não eram os "da televisão", esse era, talvez, o único valor capaz de defini-la. E, da mesma forma, o único valor capaz de definir seu público. Para muitos desses profissionais, a ligação entre a televisão e seu público resumia-se à ideia de entretenimento. Ou seja, uma ligação que não poderia ser definida como "cultural". Isso colaborou para encobrir um dos aspectos mais importantes ligados à televisão nesse período, qual seja, que os rumos adotados por ela nos anos 1960 permitiram a formação de uma nova camada de produtores artísticos e culturais com características e feições específicas, distintas das demais formas de expressão. O que define essa nova camada de produtores é tanto o fato de que passam a ser criados programas pensados especificamente "para a televisão" – ou seja, não se trata do teatro, do cinema ou do rádio "televisados", mas sim de criações cujas formas de expressão são indissociáveis do contexto social e técnico da televisão – quanto o fato de que se forma um público visivelmente distinto das demais formas de expressão artísticas e culturais e que se torna a fonte mesma de inspiração dessa nova camada de produtores.

Paradoxalmente, colaborou também para encobrir esse aspecto a noção de público na sua forma de "índice de audiência". Se, por um lado, o índice crescente de audiência da televisão significou uma profunda mudança nos modos de contato com o "povo", uma vez que ele aparece representado na forma abstrata de número, o que implica o estabelecimento de uma relação específica entre essa nova camada de produtores artísticos e culturais e seu público, por outro, a generalidade representada por esses números fez com que se chamasse a atenção apenas para o aspecto comercial da televisão, para o volume de dinheiro que ela poderia movimentar. Ainda que justamente esse índice crescente tivesse permitido uma maior rejeição às interdições feitas pelas empresas patrocinadoras dos programas de televisão e, com isso, tivesse garantido uma maior autonomia para o trabalho em televisão.

Definem-se, portanto, nesse período, certas formas de "como fazer televisão" e uma rotina para o seu trabalho que são determinantes dos rumos que a televisão adotou também nas décadas seguintes. Esse "como fazer televisão" é, com isso, indissociável do esforço de inserção do veículo na rotina de uma casa, da formação dessa nova camada de produtores artísticos e culturais, das novas formas de contato e de aferição do público e do fato de que este passa a ser a principal fonte de inspiração para a criação em televisão.

NOTAS

[1] Para um quadro com o número de aparelhos entre 1960 e 1965, ver José Mário Ortiz Ramos e Silvia Helena Simões Borelli, "A telenovela diária", em Renato Ortiz, Silvia Helena Simões Borelli e José Mario Ortiz Ramos, *Telenovela: história e produção*, São Paulo, Brasiliense, 1989, p. 55.

[2] Entrevista de Lima Duarte ao Departamento de Informação e Documentação Artística do Centro Cultural São Paulo (Idart), 1976, p. 4.

[3] Entrevista de Homero Icaza Sánchez, em *Opinião*, n. 42, 27 ago. a 3 set. 1973, p. 4.

[4] Depoimento de Cassiano Gabus Mendes ao Departamento de Informação e Documentação Artística do Centro Cultural São Paulo (Idart), 6 nov. 1976, pp. 4 e 11.

[5] A desigualdade é maior em relação às trajetórias que em relação às origens sociais. Essa é uma diferença tão marcante que a trajetória é tomada, nos depoimentos, como se fosse a própria origem da pessoa. Sendo assim, é comum, e eu deliberadamente reproduzo essa característica no texto, que se faça referência a esses profissionais como se eles tivessem "vindo do rádio", ou "do teatro", ou "do cinema", e assim por diante. Havia, evidentemente, mudanças por vezes tão marcantes na trajetória que a "origem" social era esquecida, ou tomada como sendo de menor importância. Um exemplo disso é a trajetória de Dias Gomes, cujo reconhecimento advindo do teatro tornou secundária sua trajetória no rádio.

[6] Entrevista de Sérgio Britto, apud Cristina Brandão, *O grande Teatro Tupi do Rio de Janeiro: o teleteatro e suas múltiplas faces*, Juiz de Fora, Editora da UFJF/OP.COM, 2005, p. 281.

[7] Entrevista de Lima Duarte, op. cit., pp. 27-8.

[8] Entrevista de Walter George Durst ao Departamento de Informação e Documentação Artística do Centro Cultural São Paulo (Idart), 29 mar. 1979, pp. 4 e 8.

[9] Entrevista de Sérgio Britto, op. cit., p. 291.

[10] Entrevista de Walter George Durst, op. cit., s/d., pp. 9 e 12.

[11] Entrevista de Heloisa Castellar ao Departamento de Informação e Documentação Artística do Centro Cultural São Paulo (Idart), 15 mar. 1979, p. 10.

[12] Entrevista de Lima Duarte, op. cit., p. 26.

[13] Ver, por exemplo, a tese de Sonia Miceli Pessôa de Barros, *Imitação da vida: pesquisa exploratória sobre a telenovela no Brasil*, São Paulo, 1974, dissertação (mestrado em Sociologia), USP. Para uma análise das mudanças nas formas de análise da televisão brasileira, ver Alexandre Bergamo, "Imitação da ordem: as pesquisas sobre televisão no Brasil", em *Tempo Social*, v. 18, n. 1, 2006, pp. 303-28.

[14] Entrevista de Walter George Durst ao Departamento de Informação e Documentação Artística do Centro Cultural São Paulo (Idart), 29 mar. 1979, pp. 12-3.

[15] Entrevista de Walter George Durst ao Departamento de Informação e Documentação Artística do Centro Cultural São Paulo (Idart), s/d., p. 6.

[16] Entrevista de Walter George Durst ao Departamento de Informação e Documentação Artística do Centro Cultural São Paulo (Idart), 29 mar. 1979, p. 6.

[17] Entrevista de Cassiano Gabus Mendes ao Departamento de Informação e Documentação Artística do Centro Cultural São Paulo (Idart), 6 nov. 1976, pp. 11-2.

[18] Entrevista de Lima Duarte, op. cit., pp. 6 e 9.

[19] Chico Buarque, *Roda viva*, Rio de Janeiro, Sabiá, 1968, pp. 34-5.

[20] Conferir Walter George Durst, *Rosa lúbrica*, Rio de Janeiro, Paz e Terra, 1978.

[21] Entrevista de Heloisa Castellar, op. cit., p. 12.

[22] Depoimento de Reginaldo Faria, apud Wagner de Assis, *Reginaldo Faria: o solo de um inquieto*, São Paulo, Imprensa Oficial do Estado, 2004, pp. 133-5.

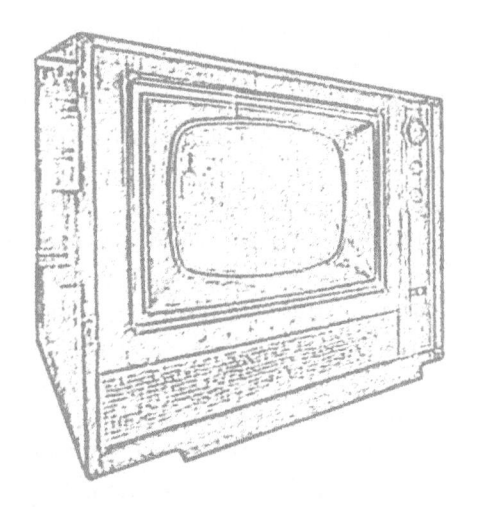

A MPB NA ERA DA TV

Marcos Napolitano

Introduzida no Brasil de forma pioneira em 1950, a televisão permaneceu até o fim dessa década como *mídia* de reduzida amplitude social. Restrita a um pequeno círculo de abastados no momento da sua instalação no Brasil, a televisão se consagraria ao longo dos anos como importante veículo de comunicação. O aumento crescente no número de aparelhos nos dá uma ideia da popularização da TV: 3,5 mil aparelhos em 1951; 141 mil em 1955; 434 mil em 1959; 1,66 milhão em 1964. Em 1958, a televisão absorvia apenas 8% das verbas destinadas à publicidade, ante 22% do rádio e 44% dos jornais. Em 1962, reconhecendo a crescente penetração do veículo, as agências de publicidade lhe destinaram 24% de suas verbas. Já em 1964 existiam 34 estações de TV, cobrindo uma parte significativa do território do país.[1] Do ponto de vista da grade de programação, os gêneros dos anos 1950 - teleteatros, *quiz show*, entrevistas, show de variedades - continuavam dando o tom no começo dos anos 1960. Até que, em meados da década de 1960, a televisão, capitaneada pela TV Record de São Paulo, criada em 1953, descobriu, ou melhor, inventou a "moderna música popular brasileira" (MPB).

Podemos conceituar o tipo de televisão dos anos 1960 como sendo a transição entre a "paleotelevisão" e a "neotelevisão". Essa tipologia, problemática como toda tipologia, nos ajuda a pensar o tipo de inserção que os programas musicais, sobretudo o ciclo dos festivais, tiveram na sociedade brasileira. A "paleotelevisão" seria caracterizada por alguns aspectos básicos: a) contrato de "comunicação", em que uma instituição que detinha um "saber" ou uma "autoridade" comunicava a um "público" que desejava partilhar desses valores; b) a estrutura da programação se baseava em gêneros de programas direcionados para públicos específicos e interesses específicos; c) a grade de programação ensejava uma "escolha", por parte do público, movimentando-se no eixo *paradigmático* de comunicação. Já a "neotelevisão", na qual se enquadraria a TV após o final da década de 1970, é caracterizada por: a) programação conduzida por um processo de interatividade (e não pedagógico comunicacional); b) a estrutura dos programas tende a diluir as fronteiras de gêneros direcionados a públicos específicos, substituindo o elemento de "escolha" pelo de "equivalência"; movimentando-se no eixo *sintagmático* do fluxo contínuo de programação; c) a "neotelevisão" convida os telespectadores a "vibrar" e "conviver" com ela, e não simplesmente a "incorporar" as mensagens ideológicas e os afetos veiculados.[2]

Mesmo olhando com desconfiança para essas posições dicotômicas, notamos como os novos musicais da TV brasileira transitaram de forma ambígua entre os dois conjuntos de características. Por exemplo, ora os festivais eram espaços de "formação" de ideias, ora se apresentavam como esferas de "convivialidade". Nesse sentido, entende-se por que esses gêneros de programas são considerados típicos de uma fase de transição da TV brasileira, do império dos programas de variedades (anos 1950 e parte dos 1960) para a hegemonia das novelas (anos 1970).[3] O triunfo da música popular na TV ocorreu em meados dos anos 1960, devido a uma fase de transição da estrutura de programação das emissoras: a fórmula do humor já começava a cansar e as telenovelas ainda não tinham encontrado seu formato ideal, como gêneros centrais da grade de programação das principais emissoras.[4]

A relação música e televisão nos anos 1960 pode ser vista a partir de dois ângulos: por um lado, ela consolidou a mudança do lugar social da canção iniciado com o advento da bossa nova; por outro tornou fluida as fronteiras entre as faixas de consumidores, ampliando a audiência no nível quantitativo e alterando sua composição qualitativa. Se for plausível afirmar que a TV era um veículo *da* e *para a* classe média, essa categoria sociológica era (e ainda é) muito ampla para fornecer alguma explicação mais precisa sobre as consequências do consumo musical via televisão. De qualquer forma, poderíamos arriscar a hipótese de que a TV catalisou não só uma ampliação da faixa etária consumidora de MPB renovada, como também uma ampliação da audiência de MPB nas faixas sociais como um todo, na medida em que a TV era um fenômeno de segmentos médios bem amplos: as classes B e C (que poderiam ser traduzidas como classe média alta e baixa, ainda sem os desníveis de cultura e renda atuais) detinham cerca de 70% dos aparelhos de televisão em São Paulo.[5]

Além dessa ampliação de público, a realização do "produto MPB" pela TV produziu um outro fenômeno: o entrecruzamento de séries socioculturais diferentes. O antigo público de rádio, que passava cada vez mais para a TV a partir de meados da década de 1960, trazia outras experiências (e expectativas) musicais, oriundas da "antiga" música popular do rádio (a base de sambas-canções, boleros e marchas de carnaval). Subitamente, passou a tomar contato com uma música popular que veiculava um esforço global de "modernização" e "engajamento" no contexto de resistência ao regime autoritário implantado em 1964. Se examinarmos os grandes fenômenos musicais da TV brasileira e dos vários gêneros e ídolos direcionados para o público jovem – Elis Regina, Roberto Carlos e, mais tarde, Chico Buarque –, veremos que antigos padrões de escuta musical, consagrados pelo rádio, eram retomados no veículo televisivo. Os próprios programas musicais, mantendo uma solenidade nas performances de palco, na presença do público e no cerimonial dos apresentadores como um todo, transformavam em imagens as experiências culturais oriundas do rádio, dialogando com os antigos programas radiofônicos de auditório.

Antes de ser um paradoxo, esse contraste de séries culturais e tradições históricas diferentes pode ser visto como um cruzamento de temporalidades e códigos culturais dos quais a TV, naquele momento, não poderia abrir mão, na medida em que não havia otimizado o potencial dos seus próprios códigos e linguagens e segmentado radicalmente a sua audiência, no que era parecida com o mercado fonográfico. A música como o grande produto veiculado pela TV também não podia dispensar os recursos e cânones estéticos do seu passado recente, mesmo que sua incorporação fosse implícita nas canções de MPB, pois o público televisivo era constituído, em parte, pela migração do antigo público do rádio. Só a partir do final dos anos 1960 podemos afirmar que se constituiu um público propriamente televisivo, forjado sem o concurso privilegiado da radiodifusão. Aliás, esse processo requer mais pesquisas empíricas e reflexões teóricas.

As presenças de sambistas da "velha guarda" (Adoniran Barbosa, Ciro Monteiro, Ataulfo Alves, entre outros) no programa "Fino da Bossa", as comparações entre Chico Buarque e Noel Rosa, a escolha (ideológica e estética) de Geraldo Vandré pela moda de viola e a aproximação (muito destacada pela mídia) entre

Orlando Silva e Roberto Carlos, são exemplos desse entrecruzamento de tempo-ralidades diferenciadas num mesmo veículo de comunicação. Naquele contexto, nascia um novo conceito de MPB, herdeira da bossa nova, mas que incorporava gê-neros, estilos e obras que extrapolavam os paradigmas delimitados pelo movimen-to de 1959. Esse processo não pode ser desvinculado da crescente importância da TV e se revestiu de uma complexidade que não pode ser reduzida a um fenômeno de expropriação cultural por parte da classe média.[6] A consagração dos festivais da canção é, em parte, consequência de uma ampliação de público, de demandas musicais e ideológicas, que remetem a esse momento renovado da relação entre canção e TV, ocorrido entre 1965 e 1966.

O programa "Fino da Bossa", que foi ao ar a partir de 19 de maio de 1965 pela TV Record, galvanizou o público estudantil em torno da TV – preocupado com a recuperação do "samba autêntico" e com a adequação da tradição da bossa nova às novas demandas políticas pós-1964. Concentrou também um público mais difuso, ligado às antigas audiências de rádio, marcado por uma faixa etária mais velha, oriunda de estratos sociais mais amplos (embora a maior parte pu-desse estar situada na "classe média", cuja estratificação interna já denotava os efeitos do próprio desenvolvimento capitalista). Os acontecimentos subsequentes da música brasileira, entre 1967 e 1968, marcados pelo jogo simultâneo de *delimi-tação* e *transmigração* de faixas de público, *estabelecimento* e *rompimento* de tradições culturais, simbiose de realização *comercial* e esforço de conscientização *política*, é consequência direta desse fenômeno de divulgação musical pela TV. Nesse proces-so, a MPB se consagrou como uma instituição chancelada pelo mercado.

O jogo que redefiniu a instituição MPB envolveu público, empresários, artistas e patrocinadores. A TV foi o ponto de encontro de diversas demandas e interesses em torno do produto musical. Enquanto as emissoras permaneciam nas mãos de executivos personalistas que dificultavam, inclusive, sua racionalização como em-presa, a indústria do disco (que acabou se utilizando da TV como um dos seus labo-ratórios privilegiados) deu um salto na direção da moderna indústria cultural, mar-cada pela impessoalidade administrativa, racionalidade abstrata das decisões e pela predominância do grande capital. A própria hegemonia das multinacionais e das binacionais no mercado fonográfico brasileiro pode ter facilitado essa tendência.

A estrutura dos musicais de televisão dos anos 1960 não acompanhou o crescimento e a dinamização do mercado fonográfico, embora tenha sido funda-mental para a consolidação da MPB. Conforme depoimento de Elis Regina:

> Obviamente, não se podem negar as intenções do pessoal da TV Record.
> A participação dessa emissora foi fundamental para a música brasileira. No en-

tanto a estrutura da televisão, no país, dez anos atrás, era absolutamente incipiente [...]. Naquela época não se podia pensar em fazer shows de dois meses. O artista era obrigado, por falta de mercado e de alternativa, a se dedicar exclusivamente à televisão [...]. Faziam-se shows de várias horas, com cinquenta ou mais artistas, em instalações precárias, sem camarins, banheiros e até mesmo sem cadeiras. Às vezes um determinado cantor ficava duas, três horas, de pé, esperando sua vez de entrar no palco. Enfim, a coisa fugia do controle de cada um.[7]

Se a indústria do disco caminhava para uma nova racionalidade produtiva, beneficiando-se da divulgação da MPB pela televisão, esta, nesse aspecto, era bem peculiar. No caso na TV Record, que ao lado da Excelsior e da TV Rio foi um marco na modernização industrial da TV brasileira, ainda prevalecia a noção de venda de horário "cheio" (o programa em si), e não de horário "vazio", o tempo abstrato e rigidamente controlado que deveria ser ocupado por um determinado programa. A explosão de audiência dos musicais acabou não se transformando em valores tão expressivos quanto seu potencial, na medida em que o dinheiro dependia de patrocinadores praticamente exclusivos, ligados, sobretudo, à indústria de bens não duráveis.[8] Esse tipo de patrocínio, vinculado aos padrões do rádio, era homólogo a um tipo de produto televisivo semiartesanal (ainda que os musicais tenham iniciado uma virada nessa tendência). Por outro lado, a indústria fonográfica já dava sinais de uma grande mudança em direção ao planejamento e à estandardização dos seus produtos, característica da indústria cultural.[9] O clima de festa presente nos auditórios, a relativa espontaneidade das plateias e a sensação de um *timing* de show ao vivo, que fizeram a mística dos principais programas musicais e, sobretudo, dos festivais da canção, explica-se por essa estrutura semiartesanal do produto televisivo, ainda não completamente padronizado. O depoimento de Zuza Homem de Mello, então sonoplasta da TV Record, é elucidativo acerca da mentalidade que reinava na emissora:

> A TV Record foi incapaz de perceber que a mercadoria que eles vendiam era "tempo". O encarregado de controlar o tempo dos programas não conseguia fazer nada; começavam atrasados e iam até mais tarde. É lógico que um comercial num intervalo anterior ao festival ia ter uma grande audiência. A emissora não percebeu que, com isso, estava ganhando a curto prazo e perdendo a longo prazo. A Globo introduziu o padrão de controle rígido de tempo. Por isso que não se pode ter festival na TV hoje em dia: o festival não pode ter um tempo rígido e controlado.[10]

Cruzando linguagens típicas da fase semiartesanal do produto televisivo com estratégias de promoção e performances altamente sofisticadas, o programa "Fino da Bossa" articulou um novo sentido para a ideia de MPB, no qual elementos da tradição do samba e da vontade de ruptura bossanovista mesclavam-se a um engajamento cultural e ideológico difuso. A cultura musical nacional-popular ganhava espaço num veículo imprevisto que, a princípio, parecia resolver o impasse da "popularização" do produto musical e da consolidação de um espaço de resistência cultural de ampla penetração social.

OS PROGRAMAS MUSICAIS DA TV

Desde o final da década de 1950, a TV Record se notabilizou por trazer cantores internacionais, como Louis Armstrong, Nat King Cole, Ella Fitzgerald, criando um público telespectador de musicais. A explosão da música popular brasileira, pós-bossa nova, levou a TV Record a experimentar um processo de "substituição das importações", realizando musicais com "cartazes" nacionais. A realização do I Festival de Música Popular Brasileira, no Guarujá, fez parte dessa primeira tentativa de lançar um programa lastreado em música brasileira. Apenas a partir de 1965 o canal 7 deixou de trazer artistas estrangeiros: "O grande estouro de audiência, marco na história da televisão brasileira, aconteceu em 1965 quando a emissora decidiu investir na nova música popular brasileira".[11]

A indústria televisiva, veículo de comunicação cada vez mais presente nos grandes centros urbanos,[12] ainda não tinha conseguido desenvolver uma fórmula satisfatória para disseminar o produto musical. Essa questão seria equacionada a partir do programa "Fino da Bossa" da TV Record, no qual a música popular brasileira renovada iniciou um caminho que a consagraria como um fenômeno "de massa", incorporando inclusive o público mais amplo que havia passado ao largo da bossa nova e do circuito musical universitário. O lançamento do programa "Fino da Bossa" (maio de 1965) foi seguido do "Bossaudade", com Elisete Cardoso e Ciro Monteiro (julho de 1965) e do "Jovem Guarda" (setembro de 1965), com Roberto Carlos, Erasmo Carlos e Wanderlea. Todos esses musicais seriados eram líderes de audiência no seu horário. A criação da Equipe A (Manoel Carlos, Nilton Travesso, Raul Duarte, Antonio Augusto Amaral de Carvalho) representava uma racionalização na produção, na medida em que visava criar um padrão de produção para esse tipo de programas. Ainda assim, o esforço de racionalização e planejamento se dava em meio a um estágio de produção na TV em que o improviso ainda tinha espaço. É nesse sentido que se pode falar num laboratório de novos produtos e linguagens (televisivas e musicais), que não se chocava com a paulatina industrialização da cultura, sendo, ao contrário, um momento importante para consolidar essa tendência. O planejamento e a racionalização ainda davam seus primeiros passos e o sucesso de um produto dependia de fatores exógenos. Conforme o depoimento de Raul Duarte: "O elenco jovem (Elis, Roberto Carlos, Chico) explodiu com tal força que até nós nos surpreendemos. Nós conseguimos contratar todos."[13]

Em abril de 1965, depois de se apresentarem pelos circuitos de boates e bailes, entre Rio e São Paulo, Elis Regina e Jair Rodrigues causam um grande impacto com o show "Dois na Bossa", no Teatro Paramount de São Paulo. O público ficou extremamente contagiado com o estilo altamente expressivo dos dois apresentadores, sobretudo de Elis Regina. Possuindo uma grande comunicabilidade com a plateia, afinação perfeita e senso rítmico dos mais notáveis, a figura de Elis parecia resolver o impasse da comunicabilidade, parâmetro que sempre foi considerado o ponto fraco dos artistas ligados à bossa nova.[14]

A chegada dos dois artistas à TV não demorou. No dia 17 de maio de 1965, foi ao ar o primeiro "Fino da Bossa", na TV Record de São Paulo, apresentado às quartas-feiras, no horário nobre (das oito às dez da noite), com produção da Equipe A. Em dois meses, a audiência pulou de 10% para 25%, um índice muito significativo para a época, mantendo-se nesse patamar até fins de 1966 (o programa seria cancelado em junho de 1967).[15]

Oscilando entre a performance do show televisivo e a vontade de veicular mensagens ideológicas, o "Fino" e outros programas derivados acabaram estimulando a reflexão sobre as contradições do meio televisivo como espaço de afirmação sociocultural da MPB. O caso de Vandré, protagonista de uma performance um tanto bizarra, quando, durante um programa de televisão, foi "laçado" pelo chicote manipulado pelo dançarino Lennie Dale, depois de cantar "Aroeira" (uma canção com clara mensagem política em sua letra), demonstra muito bem as imposições de linguagem do meio televisivo.[16]

A TV exigia certa teatralização e uma maior passionalização por parte do intérprete, na medida em que o público do outro lado do aparelho receptor precisava ser permanentemente cativado, numa luta incessante contra sua tendência ao tédio e ao desinteresse.[17] A proposição de continuar a desenvolver o legado, basicamente intimista e impressionista, da bossa nova, assumida até no nome do programa – o "Fino da Bossa" – chocava-se com as exigências da linguagem e as demandas da audiência televisiva. Se é plausível afirmar que a linguagem clássica da TV não permite nem muita sutileza, nem muito exagero, naquele momento da

91

década de 1960, os paradigmas comunicativos utilizados na TV brasileira ainda emprestavam seus códigos do rádio e do teatro, bem mais contundentes e expressivos. O resultado era um caráter híbrido, que marcou a linguagem dos programas musicais: ora semelhantes a um baile de formatura de colegiais, ora semelhantes a um concerto sofisticado, ora próximos de uma performance teatral engajada. A linguagem cênica dos festivais – misto de comício, baile, show universitário e recital – também trazia as marcas daquelas justaposições e ambiguidades.[18] A ideia de "moderna" MPB (como foi denominada a nova safra de músicos) foi, em parte, tributária desse código comunicativo e do repertório veiculado pelo "Fino da Bossa".

O mercado, capitaneado pelo disco e pela televisão, era, paradoxalmente, o espaço de realização de um projeto que remetia ao nacionalismo musical de base folclorista tal como colocada nos anos 1920 e 1930.[19] A canção de protesto reativou formas musicais populares – a marchinha, o ponteio, a capoeira, a ciranda, a modinha, o frevo – que ainda eram representativas de grupos populares significativos e que passavam a ser redirecionadas para um público mais urbanizado.[20] Essa "volta ao povo", ao passar pelo filtro do mercado, se realizava de maneira ambígua. O mercado não era um veículo neutro a ser ocupado, com pouco impacto no produto final, como pensava a esquerda até 1965/1966. Mesmo assim, o sucesso comercial da MPB era saudado inclusive entre analistas e jornalistas mais críticos.

Veiculada desde sua gênese aos interesses da indústria fonográfica e televisiva, a "moderna" MPB firmava-se sobre um estatuto ambíguo: disseminar uma determinada ideologia nacionalista que pudesse ser assimilada por diversas classes sociais e realizar-se como produto de mercado, utilizando-se dos meios técnicos e organizacionais à sua disposição. Entende-se, a partir dessas expectativas, por que os festivais foram pontos de convergência entre os interesses do mercado e as tarefas ideológicas assumidas pelos músicos nacionalistas de esquerda, marcados pelo imperativo de "resistir" ao regime militar. Tratava-se de redefinir o popular, arrastando consigo a definição de nacional.

Em resumo, nos dois anos que se seguiram ao golpe militar, novos obstáculos à realização de uma música nacional-popular, veículo ideológico permanentemente procurado por um determinado segmento de artistas e intelectuais, foram percebidos. O grande sucesso popular de eventos como "Opinião" e "Fino da Bossa" – ainda que situados em séries socioculturais distintas – pareceu resolver os impasses que marcavam a canção engajada ("comunicabilidade" *versus* "popularidade") e retomar uma evolução estético-ideológica, consagrada por um meio "moderno" (a TV). O "povo", tão procurado pela esquerda, parecia estar muito perto. Bastava ocupar os palcos dos teatros e os auditórios das emissoras. Ao mesmo tempo, o ciclo iniciado com a bossa nova – a busca de uma canção urbana viável comercialmente, que não negasse os "gêneros convencionais de raiz" – parecia concluído. Os musicais e festivais televisuais foram peças centrais nesse processo histórico de afirmação sociocultural da MPB.

A aparente resolução dos impasses esbarrou, porém, no susto provocado pelo surgimento de um novo produto cultural, fabricado em escalas nunca vistas até então: a Jovem Guarda.

MPB *VERSUS* JOVEM GUARDA

No começo de 1966, os músicos e aficionados pela MPB se deram conta do "fenômeno Roberto Carlos". Instaurou-se um novo conjunto de impasses, dessa vez tendo como centro as contradições e os limites da realização do nacional-popular dentro da indústria cultural, que começava a ser percebida como um sistema dotado de regras próprias. A euforia pelo espaço conquistado nas emissoras de TV se desvanecia, dado o avanço da Jovem Guarda no mesmo veículo, vista pelos nacionalistas como a contraface, no campo da cultura, do golpe militar de 1964. O "movimento" da Jovem Guarda era relacionado pela esquerda aos efeitos de "entreguismo" cultural e "alienação" política no seio da juventude, e, nesse sentido, a ponta de lança dos militares na guerrilha cultural que o país parecia vivenciar.

O programa "Jovem Guarda" surgiu em setembro de 1965, comandado por Roberto Carlos, Wanderlea e Erasmo Carlos. Era apresentado aos domingos, às cinco da tarde, na própria TV Record. Aproveitando-se de uma subcultura oriunda do rock'n roll, o programa lançava o novo "ritmo da juventude": o iêiêiê (corruptela do ornamento vocal *beatle*). Mais próximo das baladas pop do que propriamente do rock dos anos 1960, o iêiêiê alternava temas românticos tradicionais com temas mais picantes, pasteurizando o comportamento do tipo "juventude transviada": culto ao carro, às roupas, aos cabelos longos, às brigas de rua etc. Roberto Carlos sintetizava o "movimento" e logo explodiu como o maior fenômeno de consumo de massa de todos os tempos no Brasil.

A Jovem Guarda tinha sua qualidade questionada e suas "intenções" colocadas em xeque pelos artistas e intelectuais de esquerda. Sua pobreza formal e de conteúdo, bem como a "alienação" diante dos dilemas enfrentados pela nação, era vista como a antítese da MPB "jovem, universitária e de esquerda". A incorporação, ainda que tímida, de timbres eletrônicos nos arranjos, à base de teclados e guitarras, também não era bem vista pela esquerda, que defendia uma música brasileira fiel ao violão e aos instrumentos de percussão ligados ao samba e a outros gêneros "autênticos". Apesar do desprezo inicial, uma realidade logo se impôs:

a Jovem Guarda fazia muito sucesso, sobretudo entre os jovens de classe média baixa, que pareciam escapar do alcance estético-ideológico da MPB, mais voltada para o público universitário. Os artistas e intelectuais engajados tomaram para si a tarefa de se contrapor ao novo movimento. Como os dois programas eram da mesma emissora, a disputa ideológica acabou criando um fato de *mídia*, aumentando ainda mais o volume de propaganda em torno dos programas, sobretudo em torno do "Jovem Guarda", que se articulava com os ramos industriais ligados à moda e ao comportamento "jovem".

As percepções dos artistas e intelectuais ligados à MPB, em meados de 1966, apontavam para um novo impasse. O sucesso popular de Roberto Carlos e de outros cantores "jovens" obrigou-os a debater as contradições da música como produto industrial e cultural,[21] característica das sociedades de consumo. A configuração definitiva desse impasse só viria mais tarde, com a febre televisiva dos festivais, que coincidiram com acirramento dos impasses político-institucionais do regime militar e das vicissitudes políticas da esquerda, em parte direcionada para a guerrilha contra o governo militar. Mas, antes disso, do início de 1966 até a realização do II Festival de Música Popular Brasileira, em outubro daquele ano, um novo debate surgia. Um debate mais agressivo e radicalizado do que os anteriores.

Algumas questões necessitam ser esclarecidas do ponto de vista histórico. As polêmicas entre "Jovem Guarda" e "Fino da Bossa", além dos componentes de propaganda dos dois lados, podem ter sido superdimensionadas em função da conjuntura de reestruturação do mercado fonográfico e do estabelecimento de novos limites na estrutura do gosto musical. Num momento de reorganização do mercado de bens culturais, como o que estava se processando naquele período, os públicos consumidores podem não estar rigidamente delimitados. Portanto, a disputa entre MPB e Jovem Guarda tinha um certo sentido: ambas disputavam franjas de público que se tocavam.

A tese, consolidada nos anos posteriores pela memória social, que via na gênese da Jovem Guarda uma manipulação do "sistema", comandado pelos novos donos do poder pós-1964 contra o projeto de "conscientização" da MPB, também deve ser vista com cuidado. Obviamente, aos militares e conservadores em geral, o produto cultural da Jovem Guarda poderia ser muito mais instrumentalizável que a MPB, canalizado para a despolitização do ambiente político. Entre essa perspectiva e a existência de uma conspiração cultural há uma grande diferença. Como vimos, a presença do mercado é um fator complicador nessa tese, na medida em que, na disputa específica de mercado, podemos dizer que a grande perdedora do embate foi a Jovem Guarda. Já no final de 1967, Roberto Carlos começava a desligar sua imagem do programa televisivo, tentando se aproximar de um público adulto, consumidor de músicas românticas.[22] Sua saída oficial do "Jovem Guarda", em janeiro de 1968, praticamente condenou o programa e diluiu os principais astros. Alguns deles continuaram astros populares (como Ronnie Von), mas completamente fora do setor mais dinâmico (inclusive do ponto de vista econômico) da música brasileira, capitaneado pela MPB.

A "ameaça" da Jovem Guarda à MPB deve ser vista na sua ambiguidade: por um lado, corresponde a uma efetiva disputa, entre as duas correntes, por franjas de público comuns, segmentos difusos, sociologicamente falando, que gravitavam em torno da nova mídia televisiva; por outro, foi superdimensionada como um argumento puramente ideológico na disputa por espaço comercial nos meios de divulgação. Vista como uma espécie de trilha sonora das estratégias de alienação e despolitização da juventude, o "movimento" da Jovem Guarda passou a ser percebido como ameaça à MPB na virada de 1965 para 1966. Como oitavo colocado na audiência geral da semana e primeiro no seu horário específico (domingo às cinco da tarde), o "Jovem Guarda" aparece pela primeira vez nas pesquisas do Ibope em janeiro de 1966, com 29,3%.[23] Isso não significou, necessariamente, a migração de espectadores entre os dois programas, até pela diferença de horário e dia da semana. O que parece ter ocorrido foi que o "Fino da Bossa" continuou tendo uma audiência relativamente estável (entre 23% e 26%), enquanto a audiência do programa "Jovem Guarda" cresceu notavelmente a partir de abril de 1966 (atingindo um pico de 38% nesse mês), mantendo-se entre 30% e 35% até o final daquele ano. Em relação às vendas de discos, ocorreu um fenômeno parecido. Depois da explosão comercial da MPB no começo de 1965, capitaneada pela dupla Elis Regina e Jair Rodrigues,[24] surgia um outro tipo de artista com grande viabilidade comercial: Roberto Carlos. Seu LP *Jovem Guarda* (CBS), lançado em novembro de 1965, não só atingia como superava as cifras de vendagem da MPB,[25] capitaneado pela faixa "Quero que vá tudo pro inferno".

A competição mercantil-ideológica se acirrou ao longo de 1967. Com o sucesso popular do II Festival de Música Popular Brasileira da TV Record, em fins de 1966, os ideólogos e artistas da MPB passaram a vislumbrar uma possibilidade de ocupar o espaço da Jovem Guarda nos meios de comunicação. Mas, nesse momento, percebemos que a fórmula do musical televisivo seriado começava a se esgotar, fenômeno que condenou os dois programas. Tanto "Fino da Bossa" quanto "Jovem Guarda" entraram no ano de 1967 em queda na audiência. O "Fino da Bossa" (rebatizado de "Fino 67") se manteve na casa dos 15% a 20%, até ser extinto em julho. O "Jovem Guarda" experimentou uma crise mais longa antes de ser extinto (explicável inclusive pela falta de opções no mercado musical "jovem"), sendo tirado do ar em janeiro de 1968.[26]

Essa mudança nos padrões de audiência e o surgimento de novas fórmulas de programas foram acompanhados por um salto nos números de aparelhos de TV durante 1967. Entre janeiro de 1966 e janeiro de 1967, o número de unidades familiares com TV em São Paulo aumentou de 633.156 para 698.065,[27] registrando 10% de acréscimo. Entre janeiro de 1967 e janeiro de 1968, o aumento foi de quase 35%, totalizando 959.221 unidades familiares.[28] Além disso, o acesso das classes mais pobres ao aparelho cresceu no montante geral, com o aumento mais significativo na classe D (cerca de 4%).[29] Mas foi em 1968 que a TV se tornou não só mais disseminada na sociedade, mas também sensivelmente mais orientada por uma grade de programas "populares". Outra estatística esclarecedora demonstra que, entre 1965 e 1967, a média anual de vendas de aparelhos de TV oscilou entre 10% e 15%. Somente de 1967 para 1968, as vendas aumentaram 45%.[30]

Ao contrário do que se sugere normalmente, afirmamos que o gênero musical beneficiário desse salto de popularização do novo meio eletrônico não foi a Jovem Guarda, mas a MPB. Tanto "Esta Noite se Improvisa", programa de cultura musical da TV Record, sensação de 1967, quanto os Festivais da Canção tinham como eixo atrativo principal os novos astros dessa corrente. É bem provável que essa mudança estrutural na audiência tenha feito migrar parte do público que ouvia música popular através do rádio, acostumado aos programas de auditório e às competições musicais que os festivais trouxeram para o meio televisivo.[31]

O mito da "ameaça" da Jovem Guarda, que até hoje é rememorado por alguns analistas, parece não ter sido historicamente efetivo. A MPB se revelou um produto mais dinâmico, não só do ponto de vista criativo, como do ponto de vista comercial. A consagração artística e comercial de Chico Buarque de Hollanda, em fins de 1966, representou um enorme alento comercial para a MPB que, na época, chegou a rivalizar, em termos de vendagem de discos, com o próprio Roberto Carlos. Mesmo vendendo, no geral, menos discos do que os gêneros mais populares, a MPB era o setor dinâmico da indústria fonográfica, permitindo agregar valor ao produto musical. Essa tendência se consolidaria nos anos 1970, entrando em declínio por volta de 1982, quando o pop-rock a substituiu como carro-chefe das *majors*. Além disso, a perspectiva de vendas de longo prazo era importante para o planejamento da indústria fonográfica, à medida que o *star system* da MPB era ocupado por compositores e intérpretes com mais recursos criativos e qualidade técnica.

Mas, nos idos de 1967, essa tendência ainda não estava muito clara para os protagonistas, sejam empresários ou artistas. Foi no momento de crise dos dois programas – "Fino da Bossa" e "Jovem Guarda" – que a luta comercial, travestida de linguagem cultural e ideológica, se acirrou ainda mais. Um bom exemplo foram os episódios que envolveram a criação da "Frente Ampla da MPB", o novo

Agência O Globo

O sucesso de Elis Regina também foi construído na televisão.
Na TV Record, ela apresentava, ao lado de Jair Rodrigues, o programa "Fino da Bossa".

programa da Record, e as reações dos artistas ligados à Jovem Guarda, por volta de julho de 1967. O evento mais bizarro desse processo ficou conhecido como a "passeata contra as guitarras elétricas", protagonizada por astros televisivos da MPB, como Elis Regina, Vandré e Gil (pré-Tropicália). Desse embate resultou a implosão da segunda corrente, embora seus estilhaços tenham fornecido um bom elemento de provocação para a crítica tropicalista à MPB nacionalista.

Portanto, a partir de 1967, percebe-se que a estrutura de mercado televisivo-musical, cada vez mais organizada em torno dos festivais, não comportava muitos programas televisivos seriados competindo entre si, centralizados em determinadas personalidades fixas, que rapidamente se desgastavam quando superexpostas, sem planejamento, na mídia. Nomes como Chico Buarque ("Pra Ver a Banda Passar"), Geraldo Vandré ("Disparada"), entre outros, lançados no contexto dos festivais, não conseguiam manter seus programas por muito tempo, sendo logo tragados pelas pressões internas da emissora e pelas pressões externas de público e patrocinadores. O artista-artesão não estava completamente inserido na máquina, ainda que nesse momento fosse o centro criativo da sua reorganização em direção à indústria cultural renovada.

A "era dos festivais" conheceu um enorme incremento em fins de 1966, com o grande sucesso popular ocorrido em função do II Festival de Música Popular Brasileira da TV Record. Mas a fórmula televisual do festival da canção surgiu na TV brasileira no ano anterior. Em 1965, a TV Excelsior tentou capitalizar parte do interesse renovado por música brasileira e organizou um festival pioneiro, vencido por Elis Regina e pela música "Arrastão", de Edu Lobo e Vinicius de Morais. Já em 1966, a cidade do Rio de Janeiro tentava se reciclar, para retomar o título de "capital" da música popular, patrocinando o Festival Internacional da Canção. Mas as maiores expectativas ficaram por conta do II Festival de MPB da Record, anunciado como uma verdadeira "ofensiva" contra a Jovem Guarda e, como tal, conseguiu atrair não só o interesse dos grandes criadores, como acabou lançando novos astros.[32]

O II Festival de MPB da TV Record, realizado em outubro de 1966, superou todas as expectativas de público e consagrou um novo panteão de cantores populares. Num momento em que se prenunciava o esgotamento da MPB renovada, dado o avanço da Jovem Guarda, o Festival surpreendeu a todos, renovando o fôlego criativo e comercial dessa corrente.

Incorporado pela TV Record, o projeto do Festival recebeu novos estímulos que estão na base do seu grande sucesso popular. A emissora possuía um *cast* de primeira grandeza e exigia, sob contrato, que os intérpretes fizessem parte do seu elenco. O II Festival de MPB, mesmo dirigindo-se, a princípio, a um público consumidor da corrente "engajada e nacionalista", deveria reunir o máximo de representantes de todas as tendências musicais e de gosto popular. Até cantores de Jovem Guarda eram aceitos (desde que não defendessem as canções identificadas com o iêiêiê). Além disso, o Festival contava com uma cobertura prévia, de cunho propagandístico nas revistas especializadas em TV, com destaque para a revista *Intervalo*, muito popular na época. O outro polo aglutinador do evento, a indústria fonográfica, também estava presente: as músicas deveriam estar disponíveis em fonogramas, antes do fim do Festival, aproveitando o grande poder promocional do evento. Percebe-se a emergência de um sistema de produção, distribuição e consumo das obras, característica da indústria cultural "madura".

Mesmo com os instrumentos de produção, divulgação e promoção da indústria cultural em pleno processo de reorganização interna – em direção a uma maior racionalização e controle sobre seus produtos –, o festival não deveria perder sua aura de evento "espontâneo" e "participativo", justamente para garantir seu sucesso junto ao público. Esse aparente paradoxo – o choque entre racionalização crescente do processo de produção musical e o elogio à espontaneidade e imprevisibilidade do seu maior evento – tem uma explicação: naquele contexto, o "sistema" ainda não tinha otimizado seu controle sobre o processo de criação, produção e circulação das canções e dos programas de TV.

Em relação ao festival da TV Record de 1966, como se percebe nos registros audiovisuais que restaram,[33] destacava-se a atenção da plateia e o entusiasmo apoteótico com as duas vencedoras, "A Banda" e "Disparada". Num impressionante espetáculo de comunhão artista-plateia, que talvez não tenha nunca mais se repetido durante o ciclo histórico dos festivais de MPB (à exceção da apresentação de "Caminhando" no Festival Internacional da Canção de 1968), "Disparada" foi atenciosamente ouvida por um público que parecia hipnotizado, como se pode ver pelos frequentes *closes* da câmera. A performance de Jair Rodrigues,[34] numa interpretação enfática e expressiva, quase solene, experimentou o maior momento de sua carreira. Quando ele cantou o trecho: "Então não pude seguir/valente lugar tenente/de dono de gado e gente/ porque gado a gente marca/tange, ferra, engorda e mata/mas com gente é diferente", o público irrompeu em palmas e saudações. O Quarteto Novo, competente grupo instrumental formado por Theo de Barros, Heraldo do Monte, Airto Moreira e Hermeto Paschoal, ostentando traje de gala como a ocasião exigia, forneceu uma base instrumental sólida, pungente e exortativa ao mesmo tempo.[35] "Disparada" conseguiu, a um só tempo, emocionar e entusiasmar a plateia, não só devido à sua letra engajada, mas ao conjunto musical como um todo. O gestual de Jair Rodrigues, erguendo os braços para o alto, reforçando o caráter de comício sugerido pelas performances das canções engajadas, dava continuidade à tradição de gestual contundente, tal como Elis Regina em "Arrastão". Ambos os cantores ajudaram a construir a performance televisual dos festivais, marcada por uma forte expressividade, que em alguns momentos beirava o histriônico.

Outros nomes consagrados na ocasião, que catalisaram a audiência engajada, foram Chico Buarque e Geraldo Vandré. Se havia uma nítida tendência geral da mídia em consagrar a imagem de "rapaz-tímido-e-sensível" para Chico Buarque, Geraldo Vandré incorporava uma outra *persona*: o "cantador-agressivo-e-indignado". Com braço levantado e semblante carregado, Vandré comandava o "Disparada", gravado sem plateia. A sensação de artificialidade do programa era marcante e acabou por dificultar a performance do compositor. Aliado à sua personalidade forte e militância política, a disposição de ocupar um espaço comercial destacado dentro da MPB acabou fazendo com que Vandré entrasse em conflito com empresários e diretores, o que dificultou sua carreira, tanto nas gravadoras como nas emissoras de TV.[36] De qualquer forma, sua imagem permaneceu ligada aos festivais, evento nos quais ajudou a consagrar, se destacando pelo clima de comício que imprimia às suas performances.

Os dois novos astros surgidos na MPB em torno do Festival da TV Record de 1966, Geraldo Vandré e Chico Buarque, não conseguiam repetir a performance televisual de Elis Regina e Jair Rodrigues no "Fino da Bossa". Essa inadequação ocorre justamente quando o meio tenta racionalizar o uso dos seus astros e direcioná-los para programas previamente estudados. Mais do que a "timidez" de Chico e Nara ou a "agressividade" de Vandré, as razões para essa inadequação devem ser buscadas no limite que os próprios programas impunham. Dadas as dificuldades de se organizar um programa ao vivo com plateia, a tentativa de colocar a MPB dentro de um estúdio frio e calculado parecia fracassar. A mística dos seus astros, forjada no clima exaltado das plateias do "Fino da Bossa" e dos festivais nascentes, parecia perder o encanto. Sua identidade estava lastreada numa determinada performance de palco e plateia que mimetizava a efervescência estudantil, *ethos* originário da MPB renovada.

Com a mudança dos padrões técnicos de gravação, após o tropicalismo e a massificação do LP como suporte privilegiado de música popular, as gravadoras tomaram a dianteira do processo mais dinâmico da MPB. Mas, até 1968, a televisão tinha essa hegemonia, sondando o público e disseminando tendências musicais. E foram os festivais, sobretudo os festivais da TV Record, que mantiveram esse esquema que articulava estratégias de promoção e divulgação dos artistas com hábitos de escuta de um público ainda ligado às apresentações ao vivo. Havia uma espécie de "performance compartilhada"[37] entre artistas e públicos que foi a base dos primeiros festivais, mas que se perdeu na medida em que a própria indústria televisual

Geraldo Vandré cantando "Pra não dizer que não falei de flores", no III Festival Internacional da Canção, de 1968, transmitido pela TV Globo. A música, também conhecida como "Caminhando", ficou em segundo lugar, perdendo para "Sabiá", composição de Tom Jobim e Chico Buarque. Mas a música de Vandré se tornou um hino contra a Ditadura Militar.

se transformava.[38] A partir de 1968, um novo público ocupava os auditórios dos festivais, forjado dentro de uma outra *mediabilidade*.[39] O equilíbrio entre "fórum" e "feira", que de 1966 a 1967 ainda se mantinha, já pendia totalmente para o segundo termo. No contexto específico em questão, quando parte das expectativas políticas da resistência civil ao regime convergia para a MPB, esse processo decretou o fim dos festivais e, num certo sentido, o próprio fim da "era da MPB na TV".

O triunfalismo em torno dos festivais e a nova revolução na estrutura do mercado musical, cujo exemplo mais dramático era o surgimento do superastro Chico Buarque de Hollanda, acabaram incentivando ainda mais a pesquisa musical que levaria ao rompimento do paradigma estético e ideológico delimitado pelo nacional-popular da "frente única" contra o regime. Não por acaso, essa cultura política também se desgastava como baliza de ação das esquerdas. A tônica na pesquisa musical, marca do ano de 1967, foi pressionada por dois tipos de preocupação: como evitar as fórmulas musicais vazias e repetitivas, impostas pelo mercado em expansão, e como dar conta dos novos impasses ideológicos gerados pela radicalização das opções políticas por parte de importantes setores da esquerda brasileira, que adotaria a "guerrilha" como tática principal de luta.

Essas preocupações encontrariam sua ressonância máxima no III Festival de MPB da TV Record em 1967, um evento bem mais planejado, visando atingir níveis inéditos de audiência, enriquecido pela grande expectativa em torno da participação dos grandes compositores daquele momento. Os acontecimentos e as consequências culturais e artísticas do grande Festival de 1967, ao mesmo tempo em que marcaram o auge de um ciclo histórico, traduziram a faceta mais traumática das contradições que a realização social da canção, via mercado, ensejava.

As tensões em torno do III Festival da TV Record retiravam-lhe, paulatinamente, o caráter de esfera pública, em que se exercitava uma cultura de resistência, sobressaindo a sua faceta mais comercial. O mote da imprensa[40] para o Festival de 1967 era a perspectiva de grandes polêmicas, que iam além do já conhecido embate MPB *versus* Jovem Guarda:

> Um grupo que está muito forte e, na opinião de todos, obterá boa classificação no festival é o grupo baiano [...]. Seu empresário Guilherme Araújo diz com entusiasmo que o grupo vai "abafar", principalmente por introduzir na música brasileira sons eletrônicos até agora só conhecidos na música clássica.[41]

O ano seguinte – 1968 – marcaria uma fase crucial na reorganização dos polos de criação em conflito na cena musical brasileira. Se podemos considerar o II Festival em 1966 como um "balão de ensaio" da TV que "deu certo" e o III Festival em 1967 como um evento bem mais planejado e estruturado "para dar certo", o IV Festival da TV Record acirrou a percepção da crise da fórmula festivalesca. Ao mesmo tempo, essa edição do Festival veiculava novas estratégias promocionais e comerciais, inusitadas para os padrões da MPB. No geral, em 1968 foram realizados nada menos do que oito festivais, indicando dois fenômenos: a segmentação do mercado musical, que colocava em xeque o paradigma então estabelecido de MPB, e a aceleração da "roda viva" da indústria cultural, cada vez mais exigindo um encurtamento do ciclo de realização social das canções. Este último aspecto acabaria por detonar uma verdadeira crise de criação, sobretudo entre os artistas engajados (antes mesmo do fechamento político do regime militar), cuja expressão máxima foi a Tropicália.[42]

Os programas musicais da televisão brasileira dos anos 1960, sobretudo os lendários festivais da canção, foram os veículos apropriados para testar os novos artistas e obras perante um público ainda difuso, sem preferências musicais completamente mapeadas e segmentadas. Esse panorama começou a se modificar no final dos anos 1960, quando a indústria do disco já tinha um capital institucional suficientemente grande para direcionar os rumos do panorama de consumo musical.[43] Não é por acaso que os festivais, como eventos-síntese dessa fase de institucionalização da MPB, entraram em crise na mesma época. Entretanto, o lugar desses eventos musicais na memória social é exemplo do complexo processo de interação entre experiência social e experiência midiática.

NOTAS

[1] Claudio Aguiar Almeida, *Cultura e sociedade no Brasil (1940-1968)*, São Paulo, Atual, 1997, pp. 73-4.

[2] Ver Francesco Casetti e Roger Odin, "De la paleo à la neo-television: approche sémio-pragmatique", em *Communications*, n. 51, Paris, 1990, pp. 9-28.

[3] Para um estudo sobre as relações entre música e televisão nos anos 1970, ver Eduardo Scoville, *Na barriga da baleia: a Rede Globo de Televisão e a música popular brasileira na primeira metade dos anos 1970*, Curitiba, 2007, tese (doutorado em História), UFPR.

[4] Tárik de Souza, "A aliança televisiva e os festivais da canção", em Tárik de Souza, *Brasil musical*, Rio de Janeiro, Art Bureau, s/d, p. 224.

[5] Fonte: *Boletim de Assistência de TV (São Paulo) vol.1*, Ibope, 1966 (Acervo do Arquivo Edgar Leuenroth, IFCH/Unicamp).

[6] Noção trabalhada em José Ramos Tinhorão, *Música popular: do gramofone ao rádio e TV*, São Paulo, Ática, 1981.

[7] Entrevista concedida a Silvio Lancelotti, em *Veja*, 1º maio 1974.

[8] O festival da TV Record, por exemplo, era patrocinado pelo Sabão Viva, da indústria Swift. A Rhodia, ligada ao ramo de tecidos, era outra patrocinadora frequente dos programas musicais da TV.

[9] Conforme Theodor Adorno e Max Horkheimer, "A indústria cultural: o esclarecimento como mistificação das massas", em Theodor Adorno e Max Horkheimer, *Dialética do esclarecimento*, Rio de Janeiro, Jorge Zahar, 2002.

[10] Depoimento de José Eduardo Homem de Mello ao autor, concedido em 28 ago. 1997.

[11] Depoimento de E. R. Amorin, "TV Record, São Paulo", acervo CCSP/Idart, p. 6.

[12] Em abril de 1964, cerca de 580 mil unidades familiares possuíam aparelho de TV na cidade de São Paulo. Em abril de 1965, esse número chegou a 600 mil. A maioria dos aparelhos (em torno de 55%) concentrava-se nas classes A e B. Fonte: *Boletim de Assistência de TV*, Ibope, 1965 (Acervo Arquivo Edgar Leuenroth, IFCH/Unicamp).

[13] Depoimento de Raul Duarte, "30 anos de TV", Arquivo Multimeios Centro Cultural São Paulo, Div. Pesquisas/Idart, São Paulo, mimeo.

[14] De acordo com Umberto Eco, a veiculação da música pela TV tem a tendência de otimizar o lado narrativo e melodramático da canção, "com prejuízo da percepção musical". Mesmo não concordando com a segunda parte dessa afirmação, parece que a proposição geral confere para o caso brasileiro. Ver Umberto Eco, "Música, Rádio e Televisão", *Apocalípticos e integrados*, São Paulo, Perspectiva, 1993, pp. 315-24.

[15] Fonte: *Boletim de Assistência de TV*, Ibope/São Paulo (Acervo Arquivo Edgar Leuenroth, IFCH/Unicamp).

[16] Caetano Veloso, *Verdade tropical*, São Paulo, Companhia das Letras, 1998, p. 163.

[17] Dieter Prokop, "Fascinação e tédio na comunicação: produtos de monopólio e consciência", em Ciro Marcondes Filho (org.), *Prokop*, São Paulo, Ática, 1986, pp. 148-94.

[18] Conforme David Treece, o ato performático se define como: "Capaz de engajar uma comunidade de músicos e ouvintes na forma de um intercurso social" (David Treece, "Guns and Roses: Bossa Nova and Brazil's Music of Popular Protest", em *Popular Music*, v. 16, n. 1, 1997, p. 5). Conforme Ron Eyerman e Andrew Jamison:

"Cantores e canções eram fundamentais para a prática cognitiva naqueles movimentos sociais [...]. No final dos anos 60, entretanto, a era do concerto de rock tinha acabado, com as performances individuais de bandas ou artistas ocorrendo num contexto inteiramente diferente de uma comunidade espiritual ou ao menos de um grupo coletivo para uma forma mais comercial ou individual" (Ron Eyerman e Andrew Jamison, "Social Movements and Cultural Transformation", em *Media, Culture and Society*, London, Sage, v. 17, n. 3, 1995, pp. 454-60). Estes últimos autores afirmam que a audiência alargada é mais difusa e "menos política", com o surgimento de uma nova geração de consumidores de música disposta a aceitar as mediações de massa da realidade (*mediability*). Eyerman e Jamison destacam a existência de canções, nessa primeira fase dos anos 1960, formadoras de uma "consciência em ascensão", não de uma consciência política ou étnica, mas uma "consciência de oposição", apontando para uma utopia no futuro.

[19] Arnaldo Contier, *Brasil Novo: música, nação e modernidade*, São Paulo, 1986, tese (livre-docência em História) USP, pp. 543-4.

[20] Enor Paiano, *O berimbau e o som universal: lutas culturais e indústria fonográfica nos anos 60*, São Paulo, 1991, dissertação (mestrado em Comunicação), USP, p.103.

[21] A declaração de Nara Leão, em 1966, é bem reveladora quanto às tendências deste novo debate: "Não acho que o iêiêiê faça concorrência à bossa nova. Os discos de música brasileira continuam a vender – tenho certeza disso. O que há realmente é muito pouca produção de discos de bossa nova [...]. Também não é verdade que só querem divulgar o iêiêiê. Toda vez que vamos a um programa de rádio nossas músicas são tocadas. Enquanto Roberto Carlos vai a todos os programas, todos os dias, o pessoal da música brasileira, talvez por comodismo não vai. Existe só o preconceito – quando vou ao programa do Chacrinha os bossanovistas me picham". Citada em *Revista de Civilização Brasileira*, n. 7, maio 1966, p. 383.

[22] O LP *O Inimitável*, de 1968, à base de sopros e cordas, menos "agressivo", pode ser visto como a expressão da virada do seu estilo Jovem Guarda.

[23] Fonte: Boletim de Assistência de TV, São Paulo, 1966, v.1 (Acervo Arquivo Edgar Leuenroth, IFCH/ Unicamp).

[24] O LP *Dois Na Bossa* (Philips, 1965), lançado em maio, bateu todos os recordes de vendagem até então, atingindo a cifra de quinhentas mil cópias.

[25] Na verdade, conforme os dados do Ibope, percebe-se que a Jovem Guarda superava a MPB de forma mais acentuada apenas nos compactos, produtos mais baratos que os LPs, traduzindo assim as diferenças socioculturais entre um e outro movimento. Ainda assim, tal segmentação parece ter sido mais acentuada nas faixas etárias mais jovens. O público mais adulto transitava pelos dois estilos de forma mais fluida, como demonstram as audiências televisivas dos dois programas.

[26] Em 1967 duas novas fórmulas televisivas começam a se destacar: as competições musicais, seja na forma do *quiz show* (cujo grande programa era o "Esta Noite se Improvisa", maior índice de audiência do ano) ou na forma dos festivais. O III Festival da TV Record atinge a cifra de 47% de audiência em São Paulo.

[27] Fonte: *Boletim de Assistência de TV (São Paulo)*, Ibope (Acervo AEL/IFCH/Unicamp).

[28] Idem.

[29] Idem.

[30] Historicamente, esse "salto" de aquisição de aparelhos só perdia, até então, para o período que vai de 1955 a 1958, quando as cifras atingiram cerca de 350% (Renato Castelo Branco et al., *História da propaganda no Brasil*, São Paulo, T. A. Queiroz, 1990, p. 251).

[31] Não é improvável que um outro processo estivesse começando a despontar em 1968: a formação de um público eminentemente televisivo. Esse fenômeno, mais destacado entre os mais jovens, sugere a gênese de uma nova *mediabilidade*, em que a TV articula a formação de um público próprio, já não mais oriundo das audiências radiofônicas.

[32] Ver Zuza Homem de Mello, *A era dos festivais: uma parábola*, São Paulo, Editora 34, 2003; ver também Marcos Napolitano, *Seguindo a canção: engajamento político e indústria cultural na MPB*, São Paulo, Fapesp/Annablume, 2001.

[33] Os videotapes das eliminatórias estão perdidos. Restam, apenas, os registros das finalíssimas dos quatro festivais (1966 a 1969) no Arquivo de Imagens da TV Record de São Paulo.

[34] Jair Rodrigues e Elis Regina podem ser considerados os primeiros cantores da TV brasileira, no sentido de que suas performances foram pensadas especialmente para esse meio. Conforme Zuza Homem de Mello, *Música popular brasileira*, São Paulo, Edusp, 1976, p. 179.

[35] Além disso, a apresentação dessa canção proporcionou uma cena-síntese das contradições do período: o percussionista do Quarteto, vestido com *smoking* e percutindo uma queixada de burro. Uma imagem contrastante, que a alegoria tropicalista tanto irá explorar. Imagem-síntese de um evento televisivo, que oscilava entre a pompa de um concerto e o entusiasmo de um programa de auditório.

[36] Nesse sentido, um nome que marcou a performance televisual dos anos 1960 foi Sérgio Ricardo, outro compositor de destaque da esquerda, que acabou por perder espaço após 1967, quando protagonizou a "violada na plateia", atirando seu instrumento contra o público no III Festival da MPB da TV Record.

[37] Ron Eyerman e Andrew Jamison, "Social Movements and Cultural Transformations: Popular Music in the 1960's", op. cit., p. 458.

[38] Ver Eduardo Scoville, op. cit., 2007.

[39] O conceito de mediabilidade (*mediability*) é importante para averiguar a forma que um determinado público assimila os produtos culturais. Não que as mediações estejam ausentes de uma apresentação ao vivo de música, por exemplo, mas o incremento técnico e social das mídias, que explodiu no final dos anos 1960, criou um novo patamar de mediabilidade, inseparável da cultura "jovem" que se formou em torno da música popular. No Brasil, o tropicalismo foi, em parte, fruto dessa tendência. Ver Ron Eyerman e Andrew Jamison, op. cit., p. 454; Jerome Rodnitzky, "Popular Music as Politics and Protest", em Kenneth J. Bindas (ed.), *America's Musical Pulse*, Santa Barbara, Praeger Publisher, 1992, pp. 3-12.

[40] Diferentemente de 1966, quando o Festival só recebeu grande destaque na imprensa por ocasião da finalíssima, o III Festival foi notícia mesmo antes de começar, denotando um papel ativo da imprensa na institucionalização da MPB, não só registrando os fatos, mas estimulando polêmicas e sistematizando posições estéticas e ideológicas em jogo.

[41] "Música popular abre o festival", em *O Estado de S. Paulo*, 23 set. 1967, p. 12.

[42] Sobre a Tropicália, cuja apresentação foge aos limites deste texto, ver Celso Favaretto, *Tropicália: alegoria, alegria*, São Paulo, Ateliê, 1995; ver também Marcos Napolitano e Mariana Martins Villaça, "Tropicalismo: as relíquias do Brasil em debate", em *Revista Brasileira de História*, v. 18, n. 35, 1998, pp. 53-75.

[43] Ver Rita Morelli, *Indústria fonográfica: uma abordagem antropológica*, Campinas, Editora Unicamp, 1991.

ANOS 1970
a televisão em tempos de modernização

Os anos 1970 estão marcados pela hegemonia da TV Globo entre as emissoras de televisão tanto do ponto de vista estético quanto do comercial. Mas há outros traços que caracterizam esse período. A tensão entre formatos antigos e modernos na programação televisiva não eliminou o caráter experimental, ousado e engajado de alguns programas exibidos em outras emissoras na luta pela conquista dos corações e mentes da audiência. A consolidação da televisão como meio de comunicação de massa convive, então, com intensos debates acerca do papel social desse meio e o seu eterno dilema entre entreter e conscientizar as massas. Até que ponto esses aspectos podem ser conciliados?

A RENOVAÇÃO ESTÉTICA DA TV

Ana Paula Goulart Ribeiro
Igor Sacramento

A década de 1960 foi marcada pelo aparecimento de duas novas emissoras de televisão - a TV Excelsior, em julho de 1960, e a TV Globo, em abril de 1965 - que se colocaram como alternativas às principais concorrentes da época - TV Tupi, TV Record e TV Rio. A chegada da Excelsior balançou o mercado. A emissora foi a primeira a ser administrada com uma visão empresarial moderna. Isso significou um processo de racionalização em vários níveis: na produção, na programação e na gestão dos negócios. A emissora do Grupo Simonsen realizou o I Festival Nacional da Música Popular Brasileira, produziu a primeira telenovela diária, introduziu os princípios de horizontalidade e de verticalidade na programação (os programas eram exibidos de segunda e sexta e em horários fixos) e substituiu as adaptações de obras estrangeiras, comuns à época, por programas com linguagem coloquial e temáticas nacionais.

A emissora, entretanto, teve vida curta. Um dos fatores determinantes para a sua derrocada foi a mudança do cenário político após 1964. A Excelsior se pautava editorialmente por um "nacionalismo democrático" e, diante da possibilidade do golpe militar, apoiou a manutenção no poder do presidente João Goulart. Com a consolidação da Ditadura, a emissora sofreu boicotes e uma censura bastante rígida. E, depois da morte de Mário Wallace Simonsen, em 1965, adquiriu muitas dívidas. Até que, em primeiro de outubro de 1970, o presidente Emílio Garrastazu Médici assinou o decreto de sua cassação.[1]

O percurso da TV Globo foi diferente. Quando surgiu, a emissora seguiu um modelo mais tradicional de produção. Procurou se identificar de forma mais direta com o público popular que, naquele momento, já tinha condições de dispor de aparelhos de televisão. Com essa proposta, investiu numa dramaturgia tradicional e contratou diversos "animadores de auditório" – como eram conhecidos os apresentadores dos programas de variedades. Mas, apesar da ênfase numa programação popular, a Globo não abandonou o formato do teleteatro, característico da "televisão artística" ou de elite dos anos 1950 – período em que a "TV de Vanguarda" se mitificou como a sua síntese.

Em relação aos programas de auditório, a Globo repetiu fórmulas que garantiam a audiência de outras emissoras. "O Céu é o Limite", apresentado por Aurélio Campos, por exemplo, foi o primeiro grande fenômeno de sucesso da TV brasileira, tendo alcançado 92% de audiência. Com estreia em 1955, foi veiculado pela TV Tupi de São Paulo e, um ano depois, pela filiada carioca, cuja apresentação cabia a J. Silvestre. O formato do programa consistia em perguntas sobre um determinado tema escolhido pelo candidato e na entrega de prêmios para as respostas "absolutamente certas".

Na TV Rio, Abelardo Barbosa, o Chacrinha, estreou, em 1956, com "Discoteca do Chacrinha". O programa – que passou pela Excelsior e Bandeirantes e acabou indo para a Globo – foi responsável pelo lançamento de muitos ídolos da música popular brasileira e tinha como uma de suas atrações as sensuais chacretes. Também na TV Rio, um ano antes, Flávio Cavalcanti levou ao ar o "Noite de Gala", programa que contava com a participação de expoentes do cenário artístico brasileiro, como os cantores João Gilberto e Maysa, a atriz Norma Bengell e o jornalista Mauro Porto, o famoso Stanislaw Ponte Preta.

O "Show da Noite" (1965) da TV Globo tinha um formato semelhante. Apresentado ao vivo, de segunda a sexta-feira, por Gláucio Gil, o programa era composto de diversos quadros, com números musicais, dança, entrevistas e brincadeiras. E contava com a participação de convidados famosos. Nesse contexto, também se destacou o "Programa Silvio Santos", exibido na Globo de 1968 a

1976, que se notabilizou pela farta distribuição de prêmios (como carros, eletrodomésticos e dinheiro) e marcou época com sua competição de calouros, cujo júri era formado por algumas figuras polêmicas, como José Fernandes e Décio Piccinini.

Ainda na TV Globo, vale destacar "O Homem do Sapato do Branco", exibido de agosto de 1968 a março de 1969. Era um programa de entrevista, apresentado por Jacinto Figueira Júnior, que explorava o chamado "mundo cão". Abordava temas como a violência urbana e levava à televisão personagens como prostitutas, ladrões e homossexuais.[2]

Outro marco foi Dercy Gonçalves, que liderou dois programas na Globo: "Dercy Espetacular" (1966-1967) e "Dercy de Verdade" (1967-1970). No primeiro, a atriz fazia entrevistas e reportagens especiais, apresentava números musicais e esquetes de humor, sempre com muita irreverência. No quadro "Consultório Sentimental", pessoas faziam pedidos diversos, como a localização de parentes desaparecidos, uma bolsa de estudos, uma cadeira de rodas etc. Já no "Dercy de Verdade", a apresentadora realizava gincanas e discutia temas do momento, como a cura do câncer, o plano de remoção de favelas e a situação da população indígena. Recebia convidados curiosos, como espíritas, curandeiros, irmãs xifópagas e pessoas com deformidades físicas, e utilizava a conversa com eles como estratégia para agradar o seu público e fazê-lo rir.

Em "004 Longras" (1967-1969), exibido na Globo de segunda a sexta, Raul Longras lia cartas de homens e mulheres que procuravam parceiros. Em "Casamento na TV", exibido praticamente no mesmo período aos domingos, o apresentador promovia o encontro de casais, levando pessoas de diversas partes do país para serem entrevistadas ao vivo. Quando duas pessoas decidiam se casar, a produção do programa providenciava a cerimônia religiosa, oferecia uma recepção para os convidados dos noivos e presenteava o casal com roupas de cama, móveis e viagem de lua de mel. Uma das edições de maior audiência foi quando uma moça grávida invadiu o estúdio e acusou um dos candidatos a noivo de ser o pai do seu filho.

Não era só o entretenimento que abusava dos elementos popularescos. Programas de jornalismo policial que traziam o "mundo cão" para a TV multiplicaram-se na segunda metade da década de 1960: "002 Contra o Crime" (1965) e "Polícia às suas Ordens" (1966), na Excelsior; "Patrulha da Cidade" (1965), na Tupi; "Plantão Policial Canal 13" (1965-66), na TV Rio; e "A Cidade Contra o Crime" (1966), na Globo.

De qualquer forma, os programas mais assistidos na TV brasileira eram mesmo os de entretenimento. Na lista dos de maior audiência estavam "Dercy de Verdade", "Hebe", "Discoteca do Chacrinha", "Telecatch" e "Buzina do Chacrinha".[3] Mas havia muita resistência a esse tipo de programação entre a elite intelectualizada do país, e as críticas cresceram muito no final da década. Criou-se até uma "campanha contra o grotesco na TV", liderada pelo colunista do *Última Hora* Eli Halfoun, durante setembro de 1968. O crítico defendia o que ele chamava de uma "televisão sadia", sem atrações que abusassem da "boa-fé" do público. Halfoun criticava programas como "Desafio à Bondade", da TV Tupi, "Casamento na TV" e "Dercy de Verdade", da TV Globo. Considerava "O Homem do Sapato Branco" o mais sensacionalista e execrável.

A crítica ao "baixo nível" da programação constituiu um fator de pressão fundamental para a mudança de perfil da televisão brasileira nos anos 1970.[4] Na TV Globo, a transformação foi evidente, mas resultou de um processo que começou antes. Já em 1966, um ano depois da inauguração da emissora, Roberto Marinho trouxe novos profissionais para comandarem as áreas de administração, de produção e de programação da TV. A parte financeira foi assumida por Joe Wallach, executivo do grupo Time-Life. A comercialização passou a ser comandada por José Ulisses Arce. E, como diretor geral, foi nomeado Walter Clark, que em 1967 contratou José Bonifácio de Oliveira Sobrinho, o Boni, com quem já havia trabalhado na TV Rio, para dirigir a área de programação/produção. Clark tinha a incumbência de ser o regente dessas três áreas.[5]

Juntos, Boni e Clark estruturaram na emissora uma grade de programação, segundo o conceito já utilizado pela TV Excelsior. Seguiam os princípios de horizontalidade e de verticalidade: o primeiro consistia na reserva de horário para determinados programas ao longo da semana, e o outro dizia respeito à organização diária em diferentes faixas de horário: de manhã, programação infantil; à tarde, programas femininos; e, à noite, telejornal e telenovelas. Essas práticas permitiram a sistematização e o aumento da venda de espaço publicitário, além da fidelização do público. Foram Boni e Walter Clark que tiveram a ideia de levar ao ar no horário nobre um telejornal (o "Jornal Nacional") intercalado por duas novelas. Também foi obra desses executivos a estruturação do núcleo de novelas da TV Globo e a criação de diversos programas de grande sucesso, como o "Fantástico" e o "Globo Repórter", ambos de 1973, já frutos de uma desejada televisão nacional de qualidade. As mudanças propostas por eles levaram a TV Globo ao primeiro lugar na audiência e foram, aos poucos, consolidando a sua liderança absoluta.

Junto com a Excelsior, a TV Globo foi uma das primeiras emissoras a se pautar mais seriamente pelas questões de mercado, criando departamentos de pesquisa e marketing. As estratégias e práticas de produção das concorrentes (TV Record, TV Rio e TV Tupi) eram relativamente improvisadas. Os investimentos eram destinados aos programas que tinham bons índices de audiência, como os festivais da canção, os musicais e os humorísticos, todos mantidos no ar até o ponto de saturação total para que pudessem render o máximo possível. Mas, se um

Agência O Globo

Chacrinha apresentando seu programa na TV Globo. Na foto, com o cantor Waldick Soriano.

programa não emplacasse, era logo retirado do ar. A Globo, ao contrário, se preocupou com a formação de uma mentalidade de planejamento a longo prazo. Isso tinha como implicação a necessidade de se bancar os riscos de fracasso de alguns programas em nome de um movimento ascendente, porém estável, de audiência e de conquista da publicidade.[6] Significava também a eventual necessidade de tirar do ar um programa bem-sucedido para que sua fórmula não se desgastasse.

Paralelamente, os militares pretendiam promover a integração nacional pela comunicação, e a televisão era tida como estratégica nesse processo. Em 1965, a Empresa Brasileira de Telecomunicações (Embratel) foi inaugurada e possibilitou, a partir de 1969, que as emissoras propagassem sua programação por micro-ondas. A Globo foi a primeira a utilizar o sistema. Em setembro de 1969, levou ao ar o "Jornal Nacional", o primeiro programa televisivo transmitido em rede, graças à infraestrutura tecnológica fornecida pelo governo.

Antes de se tornarem nacionais, os telejornais brasileiros eram programas bastante simples, já que não havia a infraestrutura tecnológica e o *know-how* necessários para informar sobre os fatos com eficiência e agilidade. Contando com raras reportagens externas, praticamente se limitavam à narração de notícias dentro de um estúdio por um apresentador. Esses profissionais eram conhecidos como "locutores", o que demonstra a forte ligação do jornalismo televisivo com o radiofônico.

Nos anos 1960, alguns telejornais procuraram se afastar desse modelo e buscaram fazer da televisão algo mais do que um "rádio com imagens", caracterização comumente utilizada à época. Destacaram-se dois: o "Jornal de Vanguarda" (1962) e o "Show de Notícias" (1963), da TV Excelsior. Mas os dois programas eram regionais: o primeiro produzido e veiculado para o Rio de Janeiro e o outro, feito e transmitido para São Paulo.

Depois do sucesso na TV Excelsior, o "Jornal de Vanguarda" foi levado com toda a sua equipe para a TV Globo, inclusive seu diretor Fernando Barbosa Lima. Mas a experiência durou pouco menos de um ano. Em 1967, o telejornal voltou para a emissora de origem. Borjalo, que estava dirigindo o programa, ficou na Globo e criou o "Jornal de Verdade", seguindo um formato semelhante. Nessa época, a emissora estava passando por um processo de mudança fundamental no seu jornalismo. A direção do departamento, em setembro de 1966, tinha passado para as mãos de Armando Nogueira, que não tardou em adquirir novos equipamentos e contratar profissionais. Uma das primeiras medidas do novo diretor foi retirar do ar o "Ultranotícias", um telejornal feito à moda tradicional, com forte intervenção do patrocinador. No seu lugar, ele colocou o "Jornal da Globo", apresentado por Luís Jatobá e Hilton Gomes e que tinha José Ramos Tinhorão como editor-chefe. Ficaria no ar até 31 de agosto de 1969, quando foi substituído pelo "Jornal Nacional", que estreou no dia seguinte, em 1º de setembro.[7]

O "Jornal Nacional" foi lançado para competir com o "Repórter Esso", da TV Tupi, e fazia parte do ambicioso projeto de Walter Clark e Boni de transformar a TV Globo na primeira rede de televisão do Brasil. Isso só foi possível porque o governo já havia preparado a infraestrutura tecnológica necessária. A Embratel acabara de inaugurar uma rota terrestre que permitia a emissão de sinais de TV simultâneos para Rio de Janeiro, São Paulo, Porto Alegre e Curitiba. Eram as condições técnicas que a Globo precisava para realizar o seu projeto. Ao possibilitar a geração de uma programação uniforme para todo o país, a empresa diminuía os custos de produção dos seus programas e aumentava sua capacidade de comercialização do espaço publicitário. Afirma Walter Clark:

> Esse esforço de expansão rápida da rede é que explica o surgimento do "Jornal Nacional", em 1º de setembro de 1969. [...] Nós precisávamos de um programa diário, que entrasse ao vivo em vários estados, para estimular outras emissoras a se afiliarem à Rede Globo. Com mais emissoras, poderíamos oferecer aos nossos clientes a audiência de outras praças, cobrando mais caro por isso. E, obviamente, não havia nenhum programa de TV diário melhor para fazer essa integração do que um telejornal.[8]

A primeira edição do "Jornal Nacional" terminou com apresentador Cid Moreira anunciando para breve a integração do circuito de Brasília e Belo Horizonte ao telejornal. E, antes de finalizar com a saudação de boa noite, afirmou: "É o Brasil ao vivo aí na sua casa". A frase sintetizava com perfeição o espírito do telejornal que inaugurou o sistema de rede no país. Até então existiam emissoras, como a Tupi e a própria Globo, que contavam com estações transmissoras em várias capitais. Nenhuma, porém, formava propriamente uma rede, pois nenhuma era capaz de transmitir o mesmo sinal, ao mesmo tempo, para diferentes regiões. Os programas – novelas, shows e matérias jornalísticas – eram todos produzidos e apresentados localmente ou, então, gravados em filmes e videoteipes na sede das emissoras para distribuição país afora. Isso significa que já havia um esboço de programação nacional, já que parte dos programas era exibida em vários locais do país. Mas não havia simultaneidade. Na prática, as telenovelas, os programas de variedade e mesmo os jornalísticos eram transmitidos de forma imediata em seus locais de gravação, mas eram exibidos com muitos dias de atraso nos outros lugares.

É importante sublinhar, entretanto, que não foi apenas por ser exibido em rede que o "Jornal Nacional" se diferenciou de outros telejornais. O teleornal adotava um conceito de jornalismo diferente. Era produzido para a família brasileira, reunida no ambiente doméstico, e usava uma linguagem mais direta e coloquial, bastante distante do modelo radiofônico dos primeiros programas, caracterizada por uma locução em voz grave e em tom sério. Suas manchetes eram, em geral, curtas e rápidas. O texto era lido alternadamente por dois apresentadores de forma ágil e dinâmica.

O "Jornal Nacional", além disso, apresentava mais matérias testemunhais, com a voz dos entrevistados. Além das imagens cobertas com o áudio do locutor, o telejornal também inseria o chamado "som direto", o depoimento da pessoa falando, praticamente inexiste no "Repórter Esso" e nos noticiários das outras emissoras. Isso só era possível porque, no início dos anos 1970, o jornalismo da Globo começou a usar uma câmera de cinema chamada CP (*cinema products*), bem menor e mais leve do que as Auricoms usadas até então, que ainda tinha a grande vantagem de gravar as imagens e registrar os sons simultaneamente. O equipamento facilitou muito o trabalho na rua tanto do repórter quanto do cinegrafista. E não apenas aumentou a credibilidade da prática telejornalística, como também confirmou a capacidade da TV Globo de integrar a nação pela notícia.

O "Jornal Nacional" surgiu perfeitamente integrado ao processo de modernização da linguagem da televisão brasileira, e sobretudo da Globo, nos anos 1970. Estava igualmente sintonizado com as preocupações empresariais que marcaram a instauração de uma nova racionalidade da produção televisiva, adequada a um contexto de integração nacional. Seguindo essa lógica, depois da Globo do Rio de Janeiro, de São Paulo e de Belo Horizonte, outras estações de TV foram se integrando à rede, como as de Brasília (1971) e Recife (1972). Com essas aquisições, também vieram dezenas de afiliações de outras emissoras espalhadas pelo Brasil. O número de aparelhos de TV existentes no país até outubro de 1975, como informa a revista *Mercado Global* de dezembro daquele ano, era de 10,5 milhões, e 97% deles já faziam parte da área de cobertura da Rede Globo.

Walter Clark, ao ser perguntado pela revista *Veja* sobre a possibilidade de a expansão das redes nacionais enfraquecer as emissoras regionais e impor os hábitos e costumes do Rio de Janeiro e de São Paulo ao restante do país, ressaltou as vantagens do processo: "As redes são uma das mais fortes maneiras de integração nacional. É a integração através da imagem."[9]

É possível afirmar que tanto empresários das comunicações quanto dirigentes militares, por motivos diferentes, viam vantagens na integração do país. Os militares queriam a unificação política das consciências e a preservação das fronteiras do território nacional. Os homens da mídia, por sua vez, vislumbravam a integração do mercado de consumo. Um grupo se pautava mais pela dimensão político-ideológica e o outro mais pela econômica. Em princípio, isso não configurou uma contradição. Significou, ao contrário, uma adequação de interesses.

Mas, apesar de os objetivos mais gerais dos empresários da cultura e do Estado estarem em sintonia, topicamente eles podiam diferir. Como a ideologia da Segurança Nacional era "moralista" (política e culturalmente) e a dos empresários, mercadológica, o ato repressor muitas vezes desagradava e trazia dificuldades para as empresas de comunicação.[10] Programas com baixo apuro técnico e com conteúdo e temática vistos como impróprios (seja pela ênfase popular, seja pela crítica política) eram censurados, o que – em alguns casos – trazia prejuízos inclusive financeiros para as emissoras. A adequação de interesses não significou, portanto, ausência de conflitos.

O sistema de redes possibilitou, efetivamente, a ampliação do mercado consumidor e a conquista de mais verbas publicitárias. A porcentagem investida em televisão passou de 39,6% em 1970 para 59,3% em 1981.[11] No entanto, a televisão em rede nacional não poderia mais ser dominada – segundo a orientação do Estado – por programas considerados grotescos e de *baixo nível*. Era preciso ter uma programação que formasse o cidadão segundo a doutrina de Segurança Nacional, baseada em valores ligados a um cristianismo conservador, tendo a família, a religião católica, a pátria, o trabalho, a moral e os bons costumes como pilares de conduta. Para isso, a televisão deveria "higienizar" toda a sua programação para que ela pudesse representar o Brasil para os brasileiros, como o "Jornal Nacional" começava a fazer.

No início dos anos 1970, as críticas à qualidade da televisão aumentaram e a ação do Estado para a "elevação" do seu nível se tornou mais contundente quando ocorreu uma série de episódios polêmicos. O mais conhecido deles aconteceu em 29 de agosto de 1971, num domingo, e envolveu os apresentadores Chacrinha e Flávio Cavalcanti. Nesse dia, ao vivo, a mãe de santo dona Cacilda de Assis, que dizia receber o espírito de Seu Sete da Lira, um exu da umbanda, se apresentou, primeiro, na "Buzina do Chacrinha", da TV Globo, e, depois, no "Programa Flávio Cavalcanti", da TV Tupi. Diante das câmeras, dona Cacilda, uma senhora de paletó, charuto à boca, com calças compridas e com uma capa preta bordada com uma lira em vermelho e dourado, fumou charutos, distribuiu bênçãos, bebeu e espargiu cachaça, provocando no auditório uma "histeria coletiva", segundo descreveu o *Jornal do Brasil*.[12]

As reações foram duras e imediatas. Os videoteipes dos programas foram apreendidos pela Polícia Federal. Diante do ocorrido, o ministro das Comunicações, Hygino Corsetti, ventilou a possibilidade de cassar a concessão das emissoras envolvidas, que – segundo ele – estavam se utilizando do "sensacionalismo" e da "baixaria" como estratégia de mercado. Ele chegou a anunciar que o governo tinha a intenção de acabar com as transmissões ao vivo na televisão brasileira e de nomear uma comissão interministerial com a responsabilidade de fixar, no prazo de um mês, normas de conduta para as emissoras.

No dia 2 de setembro, o *Jornal do Brasil* informou que o Departamento de Censura do Estado da Guanabara havia pedido à direção do órgão, situado em Brasília, a suspensão por oito dias dos programas de Chacrinha e de Flávio Cavalcanti por causa da apresentação de "um show de baixo espiritismo explorando a crendice popular e favorecendo a propaganda do charlatanismo". A reportagem comentou que a aparição de Seu Sete preocupou autoridades religiosas como o cardeal Dom Eugenio Salles, que resolveu incluir na pauta da reunião dos episcopais da Guanabara a busca de soluções para eliminar a presença tão marcante de "subculturas" na televisão brasileira.

Antecipando-se às medidas governamentais, TV Globo e TV Tupi, representadas respectivamente por Walter Clark e José Almeida de Castro, assinaram um protocolo de conduta. No documento, as duas emissoras se comprometeram a excluir de suas programações os gêneros de shows que se servissem de fatos ou pessoas para explorar a crendice popular ou incitar a superstição. Segue a íntegra do documento:

> As direções da Rede Globo de Televisão e da Rede Tupi de Televisão decidiram adotar o seguinte protocolo, a partir da presente data:
> 1 - Fica expressamente proibido: a) apresentar, em qualquer programa e sob qualquer pretexto, pessoas portadoras de deformações físicas, mentais

ou morais; b) apresentar quadros, fatos ou pessoas que sirvam para explorar a crendice ou incitar a superstição, bem como falsos médicos, curandeiros ou qualquer tipo de charlatanismo; c) apresentar, de forma sensacionalista, ou vulgar, temas de ordem científica; d) provocar ou permitir polêmicas, falsas ou verdadeiras, entre profissionais de diferentes emissoras de TV; e) promover a apresentação de quadros ou concursos, com ou sem prêmios, nos quais se explore, sob qualquer forma ou pretexto, a miséria, a desgraça, a degradação e a tragédia humanas; f) promover concursos que tenham por objetivo a escolha e premiação de animais, salvo em números circenses ou quando se refiram a competições legalmente reconhecidas e dentro das condições aceitas pela Sociedade Protetora de Animais; g) promover a apresentação de números que possam, de qualquer forma, por em risco a integridade física do público presente ao espetáculo, bem como promover concursos que exponham a risco a integridade física dos participantes, não profissionais; h) fazer a promoção de temas, assuntos ou pessoas que não serão realmente apresentados nos programas, ou cuja apresentação, sabidamente, se fará ou terá de ser feita de forma diferente da anunciada; i) apresentar, explorar, discutir ou comentar de forma sensacionalista, ou depreciativa, problemas, fatos, sucessos, de foro íntimo ou da vida particular de qualquer pessoa.

2 - As duas redes de televisão se comprometem, ainda, a cientificar convidados, participantes eventuais e artistas ou personalidades contratadas, dos termos das obrigações da emissora face ao Código Brasileiro de Telecomunicações e demais normas legais, fazendo-os responsáveis pelas infrações que venham a cometer.

3 - O presente protocolo permanecerá em vigor até a assinatura do Código de Ética da Televisão Brasileira.[13]

Boni, em *O Estado de S. Paulo*, comentou que o acordo firmado entre as duas emissoras tinha o intuito de "eliminar os espetáculos de mau gosto" em nome do desenvolvimento de "uma nova mentalidade [em relação] aos programas de nível popular".[14] Reforçando essa ideia, em entrevista ao *Jornal do Brasil*, o ministro Corsetti salientou a importância de se "assegurar uma transmissão de alto nível", com programas de qualidade, e ainda garantiu que esse deveria ser o esforço de todas as emissoras.[15]

O episódio do Seu Sete deflagrou um maior controle em relação ao "popularesco", tendo os periódicos de grande circulação, os setores conservadores da sociedade e os órgãos de censura do Estado se tornado verdadeiros vigias da televisão. O combate tendeu a se suavizar na medida em que as emissoras começaram – em nome de um projeto estético "positivo e responsável" – a investir num novo tipo de programação, buscando marcar uma ruptura com o modelo anterior e se apresentar como moderna. A crítica jornalística se empenhou em elogiar as realizações surgidas nesses termos, assim como em rechaçar o que divergia das "novas conquistas".

No dia 15 de maio de 1972, uma matéria da revista *Veja* intitulada "As normas da boa conduta" trazia as opiniões de Hygino Corsetti sobre a qualidade televisiva e a necessidade urgente de mudanças. O então ministro das Comunicações assumiu que a baixa qualidade dos programas de auditórios era a maior preocupação do governo em relação à televisão e afirmou: "Não é que os programas de Flávio Cavalcanti, do Chacrinha e do Silvio Santos não prestem. Mas poderiam ser bem melhores." Corsetti apontou como o pior exemplo a longa duração do programa de Silvio Santos: "Se o Silvio assistir às dez horas do seu programa, verá como ele é chato." O ministro ainda propôs um formato ideal para o programa: "Não seria bem melhor ele intercalar o programa com apresentações de alto nível? Como um balé de Villa-Lobos (*O Descobrimento do Brasil*) como eu assisti outro dia no Municipal. Um espetáculo que não cansa, e é bonito".[16]

Ao longo da década de 1970, a TV Globo, mais do que qualquer outra emissora, se empenhou na renovação de sua programação. E, em 1973, começou a consolidar o que ficaria conhecido como "padrão Globo de qualidade", um modelo de televisão mais apropriado aos novos tempos. O videoteipe passou a ser mais usado, e as transmissões ao vivo (sempre passíveis de imprevistos indesejados) diminuíram. Buscou-se investir em produções gravadas, que poderiam contar com o mais poderoso equipamento de edição à época, o Editec. Assim, era possível imprimir nos produtos finais recursos gráficos, voz em *off* e um ritmo mais acelerado e dinâmico, assim como também era possível suprimir equívocos e imperfeições.

É preciso ressaltar, porém, que o termo "padrão Globo de qualidade", como afirmou Boni em entrevista a Gonçalo Silva Júnior, foi uma invenção da imprensa, que notou a mudança de rumos na programação.[17] Essa nomenclatura não foi criada pela emissora, mas sua prática sim. A TV Globo passou a submeter sua produção a um conjunto de convenções formais que garantiu um estilo próprio à sua programação. Quando a emissora completou 15 anos, Artur da Távola, numa matéria especial do jornal *O Globo*, ressaltou as qualidades da sua produção: "ordem, arrumação, bom gosto médio, harmonia burguesa, espetáculo de vídeo quente, vale dizer, o mais possível planejado e controlado".[18]

Nesse processo de construção de um novo padrão estético, os apresentadores dos programas de entretenimento mais populares começaram a perder espaço e foram sendo afastados. A Globo passou a privilegiar os programas pré-gravados, passíveis de um controle interno mais rigoroso. A qualidade desejada resultava de uma diminuição da improvisação, da informalidade e do inesperado. Essa era também uma forma de a emissora se adequar às exigências dos órgãos de censura, que precisavam analisar, previamente, o conteúdo da programação.

Dercy Gonçalves teve o seu programa cancelado no começo da década de 1970. Nessa mesma época, Raul Longras e Jacinto Figueiras Júnior também deixaram a Globo. Mas não era apenas a emissora carioca que afastava apresentadores populares dos seus quadros. Hebe Camargo deixou a TV Record em 1974. Tentou, no mesmo ano, se estabelecer na Tupi, mas foi em vão. Depois do incidente com Seu Sete da Lira, Flávio Cavalcanti ainda se envolveu em outro caso polêmico em 1973, ao levar ao ar a história de um homem que havia emprestado sua mulher para um amigo. Seu programa foi suspenso pela Censura por dois meses. Quase um ano depois, seu contrato terminou e não foi renovado.

Em dezembro de 1972, Chacrinha foi afastado da Globo. Sua demissão foi desencadeada por um episódio ocorrido no dia 3. O "Programa Silvio Santos" havia se estendido e "A Buzina do Chacrinha" acabou entrando com atraso. Revoltado, o apresentador abriu o programa com um homossexual imitando a cantora Wanderlea. E, em seguida, ao entrevistar o cantor Juca Chaves, perguntou o que ele achava da televisão e teve como resposta: "A TV brasileira não paga bem ninguém e, como eu não estou aqui para me aborrecer, vou-me embora." Foi a gota d'água. Boni se irritou com o que considerou falta de moralidade e anunciou o desligamento do apresentador.[19]

A saída de Chacrinha da Globo foi muito comentada na imprensa da época, porque seu programa era líder de audiência. Homero Icaza, diretor do Departamento de Análise e Pesquisa da emissora, assim comentou o incidente: "Nós não precisamos mais de Ibope. Nossa preocupação atual é com a qualidade da programação e, se Chacrinha saiu, podem estar certos que colocaremos outro programa de igual ou melhor qualidade."[20] Para ele, a saída de Chacrinha não abalaria a estrutura de programação da emissora, que nos últimos anos vinha tentando se desfazer daquele tipo de programa.

Chacrinha foi logo contratado pela Tupi. À revista *Veja*, ele não se lamentou, quando perguntado sobre se sua saída da Globo anunciava o fim do domínio da emissora: "A Globo é uma emissora muito forte, e acho que minha saída não vai atrapalhar em nada. Mas isso são coisas a que só os especialistas em mercadologia das emissoras podem responder. Nem é o meu fim e nem o da Globo."[21] Um ano e meio depois, o apresentador foi dispensado da Tupi, porque a emissora – que vivia uma de suas mais sérias crises financeiras – não podia pagar o salário que ele desejava e nem atender às suas exigências em relação à produção. Em 1975, ele foi contratado pela Record e permaneceu lá até 1977.

Com a demissão de Chacrinha da Globo, entrou no ar, no dia 29 de janeiro de 1973, o programa "Só o Amor Constrói", apresentado por Moacyr Franco. Artur da Távola, crítico de televisão do jornal O Globo, chamou o programa de lamentável e argumentou que "uma rede que se tem destacado principalmente por ter entendido televisão de maneira contemporânea e industrial" não poderia impingir o público com uma hora e meia de programa que seria apenas razoável em trinta minutos de duração.[22] Ele não se conformava com o fato de a mesma emissora que galgava as lideranças com temáticas modernas em suas novelas, que ousava e vencia com os "Casos Especiais", que realizava um "Globo-Shell Especial", que criou "Shazan e Xerife" e "Vila Sésamo", que editava um "Jornal Nacional", um "Globinho" e um "Jornal Internacional", que tinha documentários do The National Geographic e do "Amaral Neto, o Repórter", todos de "altíssimo nível", investisse num programa que representava "um retrocesso" frente a tudo o que já havia sido conquistado.

"Só o Amor Constrói" trazia para as telas de TV pessoas comuns ou famosas para lembrarem "histórias emocionantes" de suas vidas, do tempo em que eram pobres, dos amigos queridos, do primeiro amor, da redenção diante das mais sinistras dificuldades e assim por diante. Todos os elementos eram utilizados na ânsia de emocionar, de fazer chorar. Era a continuidade de uma televisão que não se queria mais. Por isso, a experiência durou pouco. Depois de sete meses no ar, o programa foi cancelado. Em 5 de agosto de 1973, estreou, no seu lugar, o "Fantástico", um dos símbolos da nova estética televisiva. No Jornal do Brasil, o crítico Valério Andrade se entusiasmou com a novidade: "O enfoque é jornalístico e o ritmo inspirado no dinamismo cinematográfico da antiga Hollywood, que, independente da qualidade do filme, sempre soube cultivar a magia do espetáculo."[23]

Sob a direção geral de Augusto César Vanucci, tendo como diretores João Loredo, Luiz Carlos Miéle, Maurício Sherman, Walter Avancini e Armando Nogueira, o programa oferecia uma "feliz combinação" de informação jornalística com números de musicais e humorísticos. Valério de Andrade agradeceu à Globo pela oferta de uma alternativa frente aos "caprichos" de Flávio Cavalcanti. Se "Só o Amor Constrói" não conseguira ameaçar a liderança do programa da TV Tupi, com o "Fantástico" seria diferente: agora se tratava de "uma questão de opção ou de gosto – e particularmente de bom gosto", afirmou o jornalista. E, de fato, pouco tempo depois, o novo programa ocuparia a liderança das noites de domingo.

Em 4 de abril de 1973, a TV Globo lançou mais um novo programa jornalístico: o "Globo Repórter". Inicialmente, a equipe fixa do programa era formada por dez profissionais, entre redatores e cinegrafistas, comandada por Paulo Gil Soares e supervisionada por Moacir Masson, diretor do departamento de reportagens especiais da emissora. O formato idealizado era algo semelhante ao bem sucedido "60 Minutes", da CBS News, pioneiro na realização de reportagens investigativas centradas na experiência do repórter no vídeo. Porém, por insistência de Paulo Gil Soares, o novo programa guardou semelhanças com o formato de "Globo-Shell Especial" – uma série de documentários exibida entre 1971 e 1973.

O "Globo Repórter" incorporou à sua equipe diversos cineastas oriundos do Cinema Novo, como Eduardo Coutinho, João Batista de Andrade, Walter Lima Júnior, Maurice Capovilla, Hermano Penna, Geraldo Sarno, entre outros. A intenção era seguir a linha clássica de acabamento dos documentários televisivos norte-americanos com linguagem simples, direta e informativa e, ao mesmo tempo, descobrir uma forma brasileira para o gênero, o que possibilitou certa liberdade de experimentação para os realizadores. Os documentários tinham de ter narração em *off*, para facilitar a compreensão do telespectador sobre o acontecimento filmado. Mas, em muitos documentários, como em "Theodorico, o Imperador do Sertão", a imagem era usada para desmentir a narração e, com isso, possibilitar uma leitura crítica da realidade representada.[24]

Tanto a presença de cineastas quanto o formato de documentário foram, por muito tempo, motivos de consagração do "Globo Repórter" e da TV Globo. Em 28 de agosto de 1978, ao comentar a exibição do documentário de Eduardo Coutinho, Artur da Távola comemorou o fato de o programa ter liderado a audiência, mesmo concorrendo com "a linha de shows de extremo apelo popular" das outras emissoras. A "Discoteca do Chacrinha", na TV Bandeirantes, era vencida pela "qualidade e o bom gosto".[25]

Nessa época, Silvio Santos era uma exceção na grade de programação da Globo. Seu programa foi mantido aos domingos e representava a sobrevivência de uma televisão mais popular.[26] Mas a sua permanência fazia sentido. Silvio Santos se utilizava muito das técnicas de comunicação radiofônica e da interação com o público no auditório, mas não era apelativo e nem abusava de elementos considerados grotescos. Seu programa, por isso, se afinava com uma transição não radical que a Globo buscava. A ideia era ir acostumando o público, pouco a pouco, a novos formatos e estéticas, sem risco de perda de audiência.

Em 5 de junho de 1974, a *Veja* entrevistou o assessor da diretoria comercial da TV Globo, Edwaldo Pacote. Ao ser perguntando sobre as mudanças que vinham sendo adotadas pela emissora em sua programação, ele disse que os novos tempos eram de profissionalismo e de trabalho em equipe. Não haveria mais espaço para a programação popularesca, baseada em apresentadores carismáticos. Continuou:

> A fase das vedetes, do programa feito em torno de uma só pessoa está ultrapassada. Chacrinha, Dercy Gonçalves, Raul Lougras tiveram um papel importante no desenvolvimento da nossa linha de programação. Mas não tínhamos o telejornalismo, as novelas, a equipe de profissionais que temos hoje. Agora, os programas são feitos em equipe: esta é a tendência.[27]

Além do "Jornal Nacional", do "Fantástico" e do "Globo Repórter", a TV Globo exibia ainda outros programas considerados de qualidade, como "Concertos para a Juventude", que ia ao ar nas manhãs de domingo e contava com a apresentação de música clássica e de MPB num formato orquestral ao vivo; "Vila Sésamo", uma versão brasileira da série educativa americana "Sesame Street", procurava ensinar às crianças noções de higiene, de matemática, de português, de estudos sociais e de ciências, e "Slim John", programa que, nas manhãs de sábado, ensinava inglês.

Para manter e consolidar essa programação, a TV Globo centralizou ainda mais sua produção na sede, no Rio de Janeiro, o que, além de diminuir os custos, permitia um maior controle de qualidade, sendo mais facilmente evitadas as imagens, agora, pruridas do "mundo cão". O novo "padrão" se firmou através de um processo pulverizado, mas teve um marco simbólico: o início das transmissões regulares em cores, em 1973, com a telenovela "O Bem-Amado", de Dias Gomes.

O projeto vinha sendo encampado pela Globo há algum tempo. Já em 1970, a emissora havia enviado engenheiros, técnicos, coreógrafos e maquiadores à Alemanha para estudarem o uso da cor na televisão. E, em 2 de julho de 1972, seus diretores se reuniram com o ministro Corsetti, conforme noticiou o jornal O Globo. Na ocasião, Walter Clark pediu o investimento do Estado nessa ação que, segundo ele, possibilitaria uma programação moderna e de maior qualidade, em benefício das emissoras, do público e do governo. O ministro se comprometeu a garantir a infraestrutura para transmitir, inicialmente, imagens coloridas duas ou três horas por dia. Uma vez estabelecida a televisão colorida, a Globo soube muito bem encarnar o símbolo do progresso que ela trazia. A emissora abusava de videografismos, de edições velozes baseadas em planos curtos, de chromakey para realizar pirotecnias visuais e de figurinos bastante coloridos.

O "PADRÃO DE QUALIDADE" NA TELEDRAMATURGIA

O conjunto das mudanças na produção e na programação implementado nessa época constituiu o que se tem chamado de modernização televisiva. É importante ressaltar que, nesse processo, a TV Globo passou a contar com novos profissionais – entre os quais, estavam artistas e intelectuais de esquerda – e a vincular sua marca a esses nomes, garantindo a adesão de um público culturalmente mais distinto. Dias Gomes, Eduardo Coutinho, Gianfrancesco Guarnieri, João Batista de Andrade, Fernando Pacheco Jordão, Oduvaldo Vianna Filho (o Vianinha) e Walter Lima Júnior, entre muitos outros, foram contratados nesse momento. Esses profissionais mantinham um estreito diálogo com as vanguardas artísticas e com o gosto dos setores médios escolarizados do público, que a emissora procurava agora alcançar.

A estratégia da TV Globo era "elevar o nível" para responder, como vimos, às pressões feitas pelo governo, pela imprensa e por setores conservadores da sociedade, mas também para aumentar o seu prestígio diante do público intelectualizado, que reconhecia qualidade estética na produção artística da esquerda. Os novos profissionais produziram obras televisivas modernas, que se pautavam pela representação do cotidiano e das questões urgentes da realidade política daquele momento.

Nesse sentido, a teledramaturgia da TV Globo – tal como seu jornalismo e entretenimento – remodelou suas formas e se modernizou. Até então, nessa área – que era conduzida pela autora cubana Glória Magadan – predominava o estilo folhetinesco de "capa e espada", com tramas mirabolantes, ambientadas em épocas remotas e países exóticos. "O Sheik de Agadir" (1966), "A Rainha Louca" (1967), "A Sombra de Rebeca" (1967), "Sangue e Areia" (1967) e "Rosa Rebelde" (1969) foram os grandes sucessos desse período. Com o afastamento de Glória Magadan, a emissora começou a investir em tramas mais realistas, em temas urbanos e em diálogos coloquiais. Havia uma preocupação em se aproximar do cotidiano do público e abordar questões relacionadas à sociedade brasileira. Esse foi o momento que alguns autores chamam de "abrasileiramento" da telenovela, caracterizado pela nacionalização dos textos, das temáticas e dos procedimentos de linguagem televisiva.

A modernização da teledramaturgia brasileira, entretanto, não começou na Globo, mas na Tupi, que exibiu, entre 1968 e 1969, "Beto Rockfeller". Apesar de terem havido algumas tentativas anteriores de reformulação do gênero, a novela de Bráulio Pedroso radicalizou a proposta realista. Usava diálogos rápidos, linguagem coloquial e reproduzia fatos cotidianos. Além disso, buscava afastar a interpretação dos atores da tradição teatral – e melodramática –, da impostação de voz, das marcações rígidas e das expressões exageradas.[28]

As inovações, que em seguida foram incorporadas por outras produções, permitiram rupturas profundas e sistemáticas em relação à tradicional telenovela brasileira. A tendência foi de superação do romantismo tradicional em direção ao realismo moderno. As novelas – como já afirmamos – passaram a se basear em textos nacionais e inéditos e a se referir ao cotidiano e à realidade brasileira.[29] É importante lembrar, entretanto, que a modernização teledramatúrgica se valeu de diferentes estéticas: da realista e da naturalista, mas também do fantástico e até mesmo do grotesco e do romantismo melodramático.

Na TV Globo, o marco nesse processo foi "Véu de Noiva", de Janete Clair. A novela, exibida em 1969, abusa das cenas externas, dos diálogos curtos e de uma linguagem coloquial. As imagens exploravam as belezas naturais do Rio de Janeiro e os lugares da moda da cidade. Personagens de ficção se misturam com pessoas famosas, como o poeta Vinicius de Moraes e o cronista Carlinhos de Oliveira. Outra novidade foi a consolidação do mercado de trilhas sonoras, com inauguração da gravadora Som Livre. Fez muito sucesso a música de abertura, "Teletema", de Antônio Adolfo e Tibério Gaspar.

A novela foi divulgada da seguinte forma: "Em 'Véu de Noiva' tudo acontece como na vida real. A novela-verdade".[30] O *slogan* demonstra como estava sendo estrategicamente implantado o projeto de modernização da teledramaturgia. A trama se ancorava tanto nas inovações narrativas quanto na representação realista, trazendo para a história traços e fatos de reconhecida existência (e de fácil identificação) no tempo de sua exibição. A incorporação desses elementos não só imprimia verossimilhança à narrativa, mas renovava a telenovela como um produto ficcional: dava a aparência de novidade a um gênero já bastante conhecido. Eram oferecidas formas novas de se contar antigos melodramas (a trama central de "Véu de Noiva" era a disputa entre duas irmãs, uma boa e outra má). Oferecia-se um produto ao mesmo tempo tradicional e modernizado ao "público culto" que a emissora estava querendo conquistar e que tinha o hábito de consumir narrativas realistas, seja no Cinema Novo, seja na MPB, seja no teatro nacional-popular (do CPC, do Arena e do Opinião).[31]

Nesse período, o número de capítulos aumentou muito e se estabilizou ao redor dos 150, o que demonstra o investimento que a emissora passou a dedicar à ficção televisiva. Foram contratados diversos profissionais de reconhecido prestígio artístico no teatro: Dias Gomes e Emiliano Queiroz, como autores, e Sérgio Britto, Fábio Sabag e Ziembinsky, como diretores. Além desses, foram chamados aqueles que já haviam feito sucesso em emissoras concorrentes: Janete Clair, José e Helena Castellar, como autores, e Régis Cardoso, Líbero Miguel e Henrique Martins, como diretores.

Entre 1970 e 1974, houve produções de época, o que reforça a ideia de que a *estratégia modernizante* da emissora se valia do realismo, de uma maior identificação entre o que era consumido pelo telespectador e o que era vivido, sabido e visto na realidade. Todas as produções se passavam em cidades brasileiras. Além de uma supremacia das locações no Rio de Janeiro (62%), justificada pelo fato de a TV Globo ter a sede na cidade, houve um investimento em novos cenários e estados (Bahia, Mato Grosso, Goiás e Paraná). Isso não só demonstra o empenho da emissora em buscar inovações para seus produtos, mas também, num contexto de consolidação de sua rede nacional, a promoção de identificação com os brasileiros de diferentes estados.

É importante lembrar que, nesse período, as produções foram majoritariamente originais (80%), contando com poucas adaptações, numa manifesta estratégia para se desfazer do tradicional formato de telenovela. Foram contratados autores de outras emissoras, como Vicente Sesso e Walter Negrão, bem como autores de teatro, como Maria Clara Machado. Dias Gomes, depois de escrever "A Ponte de Suspiros", sob o pseudônimo de Stela Calderón, assinou com seu próprio nome "Verão Vermelho" (1970), que tinha como temática o desquite, o relacionamento entre pais e filhos e os problemas ligados à questão agrária. Por sua vez, Jorge Andrade, cuja obra é marcada pela narração da decadência dos valores patriarcais na sociedade paulista, estreou no horário das dez da noite com "Os Ossos do Barão" (1973), adaptação de sua peça homônima combinada a outra de sua autoria, *A Escada*.

Foi depois do sucesso de "Beto Rockfeller" que Bráulio Pedroso foi contratado pela TV Globo. Sua primeira novela na emissora foi "O Cafona" (1971), uma crítica à alta sociedade carioca, exibida às dez da noite. O autor abusava da sátira, mas buscava imprimir à trama altas doses de realismo. Chegou a inserir nos diálogos comentários sobre informações que saíam nas colunas sociais e colocou celebridades para fazer participações na trama. Apesar de a novela ter sido um sucesso de público e crítica, alguns famosos reclamaram porque se sentiram ridicularizados e pessoalmente atingidos. A distância entre realidade e ficção diminuiu tanto que, pela primeira vez, a Globo teve que exibir, no encerramento de um programa, o aviso: "Qualquer semelhança com pessoas vivas ou mortas ou fatos acontecidos terá sido mera coincidência."

Lauro César Muniz estreou na Globo com "Carinhoso" (1973). A telenovela das sete horas contava a história de uma jovem que, depois de uma desilusão amorosa, decide se tornar aeromoça e se mudar para Nova York. Na cidade, conhece um argentino, mas não consegue esquecer o homem que a iludiu. A trama, estruturalmente melodramática, ganhou *traços modernos* no cosmopolitismo nova-iorquino e na vida glamorosa das aeronautas.

Também se destacou nesse período a implantação de uma estrutura lógica de programação das telenovelas. A partir de 1971, "Meu Pedacinho de Chão", de Benedito Ruy Barbosa e Teixeira Filho, inaugurou o horário das seis. Além desse horário fixo, as telenovelas contavam com mais três: sete, oito e dez horas da noite. Surgia, assim, a estrutura básica da grade de programação da TV Globo, que vigora até hoje e que é responsável em grande medida pelo sucesso comercial da emissora. As produções passaram a ser divididas por horários: às seis (mais românticas), sete (mais cômicas e leves), oito (mais densas e dramáticas) e dez horas (mais experimentais).

Outro marco importante da primeira metade da década de 1970 foi a consagração da Janete Clair no horário das oito. A autora marcou época com suas tramas fortemente caracterizadas pelo *realismo romântico*: uma produção estética melodramática profundamente sintonizada com as modas, os comportamentos e os temas contemporâneos. "Irmãos Coragem" (1970) foi um dos seus maiores sucessos e a primeira novela da TV Globo de grande repercussão nacional. Com uma trama que misturava *western*, futebol e crítica política, a novela conquistou um amplo público, inclusive masculino.

"Irmãos Coragem" foi ainda um marco na mudança da estrutura produtiva das novelas, pois foi a primeira a contar com uma cidade cenográfica: uma área de cinco mil metros quadrados na Barra da Tijuca. Utilizou também uma grande quantidade de gravações externas. Até o Maracanã – numa final de campeonato – serviu de local para suas gravações. A TV Globo investia no dinamismo de suas narrativas e procurava, cada vez mais, superar os limites impostos pelo ambiente de estúdio, com seus cenários restritos que aproximavam a TV da linguagem teatral.

Com sua novela seguinte, "Selva de Pedra" (1972), Janete Clair conquistou a maior audiência da história da televisão brasileira até então. O centro da trama é a tensão entre modernidade e tradição. Como o título sugere, a cidade grande é um espaço dominado pela ganância, pela frivolidade, pela ambição, pela frieza e pela perda da humanidade. A trama conta a história de Cristiano Vilhena (Francisco Cuoco), filho de um pobre pregador evangélico, que perde a ingenuidade ao entrar em contato com seus parentes ricos da metrópole. O protagonista tem que enfrentar muitos desafios morais para conseguir ascensão social e manter seus valores tradicionais (religiosos, familiares e comunitários). A telenovela se valeu de tomadas da cidade do Rio de Janeiro (avenidas, edifícios, carros, faróis) para construir o argumento de que a substituição do espaço da natureza pelo das grandes construções estaria corrompendo os valores humanos mais profundos (solidariedade, compaixão, bondade). A argumentação estruturalmente romântica (tomando o campo como lugar da pureza e a cidade como o da corrupção) é revestida por um realismo-naturalista (nas tomadas de câmera, na estrutura da narrativa e na atuação dos atores) que produz a sensação de correspondência entre o vivido e o televisionado.

"Fogo sobre Terra" (1974) também parte de uma crítica à modernidade. Na história, passada em Divineia, cidade do Mato Grosso, dois irmãos – separados na infância e criados em ambientes distintos, o rural e o urbano – disputam a mesma mulher e o futuro da cidade. Diogo (Jardel Filho), engenheiro formado na capital, quer desviar um rio para instalar uma central hidrelétrica que, uma vez construída, tiraria a cidade do mapa. Pedro (Juca de Oliveira), que nunca abandonou sua cidade, luta para salvá-la das águas. A novela estreou no dia 8 de maio de 1974. No dia 17, em Foz do Iguaçu, os presidentes do Brasil e do Paraguai, Ernesto Geisel e Alfredo Stroessner, formalizaram a constituição da Companhia Hidrelétrica de Itaipu. A empreitada, um símbolo do "Brasil grande", era indiretamente representada na telenovela como uma ameaça e, por conta disso, a autora enfrentou muitos problemas com a censura e teve que rasgar mais de uma dezena de capítulos inteiros.

As novelas das dez, assim como as das oito, se especializaram em abordar grandes temas nacionais. Mas, às dez, em geral, os assuntos eram tratados de forma mais polêmica e ousada. Nessa época, o horário teve seu momento áureo. E, se às oito reinava Janete Clair, às dez horas quem dava as cartas era Dias Gomes. Depois de "Verão Vermelho", o autor escreveu sucessos como "Assim na Terra como no Céu" (1970), "Bandeira 2" (1971), "O Bem-Amado" (1973) e "O Espigão" (1974).

"O Bem-Amado" é uma das mais importantes sátiras políticas da história da teledramaturgia brasileira. A novela contava a história do perfeito Odorico Paraguaçu (Paulo Gracindo), que se elege com a promessa da construção de um cemitério para a cidade de Sucupira, mas que não consegue inaugurar a obra simplesmente porque ninguém morre no lugarejo. O personagem se caracterizou por sua retórica vazia e sua linguagem peculiar, repleta de palavras pomposas e neologismos sem sentido. Como "O Bem-Amado" era transmitido em cores, o figurino, a cenografia e maquiagem puderam ser mais explorados. Mas, na novela de Dias Gomes, esses elementos não respeitavam estritamente aos códigos do realismo, tendendo para o exagero e o burlesco.

Em "O Espigão", Dias Gomes tratou de questões como meio ambiente e qualidade de vida, numa bem-humorada crítica ao progresso tecnológico e à corrida imobiliária. E em "Bandeira 2" retratou a disputa pelo controle de pontos de jogo do bicho no subúrbio do Rio de Janeiro. Nas duas narrativas predominou o tom satírico e o deboche. Os personagens seguiam mais a caricatura do que a representação realista. Era com o ridículo e o absurdo de suas tramas que Dias Gomes fazia críticas políticas. Assim, valendo-se de uma retórica do riso, o autor procurava contestar a supremacia de determinados valores e práticas sociais.

"O Bofe" (1972), de Braúlio Pedroso, talvez tenha sido uma das produções desse período que mais exagerou na linguagem alegórica, na ironia e na experimentação. A história narrava os conflitos entre a classe média dos subúrbios e a alta sociedade da zona sul carioca. Seus personagens eram quase todos excêntricos e muitas das situações vividas por eles beiravam o *nonsense*. Bandeira (José Wilker), por exemplo, era um *hippie* subversivo e um decorador de interiores que, num determinado momento da trama, morre de tanto rir depois que um amigo lhe conta uma piada.

Contrariando a linearidade das narrativas, a história de "O Rebu" (1974) se passa, em ordem não cronológica, em 24 horas, numa mansão localizada no Alto da Boa Vista, no Rio de Janeiro. A trama começa com o banqueiro Conrad Mahler (Ziembinsky) que organiza uma festa para receber uma princesa italiana (Marília Branco). Ao amanhecer, os convidados descobrem um cadáver na piscina da mansão. A partir daí, um clima de tensão se instala para que seja descoberto o assassino, as suas motivações e até mesmo o nome da vítima.

É interessante observar que, na tentativa de racionalização de seus processos produtivos, a TV Globo criou, em 1971, o Departamento de Análise e Pesquisas. Sob a direção do panamenho Homero Icaza Sánchez, a área era responsável por analisar e interpretar – com base no método sociológico – os números do Ibope. Seus dados serviam como padrão de medida para o departamento comercial desenvolver e justificar suas tabelas de preço e também alimentavam a área responsável pela programação com sugestões tanto para a criação de novos programas quanto para a alteração dos já existentes. No caso das novelas, o departamento foi particularmente importante: tramas foram mudadas e tendências reforçadas a partir de suas análises. Essa iniciativa demonstra claramente o conjunto de ações que a emissora estava realizando para poder se tornar uma moderna indústria de produção cultural.

No período entre 1975 e 1979, consolidou-se a grade de programação firmada anteriormente, que estabelecia diferentes estilos conforme o horário de exibição das novelas. E as práticas modernizantes foram se espalhando em todos os horários. A segmentação era tamanha que permitia desde o experimentalismo vanguardista no horário das dez à adaptação de clássicos literários às seis. As novelas de época, que inexistiram na primeira metade da década, passaram a representar mais de um terço da produção (39%). Isso demonstra que, depois de rupturas radicais, a TV Globo passou a incorporar mais explícita e sistematicamente os pressupostos bem-sucedidos das telenovelas tradicionais. Assim, contemplava tanto o público moderno quanto o mais conservador. A estratégia surtiu efeitos, e a emissora carioca consolidou a sua modernização não só com superação do passado, mas com a incorporação dele.

Nesse momento, o horário das seis se consagrou com a adaptação de obras literárias de autores nacionais. Todas as telenovelas do horário foram adaptações, a maioria de romances ligados ao romantismo: "Helena" (Machado de Assis), "O Noviço" (Marins Penna), "Senhora" (José de Alencar), "A Moreninha" (José Manuel de Macedo), "Vejo a Lua no Céu" (Marques Rebelo), "A Sucessora" (Carolina Nabuco), "O Feijão e o Sonho" (Orígenes Lessa), "A Sombra dos Laranjais" (Viriato Correia), entre outras. Destaca-se, nesse contexto, "Escrava Isaura" (1976), adaptação de Gilberto Braga do romance homônimo de Bernardo Guimarães. A novela se tornou um sucesso de vendas internacionais e já foi comercializada para cerca de noventa países. No contexto da Guerra Fria, fez grande sucesso mesmo em países comunistas, como Cuba, China, Polônia e União Soviética. A internacionalização das telenovelas da TV Globo demonstra o quanto, nesse processo de modernização televisiva, a profissionalização foi crucial para o aumento da racionalidade administrativa, do planejamento, da qualidade e da abrangência dos produtos.

O horário das sete horas era reservado aos temas leves, cômicos e contemporâneos. O padrão do horário se configurou com histórias como a de um aviador solteirão que luta para se manter noivo de três mulheres ("Cuca Legal"), de uma jovem que se vê dividida entre o amor e o sonho de se tornar miss Brasil ("Estúpido Cupido"), de uma ex-vedete do teatro de revista, dona de um salão de beleza ("Locomotivas"), da moça de classe média que é cleptomaníaca e leva uma vida dupla como moradora de uma pensão ("Te Contei?"), do viúvo que redescobre o amor com uma psicóloga engajada e independente ("Pecado Rasgado") e de uma recepcionista apaixonada por um atrapalhado empresário ("Feijão Maravilha"). As exceções foram "Bravo!" (1975), "Anjo Mau" (1976) e "Sem Lenço, Sem Documento" (1977), que trouxeram tramas mais melodramáticas do que cômicas. "Bravo!" girava em torno da vida de um maestro, bem-sucedido na carreira, mas não no amor e na vida em família. "Anjo Mau" narrava a história de uma ambiciosa babá, capaz de tudo para conquistar o patrão. "Sem Lenço, Sem Documento" contava o drama de uma migrante pernambucana que se torna empregada doméstica de uma famosa artista e se envolve com um rapaz complicado.

Na segunda metade da década de 1970, o experimentalismo que havia marcado o horário das dez atingiu também o das oito. A fase de maior ousadia foi entre 1976 e 1977, quando a emissora levou ao ar as novelas "O Casarão" e "Espelho Mágico", ambas de Lauro Cesar Muniz. Em "O Casarão", o autor retomou a temática de "Escalada" (1975). No entanto, ao invés de narrar a trajetória de um homem, contou a história de um lugar. No casarão, passaram cinco gerações de uma família e seus conflitos foram todos narrados simultaneamente na novela. O público encontrou dificuldades para entender a complexidade da estrutura temporal da narrativa e identificar os personagens que eram interpretados por diferentes atores ao mesmo tempo. Já "Espelho Mágico" revelava ao público os bastidores da TV e desmistificava a imagem do ator. Tinha uma narrativa complexa, porque trazia a produção de uma telenovela ("Coquetel de Amor") como eixo narrativo da própria telenovela.

Nesse período, Janete Clair praticamente revezava o horário das oito com Lauro César. Enquanto este emplacava histórias mais ousadas, Janete continuava com suas tramas românticas. Uma de suas novelas, entretanto, se destacou nesse contexto: "Pecado Capital" (1975). Carlão (Francisco Cuoco) era um protagonista pouco convencional. Ele é taxista meio rude, que vive um dilema ético depois que o dinheiro de um assalto é esquecido no banco do seu carro. Acaba usando o dinheiro para construir uma frota de táxis ao ver sua noiva se envolver com um poderoso empresário e se afastar da vida simples do subúrbio. Nesse sentido, a telenovela atualizou a tensão do romantismo literário entre tradicional e o moderno, entre o campo e a cidade, através da contraposição entre a zona sul e o subúrbio. E, assim, produziu uma crítica à necessidade de ascensão social, imposta pela vida moderna, em detrimento da manutenção de valores como a honestidade.

Agência O Globo

Wilza Carla em cena como a dona Redonda, em "Saramandaia" (1976), telenovela de Dias Gomes.

A estreia de Gilberto Braga no horário das oito aconteceu com "Dancin' Days" (1978). A novela procurava representar plenamente a atualidade, se imbricando com as transformações socioculturais do final dos anos 1970. Luzes, cores, *neon*, formas, roupas, músicas e objetos estavam em perfeita sintonia com a urbanização brasileira, marcada pela ampliação de espaços privados de consumo e lazer, como os shoppings, as discotecas e os supermercados. Diferente de outras telenovelas que criticavam a modernidade capitalista, "Dancin' Days" comemorava a sua consolidação. O tema central, entretanto, era típico do melodrama clássico: a rivalidade entre duas irmãs.

No horário das dez horas, continuou prevalecendo as produções mais experimentais e ousadas, como "Gabriela" (1975), de Walter George Durst, e "O Grito" (1975), de Jorge Andrade. Nesse contexto, destaca-se "Saramandaia" (1976), de Dias Gomes. Para escrever a novela, o autor se inspirou no *realismo fantástico* da literatura latino-americana e no *teatro do absurdo* europeu.[32] Na trama, poetas se transformam em lobisomens, homens se tornam pássaros, coronéis espirram formigas, homens colocam o coração pela boca e mulheres sensuais pegam fogo. Vale lembrar a emblemática cena da Dona Redonda (Wilza Carla) que explode de tanto comer. Houve aqui o uso explícito do *realismo grotesco*. A explosão representa a supremacia do corpo, mas um corpo pantagruélico que se expande, se abre, se projeta para fora, cujas margens e limites são subvertidos pelo excesso. É um exemplo da mais pura imagem carnavalizada, no sentido da ambivalência regeneradora que lhe atribuiu Mikhail Bakhtin.[33] "Saramandaia" produziu um espaço de carnavalização absoluta, no qual o riso, o delírio e a provocação se misturavam.

"Sinal de Alerta" (1978), última novela do horário das dez, abordava o tema da poluição ambiental, aproximando-se de questões contemporâneas e produzindo, mais uma vez, críticas à vida moderna. Apresentava como solução não o retorno a uma idealizada humanidade pura, mas a tomada de consciência dos homens diante da exploração irresponsável dos recursos naturais e a necessidade de organização de lutas contra os excessos.

* * *

A modernização dos programas de auditório e de variedades, assim como a do jornalismo e da telenovela nos anos 1970, se insere em um conjunto de transformações da televisão brasileira, em especial da TV Globo. Essas transformações dizem respeito à implantação de um modelo estético específico e também à consolidação da televisão como um empreendimento, um negócio bem-sucedido no campo da produção cultural e do entretenimento.

As transformações estéticas se referem à implantação de um "padrão de qualidade", que se caracterizava por certa opulência das produções, pelo apuro visual e pelo cuidado técnico com as imagens, que passaram a ser transmitidas em cores. Em relação aos programas de entretenimento – sobretudo os de variedade e auditório, isso significou o abandono de velhas fórmulas ligadas ao modelo radiofônico e ao apresentador carismático. Significou também, como vimos, o afastamento de fórmulas populares, baseadas nos grotesco e na estética das sensações.

No jornalismo, ocorreu algo semelhante. Programas policiais, baseados no "mundo cão", são retirados da grade e novos programas são criados, buscando explorar as novas tecnologias disponíveis (micro-ondas, câmeras leves, videoteipe etc.). Procurou-se imprimir aos programas maior dinamismo e agilidade, tanto pela narração dos apresentadores, como pela performance dos repórteres e edição das imagens. Isso tudo ocorreu num contexto de expansão das emissoras de televisão a partir do sistema de rede nacional. As mudanças, portanto, ocorreram em sintonia com o projeto mais amplo de integração nacional, que terá justamente no jornalismo sua maior ênfase.

No caso das novelas, o desenvolvimento técnico, o apuro das imagens e o cuidado com a produção se aliavam a inovações de linguagem e das estruturas narrativas, numa tendência a aproximar as tramas da realidade brasileira da época. Mas a modernização não se fez apenas pela introdução de elementos realistas e naturalistas nas tramas, mas também pelo farto uso de elementos fantásticos, surrealistas, satíricos, caricaturais e mesmo grotescos. É importante sublinhar que se deu igualmente sem o abandono das consolidadas fórmulas do romantismo e do formato melodramático clássico. Até mesmo os romances históricos – agora com outra roupagem – continuaram a ter um lugar de destaque nesse novo contexto.

A modernização da telenovela brasileira se deu entre rupturas e continuidades e criou um espaço marcado pela *heterogeneidade*, em que dialogam, se cruzam e se embatem (espacial e temporalmente) diferentes práticas culturais. O processo não se deu apenas pela superação da tradição e muito menos resultou num novo estágio de produção cultural no qual tudo é moderno. Pelo contrário, tal processo se desenvolveu em constante diálogo com os modos tradicionais de produção. É possível dizer o mesmo em relação aos programas de entretenimento. Sua "higienização" não significou o fim dos programas baseados no auditório e na transmissão ao vivo, mesmo que esta última tenha sido evitada por algum tempo. O apresentador carismático é, ainda hoje, uma marca fundamental desse gênero.

A renovação de linguagem que resultou na consolidação do "padrão de qualidade" e na modernização da televisão brasileira foi mais forte na TV Globo do que em qualquer outra emissora e representou um fator decisivo para a sua fixação como líder de audiência e para a sua penetração por todo o território do país. Essa renovação – que se deu em toda a grade de programação – estava relacionada justamente a um projeto empresarial que buscava consolidar a TV a partir do modelo de rede nacional.

NOTAS

[1] Para análises da história da TV Excelsior, consultar Alcir Henrique Costa, "Rio e Excelsior: projetos fracassados?", em Alcir Henrique Costa, Inimá Simões e Maria Rita Kehl, *Um país no ar: história da TV brasileira em três canais*, São Paulo, Brasiliense, 1986, pp. 123-66; e Áureo Busetto, "Sem aviões da Panair e imagens da TV Excelsior no ar: um episódio sobre a relação regime militar e televisão", em Beatriz Kushnir (org.), *Maços na gaveta: reflexões sobre mídia*, Niterói, Eduff, 2009, pp. 53-64.

[2] Muniz Sodré, *A comunicação do grotesco*, Petrópolis, Vozes, 1978, p. 73.

[3] Maria Celeste Mira, *Circo eletrônico: Silvio Santos e o SBT*, São Paulo, Olho D'Água/Loyola, 1995, pp. 31-2.

[4] Para uma análise das críticas jornalísticas à qualidade televisiva, ler João Freire Filho, "Memórias do mundo-cão: 50 anos de debate sobre o nível da TV no Brasil", em Maria Immacolata Vassallo de Lopes e Milly Buonnano (orgs.), *Comunicação social e ética: colóquio Brasil-Itália*, São Paulo, Intercom, 2005, pp. 164-80.

[5] Maria Rita Kehl, "Eu vi um Brasil na TV", em Alcir Henrique Costa, Inimá Simões e Maria Rita Kehl (orgs.), *Um país no ar: a história da TV brasileira em três canais*, São Paulo, Brasiliense, 1986, pp. 175-6.

[6] Idem, p. 177.

[7] Ana Paula Goulart Ribeiro e Marialva Barbosa, "Telejornalismo da Globo: vestígios, narrativa e temporalidade", em Valério Cruz Brittos e César Bolaño (orgs.), *Rede Globo: 40 anos de poder e hegemonia*, São Paulo, Paulus, 2005, pp. 208-9.

[8] Walter Clark, *O campeão de audiência: uma autobiografia*, São Paulo, Best Seller, 1991, p. 213.

[9] "A força das redes", em *Veja*, São Paulo, 31 out. 1973, p. 103.

[10] Renato Ortiz, *A moderna tradição brasileira*, São Paulo, Brasiliense, 1988, p. 129.

[11] Sergio Miceli, "O papel político dos meios de comunicação de massa", em Jorge Schwartz e Saul Sosnowski (orgs.), *Brasil: o trânsito da memória*, São Paulo, Edusp, 1994, p. 47.

[12] "Censura estuda a suspensão de Chacrinha e Flávio", em *Jornal do Brasil*, Rio de Janeiro, 2 set. 1971, p. 3.

[13] "TVs firmam protocolo com show de baixo nível", em *Jornal do Brasil*, 3 set. 1971, p. 12.

[14] "Diretor da Globo anuncia outra mentalidade na TV", em *O Estado de S. Paulo*, 3 set. 1971, p. 4.

[15] "As sugestões do ministro para a TV", em *Jornal do Brasil*, 12 set. 1971, p. 7.

[16] "As normas da boa conduta", em *Veja*, 15 maio 1972, pp. 85-6.

[17] Depoimento de Boni a Gonçalo Júnior, *País da TV: a história da televisão contada por...*, São Paulo, Conrad, 2001, p. 51.

[18] Artur da Távola, "Sobre o padrão Globo de qualidade", em *O Globo*, 16 jul. 1980.

[19] "A buzina muda de canal", em *Veja*, 14 dez. 1972, p. 71.

[20] Idem.

[21] "Começou a guerra do Ibope", em *Veja*, 20 dez. 1972, p. 91.

[22] Artur da Távola, "Vamos melhorar moçada?", em *O Globo*, 31 jan. 1973, p. 12.

[23] Valério de Andrade, "A vida é um show", em *Jornal do Brasil*, 8 ago. 1973, p. 13.

[24] Para mais detalhes, ver Igor Sacramento, *Depois da televisão, a televisão: cineastas de esquerda no jornalismo televisivo dos anos 1970*, Rio de Janeiro, 2008, dissertação (mestrado em Comunicação), UFRJ.

[25] Artur da Távola, "A boa briga das terças", em *O Globo*, 28 ago. 1978, p. 28.

[26] O "Programa Silvio Santos" só saiu da emissora em 1975, quando o apresentador adquiriu seu próprio canal de televisão, a TVS (mais tarde, o SBT).

[27] "Portas fechadas", em *Veja*, 5 jun. 1974, p. 73.

[28] Ver Cristina Brandão, "A radicalização de Beto Rockfeller: o discurso contemporâneo da telenovela brasileira", em Iluska Coutinho e Potiguara Mendes da Silveira Jr. (orgs.), *Comunicação: tecnologia e identidade*, Rio de Janeiro, Mauad, 2007, pp. 165-81.

[29] Armand e Michele Mattelart, *O carnaval das imagens: a ficção na TV*, São Paulo, Brasiliense, 1989, p. 31; Esther Hamburguer, *O Brasil antenado: a sociedade da novela*, Rio de Janeiro, Jorge Zahar, p. 85; Maria Rita Kehl, "Eu vi um Brasil na TV", em Alcir Henrique Costa, Inimá Ferreira Simões e Maria Rita Kehl, *Um país no ar: história da televisão brasileira em três canais*, p. 289; e José Mário Ortiz Ramos e Silvia Helena Simões Borelli, "A telenovela diária", em Renato Ortiz, José Mário Ortiz Ramos e Silvia Helena Simões Borelli, *Telenovela: história e produção*, p. 95.

[30] *O Globo*, 9 maio 1969, p. 3.

[31] Roberto Shwarcz foi muito feliz ao identificar que, nos anos 1960, enquanto se firmava uma hegemonia política de direta, consolidava-se uma hegemonia cultural de esquerda. Essa ambivalência também esteve presente, de um modo bastante específico, na televisão. Ver Roberto Shwarcz, "Cultura e política, 1964-69", em *O pai de família e outros estudos*, Rio de Janeiro, Paz e Terra, 1978, pp. 61-92.

[32] Claudio Cardoso Paiva, "Afinidades estéticas no contexto da latinidade: o realismo mágico de Dias Gomes", em Lícia Soares Souza et al. (orgs.), *América, terra de utopias*, Salvador, Editora da Uneb, 2003, pp. 155-70.

[33] Mikhail Bakhtin, *A cultura popular na Idade Média e no Renascimento: o contexto de François Rabelais*, São Paulo, Hucitec, 1993.

135

O PROGRAMA "ABERTURA" E A ÉPICA DE GLAUBER ROCHA

Regina Mota

A televisão brasileira teve em sua história vários momentos épicos que constituem uma saga de criatividade, capitaneada cada qual por um time de heróis que soube contornar os limites técnicos e foi responsável pela invenção de sua linguagem. Vindos do rádio, da imprensa, do teatro e do cinema, os criadores da televisão brasileira contribuíram para a sua originalidade e qualidade. Um desses registros se deu na passagem da Ditadura Militar para o processo democrático, durante a chamada abertura política, no final da década de 1970. A distensão dos mecanismos de censura política e de liberdade de expressão teve no programa "Abertura", da TV Tupi, um dos seus marcos mais importantes.

O artífice dessa epopeia foi Fernando Barbosa Lima, diretor de TV e jornalista, que estava fora do ar desde 1968, em consequência da censura prévia imposta pelos militares aos meios de comunicação, a partir da edição do Ato Institucional nº 5. Segundo Fernando Barbosa Lima, cavalo de raça se mata com um tiro na cabeça, o que o levou a retirar da TV o "Jornal de Vanguarda", que, depois de inovar o telejornalismo brasileiro na TV Excelsior em 1962, transitou entre diversas emissoras, até sucumbir definitivamente na TV Rio.

Entre os governos militares do general Ernesto Geisel para o general João Figueiredo, foi formada uma comissão para criar mecanismos de abertura política e normalização institucional do país. O ministro da Justiça, Petrônio Portela, participante da comissão, deu apoio ao projeto apresentado por Barbosa Lima – uma revista de variedades, com a colaboração de intelectuais, artistas e jornalistas, para promover o diálogo inteligente e divertido sobre as questões nacionais.

Em fevereiro de 1979 estreava o programa "Abertura", em cuja vinheta de apresentação se revelava o espírito da emissão. Fotos dos presidentes da República montadas em ritmo lento e grave até a imagem do sorridente general Figueiredo substituída por rápidas fotografias de celebridades das artes, da intelectualidade e política nacional, animadas pelo áudio de cliques de uma máquina fotográfica. Era como se o país acordasse de um longo pesadelo.

Visto hoje como um todo, o "Abertura" ainda parece atual e inovador. Isso acontece pelo frescor impresso em todos os seus procedimentos: no uso da câmera ágil, na escolha dos participantes e entrevistadores, na presença inusitada de favelados e retirantes nordestinos ao mais alto escalão do poder. O que nos leva a pensar que, assim como nos filmes clássicos, também as imagens eletrônicas não envelhecem quando reconstituem momentos do testemunho de um mundo ou de um sonho de mundo compartilhado por muitos.

Uma das coisas mais evidentes no programa é a descoberta da televisão como possível instrumento da democracia. Para alguns participantes, aquela era a sua estreia na televisão, enquanto outros estavam a ela retornando. Mostrar imagens de pensadores, intelectuais, artistas, cientistas banidos, com suas falas, ideias e sentimentos guardados há mais de uma década, era em si uma inovação na tela da TV brasileira no final da década de 1970.

O programa respira um ar de liberdade e experimentação, com quadros que questionam a ordem televisual – entrevistas de pessoas caminhando em lugares abertos, perguntas picantes e pouco usuais criavam um clima de incerteza e surpresa. Se essa mudança podia ocorrer de um quadro do programa a outro, como se a prosa levasse à poesia ou ao drama, nos quatro a cinco minutos da presença de Glauber Rocha no vídeo, tudo transita em ritmo alucinante.

É preciso parar, ouvir e ver com atenção os ruídos intencionais que concorrem com a informação: carros, luz do sol, imagens cambiantes, passantes, microfones, jornais ou objetos de cena são matérias significantes quando se trata de produzir uma inquietação. Há um tema para a reflexão, uma novidade ou uma

Agência O Globo

Glauber Rocha, nas filmagens de *O Dragão da Maldade e o Santo Guerreiro*, em 1969.
O cineasta desempenhou uma radical inovação na linguagem televisiva, no uso
da câmera na mão, na fala incisiva que interrompe o entrevistado e no uso
de personagens da vida real para construírem uma narrativa épica.

denúncia, mas o que interessa é a atitude, a performance do cineasta diante do
meio televisão. Não é possível identificar qualquer constrangimento de ordem
institucional ou técnica do meio, na sua atuação. Ao contrário, Glauber Rocha
assume o espaço eletrônico da TV brasileira para desmitificá-la. Ele acaba com o
sonho da absoluta transparência e controle do real que se vinha tentando imprimir no público. Ele não tem boas maneiras nem bom tipo, quase sempre está mal
barbeado, penteado com boas e más intenções e nenhuma inocência.

Esse estilo de interlocução vai tornar-se posteriormente comum nas intervenções dos realizadores de vídeo na televisão brasileira, na década seguinte. Jovens
"videastas" que não tinham mais que 20 anos redescobriam o país através do vídeo.

As sementes que Glauber Rocha lançou, em apenas dez meses de programa,
foram cultivadas por essa geração que escrevia o mundo com uma câmera de
vídeo e microfone e invadiu as telas da televisão com seus documentários bem-hu-
morados e outras intervenções que fizeram história nos festivais de vídeo do país.

Se no final dos anos 1970, a televisão brasileira foi redescoberta e, na década
seguinte, reelaborada em muitos de seus aspectos, os anos 1990 e 2000 trouxeram

pouca novidade. Houve um desencantamento tanto da crítica quanto da produção, que, apesar de ter atingido qualidade técnica e artística considerável, perdeu sua dimensão política.

O ensaio democrático em que se constituiu o programa "Abertura" teve grande repercussão na imprensa, criando um clima de diálogo entre as mídias e inaugurando um relacionamento virtualmente fértil que não alcançou verdadeiro desenvolvimento. O poder da televisão se confrontava com o poder da imprensa, e ambos produziam respostas animando a reflexão das ideias veiculadas no programa e sua repercussão fora dele. As imagens eram destrinchadas, discutidas e devolvidas aos realizadores, num jogo em que a principal regra era o passe de bola. Essa interatividade, rara nos meios de comunicação, mostrava o potencial dialógico e inovador da mídia eletrônica, explorada pelos jovens realizadores em abordagens desconstrutivistas de discursos políticos, econômicos e de temas tabus.

Encontrar fatos históricos sistematizados da televisão anteriores ao período dos anos dourados da "Vênus platinada" é tarefa inglória. Como observou Fernando Barbosa Lima: "Hoje em dia, pouco se fala da importância que a Excelsior [poderíamos acrescentar Tupi, Record, TV Rio, TV Continental etc.] teve na história da televisão brasileira. É estranho. É como se o Brasil quisesse apagar de sua memória o significado da Excelsior."[1]

BARBOSA LIMA E O PIONEIRISMO NA TV BRASILEIRA

Fernando Barbosa Lima, ao lado de Walter Clark, Walter Avancini e Walter Durst, formam um dos quadros mais importante de pioneiros inventores da televisão brasileira. Após o primeiro instante da TV Tupi, de Assis Chateaubriand e associados, a criação de novos canais de televisão – e com eles a concorrência – será responsável pelo surgimento de talentos e produtos que serão referência obrigatória do fazer televisão no Brasil.

A esquecida TV Rio[2] foi um dos melhores laboratórios de criação de televisão já existentes no Brasil, na opinião do próprio Barbosa Lima.

> No Posto 6, no final da praia de Copacabana, ficava a TV Rio, que foi a maior escola da televisão brasileira. Ali iriam nascer os grandes profissionais criativos da televisão. Pelos corredores da TV Rio, mais ainda em seu bar, você encontrava gente como Tom Jobim, Antônio Maria, Nelson Rodrigues, Boni, Walter Clark, Carlos Alberto Loffler, Chico Anísio, Jô Soares, Carlos Manga, Chacrinha, Geraldo Casé, Agildo Ribeiro, Carlos Thiré, Goulart de Andrade, João Saldanha, Maysa, Norma Bengell e muitos outros.[3]

Nos anos 1960, apesar de já existir o videoteipe, a TV Rio não dispunha de recursos para adquiri-lo. E era nessas condições que colocava no ar suas peças de teatro. Feitas com três câmeras e sem direito à repetição, as peças eram montadas em uma semana: "Um grande ensaio geral que tinha de ir ao ar para honra e dignidade de quem nele trabalhava".[4]

Grande pioneira de todas as TVs, a TV Tupi foi uma espécie de matriz que se ramificou na TV Rio, passou para a TV Excelsior e finalmente aterrissou na TV Globo. "Especialmente nas novelas. O Avancini, por exemplo, fazia novelas na Tupi há 25, 30 anos, com os mesmos artistas de hoje."[5]

Desde o início de suas atividades na televisão, Barbosa Lima tinha talento para criar bons times. Carlos Alberto Loffler era sua dupla no programa "Preto no Branco",[6] em que começou a marcar o estilo inovador de sua programação. Pela primeira vez se via um entrevistado só no palco, sem o clássico locutor ao lado, e apenas uma voz fazendo perguntas. O programa causava grande impacto, inovava o cenário e tinha audiência garantida, mesmo indo ao ar tarde da noite.

Walter Clark, que era diretor comercial da TV Rio, diz que Loffler – cuja formação não era de cinema nem de teatro – era um homem de televisão. Numa época em que não se dava a menor importância ao cenário, Loffler e Barbosa Lima mudaram os padrões estéticos televisuais: "Como a televisão funcionava em *close*, o Fernando e o Loffler foram os precursores não só do *close* de boca, de mão, de olho, do *close* da alma, mas também de inovações no chamado *long shot*; isto foi muito importante."[7]

Ainda no início dos anos 1960, foi inaugurada em São Paulo a primeira rede nacional – a Rede Excelsior.[8] O grupo Simonsen, dono da Panair do Brasil e exportador de café, criava bases econômicas seguras para que a Rede Excelsior pudesse contratar talentos nos mais diversos gêneros e tornar-se líder de audiência. "Quando a Excelsior [RJ] entrou no ar, em 1963, o cineasta Glauber Rocha me telefonou dizendo: Fernando, a televisão vai ser a grande guardiã da democracia."[9] Nessa época, Fernando Barbosa Lima assumia a direção de jornalismo da emissora, tendo pela frente o desafio de repensar o telejornalismo, até então uma cópia do jornalismo radiofônico. Ele ressaltava a importância que o rádio teve para a televisão brasileira, já que não se tinha uma indústria cinematográfica desenvolvida, como nos Estados Unidos e na Europa.

Uma cortina ao fundo, uma mesa e a cartela com o nome do patrocinador. Quem não se lembra do "Repórter Esso"? Assim se faziam telejornais "radiovisíveis".

Para mudar esse estilo, Barbosa Lima formou o "primeiro time" de jornalismo, buscando os melhores profissionais da imprensa nas redações dos grandes jornais: Sérgio Porto, Millôr Fernandes, Borjalo, Appe, João Saldanha, Newton

Carlos, Villas-Bôas Corrêa, Jatobá, Fernando Garcia, Reynaldo Jardim, Orion Neves, Célio e Cid Moreira, Hélio Polito, Darwin Brandão, Ana Arruda, Gilda Muller. Com essa equipe, ele iniciou o "Jornal de Vanguarda" - um show de notícias que, "além de informar com liberdade e coragem, representou uma nova e atraente forma gráfica. Era criativo de ponta a ponta. Era alegre, inteligente, descontraído, irreverente e poético".[10]

A figura do repórter é introduzida pela primeira vez no telejornalismo, modificando a relação do público com a notícia, que passa a ter um sujeito que dá opinião e angula os fatos. A nova dinâmica de um telejornal de carne e osso transformava a televisão em mais um meio de informação, ampliando o interesse da audiência cativa da imprensa escrita.

Comentaristas e jornalistas eram ligados ao vivo no estúdio, através de notícias rápidas que chegavam na hora, das caricaturas do Appe e de bonequinhos falantes. O conceito do "Jornal de Vanguarda" era o de formar uma opinião pública. Outra novidade: o jornal era nacional. Havia um bloco de dez minutos chamado "Edição Nacional", que entrava no meio dos telejornais locais das outras emissoras da Rede Excelsior. "No fundo, pensando bem, era uma solução democrática de se fazer jornalismo nacional, sem a arrogância de impor às emissoras dos estados um jornal pronto e acabado."[11] Essa marca não era exclusiva da Rede Excelsior, já que a televisão no Brasil nasceu regionalizada. Cada emissora pertencente aos Diários Associados, à Rede Excelsior ou à Rede Record tinha a sua própria programação, equipe técnica e artistas locais.

Fernando Barbosa Lima falava do "Jornal de Vanguarda" com grande entusiasmo, como a grande descoberta da vocação e do verdadeiro rumo da televisão brasileira. Sem titubear, ele reafirmava que a linguagem da TV é a do telejornalismo: a notícia dada com criatividade, o comentário inteligente, a entrevista humana, as grandes reportagens e os debates em profundidade.

Nos anos 1960, o "Jornal de Vanguarda" foi o programa de maior reconhecimento da televisão brasileira, tendo sido premiado em festivais internacionais: ganhou o título de melhor telejornal do mundo na Espanha e foi utilizado como material didático das aulas de Marshall MacLuhan.[12]

A relação do telespectador da televisão brasileira cristalizou-se de forma negativa durante o período da Ditadura. Segundo Barbosa Lima, os intelectuais não apenas criticavam como desprezavam qualquer produto televisual. Os estudantes perderam o interesse pela política e os operários e sindicalistas foram amordaçados. A classe média assistia à TV Globo e acreditava no milagre brasileiro do governo Médici. "Uma grande regressão", concluía.[13]

O PROGRAMA "ABERTURA"

O programa "Abertura" teve aproximadamente sessenta edições, transmitidas de fevereiro de 1979 a julho de 1980, quando a TV Tupi saiu do ar. Em seguida, aproveitando seu *slogan* – "um canal livre da televisão brasileira" –, Barbosa Lima criou o "Canal Livre" na TV Bandeirantes, em que as entrevistas podiam ser aprofundadas com a consolidação da abertura política no país.

O comentário do cineasta Glauber Rocha registra o otimismo estoico da equipe do programa com respeito ao seu significado histórico e ao mesmo tempo denuncia a prática do *bulling* publicitário, recorrente ainda hoje.

> O "Abertura" mostrou o caminho. O futuro da televisão vai ser o jornalismo e é a partir dele que a TV brasileira vai se desenvolver culturalmente. Fizemos sucesso, contrariando todos os "sábios" das agências de publicidade, ganhando menos de 90% que os atores da TV Globo. Estamos com 12 milhões de telespectadores, e as agências de publicidade não perdoam isso. Estão boicotando o programa, que quase não tem anunciantes. Isso porque as agências não querem reconhecer que um programa bom pode fazer sucesso. Mas, com ou sem anúncio, vamos em frente.[14]

O programa estreou em 4 de fevereiro de 1979, na Rede Tupi de Televisao, dos Diários Associados. Sob a direção geral de Fernando Barbosa Lima, tendo como diretor de imagem Carlos Alberto Loffler, formou um dos melhores times de intelectuais, artistas e jornalistas já reunidos na televisão brasileira. Entre eles estavam Antonio Callado, Fausto Wolff, Fernando Sabino, Ziraldo, Sérgio Cabral, Antônio Guerreiro, Roberto D'Ávila, Vivi Nabuco, Marisa Raja Gabaglia, João Saldanha, Newton Carlos, Sargentelli, Villas-Bôas Corrêa, Tarcísio de Hollanda, Corrêa de Araújo, Oliveira Bastos, Walter Clark. Ainda na edição jornalística, participavam Carlos Rangel, Jorge César Bellez e Orson Neves, ficando a direção de produção com a Teletape, produtora de José Carlos Vizeu. Do Cinema Novo, foram arrebanhados o cineasta Glauber Rocha e a atriz Norma Bengell.

Barbosa Lima criou o que poderíamos chamar de metalinguagem televisual da abertura democrática. Pela primeira vez, depois do longo período de censura, um programa abordava aspectos políticos da realidade brasileira. Ao voltar a falar de política, "Abertura" encorajou outras emissoras a pautarem o assunto.

A verba de produção era pequena em contraponto ao enorme capital intelectual. Segundo Barbosa Lima, a censura já vinha sendo substituída pela autocensura, e cada um era responsável pelo que dizia. Um dos homens mais entrevistados no "Abertura" foi o temido doutor Ulisses Guimarães. Outro exemplo foi a entrevista que Roberto D'Ávila fez em Paris com os filhos dos exilados que não conheciam o Brasil. A repercussão foi grande, porque eram crianças imaginando como era o país. "Abertura" foi o programa que começou a abrir as portas da televisão, por isso o nome foi perfeito para demonstrar que era possível voltar a discutir a política brasileira.

A televisão brasileira se desenvolveu tecnológica e formalmente durante o regime militar, portanto, como um sistema fechado, em que a característica "ao vivo" precisou ser eliminada por causa do mecanismo da censura prévia. A mera entrada no ar de um programa em que as pessoas tinham toda a liberdade para dizer o que pensavam, exibir suas ideias e provocar uma reflexão demonstrava outra maneira de se fazer televisão. Com o processo de abertura política, era necessário didatizar conceitos democráticos, e a televisão teria que ser utilizada para esse fim. "O programa 'Abertura' vai ser uma aula de democracia para, depois de tantos anos, ensinar na prática, ao governo e ao povo, que o retorno à legalidade é possível", reconheceu o ministro Petrônio Portela.[15] O que estava subjacente à fala de Portela era o recado para a classe política que era possível a convivência entre ordem e democracia.

O fim da censura prévia, no final do governo Geisel, será o marco de uma fase de grande experimentação e busca de fórmulas próprias para a televisão. Uma busca de sua vocação e aprimoramento de sua relação com o público brasileiro. Segundo Gabriel Priolli, "Abertura" foi o primeiro programa de repercussão nacional dessa fase:

> A coragem que mostrou em restaurar no vídeo o discurso político livre, fazendo falar vozes malditas por longos anos – Luís Carlos Prestes, Leonel Brizola, Darcy Ribeiro etc. –, estimulou os ressabiados produtores de TV a ousarem eles também, solidificando a pequena brecha conseguida no paredão da Ditadura.[16]

O DIÁLOGO COM A IMPRENSA

As notícias da imprensa sobre o programa "Abertura" são em si um fato e um marco histórico. A televisão não tem e não tinha tradição de crítica especializada, como ocorre com a literatura, o teatro, as artes em geral e o cinema. Os raros ensaístas e jornalistas que fizeram crítica de televisão no Brasil, como Décio Pignatari, Artur da Távola e Helena Silveira, não fizeram escola. Segundo Priolli, um dos poucos profissionais de televisão que exerceram o ofício, o número de críticos de televisão no país inteiro cabe nas duas mãos. No ensaio "Crítica de televisão", ele afirma que

> a maior parte do que é feito sobre TV é colunismo social, que frequentemente passa por crítica. É a crônica de amenidades da área de televisão, pontilhada de algumas opiniões e observações críticas, sem nenhum aprofundamento ou detalhamento técnico... É uma derivação da velha crônica de costumes que começou a enfocar mais a televisão.[17]

Priolli analisa as razões que originam a pobreza e o desnível da crítica que se faz da televisão, comparada, por exemplo, à crítica feita ao cinema. Uma delas é que esses cronistas, ao contrário dos cinéfilos, não conhecem minimamente o processo de produção da mídia eletrônica nem de sua história. No mundo da crítica de mídia, que inclui a televisão e outros meios, fica evidenciado que duas condições se fazem necessárias: a primeira é conhecer o jogo, seu código, suas regras, estruturas; a segunda é a necessidade de entrar no jogo, chutar a bola, mover as peças no tabuleiro.

Isso só pode acontecer quando há uma abertura da própria televisão para a promoção de uma crítica que faça circular seus produtos para além do mero consumo. Se em jornais e revistas especializadas a crítica de televisão é deletéria, na televisão ela inexiste. Essa realidade, ainda atualíssima, faz com que o exemplo do programa "Abertura" seja uma referência importante.

O interesse que o "Abertura" despertou na imprensa e fora dela é visto como um fenômeno de formação de opinião. De um lado, isso pode ser atribuído ao capital humano veiculado no programa, ao simples fato de se ter no ar uma geração de intelectuais, políticos e artistas falando e expondo ideias estranhas ao meio televisão. Uma entrevista na televisão com Miguel Arraes era um fato político que virava matéria de jornal. Esse e outros tantos exemplos eram geradores de informação para a imprensa, que não apenas comentava, mas entrava no debate.

Não se tratava apenas da notícia, mas do exercício democrático que se iniciava no processo da verdadeira abertura. Falar do programa era discutir a volta da liberdade de expressão no país. Comentar as reportagens, entrevistas e quadros era retomar o debate com o Brasil.

O programa serviu também de referência para a crítica às outras emissoras de televisão. A matéria "Jornalismo: o verdadeiro show da vida", de Jefferson Barros, descreve um dos momentos mais dramáticos da televisão mundial:

> Bill Stewart é assassinado ao som da versão de Herbert von Karajan para o Danúbio Azul, de Strauss. A sequência da ABC americana, repetida pelo programa 'Abertura' (TV Tupi, domingo, 22h30) com essa trilha sonora, é o resumo elogioso da televisão. André Bazin, vivo, escreveria: La télévison c'est ça! (Isso é a televisão!)."[18]

Segundo ele, ao remeter as imagens ao som de Strauss, o "Abertura" relembrou o relacionamento do homem com a técnica (*2001: Uma Odisseia no Espaço*) e seu retorno à barbárie. Mesmo assim, através dessa técnica, a humanidade ainda seria capaz de refazer com grandeza os caminhos de Prometeu.

Barros avalia a força dessa imagem, que se tornou um manifesto instantâneo contra a ditadura de Somoza e acelerou a reação da Organização dos Estados Americanos (OEA) ao regime da Nicarágua. A matéria é exemplar, porque o jornalista analisa não apenas os programas "Jornal Nacional", "Abertura", "Fantástico", novela das seis, mas se propõe a relacioná-los com as necessidades do público, num desafio de se criar uma linguagem própria da televisão brasileira. Ele declara ainda que a TV Globo começou a modificar o insignificante "Fantástico", "uma reedição da revista *Amiga* e das *Seleções do Reader's Digest*" para acompanhar a crescente audiência do "Abertura", que ia ao ar no mesmo horário.

Esse fenômeno passou completamente despercebido aos pesquisadores Carlos Alberto Messeder Pereira e Ricardo Miranda, que tecem elogios ao formato do "Fantástico" e afirmam sua liderança de audiência em alternativa ao "Programa Flávio Cavalcanti", da TV Tupi, que ia ao ar antes do "Abertura". Eles sequer citam o "Abertura" e chegam a afirmar: "Era, assim, uma 'revista dominical' apoiada também sobre o jornalismo, cujos temas tratados davam 'assunto para discussão' no dia seguinte".[19] Segundo Barbosa Lima, o "Fantástico" ficava na rabeira da audiência e nunca representou efetiva concorrência para a TV Tupi na noite de domingo, enquanto ela existiu. Esse é um dos muitos mitos criados em torno da TV Globo que acabaram se tornando discursos de verdade para incrementar a venda de espaços comerciais nos horários nobres.

Como atestam artigos publicados em vários jornais brasileiros, o mundo das mídias foi animado pelas imagens, sons e palavras do "Abertura", provocando a opinião pública e marcando o pensamento de uma época. É por isso que Fernando Barbosa Lima afirmou, sem falsas modéstias, em depoimento ao *Jornal do Brasil*, que o "Abertura" foi o embrião do movimento das Diretas e talvez tenha sido o mais importante programa da televisão brasileira. Foi, segundo ele, o primeiro programa da TV brasileira a romper o silêncio imposto pela Censura: "Quebrou o padrão rígido do jornalismo da Globo, conseguiu fazer o retrato de uma época, foi o primeiro passo para a liberdade de imprensa."[20] O "Abertura" deu voz ao capitão Sérgio "Macaco", a Francisco Julião, a Chico Buarque de Hollanda, a Luiz Carlos Prestes e a Brizola, o verdadeiro.

"ALÔ, ALÔ, POVO DO SERTÃO, CARNE, ARROZ E FEIJÃO!"

Esse era um dos brados de Glauber Rocha ao entrar no programa, como descreve a jornalista Isa Cambará.[21] Ela o compara a Chacrinha, elegendo-o o novo mito de comunicação da TV brasileira. A jornalista acompanhou uma de suas gravações para o programa, que se tornou uma verdadeira aventura, sem roteiros. Para Glauber, quem precisava de roteiro eram os mestres de cerimônias. Na rua, sob a luz natural, onde qualquer um podia virar personagem, ele fazia o seu pequeno show épico. "Será isso jornalismo?", pergunta a repórter. E Glauber responde: "Não é jornalismo nem cinema. É a vida."

Glauber Rocha sempre teve uma relação profissional com a imprensa. Sua carreira jornalística começou ainda nos anos 1950, como colaborador do *Jornal da Bahia*, no qual se destacava como crítico de cinema. Mais tarde, foram os ataques e as polêmicas criadas em torno de seu nome que o mantiveram na mídia. Glauber sempre respondeu às provocações e às questões que seu trabalho como cineasta e pensador da cultura brasileira suscitava nos jornais, daí sua profunda afinidade com a comunicação, com o ofício de formador de opinião. Desde cedo, manifestou ideias próprias, originais, sustentadas muitas vezes à custa de alto preço para sua imagem pública.

> Em quatro meses de atividade no programa "Abertura", Glauber conseguiu causar mais polêmica do que todos os seus filmes juntos. Há quem o chame de picareta, de explorador de gente simples (que são, quase sempre, seus entrevistados) e, como não poderia deixar de ser, de louco varrido.[22]

No ar, logo na semana seguinte a esses comentários, a polêmica prosseguia quente. Glauber explicava à atriz Maria Helena Dias, durante o próprio programa, que ela não conseguia entender a sua proposta, porque o seu pensamento era teleguiado. Naquele clima, não era possível fazer uma crítica de rebaixamento, de denúncia ou de mera oposição. Todos se arriscavam a virar notícia, a ter seus nomes citados no ar, em réplicas ou tréplicas. Era muito saudável a possibilidade dialógica e quase interativa que o "Abertura" estabelecia entre televisão e mundo impresso.

Barbosa Lima dizia que Glauber Rocha era o entrevistador que mais instigava o público. Na hora da edição, quando sentia que o programa estava meio devagar, ele não hesitava em esquentá-lo com uma das entrevistas de Glauber.

> [o] repórter conturbado, agressivo, como seu cinema na primeira fase; é o anticonvencional por excelência. A rigor, é um personagem que precisa ser entendido: não é o sensacionalista que em alguns instantes pode aparentar; é o novo, o agressivo meio bombástico, em toda a sua plenitude.[23]

Essa definição de Nonato Cruz é corroborada por Mira Zaramella, que chama de antiprograma o espaço reservado à atuação de Glauber no "Abertura": "Alvoraçando qualquer esquema que se tente estabelecer durante as gravações, Glauber Rocha faz e desfaz, grita, faz caretas, inventa, improvisa, manda que cortem a cena, dirige os movimentos das câmeras e daqueles que participam com ele dos minutos em que estão no ar, gravando".[24] Helena Silveira descreve um Glauber "gestual, vivo, desenhando-se caoticamente, tentando sempre disciplinar o caos, as contradições de sua genialidade".[25]

Esses registros são uma dupla demonstração da provocação que a participação do cineasta suscitava na televisão e, ao mesmo tempo, atesta a total impossibilidade de sua interpretação.

Em carta a Alfredo Guevara, Glauber comenta a sua popularidade e repercussão do programa:

> Trabalho em jornais e na TV, onde participei durante oito meses no maior programa de TV do Brasil - "Abertura", da TV Tupi -, com vinte milhões de espectadores aos domingos. Curioso: não sou cineasta comercial, não sou escritor popular, mas como comentarista de TV cheguei a conseguir 67% de audiência durante cinco a dez minutos por semana. Depois de oito meses, resolvi abandonar, porque não podia sair nas ruas, abordado pelas multidões.[26]

Glauber afirma a importância do programa para a abertura política e retomada do processo democrático, relatando ao amigo a anistia concedida por João Figueiredo a presos políticos e comuns. Jorge Amado corrobora a afirmação, atribuindo a Glauber o papel fundamental de dar a tônica à retomada da manifestação política:

> Quero valorizar o fato de sua presença no Brasil, num período tão crítico e decisivo: você foi a medida desse tempo, colocou sempre o acento sobre a sílaba justa. Tinha que tomar muita porrada por isso – você, como eu cansei de repetir, era aquele que chegava antes dos demais, o que via e dizia a palavra exata e mostrava o caminho certo. É claro que ninguém poderia esperar que essa intelectualidadezinha pequeno-burguesa, limitada, contida, ignorante, patrulheira, dogmática, meio século de atraso etc. etc. fosse aceitar você e sua clareza de visão.[27]

O final da década de 1970 foi a fase do projeto nacional-universal. Depois de seis anos no exílio, Glauber incorpora suas relações com o mundo em sua perspectiva ética, considerando as relações Oriente-Ocidente e toda a luta acumulada contra o colonialismo.

"SOU NACIONALISTA, TROPICALISTA E OSWALDIANO"

As declarações de Glauber Rocha, como a anterior,[28] eram quase sempre enunciadas em tom de manifesto, caracterizando o seu mal compreendido engajamento ideológico – do cavaleiro errante tropical barroco, que empreendia sua epopeia com as armas e a eloquência do audiovisual.

Sua opção pela comunicação televisual favorecia a escolha temática voltada para o épico. Segundo o próprio diretor, o gênero épico permitia maior comunicação porque se fundava em vias auditivas e visuais. Assim a rua, com seus personagens do cotidiano, podia perfeitamente servir de cenário para a revelação das estruturas épicas próprias da realidade brasileira. Para Glauber, todos os problemas da América Latina poderiam ser expressos numa linguagem épica presente nas estruturas sociais, desde que se compreendesse seu funcionamento interior e se encontrassem os elementos motivadores.

Na sua participação no programa "Abertura", qualquer fato é descarnado de sua existência material, local ou temporal, para adquirir uma dimensão emblemática, simbólica, cultural, antropológica, política e, portanto, universal. O negro favelado (Brizola) ou o retirante nordestino (Severino) e o *cableman* da TV Tupi são desdobrados, pela intervenção do diretor, nas figuras de estadistas, como

Getúlio Vargas e Leonel Brizola, ou expostos como exemplares generalizáveis da população brasileira. Glauber ressalta na sua dialogia a potência do significado que nasce da falta, às vezes de conhecimento do entrevistado, e que revela às avessas uma sabedoria da negação ou da resistência. Diante disso, podemos ver a construção do pensamento em ato, de ideias no lugar de mensagens.

Sobre isso, o crítico de televisão Artur da Távola observou:

> Dá para notar também um conflito muito interessante entre o intelectual e o povo. O intelectual, neste caso Glauber, forçando o povo a conceituar. O povo, que sabe que no fundo o intelectual pertence também à classe dominante, escapando de responder, não porque não soubesse, mas por uma sabedoria milenar. Pela carga de sofrimento, tem a noção de que expressar sua opinião livremente poderia lhe ser adverso. Isso ocorre primeiro porque Brizola é da favela, segundo porque é negro, terceiro porque é pobre e quarto porque vivíamos, ainda em 1979, um Estado autoritário.[29]

A entrevista com o jovem Brizola provocou a ira de outros jornalistas que acusavam o diretor de humilhar o pobre e negro favelado com suas perguntas. Glauber rompe com a face cordial da falsa democracia racial e social e expõe a real distância entre dois mundos. A "saia justa" não era consequência de um fracasso de abordagem, mas o objetivo mesmo da antientrevista, como observou Távola. Ao tratar Brizola de igual, sem paternalismo, sem atribuir-lhe um lugar predeterminado ou marginal, o cineasta alegoriza "a passagem do poder ao povo". Na última cena da entrevista, Glauber anuncia que Brizola voltará ao programa das aberturas e, fazendo um gesto com o microfone na direção do entrevistado, diz: "neste momento estou passando o poder ao povo".[30]

Glauber defende no ar um conjunto de propostas concretas sobre a necessidade de se implementar a indústria cinematográfica, o resgate da memória e da história política, as reformas sociais, as políticas culturais, o processo de redemocratização. Além de denunciar a censura (de músicas e peças teatrais), ele promove a sua obra e a de outros brasileiros, assumindo explicitamente a posição de formador de opinião. A soma disso tudo é uma crítica à ignorância e ao esnobismo da "inteligência" e ao conformismo do brasileiro.

Do lado oswaldiano, Glauber expõe muitas das ideias expressas em "Manifesto da poesia pau-brasil" e "Manifesto antropófago", reproduzindo muitas vezes o traço poético desses textos. Aliada à sua veia barroca, a herança modernista se expressa em imagens, falas e ritmos, mantendo sempre seus fundamentos: 1)

Existe o Brasil!; 2) Somos capazes de devorar sempre tudo aquilo que nos devora. Como declarou a esse respeito um dos artistas mais citados por Glauber no programa, o antropófago José Celso Martinez: "A questão não é cortar a cabeça de César e criar uma cultura de imperadores, e sim comer a cabeça de César, promovendo a nossa cultura da devoração".[31]

O método da antropofagia oswaldiana se traduz no "Abertura" na explicitação dos seus fundamentos teóricos – o conflito enquanto método crítico, a apologia à diferença e a atitude anti-hierárquica. Glauber pode ser considerado o mais radical desenvolvedor da tradição antropofágica à qual vários outros pensadores e artistas brasileiros declaram sua filiação. A "montagem nuclear" e a categoria do "transe" são desdobramentos teóricos avançados da antropofagia, elaborados em toda obra do cineasta e em particular nos quadros do programa da TV Tupi. "Agora nós não temos mais medo de afrontar a realidade brasileira, a nossa realidade, em todos os sentidos e a todas as profundidades", afirmava Glauber, na sua compreensão da dimensão libertadora e, por consequência, curativa da antropofagia tropicalista.[32]

O conflito como categoria estética se manifesta pela construção de um olhar penetrante, que procura mostrar o invisível do visível, pelo método do contraponto. No lugar de tudo mostrar ou dizer obscenamente, permite a operação metafísica: "máscaras, máscaras, os cineastas, devem também tirar as máscaras, deveriam comparecer neste programa, pegar a câmera para fazer um teste de cinema" – quando o cineasta Glauber Rocha enuncia sua provocação, encena a possibilidade da mudança, da transformação, que só pode ocorrer no enfrentamento do inimigo.[33] As ações de mascaramento e desmascaramento feitas Glauber no programa criam uma dificuldade de decifrar os significados propostos. Num jogo lúdico, que ao mesmo tempo esconde e mostra, as imagens de Drácula e de Frankenstein são contraposta ao rosto de Severino, personagem real da encenação de Glauber. O grande personagem dos quadros é a fusão da personalidade de Glauber e sua *persona* – a fala iracunda, o gestual vazando o quadro, ampliando o alcance da visão, o olhar direto para a câmera a convocar o telespectador a se posicionar. A construção desse personagem traz a marca de figuras públicas da cultura brasileira e de sua origem religiosa: a verve do pregador e missionário, herdada do protestantismo,[34] e da tradição sertaneja e barroca, de Vieira a Antônio Conselheiro; o coronel, figura arcaica encarnada por Glauber como forma de exercer e lidar com o poder; o tropicalista *avant la lettre*; Chacrinha, síntese de palhaço e animador cultural, cuja admiração entre artistas e intelectuais se dava por ser ele um personagem único no cenário televisual, que representava o senso de humor, a graça e o surrealismo presentes na personalidade do povo brasileiro.

Na entrevista com Eduardo Mascarenhas fica explícito o seu método de abordagem do outro, na produção de alteridade. O psicanalista, que também representa a tradição freudiana, tenta em vão explicar o funcionamento do inconsciente, enquanto Glauber produz atos falhos, desconstruindo a sua fala, dirigindo a câmera e a luz, remetendo aos mitos televisuais. O *gran finale* se dá na revelação da sétima vedete da televisão: "Nelson Rodrigues, o inconsciente coletivo da dramaturgia brasileira."[35] A transformação do tabu em totem se dá ao vivo, numa didática que ensina o uso e convívio familiar com nossos mitos. Isso ocorre na transformação dos valores negativos da interdição da cultura em valores positivos que incluem o desejo pelo outro como possibilidade de renovação em benefício do corpo social. Nelson Rodrigues serve a Glauber como exemplar radical da exposição dos recalques nacionais, acentuados pela visão corrosiva e bem-humorada do escritor.

O aspecto interativo é uma marca quase genérica do programa "Abertura", já que se tratava de didatizar o processo de redemocratização, abrindo um diálogo franco com o público, fazendo críticas, inclusive ao governo. Glauber dá ordens, chama a atenção e faz uma série de desafios, criando uma interlocução direta com o público, com os políticos, com a classe cultural e com os formadores de opinião.

Todos esses aspectos sugerem que sua participação no "Abertura" era um pretexto para que Glauber experimentasse esteticamente o meio, assumindo-se como um formador de opinião, atuando politicamente e fazendo agitação cultural. Essa interlocução era a essência do debate que o diretor pretendia provocar:

> As pessoas não aceitam a crítica. Há uma neurose muito grande, ninguém está preparado para as aberturas; as pessoas estão com medo. A abertura é um espaço psíquico novo, um astral, uma construção nova, e as pessoas estão com medo de assumir isso, preferem ficar fechadas dentro de si, partem logo para a agressão. Não estou a fim de agredir ninguém, quero entrar numa boa com todo mundo, mas na base da relação crítica. A gente tem que fazer disso aqui uma Grécia, construir uma democracia a partir de um conceito greco-tupi.[36]

Assim como Oswald de Andrade sonhava a utopia do matriarcado de Pindorama, nossa herança antropológica tupinambá, também Glauber repensa a *pólis* grega a partir da sociedade tupi. Nessa nova sociedade, todas as coisas, incluindo o poder e o conhecimento, pertenciam a todos os membros da tribo, sem qualquer escala hierárquica, de mando, assujeitamento do outro ou de propriedade. Na sua épica dramaturgia barroca televisual, ele encena com seus personagens aquilo que ainda não há – um povo, um país, um futuro.

Esse exercício político pressupunha criar no ar a metalinguagem do processo das aberturas, num programa sem censura prévia ou autocensura, que refletia na produção a falta de controle da informação pretendida. O público poderia perceber como se dava a construção da mensagem, que ele podia aceitar ou recusar inteira ou parcialmente. O repertório heterodoxo de Glauber Rocha chegava enfim a milhões de telespectadores, a maioria composta por neófitos na sua arte de recriar a imagem polimorfa do Brasil.

A ATUALIDADE DO "ABERTURA"

Essa pequena memória da televisão brasileira apenas reforça o que talvez seja a grande característica da cultura e do povo deste país – a diversidade é o nosso maior trunfo, e o fato de não termos uma só identidade promove a liberdade e o constante desejo de mudança. O empobrecimento estético, de linguagem e engajamento ético da televisão no Brasil se deve à existência de um modelo único, cujo sucesso de audiência dificulta a renovação da imagem televisual.

Programas globalizados, de fácil captação de verba publicitária, inundam as casas dos brasileiros sem qualquer proposta ética, cultural ou estética. Eles passam como chegam e não acrescentam nada. A saga do jornalismo das TVs Tupi, Excelsior, Rio e Record foi esquecida pela digestão da quantidade de informação pasteurizada à disposição no rádio e nas televisões por assinatura e a cabo e em telejornais que disputam o mesmo espaço, a mesma notícia e o mesmo formato.

A grande lição do cineasta Glauber Rocha no programa "Abertura" foi demonstrar a potência reflexiva da televisão, a capacidade de provocar uma inquietude no telespectador com relação a sua própria visão de mundo e fazê-lo tomar consciência da existência da televisão. Poucos programas tiveram tanto sucesso e se mantiveram tão íntegros para a prosperidade e compartilhamento de todos. Os valores humanos, políticos e estéticos, que faziam parte de toda uma geração, sustentavam a narrativa de sua épica eletrônica e mantêm viva a sua didática.

A participação do cineasta e pensador Glauber Rocha no programa "Abertura" pode ser considerada a sua última obra e, como tal, o seu testamento estético e político.

NOTAS

[1] Fernando Barbosa Lima, *Debate: 40 anos de televisão no Brasil*, Rio de Janeiro, Intercom/Uerj, 1990, p. 7.

[2] A TV Rio surgiu em 1951, logo após a TV Tupi. Segundo Walter Durst, era uma estação que tinha tudo para não dar certo. Não dispunha de prédio, o equipamento era usado e o canal era arrendado da Rádio Mauá. Ver Renato Ortiz, *A moderna tradição brasileira*, São Paulo, Brasiliense, 1988, p. 92.

[3] Fernando Barbosa Lima e Walter Clark, "Um pouco de história e reflexão", em Ângela Falcão, Candido Almeida e Cláudia Macedo (orgs.), *TV ao vivo: depoimentos*, São Paulo, Brasiliense, 1988, p. 29.

[4] Idem.

[5] Idem.

[6] Programa de estreia de Fernando Barbosa Lima, com participação de Sargentelli. Deu origem a "O Advogado do Diabo", que foi ao ar pela TV Bandeirantes na década de 1980.

[7] Fernando Barbosa Lima e Walter Clark, op. cit., p. 33.

[8] A TV Excelsior iniciou suas transmissões também no Rio de Janeiro em 1963.

[9] Fernando Barbosa Lima, op. cit., p. 6.

[10] Idem.

[11] Idem.

[12] No jornal *Tribuna da Imprensa*, Nonato Cruz relata: "Em 1968, frequentando as aulas do curso de Comunicação de Massas da Universidade de Miami, dadas pelos professores Marshall McLuhan e Simon Hochberger, assisti à apresentação em videocassete da edição do "Jornal de Vanguarda" como exemplo dos melhores telejornalismos do mundo" (Notato Cruz, "Abertura e outros temas", em *Tribuna da Imprensa*, Rio de Janeiro, 6 de fevereiro de1979). Infelizmente, não restou uma única imagem do "Jornal de Vanguarda" nos precários e desorganizados arquivos da história da televisão no Brasil.

[13] Fernando Barbosa Lima, op. cit., p. 6.

[14] Entrevista de Glauber Rocha a Isa Cambará ("Glauber Rocha agora é estrela de TV"), em *Folha de S. Paulo*, Ilustrada, 13 maio 1979.

[15] Citado em Arlindo Machado, Fernando Barbosa Lima e Gabriel Priolli, *Televisão e vídeo*, Rio de Janeiro, Jorge Zahar, 1985, p. 12.

[16] Gabriel Priolli, "A tela pequena no Brasil grande", em Arlindo Machado, Fernando Barbosa Lima e Gabriel Priolli, *Televisão e vídeo*, Rio de Janeiro, Jorge Zahar, 1985, p. 39.

[17] Gabriel Priolli, "Crítica de televisão", em Ângela Falcão, Cândido Almeida e Cláudia Macedo (orgs.), *TV ao vivo: depoimentos*, São Paulo, Brasiliense, 1988, p. 149.

[18] Jefferson Barros, "Jornalismo: o verdadeiro show da vida", em *Última Hora*, 15 de março de 1979.

[19] Carlos Alberto Messeder Pereira e Ricardo Miranda, *O nacional e o popular na cultura brasileira: televisão*, São Paulo, Brasiliense, 1983, p. 95.

[20] Rose Esquenazi, "O embrião das diretas", em *Jornal do Brasil*, 2 out. 1993 (Caderno B).

[21] Isa Cambará, op. cit.

[22] Helena Silveira, "Na televisão, o talento explosivo de um gênio, em *Folha de S.Paulo*, Ilustrada, 2 set de 1981.

[23] Notato Cruz, op. cit.

[24] Mira Zaramella, "Brizola só vem de vez em quando", em *Última Hora*, Rio de Janeiro, 9 jul. 1979.

[25] Helena Silveira, op. cit.

[26] Apud Ivana Bentes, *Cartas ao mundo*, São Paulo, Companhia das Letras, 1997, p. 659.

[27] Idem, p. 668.

28 Apud Sidney Rezende, *Ideário de Glauber Rocha*, Rio de Janeiro, Philobiblion, 1986, p. 164.

29 Depoimento de Artur da Távola, no especial Glauber Rocha, do programa "Persona", dirigido por Fernando Barbosa Lima, na TV Bandeirantes, em 1984.

30 Regina Mota, *A épica eletrônica de Glauber: um estudo sobre cinema e televisão*, Belo Horizonte, Editora da UFMG, 2001.

31 Em entrevista para o especial Caetano Veloso, do programa "Metrópolis" da TV Cultura de São Paulo, por ocasião do lançamento do livro *Verdade tropical*, exibido em 30 dez. 1997.

32 Glauber Rocha, *Revolução do cinema novo*, São Paulo, Cosac e Naif, 2004, p. 151.

33 Parte da intervenção do cineasta no quadro "Glauber e as máscaras", no qual convocava criticamente a classe cinematográfica a se manifestar. Ver Regina Mota, op. cit., p. 221.

34 Glauber Rocha era de família protestante. Toda a sua formação se deu em igrejas e colégios protestantes, ao lado da tradição católica e de cultos africanos da Bahia. A prática protestante vigilante de sua mãe, Lúcia Rocha, vai ter enorme peso na história pessoal e intelectual de Glauber. Sobre o assunto, ver sua biografia escrita por Ayêska Paula Freitas e por Júlio César Lobo, *Glauber, a conquista de um sonho: os anos verdes*, Belo Horizonte, Dimensão, 1996.

35 No início do quadro, Glauber revela as seis vedetes: "as maiores vedetes da televisão brasileira são Flávio Cavalcanti, Sargentelli, Chico Anísio, Sônia Braga, Silvio Santos, Chacrinha, bem, o sétimo eu não vou dizer". Sobre o assunto, ver Regina Mota, op. cit., 2001, pp. 203-4.

36 Apud Sidney Rezende, op. cit., p. 38.

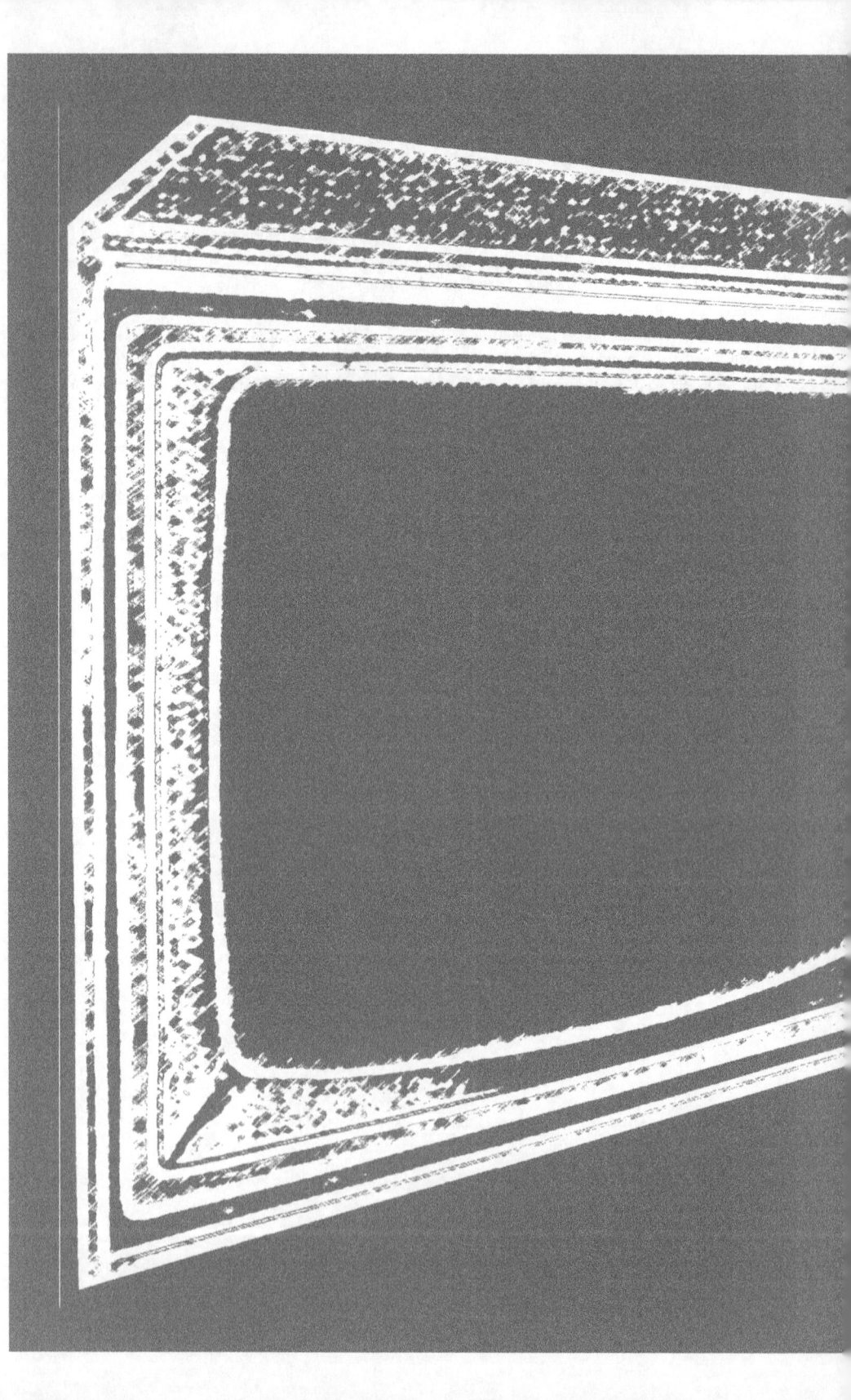

ANOS 1980
a televisão em transição democrática

A década do recomeço da democracia no Brasil também foi a de uma nova popularização da televisão. O afrouxamento da censura trouxe de volta os programas populares. Os formatos foram muitos – jornalísticos, humorísticos, de auditório. Esse retorno do "mundo cão" reacendeu a crítica sobre a qualidade da televisão. Depois das conquistas modernizantes da década de 1970, temia-se o retrocesso. As emissoras, então, combinaram o popular ao moderno. O SBT iniciou as atividades se posicionando como uma emissora popular de qualidade. "Programa Silvio Santos", "A Praça é Nossa" e "O Povo na TV" fizeram sucesso e causaram polêmica. A TV Globo apostou em narrativas pop para se conectar à juventude dos anos 1980. "Armação Ilimitada" e "TV Pirata" marcaram a época.

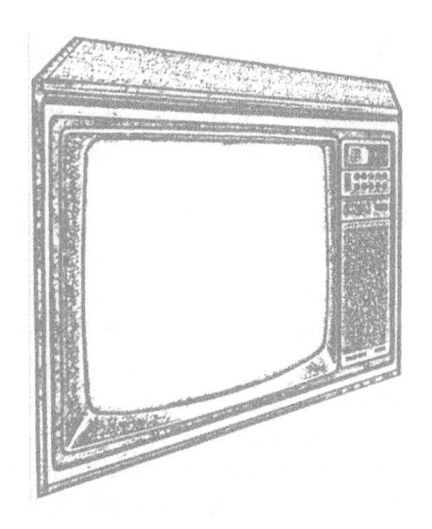

O MODERNO E O POPULAR
NA TV DE SILVIO SANTOS

Maria Celeste Mira

Desde o início dos anos 1960, os programas de auditório ocupam as tardes de domingo na televisão brasileira. Quem inaugurou essa tradição foi Silvio Santos.[1] Naquela época, era uma loucura fazer um programa nesse horário. Não havia se constituído o hábito de assistir televisão aos domingos. Só ia ao ar o "Circo do Arrelia", na hora do almoço e, quando era possível, se transmitia um jogo de futebol. Silvio Santos arriscou: começou com duas horas; em 1966 passou para quatro, em 1968 para seis, depois oito, depois dez. Tornou-se um dos programas mais longos da televisão brasileira. Alguém poderia argumentar que isso se deve ao fato de ele ser o dono da rede de emissoras que transmite seu programa, mas o SBT só seria inaugurado em 1981. Muito ao contrário, foi o "Programa Silvio Santos" que lhe deu origem. Por estranho que pareça hoje, essas dez horas de programação eram transmitidas pela Rede Globo de Televisão. Isso mesmo: Silvio Santos tinha um programa na TV Globo. E boa parte da história da televisão brasileira pode ser contada a partir da separação entre o animador de programas de auditório, com forte penetração em São Paulo e junto às classes populares, e a emissora carioca, mais forte no Rio de Janeiro e com projeto de conquista das classes médias em ascensão a partir dos anos 1970.

Na verdade, Silvio Santos foi o primeiro campeão de audiência da Rede Globo em São Paulo: em 1969 ele já era o mais assistido, superando inclusive as telenovelas. No Rio de Janeiro, em 1971, ele ocupava o décimo lugar entre os programas exibidos por todas as emissoras ao longo da semana. E não era apenas Silvio Santos: no último ano da década de 1960 figuravam ainda: Chacrinha, Dercy Gonçalves e Hebe Camargo. Ao longo dos anos 1960, os programas de auditório foram usados por todas as emissoras de TV como estratégia para conquistar um público que começava a se tornar mais popular. Se, nos anos 1950, possuir um aparelho de televisão era algo muito restrito e distinto, a partir da década de 1960, sua fabricação passaria a ser feita em série e o seu consumo facilitado pelo sistema de crediário. Nesse novo cenário, o teleteatro dos dourados anos 1950 perde seu espaço para a telenovela, que inicia sua trajetória de ascensão. Ao seu lado, os programas de auditório serão a outra grande atração, com seus desfiles de calouros, shows musicais, quadros humorísticos, perguntas e respostas, jogos de todo tipo, variedades ou artes circenses e uma infinidade de outros números capazes de prender a atenção do público. Ao lado dos protagonistas das telenovelas, os apresentadores dos programas de auditório eram os grandes astros da TV. Nomes que atraíam multidões, como Chacrinha, Flávio Cavalcanti, Hebe Camargo, Dercy Gonçalves, J. Silvestre, entre outros, eram disputados pelas emissoras num verdadeiro leilão de salários.

Apesar da popularidade, no entanto, no final dos anos 1960, os programas de auditório são objeto de uma ampla campanha na imprensa contra "a exploração sensacionalista da miséria pela TV". O que eles faziam? Algumas histórias: Chacrinha escolhia o homem mais feio do Brasil ou a mulher mais gorda, além de buzinar os calouros, o que era considerado humilhante. Flávio Cavalcanti quebrava os discos que considerava de baixa qualidade. Dercy Gonçalves era tida como desbocada, inadequada para a televisão. O problema maior eram as atrações exibidas nesses programas. Jacinto Figueira Jr., que se apresentava como "o homem do sapato branco", levava pessoas para resolverem questões particulares, o que, muitas vezes, terminava em agressão. Teria feito, diz a lenda, uma mesa redonda de mendigos. Outros tantos levavam pessoas pobres à televisão e, sob o pretexto de ajudá-las, expunham suas dificuldades, deformidades etc. Como veremos, nada que não se assista hoje na televisão. Mas, naquele momento, acabava de ser editado o AI-5. Era o auge da Ditadura Militar e o governo tinha outros planos para a televisão no Brasil: integrar o país através do sistema de telecomunicações e dar ao "homem brasileiro" uma nova cultura.

A campanha da imprensa contra os programas "mundo cão", como também eram chamados, foi ouvida pelo Estado. Em 1972, o governo militar baixou uma medida mandando submeter à censura prévia (oficial ou das próprias emissoras) todos os programas de auditório. As cenas mostradas nesses programas não eram consideradas condizentes com a nova imagem que o Estado autoritário pretendia criar para o homem brasileiro. Para Renato Ortiz, "se as emissoras cortam ou redimensionam determinados programas popularescos é porque é necessário garantir o pacto com os militares que veem esse tipo de espetáculo como 'degradante' para a formação do homem brasileiro definido segundo a ideologia da Segurança Nacional".[2] Para a dinâmica dos programas de auditório e seus apresentadores foi um duplo golpe: a censura prévia implicava a necessidade de serem gravados antes de irem ao ar, significava que não podiam mais, como até então, serem feitos ao vivo. Era o fim da era da espontaneidade, do "vai como sai", pelo menos por uns tempos.

Uma vez consolidada sua penetração em termos de audiência, a Rede Globo dá início à construção do seu "padrão de qualidade". Em nome desse projeto e de posse das tecnologias disponíveis na época – principalmente o videoteipe –, passa a gravar todos os programas antecipadamente em estúdio, o que permite a correção de falhas e elimina a interferência do auditório. Os programas ficam mais limpos. Rapidamente, todos os animadores de auditório que trabalhavam na TV Globo são dispensados – Dercy e Chacrinha foram as demissões mais comentadas na época –; toda a linha de shows e humorísticos é substituída, a telenovela também se moderniza. Tudo muda na Rede Globo. Mas fica Silvio Santos. Ele era concessionário de horário e não podia ser mandado embora. Em 1971, havia renovado seu contrato numa negociação direta com o dono da rede, Roberto Marinho, por mais cinco anos. Em outras palavras, até 1976, a TV Globo tinha que conviver com uma atração que não fazia mais parte do seu "padrão de qualidade".

Durante a crise dos programas de auditório, Silvio Santos não estava entre os mais criticados. Entre todos, era considerado "o bom moço". Porém, não era nenhum exemplo de bom tom. Muito ao contrário, sua maneira excessivamente descontraída, sua risada espalhafatosa, seu jeito de interpelar o público e a gritaria que provocava nos auditórios eram considerados pela imprensa algo de muito mau gosto. Como muitos sabem, Silvio Santos havia começado sua vida como camelô nas ruas do Rio de Janeiro. Em seguida, montou um serviço de alto-falantes na barca Rio-Niterói, através do qual tocava músicas e vendia lanches e refrigerantes. O próximo passo foi o rádio, onde se tornou locutor auxiliar de Manoel de Nóbrega, sobre quem voltaremos a falar. Nóbrega havia adquirido um negócio que não ia muito bem: uns carnês que as pessoas iam pagando todo mês e pelo qual, no final do ano, recebiam uma cesta de Natal. Propôs sociedade a Silvio Santos, que aceitou e os transformou nos carnês do Baú da Felicidade. Esse negócio e o seu talento artístico como locutor o levariam em pouco tempo do rádio para a televisão.

Na tela pequena, ele estreou em 1962 com o programa "Vamos Brincar de Forca?", logo substituído pelo famoso "Pra Ganhar É Só Rodar". Era um programa em que os fregueses do Baú da Felicidade rodavam grandes piões com os escudos dos times do Rio de Janeiro e de São Paulo para obter o maior número de escudos iguais. Enquanto os piões rodavam, uma trilha sonora eletrizante aumentava o suspense e o animador gritava para os piões: "Roda! Roda! Roda! Não, não. Volta! Volta! Volta! Agora, para! Para! Para!". Foi essa atração que levou Silvio Santos de uma quinta-feira à noite para o domingo à tarde na antiga TV Paulista, que em 1965 seria adquirida pela Rede Globo. É importante perceber que "Pra Ganhar É Só Rodar" era um jogo que envolvia os escudos dos grandes times de futebol. Nada mais adequado para atrair a atenção do telespectador num domingo. Silvio Santos investiu muito nessa fórmula. Grande parte das atrações que exibiu em seu programa ao longo de décadas bem-sucedidas se apoia em todo tipo de jogo e competição, como, por exemplo, "Cidade contra Cidade", "Domingo no Parque", "Qual é a Música?", "Passe ou Repasse", "Arrisca Tudo", "O Preço Certo", "Só Compra Quem Tem", entre tantos outros. O jogo é comum a todas as culturas humanas e, mesmo quando envolve prêmios, pertence ao domínio da gratuidade, daquilo que se faz por prazer, não por obrigação. O sucesso de programas como o de Silvio Santos baseia-se na fórmula do *game show*, a qual mobiliza essas formas lúdicas ancestrais na sua construção adequando-as aos formatos industriais do lazer. Para o espectador isso significa toda a atenção voltada para a telinha para participar do jogo, torcer e saber quem ganha e quem perde. Para Silvio Santos, uma relação perfeita entre o divertimento e os negócios.

Como animador, ele se divertia; como empresário, ele lucrava com as empresas que anunciavam no "Programa Silvio Santos", principalmente as suas, como o Baú da Felicidade, as lojas Tamakavy, a concessionária Vimave etc. Quando o projeto modernizador da Rede Globo entrou em cena, Silvio Santos teve que se adaptar aos novos tempos. A emissora carioca passou a fazer uma série de exigências em relação ao padrão de produção do programa, que, até então, era bastante simples. Mesmo assim, não foi tão difícil. Por ser concessionário de horário, Silvio Santos já produzia seu próprio programa. Ampliou então sua equipe para aproximadamente 15 pessoas, melhorando o padrão de produção. O mais importante é que nessas circunstâncias, entre 1971 e 1976, período de seu último contrato na Rede Globo, Silvio Santos teve tempo de preparar seu futuro na televisão brasileira: transformou essa pequena equipe num centro de produções voltado para a realização e distribuição de programas populares que mais tarde se tornaria o TV Studios Silvio Santos, o embrião do SBT, e adquiriu 50% das ações da Rede Record, também em crise com a ascensão da TV Globo.

Em 1975, Silvio Santos consegue obter a primeira concessão de canal de televisão, a TVS do Rio de Janeiro. Era a segunda tentativa e a primeira vitória de sua assessoria de imprensa, que há anos trabalhava junto ao Ministério das Comunicações para provar que um "animador de auditórios" podia ser um "empresário sério". No ano de 1976, quando sai definitivamente da Rede Globo, Silvio Santos passa a transmitir seu programa apenas para São Paulo e região pela TV Record e para o Rio de Janeiro pela TVS. Não era o suficiente para ele. Silvio Santos queria mais. O Baú da Felicidade, vendido em todo o Brasil, precisava de uma rede de emissoras para sua publicidade. Por esse motivo, pouco tempo depois, Silvio Santos conseguiu entrar em acordo com a Rede Tupi para exibir seu programa

Silvio Santos, com o apresentador Manoel de Nóbrega e o ministro das Comunicações, Euclides Quandt de Oliveira, assinando a concessão pública da TV Studios.

Agência O Globo

163

dominical. Naquele final dos anos 1970, a pioneira TV Tupi se aproximava do seu triste fim. Devido a falhas administrativas e à concorrência do novo modelo implementado pela Rede Globo, ela não pode mais arcar com suas dívidas e teve então sua concessão cassada em 1980. Imediatamente os diretores da TV Studios Silvio Santos entraram em contato com as afiliadas que não pertenciam à TV Tupi de São Paulo e, portanto, não haviam sido cassadas, para que mantivessem o "Programa Silvio Santos" no ar. Em torno do "Programa Silvio Santos" formou-se, assim, uma rede de 19 emissoras que iria "pescar" uma série de outros programas e apresentadores populares que ficaram à deriva com o fim da TV Tupi.

Além do "Programa Silvio Santos", essas afiliadas conquistadas retransmitiam outras atrações que continuaram sendo produzidas pela TV Studios Silvio Santos de Cinema e Televisão. Foi com base nessa prática, nessa tradição de produção para a televisão, que Silvio Santos pleiteou e ganhou uma rede de emissoras quando uma nova concorrência se abriu em 1980. Não foi por esse motivo que ganhou, e sim, segundo especulações da imprensa na época, por ser considerado confiável pelos generais da Ditadura Militar, uma pessoa que não faria nenhum tipo de oposição política. De qualquer maneira, é importante saber que o SBT não enviou ao Governo Federal uma proposta do que pretendia fazer se ganhasse um canal de TV, mas sim uma programação da qual constava o que ele já produzia nos seus estúdios situados na época na vila Guilherme, bairro da periferia de São Paulo. Essa trajetória especial levou a um fato inédito: o SBT foi a única emissora da história da televisão brasileira a transmitir em rede a cerimônia de outorga da sua concessão pelo Governo Federal.

Imediatamente o SBT entrou no ar e, quando isso aconteceu, em 1981, trouxe de volta com ele praticamente todos os programas que haviam sido banidos da televisão brasileira na crise do final dos anos 1960. Todas as ruínas das falidas ou decadentes TV Rio, TV Excelsior, TV Record e TV Tupi, o que havia sido desprezado pela TV Globo seria recuperado e levado ao ar pelo SBT nos seus dois primeiros anos. Da sua primeira programação faziam parte, de um lado, os programas criados nos anos 1950-1960, como "Clube dos Artistas", "Almoço com as Estrelas", "Show Sem Limite" (apresentado no SBT por J. Silvestre), "Programa Flávio Cavalcanti", "Moacir Franco Show", "Programa Silvio Santos", "Programa Raul Gil" e "O Homem do Sapato Branco"; e, de outro lado, as atrações surgidas no final dos anos 1970 que estavam no ar na TV Tupi por ocasião da sua extinção, caso de "Reapertura", humorístico dirigido por Paulo Celestino, e "O Povo na TV", lançado com o nome de "Aqui Agora" e dirigido por Wilton Franco. Os demais programas eram novos, mas utilizavam fórmulas mais do que conhecidas: shows musicais, humor e variedades, gravados com a presença de auditório, alguns com boa dose do que se considera na imprensa como "sensacionalismo". Voltaremos a este tema.

Muitos profissionais chamados para trabalhar no SBT estavam fora do mercado de televisão. Atores, humoristas, apresentadores, diretores de TV: todos se viam saindo do ostracismo e voltando a uma espécie de "idade de ouro" que haviam vivido naquelas emissoras que os consagrara nos anos 1960. Vindos do rádio, do teatro de revista, da "chanchada" do cinema nacional e alguns do circo, vários desses artistas haviam ingressado na televisão brasileira através da TV Rio e da TV Excelsior, onde criariam as fórmulas de shows compostos por música, humor e variedades utilizadas até hoje, com ou sem auditório, mais ou menos sofisticadas. Alguns deles seriam aproveitados pela Rede Globo na construção do seu "padrão de qualidade", como Chico Anysio e Jô Soares, por exemplo. Outro destino teria Wilton Franco: o criador de "Noites Cariocas" que marcou época na TV Rio. Ele - que havia sido um dos principais diretores da linha de shows e humorísticos da TV Excelsior nos anos 1960, e diretor, na TV Tupi, dos Trapalhões, Chacrinha e Hebe Camargo -, viria parar no SBT e protagonizaria uma nova crise dos programas de auditório com o seu polêmico "O Povo na TV".

DO POPULARESCO AO BREGA: A MODERNIZAÇÃO DO POPULAR

O programa "O Povo na TV" ia ao ar todas as tardes e se apresentava como um serviço de utilidade pública. Além de matérias mais amenas, trazia reportagens policiais e causava polêmica colocando em cena pessoas pobres que pediam algum tipo de ajuda: médico-hospitalar, jurídica e, principalmente, financeira. O apresentador, Wilton Franco, a partir de um texto preparado pela produção do programa, narrava a história escolhida de forma melodramática, prendendo a atenção do público. Outra de suas atrações eram as curas feitas ao vivo por uma espécie de médico espiritual de nome Lengruber. A fama do programa fez com que a entrada do SBT em São Paulo, sempre lotada de gente querendo ser atendida, ficasse conhecida como a "Porta dos Milagres". Apesar de dar 15 pontos de Ibope em média, com picos de quase 20, empatando com a TV Globo - o que, na época, era uma verdadeira façanha -, o programa era o principal motivo pelo qual a emissora de Silvio Santos era considerada "popularesca".

O termo "popularesco" não tem uma definição precisa: nos dicionários da língua portuguesa é sinônimo de popular. No entanto, na crítica cultural, uma produção "popularesca" tem uma conotação negativa, significa degenerescência do "popular". Por exemplo, assim foi classificada toda uma época do cinema brasileiro, a "chanchada". Alex Viany a definiu como "comédia popularesca, em geral apressada e desleixada, com interpolações musicais" e Paulo Emílio Sales Gomes, como "comédia popularesca, vulgar e frequentemente musical".[3] No entanto, hoje a "chanchada" é cult. Oscarito e Grande Otelo são considerados gênios da comédia popular, e os filmes daquela época, sobretudo os dirigidos por Carlos Manga, são exibidos como clássicos no Canal Brasil. É importante notar que quem classificou a "chanchada" na categoria de "comédia popularesca" foram dois dos maiores estudiosos do cinema nacional, ou seja, pessoas dotadas de autoridade, de legitimidade cultural em função do que se considerava válido em termos artísticos nos anos 1960. Com o passar do tempo, as concepções sobre arte e cultura se transformam, a legitimidade cultural, ou seja, o poder de definir o que é certo ou errado em termos de arte e cultura, se desloca, vai parar em outras mãos. Portanto, para se compreender o que é "popular", "popularesco" ou, como veremos à frente, "brega", é fundamental descobrir quem tem o poder de nomear e quando o fez.[4]

Se, no final dos anos 1960, os programas de auditório eram condenados por imprensa, intelectuais e o governo militar, nos anos 1980, o SBT se defrontaria novamente com a oposição da imprensa e com uma barreira insuperável para quem quer ganhar dinheiro: o mercado publicitário. Na ânsia de ser "popular", a emissora foi novamente considerada "popularesca". Suas telenovelas eram vistas como excessivamente sentimentais e melodramáticas, o humorismo era tido como "apelativo", "grosseiro", "vulgar". Evidentemente nada superava a rejeição a "O Povo na TV": seu "sensacionalismo" era considerado "agressivo" ao telespectador. Toda a programação concebida por Silvio Santos e sua equipe foi condenada pelo mercado publicitário. Seus diretores chegaram a oferecer publicidade gratuita para que os anunciantes pudessem observar o retorno. Mas eles recusaram: comercial no SBT, nem de graça. Nenhuma agência queria programar anúncios numa rede tão malvista, pois os anunciantes não queriam associar sua imagem e a de seus produtos à do SBT.

Silvio Santos não entendia o motivo. Seus programas davam audiência. Em pouco tempo, sua rede havia conquistado o segundo lugar, subtraindo uma média de 15 pontos de Ibope da TV Globo, fato inédito até então. A explicação é que Silvio Santos e seus colaboradores haviam acumulado uma larga experiência com produtos e atrações culturais voltados para as classes populares. Todas as empresas de Silvio Santos, a começar pelo Baú da Felicidade, sempre procuraram cobrir uma demanda situada entre as classes C e D. Uma das razões do sucesso do Grupo Silvio Santos é que ele percebeu a existência de um mercado de consumo popular, investiu e lucrou com esse filão ao longo dos anos 1960-1970. Na segunda metade da década, o Grupo penetrou nesse "espaço vazio" também no âmbito do imaginário. Um espaço que o projeto Rede Globo deixou em aberto quando optou por uma linha de programação que respondia, basicamente, aos anseios da classe média em ascensão a partir do final dos anos 1960.

Mas, se essa foi a razão do sucesso do Grupo Silvio Santos, também representou o limite até o qual poderia caminhar sozinho. Para entender o que estava acontecendo no SBT, Silvio Santos contratou uma nova equipe de diretores comerciais vindos da área de publicidade e marketing. É importante notar que foi um processo muito semelhante ao que aconteceu quando foi implantado o "padrão Globo de qualidade". Os projetos de modernização das emissoras de radiodifusão, das gravadoras, editoras etc. implicam sempre maior racionalização administrativa e ampliação do poder das direções comerciais e de marketing sobre as direções artísticas. Isso significa perda de autonomia dos produtores culturais em função de uma melhor adequação ao mercado, com o propósito de aumentar a vendagem. A questão que não estava clara para Silvio Santos e sua antiga equipe é que a televisão não vende programas, ela vende publicidade de acordo com a audiência. Não apenas de acordo com o volume de audiência, mas de acordo com o seu perfil. O público do SBT era grande, mas situava-se entre as classes de nível socioeconômico mais baixo, cujo poder de consumo é menor e não alcança os produtos mais caros, de luxo. A nova equipe comercial convenceu Silvio Santos de que, com novos programas, poderia atrair algum público nas classes A e B e com eles novos anunciantes que sustentassem um veículo tão caro como a televisão. Mas, antes de tudo, era preciso uma campanha e uma reforma geral para mudar de imagem, para deixar de ser a "TV povão".

Foram três anos de crise e transição durante os quais praticamente só se viam enlatados no SBT. Mais de vinte programas saíram do ar. Daquela primeira fase só restaram: o "Programa Silvio Santos", "Viva a Noite", apresentado por Augusto Liberato, e o infantil "Bozo". A nova programação, que estreou em 1986, trazia, entre outras atrações, os programas, até hoje no ar, "Hebe" e "A Praça é Nossa". O caso da "Praça" é um dos melhores exemplos de modernização do popular, ou, se quisermos, de maquiagem do "popularesco". Com o nome de "A Praça da Alegria", o humorístico foi criado por Manoel de Nóbrega, pai do atual apresentador Carlos Alberto e, como vimos, amigo de Silvio Santos desde os tempos do rádio. Foi ao ar pela primeira vez em 1956 na antiga TV Paulista, mais tarde TV Globo de São Paulo. A fórmula era a mesma, simples e eficiente, que mantém o show vivo há mais de cinquenta anos: um homem sentado no banco de uma praça, tentando ler seu jornal, mas, a todo momento, sendo interrompido pelos tipos cômicos que puxam conversa com ele. Os personagens vão mudando, mas muitos percorreram décadas em "A Praça é Nossa", como o bronco de Ronald Golias, seu Obturado de Walter D'Ávila, a Catifunda de Maria Zilda, a mulher do Oscar de Consuelo Leandro, a fofoqueira de Maria Tereza, a velha surda de Roni Rios. Mas, se a fórmula e muitos personagens de "A Praça é Nossa" ainda eram os mesmos, seu visual era totalmente novo. Carlos Alberto de Nóbrega passava a integrar a equipe do SBT após ter trabalhado 12 anos na Rede Globo. Essa experiência o faria assumir também o cargo de diretor artístico da nova emissora, em cuja reconstrução desempenharia um papel importante. Começou pela repaginação de "A Praça é Nossa": explicou para o cenógrafo, figurinista, iluminador etc. que tudo tinha que ser muito benfeito, muito moderno, uma praça muito bonita, as cores combinando, não se descuidando do entorno, dos figurantes, a começar com a roupa que ele usava, coisa com que seu pai jamais se preocupara. Segundo Carlos Alberto de Nóbrega, é isso o que dá o "padrão Globo".

De fato, a Rede Globo elevou o padrão de produção da televisão no Brasil, habituando os telespectadores a ver as imagens e ouvir os sons com alto nível de qualidade. Isso obriga as demais emissoras a tentar constantemente melhorar o seu padrão de produção e de transmissão do sinal por dois motivos. Primeiro porque o público prefere sempre a imagem e o som de melhor qualidade, mesmo as classes populares que tendem a optar pela programação dita "popularesca". Em segundo lugar porque, ainda que baseado em fórmulas consideradas "popularescas", um programa bem produzido pode escapar dessa classificação, parecer menos "vulgar", menos "grosseiro" e, com uma imagem mais aceitável, atrair anunciantes. Foi o que aconteceu com "A Praça é Nossa" e a nova programação do SBT.

Porém, como as formas de discriminação vão se renovando, a partir de então a emissora paulista foi chamada de "brega". Ao contrário do "popularesco", no entanto, o "brega" não é necessariamente uma produção pobre, malfeita, descuidada. Em geral, o "brega" faz parte de indústrias culturais altamente rentáveis. Era bem o caso do programa "Viva a Noite", apresentado por Augusto Liberato, o Gugu, cujo cenário passava a ser uma plataforma futurista, toda iluminada, onde eram recebidas as atrações mais populares da indústria do disco, como conjuntos de pagode e de música sertaneja, e de onde se acompanhavam gravações de cenas externas em que uma fã encontrava seu ídolo em Fernando de Noronha. Enfim, uma produção muito mais cara e bem cuidada do que nos primeiros tempos do SBT. O caso de Gugu, que mais tarde viria a apresentar "Domingo Legal", substituindo Silvio Santos nas tardes de domingo, é um bom exemplo do que costuma ser taxado de "brega". Em geral, uma produção é considerada "brega" exatamente por utilizar excesso de recursos: muita cor, muito brilho, muita luz, som estrondoso, muitos efeitos especiais. Mas, apesar de tudo isso, seus produtores não teriam, segundo os formadores de opinião, as informações corretas de modo que em suas composições misturariam gêneros e estilos erroneamente, cometeriam excessos e outros pecados estéticos. Note-se que o problema é sempre o mesmo. Há um grupo de pessoas – no caso, profissionais como estilistas, designers, decoradores, produtores culturais em geral – que detém um conjunto de definições estéticas a partir das quais traça a linha que separa o bom do mau gosto.

Apesar dos inúmeros problemas internos, a entrada em cena do SBT causou grande impacto na televisão dos anos 1980, a ponto de mudar seus rumos dali em diante. Naquela década assistiu-se à volta dos auditórios em todas as emissoras de TV. Se, por um lado, o SBT foi obrigado a se modernizar, por outro, as demais emissoras, em particular a Rede Globo, tiveram que se popularizar para não perder a faixa de público que estava migrando para o SBT. Em outras palavras, se o SBT teve que se preocupar com o perfil de sua audiência, a Rede Globo precisava encontrar uma solução para a considerável perda quantitativa que estava sofrendo com a concorrência do SBT: de dez a vinte pontos de Ibope, conforme o local e o horário. Para combater o SBT, a Rede Globo chamou de volta Chacrinha em 1982, dez anos depois de tê-lo dispensado, e reintroduziu os auditórios nas gravações de "Os Trapalhões" e do musical "Globo de Ouro". Relançou o humorístico "Balança Mas Não Cai" e a série de episódios ficcionais baseada em fatos reais que muitos consideram "sensacionalismo", o "Caso Verdade". É interessante notar que sob a categoria de "popularesco" são enquadrados quase sempre três tipos de programas retomados pela Rede Globo para combater a ascensão do SBT nos anos 1980: os de variedades, aqui exemplificado pelo "Cassino do Chacrinha"; os humorísticos "apelativos", no caso, o "Balança Mas Não Cai"; e os jornais ou narrativas ficcionais "sensacionalistas", do tipo "Caso Verdade". Evidentemente, o que se censura nesses gêneros é o que, ao mesmo tempo, se quer ver: bizarrice, sexo, violência. Porém, na Rede Globo, eles não serão chamados de "popularescos" por causa de sua fórmula mais *soft*, mais bem produzida, com "padrão de qualidade".

Finalmente, em 1989, a Rede Globo não teve mais como resistir: para enfrentar Silvio Santos aos domingos, só mesmo com outro programa de auditório. Naquele ano tem início o "Domingão do Faustão", dirigido por um dos mais experientes membros da equipe do "Programa Silvio Santos", Deto Costa. Tendo se especializado no formato "programas de auditório", dessa vez era o SBT que tinha a receita.

PROGRAMAS DE AUDITÓRIO:
EMOÇÃO E DESCONTRAÇÃO NO CALOR DA HORA

Do ponto de vista técnico, os processos de modernização das indústrias culturais costumam ser acompanhados da incorporação de novas tecnologias de captação de imagem e som, gravação, sonorização, edição etc. Nesse aspecto, a emissora de Silvio Santos também teve que se atualizar, mas, no seu entendimento, para se manter com uma proposta mais popular, a sofisticação em relação aos recursos de pós-produção e edição não podia predominar sobre o próprio programa. Desde o início, o SBT havia adotado a estratégia de gravar sua programação com a presença de auditórios e não abriu mão dela após a "mudança de imagem". Todos os programas da emissora seguiam essa regra, que era a sua marca, a sua identidade. A ideia vigente entre artistas e produtores é a de que uma televisão popular se faz com a integração do público, seja na plateia, seja em casa. Essa concepção tem levado os animadores e produtores de programas de auditório a uma espécie de "recusa da técnica" em favor do contato direto com o público, da criação de uma atmosfera de proximidade, de intimidade com ele. Ao invés de experimentações inovadoras com a câmera, o apresentador ou animador olha e fala diretamente com o telespectador por meio dela, como se estivesse entrando em sua casa. Novas tecnologias em programas de auditório só são bem recebidas quando os tornam mais realistas, e não surreais.

Uma televisão popular é vista pelos administradores e artistas do SBT como uma televisão "quente", e, para eles, o excesso de tecnologia pode "esfriar" a relação com o público. Um programa de auditório, mesmo quando é gravado, vai ao ar praticamente da forma como foi feito. Não tem pós-produção e nem precisa: no momento de sua gravação tudo é feito para "esquentar o auditório", e todos os elementos, que em outros produtos podem entrar depois – como, por exemplo, a trilha sonora na telenovela –, já estão lá. Entram na hora as cenas de externa que são feitas ao vivo ou foram gravadas antecipadamente. O programa de auditório tende a ter muito mais pré-produção do que pós-produção. O que se faz depois é a inserção dos créditos, correção de algumas falhas consideradas graves, mesmo porque não há certo e errado nesse tipo de atração. O importante num programa de auditório é o que acontece ali na hora, na relação entre o animador, o público e os convidados. Não há *script*, mas apenas fichas com algumas referências para o animador conduzir o programa. A improvisação e a descontração são elementos fundamentais nesse tipo de espetáculo, tanto quanto a sua capacidade de gerar suspense e emoção. Alternando esses dois tipos de sensações, os animadores envolvem o público por horas a fio. Quebrar essa sequência, só para exibir publicidade. Segundo os diretores desses programas, quanto mais eles são editados, quanto mais são cortados, mais a temperatura baixa.

Na esfera da cultura de massas, o programa de auditório é o que mais se aproxima da festa popular. Tanto no rádio como na televisão, não há um desnível tão grande entre o palco e o público. Os animadores e cantores se aproximam da plateia e têm um contato bastante próximo. Silvio Santos faz um programa nos domingos à noite lançado com o nome de "Topa Tudo Por Dinheiro", o qual comanda de dentro do auditório com o célebre bordão "Quem quer dinheiro?". Por sua vez, o público popular participa ativa e efusivamente desses programas, seja em jogos disputando prêmios, seja aplaudindo, vaiando, rindo, cantando, gritando. A diferença em comparação com uma contida plateia culta revela que programa popular não é só uma questão de conteúdo, mas também de modo de fazer.

Silvio Santos havia aprendido a fazer esse tipo de programa frequentando os auditórios de rádio no Rio de Janeiro nos anos 1940-1950. Imitava Héber de Bôscoli, que perguntava ao público "quem quer um sapato da Cedofeita?". E todo mundo respondia "eu, eu, eu". Entretanto, meio século depois já estava um pouco cansado de brincar com suas "colegas de trabalho". Era preciso preparar seu sucessor. Faustão superava sua audiência. Era preciso contra-atacar. Assim foi lançado em 1993 um novo campeão de audiência, o "Domingo Legal", comandado por Gugu Liberato. O programa trazia basicamente as mesmas atrações do "Viva a Noite", tornando o domingo à tarde mais jovem, mais ágil, mais movimentado. Alguns quadros fizeram com que o programa ficasse também mais picante, como aquele em que os artistas convidados mergulhavam em trajes de banho numa piscina de espuma, um tentando deter a saída do outro. Porém a grande novidade do "Domingo Legal" foi que a partir de 1994 ele começou a entrar ao vivo e a controlar sua audiência em tempo real. Sendo feito ao vivo, o programa pode mudar na hora em função dos acontecimentos, incorporar a cobertura de fatos extraordinários, deixando as gravações já realizadas para serem exibidas em outra ocasião. Com isso, impede a fuga do público para outro canal. Foi o que aconteceu, por exemplo, quando o "Domingo Legal" obteve 47 pontos de Ibope cobrindo o acidente de avião que levou à morte todos os integrantes do grupo musical Mamonas Assassinas em 1996.

De certa forma, a receita dos programas de auditório, cujos ingredientes básicos são improvisação e descontração, prepararam o caminho para o que seria a televisão dos anos 1990. De início, vale notar que haviam mudado as maneiras de ver TV, sobretudo com a disseminação do controle remoto, prática inicialmente adotada pelos jovens e rapidamente incorporada pelos adultos. Conforme informação publicada pela Folha de S.Paulo em 12 de abril de 1998, devido à contenção da inflação no período do Plano Real foram vendidos cerca de 28 milhões de aparelhos de televisão, entre 1994 e 1998, em todo o país, praticamente o mesmo número de televisores em uso no ano anterior, que era de 31,5 milhões. Essa vendagem extraordinária aprofundou a individualização do hábito de ver TV, inundando os lares brasileiros de receptores: três ou quatro nas classes A e B; dois ou três nas classes C e D. Cada indivíduo, de posse de seu controle remoto, passou a ser um zapeador em potencial, e, para prender a atenção dos espectadores, os programas tiveram que se tornar cada vez mais ágeis, mais emocionantes, mais impactantes. Contrariando todas as expectativas anteriores, a televisão voltou a fazer mais programas ao vivo, embora com algumas partes pré-gravadas. Como vimos, exatamente assim eram feitos, desde o início da TV, os programas de auditório.

O telespectador zapeia em busca de emoções fortes e, sobretudo na hora do intervalo comercial, passa de um programa para outro e pode não voltar. A guerra de audiência entre Gugu e Faustão proporcionou episódios acusados de "sensacionalistas", mas nada superaria o que estava por vir nas noites da semana. Quando tudo parecia ter se situado no plano de uma cultura ou de um gosto médio, o "popularesco" reaparece no cenário da televisão brasileira dos anos 1990. Na última década do século XX ele estava de volta em várias emissoras de TV, causando novas polêmicas. O fato se explica, antes de tudo, por uma nova onda de popularização do veículo no período. Dos 28 milhões de aparelhos vendidos durante os 4 primeiros anos do Plano Real, cerca de 6 milhões representavam o primeiro televisor da família. Foram adquiridos, portanto, por pessoas situadas num nível muito baixo na escala socioeconômica, gente que teve que esperar quase cinquenta anos para ter um televisor em casa. Esses ingressantes no mercado televisivo tendem a ser pessoas com pouca instrução formal ou, na expressão de Pierre Bourdieu, com pouco "capital cultural", o que amplia as possibilidades de sucesso de programações mais populares ou "popularescas".[5]

As chances do "popularesco" aumentaram também à medida que, nos anos 1990, o que antes era a televisão brasileira passou a ser a televisão aberta ou "a televisão dos pobres", pois naquela década a oferta de canais pagos chegou e parou nas classes A e B. Novas tecnologias, sobretudo o novo mundo que foi aberto pela internet, ainda eram restritas ao topo da pirâmide social. Desde o início da década de 1990, os programas "popularescos" foram reaparecendo na televisão aberta.[6] Mais uma vez o precursor do novo cenário foi um programa do SBT: o jornal "Aqui Agora", um noticiário de final de tarde de caráter nacional, em grande parte realizado e transmitido ao vivo. Às sete horas da noite, chegou a roubar vinte pontos da telenovela da TV Globo na capital paulista. Na verdade, trata-se da volta de "O Povo na TV" com seu primeiro nome "Aqui Agora", condensado no início da noite, mas com a mesma receita: crimes e ocorrências policiais, com a reportagem acompanhando a perseguição aos supostos "bandidos" e outras tantas reportagens de impacto. A isso se acrescentavam fofocas sobre a vida dos artistas famosos e um quadro de "defesa dos direitos do consumidor" que, colocando frente a frente comprador e vendedor, muitas vezes, terminava em agressão física. Após seis anos, a audiência diminuiu e o programa saiu do ar, mas, quando isso aconteceu, já havia aparecido uma série de similares, como "Cidade Alerta" na TV Record, "Brasil Urgente" na TV Bandeirantes, "Repórter Cidadão" na RedeTV!, entre outros. Os que estão no ar, como o apresentado por José Luiz Datena, passam horas mostrando enchentes e todo tipo de catástrofe, caos e violência da metrópole paulistana, minando assim a audiência das novelas da Rede Globo. É possível que isso esteja ocorrendo em vários outros locais, apontando para uma tendência mais geral: a de que a vida real está mais dramática do que os dramas da vida ficcional.

A partir de 1996 os programas chamados de "popularescos" multiplicam-se e invadem o horário nobre de várias emissoras paulistas, subtraindo mais audiência da Rede Globo de Televisão. Numa delas, a TV Record, sobrevivente dos velhos tempos pelas negociações com Silvio Santos e, mais tarde, com Edir Macedo, surge a grande novidade da década de 1990: o animador de auditórios Carlos Massa, conhecido pelo apelido de "Ratinho". Trata-se de alguém que vem das classes populares, tem uma linguagem considerada de "baixo nível", proclama-se porta-voz dos pobres, gritando contra os poderosos e os corruptos, brandindo um cassetete contra os bandidos. Tendo conseguido a façanha de superar a audiência da TV Globo na capital de São Paulo após o fim da novela das nove horas, Ratinho foi contratado pelo SBT, segundo se especulou em 1998, por um salário milionário. Em seus programas no SBT ele adotou um estilo menos policialesco e mais jocoso. Durante suas apresentações reina um barulho infernal: ele fala, grita e ri o tempo todo e muito alto, uma banda toca, o auditório também grita, um boneco representando um ratinho retruca de forma estridente e outros tipos "grotescos" ou "bizarros" circulam pelo palco, discutem com ele, brigam entre si, de modo que os quadros do programa vão se sucedendo na mais incrível confusão.

O que não se esperava é que esse tipo de atração encontrasse um novo público na virada do milênio. Em 1999, a agência de publicidade DPZ realizou uma pesquisa sobre o "Programa do Ratinho" mostrando que, em todo o Brasil, 13% do público tinha de 2 a 9 anos; 9%, de 10 a 14 anos; 14%, de 15 a 24 anos; 27%, de 25 a 39 anos e 37%, acima de 40 anos. Percebe-se um forte predomínio do público infanto-juvenil, formando quase 40% da audiência. Para entender esse fenômeno é importante observar que a nova safra de "popularescos" – em particular, Ratinho – são mais cômicos do que violentos ou melodramáticos. Exploram a deformidade do corpo, as palavras ou expressões de baixo nível e até as lutas corporais entre participantes do programa como elementos de comicidade. Encenam quadros de suspense e terror, quebram equipamentos e cenários, criticam a produção do próprio programa, mas tudo dentro de um clima de gozação. A relação de novos espectadores com esse tipo de apresentação parece fazer sentido no interior do que se poderia chamar de uma atmosfera cultural pós-moderna caracterizada pelo "pastiche", o "deboche", a "bobagem", na qual os padrões estéticos e éticos da modernidade estariam em declínio.[7] Principalmente os jovens extraem prazer e diversão das brigas, da avacalhação, da zoeira, das confusões da produção, do caos total que se instaura no programa.

Mais surpreendente ainda foi a aceitação de Ratinho pelas classes A e B: 33% na Grande São Paulo e 25% em nível nacional, de acordo com a mesma pesquisa da agência DPZ. Esses segmentos representam cerca de 20% da população brasileira, mas estão concentrados nas regiões e capitais mais ricas, das quais a Grande São Paulo é o melhor exemplo. Sendo assim, os dois números praticamente se equilibram, revelando a forte e inédita conquista desse tipo de audiência por um programa dito "popularesco". Isso lhe permite uma sobrevivência um pouco mais estável, com a possibilidade de atrair novos anunciantes. Mas, da maneira como é feito, ao vivo, e com alta dose de improvisação, os anunciantes mais bem colocados no mercado continuam temendo pelo que pode acontecer durante o programa ao qual suas marcas estarão associadas.

A partir de setembro de 2009, Ratinho passou a apresentar no SBT um programa chamado "Nada Além da Verdade", continuando também com o "Programa do Ratinho". Márcia Goldschmidt, também lançada pelo SBT, apresenta em seu programa um quadro no qual o convidado tem que dizer a verdade sob pena de ser desmascarado por um polígrafo detector de mentiras. Passando pelos episódios baseados em fatos reais de "Linha Direta" e "Caso Verdade" da Rede Globo, podemos retornar à década de 1960. Carlos Manga apresentava o programa "Quem Tem Medo da Verdade?", no qual literalmente acusava, num cenário de tribunal, um artista ou outra celebridade, que ali comparecia na qualidade de réu, e defendia-se com as testemunhas a que tinha direito como num julgamento real e, afinal, era julgado por um corpo de jurados.

É interessante notar o quanto esses programas resistem ao tempo. Parece que isso se deve ao interesse que desperta no espectador sua alegação de revelar a verdade, de mostrar a realidade "como ela é", sobretudo quando se trata da vida pessoal dos famosos. Mas o fato deve-se também à enorme capacidade de atualização dessas atrações. Por exemplo: se, no caso do programa de Carlos Manga, o público assistia passivamente ao veredicto dado por um corpo de jurados, hoje, quando a norma na televisão é a interatividade, os próprios espectadores são juízes nos *reality shows*. Isso acontece nos "Casos de Família" e similares transmitidos à tarde, nos quais o auditório critica e opina sobre a vida pessoal dos convidados. E, sobretudo, no formato "Big Brother" e todos os seus derivados, como "Casa dos Artistas" (SBT) e "A Fazenda" (TV Record), nos quais os participantes ficam confinados, vigiados e são implacavelmente julgados pelo público que os assiste.

Nada do que se fazia há cinquenta anos era assim tão diferente do que há hoje na televisão aberta e em alguns canais pagos. De fato, comparados com a atualidade, os programas antigos parecem até inocentes. Porém, a produção do espetáculo era muito mais pobre, mais precária, o que sempre causa a impressão de que o que se via era mais "vulgar", mais "grotesco". Sob novas fórmulas, os programas "popularescos" reaparecem. Alguns têm nome em inglês: *reality shows*. Estão todos aí. Por vezes são criticados, saem do ar por uns tempos, mas acabam voltando. São cada vez mais bem aceitos. Os padrões morais e estéticos é que de fato mudaram muito ao longo da segunda metade do século XX. Além disso, o caráter de entretenimento da televisão ficou patente e, com a segmentação da programação, as propostas educativas se deslocaram e se concentraram em horários e canais específicos. Finalmente, o "novo homem brasileiro", que a Ditadura Militar e os empresários interessados na modernização do país pretendiam construir, já está pronto: é o consumidor. O que ele assistir, pelo tempo suficiente para ser capturado por alguma mensagem publicitária, está aprovado.

NOTAS

[1] Praticamente todas as referências deste capítulo foram retiradas do livro de minha autoria que não será mais citado. Ver: M. C. Mira, *Circo eletrônico: Silvio Santos e o SBT*, São Paulo, Loyola/Olho D'Água, 1995.

[2] Ver Renato Ortiz, *A moderna tradição brasileira: cultura brasileira e indústria cultural*, São Paulo, Brasiliense, 1988.

[3] Citado por Sergio Augusto, *Este mundo é um pandeiro: a chanchada de Getúlio a JK*, São Paulo, Companhia das Letras, 1989, pp. 17-8.

[4] Ver Pierre Bourdieu, *O poder simbólico*, Rio de Janeiro, Bertrand Brasil, 2003.

[5] Ver Maria Alice Nogueira e Afrânio Catani (orgs.), *Escritos de educação*, Petrópolis, Vozes, 2001.

[6] A argumentação desenvolvida sobre o "popularesco" nos anos 1990 baseia-se no capítulo por mim redigido, intitulado "A disputa pela audiência na TV aberta", em Sílvia Helena Simões Borelli e Gabriel Priolli (coords.), *A deusa ferida: por que a Rede Globo não é mais a campeã absoluta de audiência*, São Paulo, Summus, 2000, pp. 109-32.

[7] Ver Frederic Jameson, *Pós-modernismo: a lógica cultural no capitalismo tardio*, São Paulo, Ática, 1996.

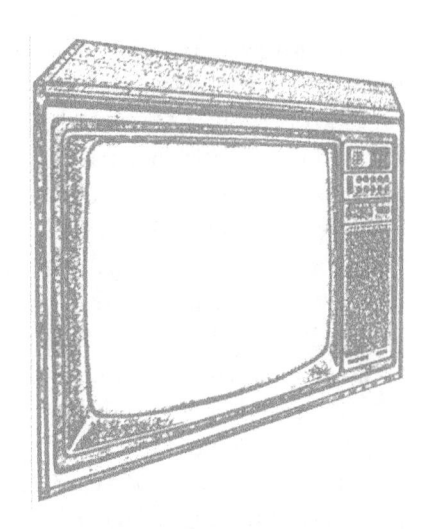

A VOLTA DO "JORNALISMO CÃO" NA TV

Marco Roxo

Chegou em casa outra vez doidão, brigou com a preta sem razão, quis comer arroz doce com quiabo, botou sal na batida de limão. Deu lavagem ao macaco, banana pro porco, osso pro gato, sardinha ao cachorro, cachaça pro pato entrou no chuveiro de terno e sapato. Não queria papo. Foi lá no porão, pegou "tresoitão", deu tiro na mão, do próprio irmão que quis te segurar. Eu consegui te desarmar. Foi pra rua de novo, entrou no velório pulando a janela, xingou o defunto, apagou a vela, cantou a viúva, mulher de favela, deu um beijo nela. O bicho pegou, a polícia chegou, um coro levou, em cana entrou e ela não te quer mais. Bem feito.

Esses versos fizeram sucesso na voz de Zeca Pagodinho, que deu melodia à letra deste samba cujo título é "Vacilão".[1] Seu compositor, Zé Roberto, é desconhecido do público. Mas em que ele teria se inspirado para "criar" tais versos? As aspas aqui se justificam, pois comungamos da tese de que "nada nasce do nada". Portanto, é crível trabalhar com a hipótese de que o hábil letrista tenha presenciado cenas semelhantes na "vida real". Nem seria um ato tresloucado de nossa parte sustentar a possibilidade dele ter iluminado sua mente através da leitura das crônicas dos fatos cotidianos classificados como "fantásticos", "extraordinários", "surreais", nas páginas das reportagens policiais dos jornais cariocas rotulados como populares e/ou sensacionalistas.

Pode-se, dessa forma, imaginar o Zé Roberto parado em frente a uma banca de jornal contemplando a seguinte manchete: "Vacilão, bêbado, bate na mulher, invade o velório, beija viúva e atira no irmão". Como diria um experiente repórter policial carioca, "são fatos como esses, reportados exatamente como ocorreram, que fazem o jornalista ser chamado de cascateiro e o repórter de polícia um maldito".[2] A maldição da reportagem policial era justamente essa capacidade de dar cores melodramáticas mais intensas e tornar interessantes temas e ocorrências capazes de pôr em desfile pessoas classificadas como "mendigos, indigentes, loucos, viciados, casais desajustados, ladrões",[3] tipos característicos do que o apresentador de televisão Jacinto Figueira Júnior classificou de *mundo cão*.

Expostos em jornais impressos sensacionais ou circulando na forma de uma narrativa musical, a dramaticidade de determinados fatos da vida cotidiana assume ares de comicidade e parece não causar tanto incômodo. Mas ao serem expostos na televisão, tais fatos e os seus protagonistas são capazes de chocar vários setores da classe média por trazerem à tona à tragédia urbana e levá-las para o interior do seu lar. Assim, o objetivo deste capítulo é discutir o (re)surgimento do jornalismo cão na TV nos anos 1980, num momento de redemocratização, mas também de reconfiguração do setor televisivo no Brasil. A proeminência desse tipo de jornalismo em algumas emissoras aguçou a acusação de certos setores da intelectualidade sobre o fim do padrão Globo de qualidade e a crescente *mexicanização* da televisão brasileira.

MUNDO CÃO, NÃO!!!

O título é de uma reportagem da revista *Veja* de 1968. Mas ele poderia substituir o nome do artigo intitulado "Investigação sobre a revolução mexicana na TV" do cineasta Arnaldo Jabour.[4] Nele, Jabour afirma que "fazer uma reportagem sobre a televisão brasileira é perder as ilusões. A viagem é uma investigação sobre os rumores de que alguma coisa sinistra estaria mudando a TV brasileira e mexendo na hegemonia da TV Globo e seu império de 25 anos". Essa "coisa sinistra" que estaria perturbando o lugar proeminente que a TV Globo ocupava no mercado televisivo eram as novelas mexicanas e o jornalismo produzido pelo SBT. Para entender a ironia do argumento, é preciso recuar um pouco na história.

Jabour pertenceu a uma geração de críticos que surgiu nos anos 1960, sob a égide de manifestações culturais produzidas e consumidas por estudantes e setores intelectualizados que emergiram como artistas nos Centros Populares de Cultura da União Nacional dos Estudantes (CPC da UNE) e no Cinema Novo. Ele estava engajado, portanto, num tipo de produção cultural de caráter militante responsável por contestar o caráter alienante e criticar o baixo nível cultural dos programas televisivos, principalmente os de auditório, daquela época. Como simpatizante do Partido Comunista Brasileiro, viu muitos dos seus pares serem *cooptados* pela Rede Globo de Televisão e lá produzirem minisséries, seriados, telenovelas e produtos jornalísticos, produtos associados, em graus variados, à emergência do "padrão Globo de qualidade".[5]

Esse tipo de crítica não se deu apenas pela esquerda. Setores conservadores da sociedade brasileira se sentiam incomodados com programas infames como "O Homem do Sapato Branco", acusados de expor ao público, de forma aberrante, "uma galeria de hermafroditas e marginais".[6] O ministro da Comunicação, Hygino Corsseti, chegou a cogitar a cassação da concessão das emissoras que persistissem no uso do "sensacionalismo" e da "baixaria". O jornalista Eli Halfoun, do *Última Hora*, e Danton Jobim, diretor do mesmo jornal e presidente da Associação Brasileira de Imprensa, criaram uma cruzada jornalística para pedir ao governo militar que censurasse a "televisão-espetáculo", ou seja, programas de televisão especializados em apresentar casos de desgraça humana" e "a exploração sensacionalista da miséria na TV".[7]

Assim, a década de 1970 foi vista e interpretada como um momento de inflexão. As novelas da TV Globo, mais o "Globo Repórter", além dos lançamentos do "Jornal Nacional" (1969) e do "Fantástico" (1973), este último consagrando um formato que mescla entretenimento e notícia, sintetizaram a importância dada aos aspectos técnicos envolvendo a produção e a edição de imagens. A produção do "Fantástico", por exemplo, mobilizava mais de trezentos profissionais, entre telejornalistas, artistas e técnicos.

[o "Fantástico"] entrando na programação da emissora para substituir [o programa do] Chacrinha, marca a passagem da "era da espontaneidade" da comunicação para uma fase mais técnica, mais elaborada, mais solene e impessoal. Modernizar significava também melhorar a qualidade de produção, modificando sua linguagem.[8]

Até que ponto isso significava o fim do gosto da audiência pelo improviso que caracteriza boa parte dos programas de auditório nos 1960? O fim de "O Homem do Sapato Branco" pode ter simbolizado a passagem de uma televisão arcaica para uma moderna. Mas nos anos 1980 o grotesco emergirá através de novelas mexicanas e, principalmente, de programas como "Aqui e Agora".[9]

O "mau gosto" estava de volta. Ressuscitado pela TV Tupi, ele encontrará pousada no recém-criado Sistema Brasileiro de Televisão (SBT), a rede do Silvio Santos. Tomando forma em programas como "O Povo na TV" e em telejornais como "Aqui Agora", ele deixará perplexos críticos como Jabour. Revelar o porquê não é o objetivo deste texto. O nosso interesse maior é mostrar como o sensacionalismo, mais do que ser uma perversão e uma fonte de exploração da miséria humana, está indissociavelmente associado a uma forma ancestral de se contar histórias. E o povo gosta. E como gosta. Com vocês, o programa "Aqui e Agora".

O *MAU GOSTO* BEM-SUCEDIDO

O "Aqui e Agora" estreou na TV Tupi do Rio de Janeiro às 13h15 do dia 4 de junho de 1979. O programa tinha quatro horas de duração, era classificado como "de cobertura jornalística ao vivo" e destinado aos que "desejavam passar a tarde bem informados". Seu objetivo era "retratar a vida diária da cidade" e produzir "notícias interessantes" de todos os lugares do Rio de Janeiro para o "esclarecimento do público", bem como "sugerir soluções para os problemas da cidade".[10]

Seu diretor, Wilton Franco, trabalhou na Rádio Nacional apresentando "Balança Mais Não Cai". Na televisão foi um dos criadores de "Noites Cariocas", programa de humor que marcou época na TV Rio no final dos anos 1950. Em 1963 se tornou um dos principais nomes da linha de shows e programas humorísticos da TV Excelsior. Nos anos 1970 trabalhou na TV Record, na qual dirigiu "Os Insociáveis", quadro humorístico que estreou na Excelsior em 1966 e que tinha no elenco os mesmos humoristas que mais tarde deram origem a "Os

Trapalhões" na TV Tupi e, depois, na TV Globo. Nessa emissora, Franco dirigiu também os programas do Chacrinha, da Hebe e "Essa Gente Inocente".[11]

O restante da equipe de "Aqui e Agora" era composta por Wagner Montes, repórter policial vindo do programa de Paulo Barbosa, na TV Tupi; Teresa Fernandes, que trabalhava no "Boa Tarde Bahia"; Rejane Goulart, classificada como comunicóloga e responsável pela estética do auditório; Eliane Matos, inovadora de moda; Ary Soares e Fernando Leite Mendes, jornalistas, sendo que o segundo foi redator do telejornal "Tele Globo", jurado do "Programa Flávio Cavalcanti" e roteirista da TVE; Eliza Fernandes, atriz. Segundo alguns críticos, como Artur da Távola, a força do programa estava no improviso e no seu caráter "místico" e "mágico", responsável por sintonizar a atração com a visão de mundo dos grupos socialmente dominados:

> É uma tentativa de fazer voltar a emoção da TV ao vivo, quente, atual, cheia de tensão, erro ou acerto, mas corporificando uma comunicação impossível na frieza do videoteipe. Tenta assim, "Aqui e Agora", realizar uma comunicação comunitária levando problemas da cidade do Rio de Janeiro, reclamações, casos e dificuldades numa proporção única, maior que qualquer outro programa de TV. Esse caráter assistencial do programa traz-lhe o lado inverso da moeda, o ângulo negativo: é o verdadeiro pátio dos milagres, onde enfermos, carentes, doentes, miseráveis etc. vivem a ilusão de resolver magicamente os seus problemas com o simples fato de levarem-no a televisão, o que indiretamente é uma distorção, pois ela não é onipotente como aparenta e no caso do programa se apresenta como tal.
>
> Através de um programa popular e tropicalista é possível se estudar as visões místico e mágica que segmentos acríticos ou menos cultos da população têm da televisão. Ela aparece com a presença do milagre possível, conseguindo soluções que a realidade não engendrou, que a ciência não alcançou, que a sociedade não gerou e o indivíduo não conseguiu. Esse caráter mágico e milagreiro da TV, muito real nas ilusões das massas, pode ser estudado através do tipo de procura que o programa tem, já que se propõe a ser solucionador de casos.[12]

Evidentemente que é difícil mensurar até que ponto o formato e o conteúdo de "Aqui e Agora" era responsável por alimentar as mitologias do homem comum brasileiro. De certa forma, Artur da Távola evoca a relação entre a forma aparentemente desordenada do programa com a questão do gosto popular, situando-a na eterna dialética brasileira da tensão entre o moderno, representado pela formação de uma linguagem televisiva e cujos ícones eram o "Jornal Nacional" e o "Fantástico", e o arcaico, representado pelos aspectos informal e improvisado do misto de programa jornalístico e de auditório conduzido com mão de ferro pela personalidade carismática do apresentador.

Essas características do programa foram previamente pensadas por Wilton Franco, com base em sua larga experiência no controle de programas de auditório aberto ao contato com o público. O longo trecho a seguir dá uma noção da forma de funcionamento do "Aqui e Agora".

> Wilton Franco, o diretor-geral, é responsável não só pela direção, mas também pela seleção das reportagens, a distribuição desses temas pelos entrevistados, onde se colocam no palco, qual a câmera que vai focalizar quem, a hora do *close* e qual a entrevista que irá ao ar daqui a trinta segundos. Não só isso: os entrevistadores, à exceção de Fernando, usam um aparelho receptador quase imperceptível atrás da orelha. É o ponto. Por ele, ouvem as indicações de Wilton e repetem palavra por palavra as perguntas ditas pelo diretor através do ponto para os entrevistados. [...] Wilton Franco dirige o programa do *grill*, parte fechada onde fica a técnica e de onde se tem visão total do estúdio. Por lá passam constantemente a maioria das estagiárias de jornalismo, responsáveis pela seleção prévia dos assuntos que vão ao ar. Seleção feita nas enormes filas que se estendem à porta da emissora, todas as tardes. O critério é colocar no ar problemas e pedidos que podem ser resolvidos ou atendidos.[13]

E o que as pessoas iam pedir no programa? A maior parte, emprego. O restante se dividia entre aqueles que queriam um auxílio para suprir uma deficiência física, os que tentavam localizar um parente desaparecido, os que desejavam uma creche para pôr os filhos, os que representavam instituições como orfanatos, sempre empenhados em campanhas para levantar fundos, os que iam atrás de remédios etc. Somente os casos com finais potencialmente dramáticos iam ao ar. Mas isso só acontecia após passarem pelo crivo das estagiárias, que faziam uma espécie de primeira "triagem", e, posteriormente, pelo diretor, que avaliava o grau de "noticiabilidade" de cada caso antes de encaminhá-lo para o auditório.

Foi o que aconteceu com uma moça ao entrar em cena com o filho pequeno nos braços. No ar, ela dizia ser solteira, estudante de Medicina e não ter onde morar, pois era órfã. O programa conseguiu um lugar para ela ficar. Na semana seguinte, foi ao auditório um senhor vindo de São Paulo e dizendo-se pai da moça. A estratégia inicial era fazer contato com a estudante por telefone. Wilton

Franco retardou ao máximo o contato, pois, se houvesse forte desavença entre pai e filha, eles não a exporiam no ar. E se a estudante quisesse encontrar o pai, que ela afirmou não ter, o encontro fecharia o programa ao som da "Ave-Maria", portanto seria um final carregado de emoção.

Assim, faltando cerca de vinte minutos para o encerramento, fizeram contato com a estudante e a pegaram para o encontro com o pai, já reconhecido. Enquanto ela não chegava, Wilton Franco, para prender a atenção do público, improvisou uma conversa com o público sobre como Nossa Senhora fez da palha o berço do seu filho, pois eles não tinham onde morar. Quando faltavam menos de cinco minutos para o encerramento, a estudante entrou ofegante no auditório com o filho nos braços e abraçou o pai. O apoteótico encontro entre pai, filha e neto se deu ao som da "Ave-Maria", precisamente às seis da tarde. Declamando a oração, Wilton Franco encerrou mais uma vez o "Aqui e Agora" sob uma chuva de lágrimas.[14]

Por isso, o programa foi acusado de exploração sensacionalista de dramas individuais. No auge do sucesso, Wilton Franco parecia não se importar. "Se eu não puder realizar o programa como eu acho que deve ser, eu paro".[15] Em maio de 1980, a TV Tupi saiu do ar devido à greve de funcionários pelo pagamento de salários atrasados. Com a persistência da crise, o general João Batista Figueiredo, presidente da República, cassou a concessão da emissora junto com a de outros canais. Esse espólio serviu para a formação de duas redes de televisão. Uma com quatro canais, adquirida pela TV Studios Silvio Santos (TVS) - canal 11, Rio de Janeiro (mas cujos principais escritórios ficavam em São Paulo) –, e outra com cinco, adquirida pelo Grupo Manchete, de Adolfo Bloch.[16]

Assim, a carruagem circense do "Aqui e Agora" mudou de emissora. Passou a se chamar "O Povo na TV" e a funcionar nos estúdios cariocas do recém-criado Sistema Brasileiro de Televisão (SBT).

O POVO DO "AQUI E AGORA" NO SBT

O SBT se constituiu com a integração em rede da TV Tupi de São Paulo, TV Marajoara de Belém, TV Piratini de Porto Alegre e TV Continental do Rio de Janeiro, pertencentes até então à Rede Tupi de Televisão. Essas emissoras unidas à TVS, canal 4 de São Paulo, passaram a formar a nova rede cuja filosofia era difundir cultura e entretenimento para as camadas populares. Para esse fim, o meio foi reavivar os programas de variedades, shows, humorísticos e outros centrados no jornalismo policial e violência urbana com sucesso no passado. Silvio Santos resgatou protagonistas, artistas, produtores, técnicos que vivenciaram essa fase inaugural da televisão no Brasil. "A TVS de São Paulo, ao se tornar cabeça de uma nova rede, já não era mais a TV do Silvio Santos, mas a história viva da televisão brasileira."[17]

Entre esses programas estavam "Clube dos Artistas" (TV Tupi/SP, 1952), "Almoço com as estrelas" (TV Tupi/SP, 1956), "Programa Raul Gil" (TV Bandeirantes, 1967), "Moacir Franco Show" (TV Excelsior, 1961), além de quadros herdados da TVS como "Alegria 81", "Feira do Riso", "Pensão da Inocência" etc. Desenhos, seriados norte-americanos, novelas mexicanas, pornochanchadas brasileiras, filmes de *kung fu* ou Shao Lin compunham o quadro de programas no qual estava incluso o mundo cão: "O Crime e a Lei", o famigerado "O Homem do Sapato Branco" e "O Povo na TV".

"O Povo na TV" se manteve como um programa vespertino e com a mesma estrutura temática e organizativa de "Aqui e Agora".

> Somente num programa que se considerava "o único espaço que realmente se coloca à disposição do povo" poderia caber tanta coisa: do programa feminino [...] até o gênero policial, exibido após as 23 horas, passando por denúncias sobre o mau desempenho dos serviços públicos, em geral apresentados pelos noticiários locais. Como nos programas de rádio, procuravam-se pessoas desaparecidas, remédios dos quais se precisa com urgência ou carros roubados. Doentes de todas as espécies buscavam conseguir atendimento hospitalar, cirurgias e tratamentos, viessem eles dos médicos ou do curandeiro [Roberto] Lengruber. Lares desfeitos, inquilinos despejados e demais vítimas da "maldade alheia" procuravam encontrar justiça por meio dos advogados do programa ou do justiceiro Wagner Montes, mais conhecido como "Chicote do Povo". Violência, miséria, abandono, nem mesmo a morte deixaria de ser exibida em "O Povo na TV".[18]

A estreia no SBT não repercutiu positivamente em certos setores da imprensa.

> Lamentavelmente, Silvio Santos levou para seu Canal 11 o pátio dos milagres chamado "O Povo na TV", repetindo a mesma equipe do "Aqui e Agora" e reunindo alguns exemplares lamentáveis da sucata do jornalismo carioca. O que se vê diariamente nesse tal programa, que até o próprio Silvio Santos já está pensando em retirar do ar, é uma saraivada de agressões contra os entrevistados, atingidos acintosamente pelos repórteres do famigerado Wilton Franco. O repelente Wagner Montes, com sua mentalidade policialesca e

reacionária, desanda a puxar o saco da Polícia, lembrando de cor os nomes de todos os delegados titulares de distritos do Rio de Janeiro, o que demonstra que a figurinha anda dia e noite no meio nada recomendável de policiais e bandidos. Até o bom locutor esportivo José Cunha é obrigado a fazer coro a este festival de sandices e agressividades. Como também a ex-doce e querida Ana Davis, que na TV Globo era ótima repórter e agora também está na orquestra desafinada de Wilton Franco.[19]

Assim, vamos percebendo algumas mudanças na equipe de Wilton Franco, numa tentativa, talvez, de lhe dar mais credibilidade e audiência: Ana Davis, Roberto Lengruber, além de Roberto Jefferson, que anos mais tarde ingressou na política e se tornou deputado federal pelo Partido Trabalhista Brasileiro (PTB).

Filho e neto de políticos petebistas de Petrópolis (RJ), foi pela força da televisão que Jefferson chegou ao mandato federal. Participava do programa "O povo na TV" (1981-1984), que depois de dar sobrevida à agonizante TV Tupi transferiu-se ao nascente SBT de Silvio Santos. Jefferson, advogado, era encarregado de resolver questões de família, que aprendera no curso de Direito (1975-1979) da então novata Universidade Estácio de Sá, supermercado do ensino superior que hoje tem filiais em seis estados (no Rio de Janeiro está em 13 municípios; na cidade do Rio, espalha-se por 31 endereços, inclusive em shoppings, e a todos chama de *campus*).[20]

A função de Jefferson no programa era criar um contraponto com Wagner Montes. Este agia como "chicote do povo" e representava justiça popular com seus apelos escandalosos ao linchamento e extermínio dos acusados pelo público do programa por serem "marginais" e "delinquentes". O programa embaralhava realidade e ficção para tornar seus quadros atraentes para o público, acentuando o debate entre o "bem e o mal".

Outro personagem que ajudava a levantar o Ibope do programa era o médium e/ou parapsicólogo Roberto Lengruber, que se sentia apto a curar tanto dor de cabeça como casos de invalidez.[21] Ele atendia três casos nas apresentações de "O Povo na TV" e outros trezentos em um estúdio da TVS. "Às segundas-feiras é preciso ver o movimento para acreditar".[22] Diante do sucesso, Wilton Franco ampliou a presença de Lengruber para terças e quintas-feiras. A presença de Lengruber acentuou as críticas de que o programa abusava do charlatanismo e sensacionalismo para explorar a miséria dos indivíduos que iam de boa-fé ao programa.

185

Estúdio do programa "Aqui e Agora" na TV Bandeirantes do Rio de Janeiro. Com a falência da TV Tupi, a TV Bandeirantes comprou o título do programa e mudou o seu formato, para não reproduzir o "baixo nível" da versão anterior. A antiga equipe de profissionais do "Aqui e Agora" foi contratada pela TV Studios Silvio Santos para produzir "O Povo no TV".

Em dezembro de 1982, o programa mostrou a morte de um bebê ao vivo. O caso ocorreu com a empregada doméstica, Maria Erinalda da Silva Garcia. Ela recorreu ao programa argumentando tentar e não conseguir atendimento médico para sua filha na rede pública de hospitais da cidade do Rio de Janeiro. Após esperar duas horas na fila dos estúdios da TVS fluminense, Erinalda começou a ser entrevistada por Wagner Montes. Durante a entrevista o bebê faleceu. Wilton Franco negou omissão de socorro. "Se uma pessoa morresse num táxi, o motorista seria o culpado?". Por outro lado, Nélson Proença, na época presidente da Associação Paulista de Medicina, afirmou que o programa "comercializa a miséria humana, transformando-a em espetáculo e explorando infelizes, diariamente, de forma sensacionalista".[23]

No dia 31 de março de 1983, Lengruber e Wilton Franco foram presos sob a acusação de charlatanismo. Isso desencadeou novos debates acerca do caráter dos programas de auditório centralizados na personalidade carismática dos seus apresentadores. Conforme Inácio Araújo, do *Jornal do Brasil*:

> Prender Lengruber e Wilton é um ato político audacioso, que pode no entanto acabar frustrado se as autoridades o tiverem efetuado sem antes examinarem o inimigo. Em outras palavras, o êxito de "O Povo na TV" parece estar ligado à existência de uma vasta camada da população pouco disposta a acreditar na Justiça e na ciência dos homens. Prendê-los implica em assumir o compromisso de perguntar o porquê de tanto sucesso e tratar de resolver, por outras vias, os problemas que "O Povo na TV" talvez não solucione, mas com certeza enuncia. Caso contrário, é só questão de tempo: em lugar de Wilton Franco veremos Wilton Franco bis, em lugar de Lengruber, Lengruber bis. Os originais ficarão na memória do público como mártires. Afinal, nunca é demais lembrar que vivemos em um país cristão, fortemente impregnado pela ideia de que os bons terminam sempre perseguidos, torturados jogados às feras. E é assim que hoje o público fiel de "O Povo na TV" deve estar se sentindo: jogado às feras.[24]

O fim do programa não pode ser creditado apenas à prisão do seu apresentador e mentor, mas também às mudanças nas formas de a televisão conquistar anunciantes. Até então, os principais anunciantes do programa não tinham envergadura econômica. Eles eram a vitamina da mulher "Astenol"; a cinta emagrecedora "Esbelt"; o fortificante "Guaraviton" e o medicinal "Atalaia Jurubeba". Mas a relação entre os departamentos comerciais das TVs e os das principais empresas estatais, privadas e de economia mista do país passou a ser cada vez mais mediada por um *pool* de agências publicitárias. Estas procuravam atender aos anseios desses grandes anunciantes, que não queriam ver seus nobres produtos vinculados a charlatães, curandeiros e exploradores sensacionalistas.

Nesse sentido, o fim de "O Povo na TV" em 1984 prenunciou o fim da fase "popularesca" do SBT. De qualquer forma, ainda em 1983, uma "missão estrangeira" chegou à emissora. Ela era composta por Ricardo Scalamandré, Rubens Carvalho e Celso Coli, todos vindos dos setores comerciais e de vendas da Rede Globo, e Luis Grottera, publicitário, responsável pelo novo *marketing* do SBT, destinado a partir de então a viabilizar comercialmente a rede de televisão. Mas o grotesco e o sensacionalismo não se esgotaram no SBT. Eles teriam novos produtores, jornalistas de prestígio na comunidade profissional que seriam responsáveis pela criação do telejornal "Aqui Agora".

O (NOVO) ROSTO DA PERIFERIA

Em 1988, o SBT, com o objetivo de auferir credibilidade aos seus produtos televisivos, empreendeu uma reformulação no seu departamento de jornalismo. A estratégia principal da emissora foi contratar nomes com boa reputação no meio. Essa era uma forma de elevar a audiência dos programas junto aos segmentos sociais urbanos de maior poder aquisitivo e um passo importante para atrair anunciantes entre as principais empresas do país.

Diante disso, o vice-presidente da emissora, Guilherme Stoliar, sobrinho e cunhado de Silvio Santos, convidou Marcos Wilson e Luís Fernando Emediato (repórteres especiais de O *Estado de S. Paulo*) para serem, respectivamente diretor e vice-diretor do departamento de jornalismo. Stoliar também contratou ainda Boris Casoy (editor-chefe da *Folha de S.Paulo*) para atuar como um dos editores, âncora e comentarista do seu principal telejornal, o "TJ Brasil", além de Dácio Nitrini (*Folha de S.Paulo*, O *Estado de S. Paulo* e TV Globo), para ser editor-chefe do mesmo programa. Para criar e comandar um telejornal mais popular, foi contratado Albino de Castro como diretor-executivo do departamento (correspondente de O *Globo* e ex-diretor da Rede Gazeta de Televisão).

Com esse fim, Marcos Wilson e Albino de Castro foram à Argentina para acompanhar a produção de um telejornal de grande audiência, o "Nuevodiário", exibido pelo canal 9 de Buenos Aires.[25] Inspirado nessa experiência, o "Aqui Agora" foi ao ar às seis e meia da tarde do dia 20 de maio de 1991, reproduzindo, segundo seus diretores, "sensacionalismo exacerbado" de outras experiências televisas da emissora. "Achávamos que o público queria aquilo mesmo. Mas percebemos que o sucesso do programa se devia ao nosso estilo de reportagem e à nossa equipe de repórteres, pois com o abandono do sensacionalismo a audiência subiu".[26]

Abandono do sensacionalismo? Foi nessa fase "sensacionalista" que "Aqui Agora" viu sua audiência subir dos dez para os vinte pontos no Ibope. Uma reportagem do *Jornal do Brasil* afirma ironicamente que nos meios jornalísticos circulava uma história sobre o desconsolo de José Bonifácio de Oliveira Sobrinho, Boni, diretor de produção da Rede Globo, com os crescentes índices de audiência do SBT. Diante disso, Boni teria afirmado, "não vamos ter outra saída, teremos de baixar o nível".[27] Folclore ou não, a frase contribuiu para reforçar uma suposta relação entre sensacionalismo, baixo nível e mau gosto.

O "baixo nível" de "Aqui Agora" transparecia também no linguajar dos seus críticos.

> O radialista, o papa do sensacionalismo policial [Gil Gomes], está arrancando declarações constrangedoras de assassinos miseráveis. Wagner Montes, sequela do defunto e lamentável "O Povo na TV", também comparece invadindo o velório do padeiro baleado para entrevistar a viúva. Maguila [ex-lutador de boxe], de *black tie* e luva de box faz comentários econômicos cujo fecho sempre é "o povo ó". Osmar Di Piero é o "defensor dos aposentados". Claro, o telespectador pode aguardar os comentários para as próximas eleições. Ambos, como o famoso "meu nome é Enéas", fazem ali a mais deslavada exploração da boa-fé pública. "Aqui Agora" poderia apenas ser um lixo se fosse apenas isso. O problema é que não é. É jornalístico. Pode-se ouvir uma informação sobre a última medida *soft* do Governo Federal e, segundos depois, dar de cara com um repórter nas ruas noturnas de Roma entrevistando travestis brasileiros que afirmam ganhar mil dólares por noite [...]. "Aqui Agora" soube documentar a greve geral [convocada pela CUT]. Logo volta ao sensacionalismo corriqueiro, com o repórter Celso Russomano chamando a polícia para prender o açougueiro que cobra ágio. Só mesmo no Brasil, onde o cumprimento da lei se torna show de TV.[28]

O que incomodava no "Aqui Agora" era o fato de ele ser jornalístico. Diferentemente de "O Povo na TV", híbrido entre programa de auditório e jornalismo comandado por um não-jornalista, "Aqui Agora" foi pensado e elaborado por jornalistas profissionais. Arnaldo Jabour afirmou no seu artigo irônico sobre a revolução mexicana na televisão brasileira: "Tanto os chefes como a redação [de "Aqui Agora"] passam a certeza de cultura, inteligência e uma importante autoconsciência do que fazem".[29]

O problema é que toda ironia tem um fundo de verdade. Mas além dos "intelectuais" do jornalismo, "Aqui Agora" não excluía personagens caricatos desse universo, entre os quais destacava a presença de Gil Gomes. Ele iniciou sua carreira jornalística no rádio como comentarista esportivo antes de se tornar um famoso repórter de polícia na Rádio Record de São Paulo e depois na Rádio Capital. Gil Gomes construiu sua carreira "dramatizando crimes escabrosos pelo rádio" e "agora usa a mesmíssima linguagem na televisão".[30] O que significa isso? Uma junção da gestualidade necessária à televisão, fundamentalmente nas gravações improvisadas na rua, com a oralidade herdada do exercício de narrar milhares de histórias no rádio ao longo de mais de vinte anos de profissão.

> Como os cegos espanhóis nos séculos passados modelavam em coplas os "acontecimentos", Gil Gomes modela diretamente, a cada manhã, o relato de um sucesso selecionado entre os casos registrados pela imprensa na semana. E frente ao discurso [objetivo] da notícia – com sua negação do sujeito narrador e sua ocultação na trama discursiva – o narrador de rádio faz a história de crimes um relato de experiência. Do lado da enunciação, a experiência do narrador faz presente "o lado corporal da arte de narrar". Corpo que neste caso é a voz que carrega de efeitos sensoriais o relato e explora, retarda, umedece, altera, grita, sussurra – o universo das emoções.[31]

A virtude principal de Gil Gomes era não tratar um cadáver como uma pessoa morta, mas como uma história recheada de drama, mistério e suspense.[32] Suas reportagens longas se distanciavam do telejornalismo praticado pela TV Globo, com cortes, edições de texto e imagem. Gil Gomes não fazia *script*, nem usava teipes. Entrava em cena ao vivo, no calor dos acontecimentos. O relato de Gil Gomes dotava de rosto, situação e cotidianidade os anônimos personagens da vida real. Ele se autointitulava um repórter investigativo. "Não sou paladino da Justiça nem acho que a televisão deva ter esse papel. Sou apenas um repórter que apura até o fim os fatos."[33]

Para rebater os críticos, os jornalistas de "Aqui Agora" procuravam dissociar o estilo de reportagem do telejornal do seu sensacionalismo. Segundo Marcos Wilson, o "Aqui Agora" era feito com uma câmera aberta e com os jornalistas participando da notícia sem o gesso de um texto decorado e de poses ensaiadas.[34] Esse argumento encontrou eco entre os pesquisadores. Ivana Bentes procurou explicar as diferenças de linguagem entre "Aqui Agora" e "Jornal Nacional":

O "Jornal Nacional" utiliza montagem narrativa clássica e frenética do cinema americano, que comprime notícias díspares em um único bloco. O "Aqui Agora" utiliza a montagem apenas nas chamadas das matérias e faz um uso inédito na televisão do plano-sequência: a câmera na mão, o som direto e o tempo real criam uma empatia imediata com o espectador [...]. Os repórteres-cinegrafistas agem como se substituíssem o olho do telespectador. A câmera vai na mão, sobe e desce quando o cinegrafista passa por um buraco, balança nervosamente quando a cena é tomada no meio de uma multidão. O repórter conta o que descobre à medida que apura os fatos. O resultado esteticamente é mais tosco do que nas reportagens concorrentes, mas garante o impacto das imagens ao vivo, desperta no telespectador a sensação de testemunhar os acontecimentos enquanto eles se desenrolam.[35]

Assim, em vez de ser sensacionalista, "Aqui Agora" visava resgatar a *espontaneidade* e a *instantaneidade* do rádio, conforme Marcos Wilson.[36] O processo de mediação com o público era feito através de cartas e telefonemas. Esses eram os meios de qualquer cidadão entrar em contato com o programa, fazer alguma denúncia, relatar o desaparecimento de um parente, o assassinato brutal de alguém conhecido, a exploração no trabalho etc.[37] Mas esses argumentos não terminaram a polêmica. Conforme a jornalista Marina Martins, "são sessenta minutos de uma violenta dramatização do cotidiano das grandes cidades. É preciso ter estômago para suportar o tranco". Ela continua:

> Numa única edição, por exemplo, o programa reconstituiu o bárbaro assassinato de uma mulher suspeita de ser informante da polícia, visitou em hospitais vítimas do fogo dos balões de São João, exibiu o saldo dos acidentes de trânsito, explorou um caso de negligência médica, mostrou filipinos em fuga das lavas do vulcão Pinatubo, levou ao ar em diferentes blocos flagrantes de um *strip tease* de boate paulistana, anunciou a exploração da boa-fé em casos de simulação de exorcismos de demônios, acompanhou a ronda da polícia atrás do comércio ilegal de animais em extinção, comentou o cotidiano dos trens suburbanos na hora do *rush*, estampou sucessivos enterros na cara dos expectadores. Tudo isso para mostra na TV "a vida como ela é", avisam os locutores Ivo Morgati e Patrícia Godoy.[38]

Para o diretor Albino de Castro, nem a classificação do "Aqui Agora" como telejornal estava clara. "Ele tinha as características de um especial jornalístico."[39]

Diante disso, foi iniciado um processo de mudança no seu formato com o afastamento gradual dos "comentaristas exóticos", como Maguila e Enéas. O visual dos repórteres e locutores se tornou mais sóbrio com o uso de terno e gravata. Diminuíram também as reportagens externas relacionadas à investigação policial e se passou a dar mais ênfase ao noticiário informativo diário. Com esse fim, Leila Cordeiro e Eliakim Araújo foram contratados. Ambos eram jornalistas, e não apenas locutores.

Mesmo assim, em julho de 1993, o "Aqui Agora" filmou o suicídio de uma adolescente. O caso gerou muita repercussão. "Foi uma decisão editorial", afirmou Marcos Wilson.[40] Diante da persistência das críticas, Paulo Patarra, que trabalhou nas revistas *Quatro Rodas* e *Realidade* e em programas jornalísticos da Rede Globo como "Globo Repórter" e "Globo Rural", foi contratado como diretor de redação do telejornal para melhorar qualitativamente sua linguagem. Conforme O *Globo*:

> Ele [Paulo Patarra, editor-chefe do "Aqui Agora"] achou razoável a média de 11 pontos de audiência conseguida pelo programa na semana de estreia do novo cenário. E lembra que o "Aqui Agora" já chegou a alcançar 37 pontos

O jornalismo popular do "Aqui Agora", lançado pelo SBT em 1991, abalou o cenário televisivo. Na foto, os apresentadores do programa: Luiz Lopes Correa, Christina Rocha, Sérgio Ewerton e Liliane Ventura.

Agência O Globo

de audiência no passado, quando os editores e repórteres usavam e abusavam do jornalismo policial sensacionalista, sangrento e não muito ético. Agora a lei do jornalismo do SBT é conseguir audiência sem apelação, com boa informação e qualidade. Ou seja, um noticiário capaz de entusiasmar não só o público, mas também os anunciantes que pagam a conta.[41]

Será? Ambíguo, Patarra realçava, de um lado, a importância de não se editar o material noticioso para se garantir o "realismo" da notícia e a singularidade do telejornal. "Não vejo muita semelhança entre o nosso jornal e outros programas. Até porque fazemos um jornalismo diário que não se restringe à reportagem policial." De outro, ele admitia que esse tipo de procedimento fazia com que os repórteres "às vezes, acabassem escorregando e resvalando para o lado do sensacionalismo".[42]

O sensacionalismo era responsável pela identidade e pelos índices de audiência do telejornal. O seu fim é relacionado a um conjunto de fatores nem sempre convergentes. O primeiro é financeiro, situação que só piorou pelas várias condenações do jornal em processos por danos morais. O segundo é que sua fórmula havia perdido a "originalidade", pois fora copiado por outros telejornais, como o "Na Rota do Crime", da Rede Manchete. O terceiro deriva da notícia de que o SBT tinha um acordo com os Estúdios Disney, que exigiram o horário do telejornal para passar a sua programação.

"Aqui Agora" saiu definitivamente do ar em 6 de dezembro de 1997. Seu fim esteve longe de significar o extermínio do mundo cão na televisão. De um lado, emissoras como a Rede Globo foram obrigadas a rever suas estratégias e criar programas de auditório para personalidades recém-contratadas, como Luciano Huck, Ana Maria Braga e Angélica, e elaborar novas para aquelas que já faziam parte da emissora, como Faustão e Xuxa. De outro, a lógica noticiosa do grotesco se espalhou em graus variados por diversos programas como o "Linha Direta", no qual o ideal de prestação de serviço público, com o bordão "denuncie você também", é usado numa tentativa de "apagar" a lógica sensacionalista do programa.

NOTAS

[1] O CD foi produzido pela Universal Music e dirigido por Rildo Hora. "Vacilão" é a sexta música.

[2] Mário Dias, *Malditos repórteres de polícia*, Rio de Janeiro, Muiraquitã, 1992, p. 9.

[3] "Mundo cão, não", em *Veja*, 25 set. 1968, p. 76.

[4] Ver *Folha de S.Paulo*, 22 jun. 1991.

[5] Entre estes estão a série "A Grande Família", escrita por Oduvaldo Viana Filho, as novelas "O Bem-Amado", "Saramandaia", escritas por Dias Gomes com o auxílio de Ferreira Gullar, e o "Globo Repórter", produzido

por documentaristas como João Batista de Andrade e Eduardo Coutinho. Ver Igor Sacramento, Marco Antonio Roxo da Silva, Ana Paula Goulart Ribeiro, "O PCB e a modernização midiática: propostas para a análise das relações entre comunistas e a televisão nos anos 1970", em *Em Questão*, v. 15, n. 2, 2009, pp. 65-80.

[6] João Freire Filho, "TV de qualidade: uma contradição em termos?", em *Líbero – Revista do Programa de Pós-Graduação da Faculdade Casper Líbero*, São Paulo, v. 4, n 7-8, 2001, p. 88.

[7] "Mundo cão, não", op. cit.

[8] Maria Celeste Mira, *Circo eletrônico: o Silvio Santos e o SBT*, São Paulo, Olho D'Água/Loyola, 1995, p. 41.

[9] O programa "Aqui e Agora" (com "e") era apresentado com esse nome na TV Tupi e na TV Bandeirantes. Foi somente no SBT que o título perdeu o "e", tornando-se "Aqui Agora". A mudança no título ocorreu porque o nome do original era de propriedade do argentino Hector Mazelli. A emissora não comprou o nome, mas manteve a semelhança, no título e no formato.

[10] *Amiga*, TV Tudo, 20 jun. 1979. Ver Encarte "Amigão", pp. 20-1.

[11] Ver Maria Celeste Mira, op. cit., p. 120.

[12] Artur da Távola, *Amiga*, TV Tudo, n. 494, nov. 1979.

[13] "Kitsch, Happening, o mau gosto bem-sucedido", em *Jornal do Brasil*, 11 maio 1980 (Caderno B).

[14] Idem.

[15] Em menos de um ano o "Aqui e Agora" fez o faturamento da TV Tupi subir de Cr$ 200 mil para Cr$ 4 milhões líquidos. A audiência saltou de quase zero para 14 pontos no Ibope na parte da tarde. O programa era bancado pelas Produções Audiovisuais Brasileiras (PAB), cujo gerente era Péricles Leal. Ele foi responsável pela descoberta de talentos, como Renato Aragão, quando dirigia a TV Ceará, dos Diários Associados. Segundo Leal, a PAB era responsável por 50% do programa. "Entramos com a ideia e o talento. Todo pessoal artístico é contratado por nós e o salário do Wilton Franco é pago metade pela TV Tupi, do qual é funcionário, e metade por nós." Os gastos com energia, pagamento do pessoal técnico (cinegrafistas) e estúdio ficavam com a emissora. O lucro era dividido meio a meio. Idem.

[16] Lia Calabre de Azevedo, "Sistema Brasileiro de Televisão", em Alzira Alves Abreu et al., *Dicionário histórico-biográfico brasileiro*, Rio de Janeiro, FGV, 2001, p. 5.498.

[17] Maria Celeste Mira, op. cit. p. 110.

[18] Idem, p. 114.

[19] Antônio Reis, "Agressões gratuitas", *Última Hora*, 2 out. 1980.

[20] Marinilda Carvalho, "O símbolo da nossa República", disponível em <http://www.observatoriodaimprensa.com.br/artigos.asp?cod=330IPB002>, acesso em 5 mar. 2010.

[21] "Morte ao vivo", em *Veja*, 22 dez. 1982, p. 44.

[22] "O drama de cada um transformado num show ao vivo de risos e lágrimas", em *Jornal do Brasil*, 8 set. 1981.

[23] "Morte ao vivo", op. cit., p. 44.

[24] "Por trás do caso Lengruber", em *Jornal do Brasil*, 1 abr. 1983.

[25] Martha Isabel Alves dos Santos, *Telejornalismo do grotesco: telejornal "Aqui Agora"*, dissertação de Mestrado, UNIP, 2006, p. 20.

[26] Ivana Bentes, "'Aqui Agora' tenta mudar imagem", em *Folha de S.Paulo*, 25 out. 1992.

[27] Marina Martins, "O violento drama do cotidiano", em *Jornal do Brasil*, 25 jun. 1991.

[28] "'Aqui Agora' informa com mau gosto", em *Folha de S.Paulo*, 26 maio 1991.

[29] Ver *Folha de S.Paulo*, 22 jun. 1991.

[30] Idem.

[31] Jesus Martin-Barbero, *Dos meios às mediações*, Rio de Janeiro, UFRJ, 1997, p. 320.

[32] "O rosto da periferia", em *Veja*, 18 nov. 1992, pp. 98-103.

[33] Idem.

[34] Martha Isabel Alves dos Santos, op. cit. p. 21.

[35] Entrevista concedida a Silvio Giannini, "O rosto da periferia", em *Veja*, 18 nov. 1992, pp. 99-100.

[36] Silvio Giannini, op. cit.

[37] Vicki Mayer, "A Vida como ela é, pode ser, deve ser. O programa Aqui Agora e cidadania no Brasil", em *Revista Brasileira de Ciências da Comunicação*, São Paulo, v. 29, n. 1, pp. 15-37, jan/jun. 2006

[38] Marina Martins, "O violento drama do cotidiano", em *Jornal do Brasil*, 25 jun. 1991.

[39] "'Aqui Agora' tenta mudar de imagem", em *Folha de S.Paulo*, 25 out. 1992.

[40] Para diretor, "Aqui Agora" não abusou da imagem terrível. *Folha de S. Paulo*, 11 de julho de 1993.

[41] Luiz Augusto Michelazzo, "Sensacionalismo é carta fora do baralho no telejornal "Aqui Agora'", em *O Globo*, 15 set. 1996 (entrevista com Paulo Pattara, editor-chefe do "Aqui Agora").

[42] "Jornalismo policial em alta", *Jornal do Brasil*, 11 jun. 1996.

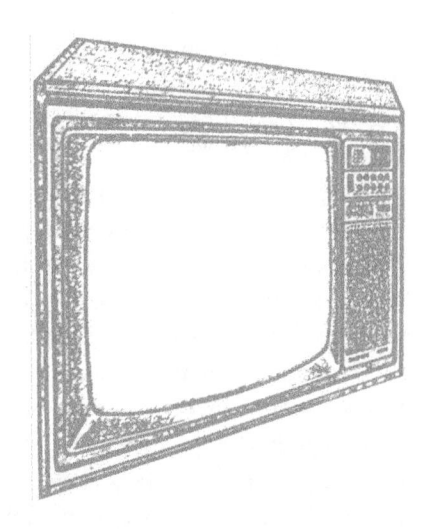

A TELEDRAMATURGIA JUVENIL BRASILEIRA

Marina Caminha

Em 1985, o programa televisivo "Armação Ilimitada" entrou no ar para contar a história da dupla Juba e Lula (Kadu Moliterno e André di Biase), parceiros no trabalho e no amor, através de um triângulo amoroso não problemático com a terceira protagonista, a jornalista Zelda Scot (Andréa Beltrão era caracterizada pela sua relação com a dupla, pelas reportagens que produzia para o jornal O Crepúsculo e, por fim, pela reflexão sobre o país, após ter passado um tempo morando na França).

No episódio "Uma dupla do peru", a série discutiu as possíveis tendências da moda existentes em 1986, a partir de uma entrevista com a personagem Zelda, fabulada em uma trincheira de guerra. Enquanto os personagens tentam se proteger dos tiros que são disparados, o entrevistado aponta as perspectivas: "Voltamos à simplicidade dos tons neutros e pastéis, aliás, neste outono, as mulheres vão se vestir com simplicidade, trajes e determinação", criando uma analogia dos modos de se vestir com o sentimento que descreve o momento cultural da década: "o *look* pós-moderno é agressivo, espacial e ecológico. E o *new* jovem é cético e descrente".[1]

As frases ditas pelo entrevistado de Zelda podem ser encaradas como uma metáfora das transformações por que passava o Brasil naquele momento. Recém-saído de um regime ditatorial, caracterizado por atritos entre uma juventude que se colocou na contramão do projeto de modernização e o governo autoritário, vivia-se sob a expectativa do mandato do primeiro presidente civil. Ainda que tal sentimento fosse marcado por uma euforia com a "chegada" da democracia, esse momento também carregava o peso de uma descrença, ancorado pela derrota das utopias políticas da geração juvenil dos anos de 1960. Nesse sentido, as frases anteriormente ditas pelo personagem parecem querer dizer: "alguma coisa mudou, mas ainda não se sabe bem o que irá acontecer".

O contexto cultural que sintetizou os anos de 1980 no país pode ser pensado como um lugar de transição e reorganização da sociedade civil. Esse contexto fez emergir uma mudança na imaginação. Ela fazia parte dos novos cenários de atuação que o próprio sistema capitalista incorporava, tais como o processo de ascensão dos grandes mercados capitais, a configuração de conglomerados midiáticos e, consequentemente, a intensificação dos usos de novas tecnologias – medida pelo crescimento da informática – que reforçavam o projeto de uma economia voltada cada vez mais para uma cultura do consumo.

Assim, em cena subsequente, o programa apresenta uma conversa entre a jornalista e sua amiga Rosana sobre o comportamento feminino diante da ascensão do consumo. Diz Zelda: "Eu não sou o tipo gata, o que é que eu posso esperar desse mundo materialista e carnal?". A controvérsia aparece com a fala da amiga: "Ah, dá um tempo, logo você com aqueles dois gatos colados no seu pé. Tá caidinha, Zel. Reage, toma um banho de loja, Zelda Scot". Em seguida, assistimos a uma sequência de cenas em que a jornalista aparece vestida com roupas diferentes, espelhadas no estilo da artista pop Madonna. O episódio busca, a partir de uma reflexão sobre o papel social da mulher, descrever o deslocamento de uma postura anteriormente interpretada como engajada politicamente para outra configurada pelo consumo via imagens.

Nesse sentido, a descrença desse "*new* jovem" parece estar atravessada pela compreensão de uma mudança na arquitetura comportamental dessa juventude, inscrita na trama através dos questionamentos de Zelda Scot: jornalista, intelectual que estudou na Sorbonne – assim como Guel Arraes, diretor do programa –, que

Zelda Scott (Andréa Beltrão), Lula (André de Biase) e Juba (Kadu Moliterno),
o elenco das aventuras de "Armação Ilimitada".

voltou ao Brasil e se deparou com um processo de transição política no qual o
próprio capitalismo se transfigurava.

Podemos identificar na personagem Zelda uma perspectiva mais crítica, que
rememora um engajamento político visível em uma geração juvenil anterior. No
entanto a dupla Juba e Lula pode ser pensada como espelhamento de um novo
modelo de conduta: dois surfistas, descrentes da política, defensores da natureza,
preocupados com o corpo e cuja bandeira é viver o presente intensivamente. São
profissionais liberais que vivem de pequenos trabalhos ligados ao esporte, à mídia
e à moda. Já foram dublês de atores, modelos e também ganham dinheiro em
competições esportivas.

Através de termos como "pós-punk", "pós-moderno", "pós-revolucionário",
a narrativa deixa vestígios de como, naquele momento, houve uma necessidade

de se repensar as condutas juvenis através de uma postura autorreflexiva, apontando para a centralidade da instância midiática na fabulação dessas condutas. Seguindo essa perspectiva, o programa se apropriou dessa demanda e esboçou respostas: "Cansaço, mal-estar, bode existencial. Mude imediatamente para *Blackboy*. *Blackboy* é um tapa na caretice, um tiro na babaquice."[2] A juventude, antes definida como descrente, vai ser validada, desse modo, via cultura televisiva; afinal, o que é *Blackboy* senão "o seu rádio com imagem"?

A proposta deste capítulo é contar a história que diz respeito a uma certa época em que a televisão já fazia parte do imaginário nacional e foi um importante elemento na configuração e disseminação de novos hábitos culturais. Ao mesmo tempo, se constituía no período uma sensibilidade coletiva marcada pela perspectiva de mudança, entre os vestígios de um período histórico anterior (1960) e um outro que só se consolidaria nos anos de 1990, expressa nas narrativas televisivas da época.

Nesse sentido, o seriado apresenta duas linhas-mestras que tornam mais visíveis as peculiaridades do período: a primeira diz respeito à construção de uma identidade juvenil nova materializada na série pela dupla Juba e Lula, mas que está em frequente contraste com uma espécie de eco de um modelo de identidade juvenil anterior personificada pela personagem Zelda. A segunda refere-se à maneira como essa encenação foi elaborada através de um texto que dialogou com diversas linguagens, fragmentou a narrativa e, consequentemente, rompeu com uma maneira de contar tradicional na televisão ao incorporar elementos característicos de uma estética recheada de alusões paródicas.

É a partir dessa maneira de contar que aponto a última característica, pois a utilização consciente desse recurso estilístico trouxe mais claramente para o texto de "Armação Ilimitada" o próprio contexto do qual ele fez parte. Conclamou os modos organizadores que compunham o universo televisivo a serem cenário e personagem da sua encenação, chamando a atenção para o papel que o meio possuía nas práticas cotidianas dos espectadores e, portanto, atrelando cultura televisiva a cultura juvenil. Assim, a televisão deixava de ser a "janela" de informação sobre o mundo para ser, ela mesma, a configuração desse mundo contemporâneo que o discurso de Juba e Lula incorporou. Uso como exemplo a maneira como a série, também elaborada para atingir o público jovem, "Ciranda Cirandinha" (TV Globo, 1978) silenciou o universo televisivo como elemento constituinte dos laços cotidianos que o seriado buscou representar. Na casa em que os quatro personagens conviviam (único cenário fixo da trama) não há aparelhos televisivos como ornamento, as temáticas abordadas não são direcionadas a uma discussão que põe em cena a perspectiva da mídia em suas vidas, o que significa um total apagamento do meio enquanto prática cotidiana. A série deixou vestígios de um processo que ainda estava por se compor, revelando uma despretensiosa relação entre as narrativas televisivas e o produto televisão como fator contribuinte na formação das identidades desses sujeitos. A referência ao meio só aparece no último episódio e de uma maneira muito vaga, pois um dos personagens assiste às imagens de uma televisão que ganhou de um amigo, mas sem o registro do áudio.

O seriado, exibido entre 26 de abril e 11 de outubro de 1978, contou a história de quatro jovens que saíram da casa paterna para dividir um apartamento no bairro do Leblon, zona sul do Rio de Janeiro. Tatiana (Lucélia Santos), Hélio (Fábio Jr.), Susana (Denise Bandeira) e Reinaldo (Jorge Fernando) serviram de fio condutor por meio dos quais as temáticas ligadas à busca por uma independência financeira, a violência urbana, a droga, a loucura, os sonhos de futuro e a paternidade foram discutidas. "Ciranda Cirandinha" surgiu com um forte propósito de espelhamento de uma classe social etária, posicionada politicamente na classe média burguesa. As tramas simbolizavam o comportamento de uma geração pós-69, em que a noção de juventude como projeto político de transformação foi solapada, emergindo nessa narrativa as consequências resultantes desse contexto a partir de um conflito entre conformação e inconformismo. Nesse sentido, a saída da casa paterna era marco simbólico de contestação de um *status quo*, alinhando sentimentos de desilusão à busca por novas experimentações cotidianas.

"Ciranda Cirandinha" foi o primeiro seriado da TV Globo em que a juventude emerge como problema a ser discutido, revelando as tensões entre ser reconhecido como parte constituinte de um mundo sob a ótica paterna – filhos, reação profissional – e os deslizamentos provocados por uma descrença desse mesmo universo. A narrativa do seriado se inscrevia na moderna teledramaturgia brasileira, firmada nos anos 1970 e que muito se constituiu sob o invólucro de uma "proposta realista". Nesse sentido, "Ciranda Cirandinha" torna-se uma narrativa privilegiada para promover discussões sobre a nacionalidade, porque fez parte de um cenário televisivo que delegou "correntes de realidade" à ficção, prefigurando a criação de outras séries como "Malu Mulher" e "Carga Pesada", que foram ao ar um ano após a sua exibição e que também se inserem nesse imaginário realístico. Embora essa estética realista esteja presente em algumas produções televisivas anteriores, "Ciranda Cirandinha" coloca pela primeira vez em destaque os dilemas vividos pela juventude da época.

Já durante os anos 1980 houve um reforço do processo de construção de uma cultura do consumo, margeado pelo crescimento de novos produtores do saber (intelectuais midiáticos) ligados à intensificação da indústria cultural no país. Naquele momento, a televisão foi o braço aglutinador, pois através de sua grade de programação, incluindo a dramaturgia, "se colocou" como um lugar importante no processo de construção de uma ideia de Brasil "antenada" com as transformações culturais, advindas da formulação de uma política que se vinculava cada vez mais a uma economia de mercado globalizada.

Não é à toa, desse modo, que no mesmo momento em que o país se redemocratizava consolidava-se também uma cultura televisiva, marcada por uma estética que trazia para as histórias o seu próprio cenário como objeto de reflexão. Se não podemos afirmar que nos anos de 1980 se consolidou no país o que chamamos de um regime neoliberal – ascensão dos mercados mundiais, através de políticas de privatização que diminuíram o poder do Estado no sistema organizacional –, podemos ao menos dizer que estávamos indo em direção a esse projeto do qual a perspectiva de uma cultura voltada para o consumo, de que falei anteriormente, é parte constituinte, transformando com isso os nossos hábitos diários.

Os elementos narrativos que constituem a série "Armação Ilimitada" são vestígios desse processo de transformação cultural de que falei anteriormente, pois ela foi concebida para validar uma nova representação de juventude nos idos de 1980, tanto do ponto de vista temático quanto de sua estrutura narrativa, como uma maneira de entrelaçar a cultura juvenil à televisiva. Na metade da década de 1980, programas como "Armação Ilimitada" (1985/1988) e "TV Pirata" (1988/1990), dirigidos por Guel Arraes, integraram a grade de programação da TV Globo. São programas com um ritmo de edição muito veloz, baseados na colagem, na fragmentação e na capacidade de metamorfose de linguagens. No período de 1980 a 1995, foram criados cerca de quarenta programas para jovens nas emissoras abertas nacionais. Entre eles, encontram-se: "Clip-clip" (1984), "Armação Ilimitada" (1985) e "Mixto Quente" (1986), da TV Globo; "Mocidade Independente" (1981), "Outras Palavras" (1982) "Super Special" (1985) e "TV da Tribo" (1989), da TV Bandeirantes; FMTV (1984) e "Milk Shake" (1988), da TV Manchete; "Fábrica do som" (1983), "Avesso" (1984) e "Matéria-Prima" (1990), da TV Cultura; "TV Mix" (1988), da TV Gazeta; "Ondas 82" (1982), "Som Pop" (1982) e "Cabeça Feita" (1988), da TVE.

O seriado "Armação Ilimitada" foi enaltecido pela experimentação que trouxe à televisão e pela identificação da cultura jovem com o veículo televisivo. "Armação Ilimitada" estreou na grade programação da TV Globo em 17 de maio de 1985, deixou-a em 8 de dezembro de 1988, e até hoje tem sido rememorado, cultuado ou, mais especificamente, valorizado como um dos programas que inaugura uma série de produções experimentais da televisão brasileira. O seriado instaura um intenso diálogo entre a produção de uma "nova" linguagem e a pretensão em se tornar emblema de uma "nova" geração juvenil. A autorreflexividade, uma das principais instâncias dessa reafirmada linguagem experimental, é o fio condutor por meio do qual o seriado põe em questão o *new* jovem", buscando refletir sobre o comportamento juvenil da época, ao mesmo tempo em que discute os processos de produção televisivos, apontando dessa forma para a relação entre juventude e cultura de massa.

Está implícito na palavra "nova" um processo de reorganização da sociedade civil sob o invólucro democrático, com o fim do regime militar e uma "nova" política presidencial com a possibilidade de concretização da democracia. Isso fez ressurgir também os movimentos sociais inibidos pela Ditadura Militar e, via economia, com uma sucessão de planos econômicos que visavam à contenção da inflação e ao aquecimento do consumo no país. Não é à toa, portanto, que essa "nova" linguagem televisiva vai surgir exatamente na década de 1980, momento em que, no Brasil, há uma necessidade de reformulação da cidadania nacional. O adensamento do capitalismo emaranhado à abertura política e, consequentemente, à derrota de uma ideologia contrária à modernidade, via movimento de esquerda e contracultura (como exemplos dominantes), resultou num período profícuo para uma demanda reflexiva, na qual a cultura da imagem apareceria como instância centralizadora desses questionamentos.

Em entrevista ao jornal O *Globo*, André di Biase, um dos criadores do argumento da série "Armação Ilimitada" (o outro foi o ator Kadu Moliterno), aponta para o fato de que havia uma demanda para a criação programas sobre jovens a partir da fala de Boni (José Bonifácio de Oliveira Sobrinho), então superintendente da emissora: "O Boni deu uma declaração dizendo que queria jovem na telinha. Daí começamos a correr atrás de um sinal verde para o projeto".[3]

Desse modo, o texto incorporou várias gírias juvenis da época, a edição foi estruturada em um ritmo mais veloz, com muitos cortes abruptos, garantindo uma constante atenção do público, e as histórias mesclaram situações cotidianas com programas televisivos, na paródia a seriados da época, mas também em um diálogo permanente com a imagem publicitária, as histórias em quadrinhos, as locuções radiofônicas e o videoclipe. O uso excessivo de paródias, citações, colagens e mistura de linguagens com a intenção de referir-se a esse universo é marca claramente identificável de alguns programas desse período, atrelada a sequências velozes de imagens, sintetizando, como já afirmei, uma espécie de "espírito do tempo". Tal modelo aparecia sob um "novo" contexto histórico, sendo ele mesmo encarado como um "novo" modo de contar.[4]

É através desses indícios em "Armação Ilimitada" que irei me apoiar para fazer um mapeamento da época, e não somente das narrativas transmitidas.[5] A proposta é encontrar um elo entre várias dessas narrativas que possa demonstrar as peculiaridades de pertencimento a um dado momento histórico. Assim, "Armação Ilimitada" será o foco central da análise; no entanto, demonstrarei como algumas características analisadas se encontram pontualmente traçadas em outras teledramaturgias do período. Meu próximo passo será descrever um pouco mais dessa estética através do humor evidenciado na série.

EUFORIA, RISOS E GRITOS: O HUMOR COMO ESPÍRITO DO TEMPO

O conceito de espírito do tempo foi elaborado pelo autor Edgar Morin para analisar a cultura de massa no século XX. O autor fez uma correlação entre a noção de cultura massiva – que tem como intenção a venda de bens culturais, caso da televisão, da indústria musical, entre outras – com o modelo de produção econômico e político para assim estabelecer uma arquitetura das mudanças sociais que estavam ocorrendo no mundo após a Segunda Guerra Mundial, quando os aparatos tecnológicos criados para a guerra, como o rádio, por exemplo, tiveram suas funções deslocadas para o que chamamos hoje de indústria do entretenimento.

A cultura de massa se consolidava como um novo espaço de atuação e projeção de identidades, referenciadas pelos artistas televisivos e do cinema, que são atualmente nomeados como celebridades. Morin tinha como proposta entender esse processo, as suas contradições e a maneira como esse mundo novo criou novos significados, modificando as práticas cotidianas dos sujeitos comuns. O espírito do tempo é, portanto, um sentimento que identifica um conjunto de práticas culturais referente a um dado momento histórico.[6]

Ao utilizar "Armação Ilimitada" como objeto de análise, faço um diálogo entre a maneira como a narrativa foi elaborada e os processos culturais do período para, assim, nomear um certo sentimento que atravessou a vida das pessoas naquele momento do país. Nessa história que conto, esse perspectiva de transição existente pode ser nomeada como *espírito do tempo*. A estética que foi elaborada pela série para construir um tipo de humor enfatizou esse espírito, não se separando, portanto, daquela "nova" imaginação. Ao falar desse tipo humor, não significa, com isso, que esteja apagando a importância da comicidade na formação da televisão em outros períodos, afirmo apenas que uma nova escola cômica se estruturou na década de 1980. E é com o intuito de entender esse processo que farei um breve histórico do riso na televisão para, assim, apontar as particularidades do momento que analiso.

O HUMOR NA TV

O riso é um elemento narrativo importante na televisão brasileira desde a sua primeira emissora (TV Tupi) em 1950. Com poucos recursos técnicos e mão de obra, os primeiros profissionais que atuaram no meio vieram do rádio, do teatro e do cinema. Foi por meio desse diálogo que se configurou um primeiro formato de linguagem televisiva no Brasil, baseado no *talking head*[7] e nas primeiras dramaturgias oriundas das radionovelas.

Os primeiros gêneros da televisão brasileira foram os programas de atualidades, os de auditório e o teleteatro. Os principais formatos de humorísticos das três primeiras décadas da televisão podem ser nomeados como "humor de bordão", aqueles em que o riso se constitui pela piada de bordão. A segunda tipologia refere-se aos chamados *siticoms* ou comédias de situação. E, por último, denomino como paródia aqueles que se constituem por parodiar a mídia.

É preciso esclarecer que essas tipologias estão sendo utilizadas apenas para facilitar a análise a partir de uma tendência geral desses programas. Nesse sentido, cada narrativa pode apresentar características de mais de uma. O primeiro tipo, dessa maneira, caracteriza-se pela criação de esquetes cômicos apresentados nos programas de auditório. Nestes, múltiplos personagens contam piadas rápidas cuja temática tinha como crítica, na maioria das vezes, a situação política do país. O bordão faz parte do humor até hoje e pode ser entendido como uma fala invariável, que é sempre repetida pelo personagem, sintetizando ironicamente a história.

Chico Anysio ficou conhecido pela quantidade de personagens e bordões que criou, figurando até hoje na memória dos espectadores e influenciando uma série de novos humoristas que apareceram posteriormente. Entre seus personagens, encontram-se Salomé – uma vovó gaúcha que tinha conversas íntimas com o então presidente general João Batista Figueiredo (último presidente da Ditadura Militar) – e Bento Carneiro – um vampiro brasileiro que ironizava a situação política do país em 1980, que, tal como ele, cujos feitiços não logravam êxito, era marcada pelo fracasso dos planos econômicos. Era a época do Plano Cruzado (1985) e do Plano Bresser (1989). Marcas desse tipo de humor podem ser encontradas em programas atuais como o "Zorra Total".

O segundo tipo de humorístico são os *sitcoms*. Herdados da TV americana, o *sitcom*, ou comédia de situação, é uma narrativa seriada baseada em uma história com começo, meio e fim no mesmo episódio. Para Daniel Filho, a proliferação dessa tipologia de programa na TV brasileira é decorrente da redução de custos. "O *sitcom* tem uma produção bem mais barata que um seriado ou minissérie, pois trabalha com a mesma situação, o mesmo elenco e, em geral, o mesmo cenário."[8]

Ainda segundo o autor, o primeiro *sitcom* da TV Globo foi o infanto-juvenil "Shazan, Xerife & Cia." (1972-1974), criado pelo sucesso que a dupla interpretada por Paulo José e Flávio Migliaccio fizeram na novela "Primeiro Amor" (1972), de Walter Negrão. Inicialmente ia ao ar toda quinta-feira às nove da noite. Em 1973, tornou-se diário – de segunda a quinta às seis da tarde. Programas como "A diarista" (2002-2007) e "A Grande Família" (segunda versão, no ar desde 2001) são exemplos desse tipo de humor que ainda hoje existe na programação da TV Globo.

Em 1967, dirigido por Augusto César Vannucci, estreia na Rede Globo, "TV0-TV1". Apresentado por Paulo Silvino e Agildo Ribeiro, o programa fazia paródias de outros programas televisivos, desde seus humorísticos às suas novelas. Inspirou programas como "Satiricom" (1973), "TV Pirata" (1988) e "Casseta & Planeta Urgente" (1992). O "TV0-TV1" parodiou entre muitos programas o "Festival Internacional da Canção" (1968), "Hebe Camargo Show" e a novela "Gata de Vison", do mesmo ano.

Essas três tipologias brevemente apontadas são constituintes de um tipo de humor que já estava consolidado no rádio, depois de muito sucesso com o chamado teatro de revista. O modelo se baseava nos espetáculos mambembes que viajavam toda a Europa e cujas matrizes são originárias das manifestações populares, nas quais esquetes cômicos são misturados a números musicais e são apresentados por figuras que rememoram a tradição circense, como os acrobatas, palhaços, dançarinos e cantores.

Daniel Filho relata, ainda, que a combinação desses números cômicos com musicais vai ser utilizada pela primeira vez no rádio no "Programa Cazé" (Rádio Philips do Brasil, 1932), em que cantores como Sílvio Caldas, Francisco Alves e Carmem Miranda eram parodiados pelos humoristas. As músicas sempre eram entoadas em primeiro lugar pelos artistas cômicos, para depois serem interpretadas pelos cantores.

Esses programas ultrapassaram a barreira do rádio e penetraram na televisão. São exemplos: "Aí Vem Dona Isaura" (1958), "Rancho Alegre" (1950), "Piadas do Manduca" e "Balança Mas Não Cai" (1950), todos transmitidos pela TV Tupi. Chico Anysio e Zé Trindade e autores como Antônio Maria e Max Nunes começa-

Agência O Globo

Ney Latorraca, em cena como Barbosa, um dos personagens cômicos mais marcantes de "TV Pirata".

ram suas carreiras nesses programas. Assim, foi a partir de uma tradição de humor constituinte de uma matriz popular herdada da cultura circense que as manifestações cômicas televisivas se consolidaram. Uma primeira modificação desse processo aparece com o surgimento do videoteipe, na década de 1970, quando esses quadros humorísticos vão inovar suas potencialidades a partir da montagem técnica.

Cada programa ganhou inúmeros personagens representados pelo mesmo ator e houve uma velocidade maior proporcionada pelos cortes e fusões entre uma piada e outra. Paralelamente, observa-se a entrada de novos profissionais que nasceram em um período em que a televisão já existia, sendo capazes de reconhecer os modos organizadores do meio e transformá-los em objetos das narrativas, rompendo assim com o modelo clássico televisivo em termos de linguagem e passando a utilizar as especificidades que o meio eletrônico permitia. Nesse momento, houve um conjunto de mudanças que possibilitou a desconstrução desse padrão: ao contrário das imagens do momento anterior, que correspondiam sempre a uma inscrição no espaço e a uma ocupação de um quadro, a imagem eletrônica, para Arlindo Machado, permite uma síntese temporal de um conjunto de formas em permanente mutação.[9]

A televisão, mais do que meio, passava a ser vista como mediação. O uso doméstico do videocassete no Brasil, em 1982, aliado ao egresso dos profissionais de TV das universidades, fez com que estes se interessassem pela ideia de construir dentro da televisão um espaço expressivo, que avaliava criticamente o estatuto da imagem eletrônica e o seu papel como agente de mudanças socioculturais, ou seja, seu lugar de mediação. A imagem passa a ser oferecida agora como um "texto" a ser decifrado ou lido pelo espectador, e não mais apenas como uma paisagem a ser contemplada.

É preciso esclarecer que esse discurso relativo ao meio como campo de linguagem já havia sido estabelecido no cinema pelos teóricos de montagem. Não é de forma alguma uma perspectiva nova, o que se tornou inusitado foi a introdução dessa temática na TV. É possível perceber a influência desses profissionais independentes na construção de um tipo de humor baseado na paródia. Assim, o humor se apresenta como proposta de análise crítica, num jogo intertextual no qual melodrama, linguagem publicitária, jornalística, de documentário e outras tantas constroem o riso. É na performance exagerada da imitação parodística que esse humor se faz presente. Porém, o que produz o diferencial é o fato de ser a linguagem televisiva o elemento parodiado.

Como vimos, uma das classes na tipologia do humor no início da televisão é a paródia. Ora, então de que maneira esse elemento estilístico passa a ser a referência dessa nova escola de humor que se forma em 1980? Ainda, se o "TV0-TV1" (TV Globo, 1968) já tinha como função a construção de um humor no qual o meio era o objeto da piada, o que mudou então se as duas principais características dessa referida linguagem já estavam presentes na comicidade televisiva? São essas duas perguntas que eu proponho responder, mas para isso é preciso, em primeiro lugar, aprofundar um pouco mais o que eu chamo de *paródia* e, assim, entender como esses recursos em permanente utilização pelo universo televisivo foram os principais motivadores de uma nova escola de humor que se consolidou no contexto dos anos de 1980.

A PARÓDIA

Quando a televisão se estruturou no país, pouco se sabia sobre ela, todos estavam aprendendo a fazê-la, tomando de empréstimo e, consequentemente, reelaborando narrativas e contratando profissionais que vinham de outros meios. Nos fins da década de 1970, esse processo descortina outras filiações que abrem espaço para a construção de um "saber" televisivo que uma nova geração de profissionais incorporou em suas fabulações, ainda que tenha dialogado com determinadas formas textuais já existentes.

Paralelamente a esse processo, a própria estrutura político-econômico se modificava. Como já mencionei anteriormente, foi o período de abertura (não só política) para uma nova experiência margeada pela intensificação de um projeto capitalista, em que a mídia ocupou um cenário importante na produção do saber e, portanto, na formação de um novo tipo de poder. O riso passa a adquirir características claras dessas transformações. Assim, esse processo de ruptura vai gerar outras práticas de sentido ao uso da paródia, e é a partir desse alargamento do conceito que se percebe sua importância na configuração dessa nova escola de humor. Resta-me apontar, então, que tipo de características ela passa a adquirir.

Com esse objetivo, é importante notar duas premissas iniciais apontadas por Linda Hutcheon: a primeira, já dita, é a necessidade de definição de um conceito capaz de atender às demandas de um novo momento histórico. A segunda, parte da compreensão de que o elemento ridicularizador, que tem como função política a negação do primeiro discurso para validar uma nova produção de sentido cujo objetivo é relativizar uma norma/ordem, não pode mais ser interpretado como o referente principal dessa estratégia narrativa. Diz ela: "muitas paródias atuais não ridicularizam os textos que lhe servem de fundo, mas utilizam-nos como padrões por meio dos quais colocam o contemporâneo sob escrutínio".[10]

É a partir dessa perspectiva que Linda Hutcheon aponta tal recurso como "um dos modos maiores de construção formal e temática de textos" na cultura moderna. Nesse sentido, a paródia passa a ser interpretada pela autora como a construção de um discurso duplo, mas com distanciamento crítico. Seu referente não é a negação do discurso parodiado, mas sim a preocupação em ressaltar a diferença que se estrutura entre um e outro para referir-se a um novo momento histórico.[11]

A paródia que se encontra em "Armação Ilimitada" alinha diversos elementos característicos de uma matriz popular. Ela é, no entanto, utilizada para reler o contexto massivo em que a própria trama se inscreve, elaborando, desse modo, uma reconfiguração da estrutura paródica. Mesmo que, anteriormente, tivesse sido mencionada em programas humorísticos já existentes, esse tipo de paródia é ressaltado e se torna uma tendência dominante nos anos de 1980. Assim, as alusões a esse universo já aparecem no cenário, na casa onde morava a dupla: um galpão abandonado que servia de estúdio de gravação da emissora. Refletindo um modelo diferente de moradia, chamava a atenção para a ideia de construção, como se pudéssemos visualizar, já a partir da casa, que o objeto de reflexão que constituía a trama eram também os modos de produção televisivos.

Em diversos momentos da narrativa, um personagem olhava para a câmera, como se estivesse conversando com o espectador. Tal modo de atuação servia ora para chamar os comerciais, ora para comentar alguma situação encenada pelos personagens. Assim, em um dos episódios transmitidos, Bacana (filho adotivo da dupla), ao se referir ao programa, olha para "o público" e diz: "'Armação Ilimitada': 'Sítio do Pica-Pau Amarelo' dos anos 80". Desse modo, a trama refere-se ao meio pelos elementos de fácil identificação com o público, como o intervalo comercial e um programa infantil, mas também pelo ato de olhar para a câmera, pois tal recurso tinha como objetivo transmitir a ideia de espectador presente na história. Por fim, gostaria de citar ainda alguns episódios que fizeram alusões a seriados televisivos, como "Dama de Ouro" (TV Globo, 1985) no episódio "Dama de Couro" e "Magnum" (TV Globo, 1985) em "Meu Amigo Mignum". As tramas se utilizavam dos próprios personagens, temas e estilos narrativos dessas séries para criar um efeito de discurso duplo e contar outras histórias.

A partir de diferentes estratégias, "Armação Ilimitada" elaborou uma história que falava da própria história televisiva. E a "caixa mágica" que ordenava tais fabulações passou a ser discutida, rememorada, criticada, mas também legitimada. A preocupação com a discussão sobre a linguagem foi o foco central, e o diálogo de vários formatos e produtos que são constructos de uma indústria cultural entrou em cena, alinhando diferentes referências entre as culturas popular e erudita, para apresentar ao espectador outra visão sobre o universo massivo. Tal característica é o que faz de "Armação Ilimitada" um exemplo de narrativa pop. A paródia foi o recurso mais utilizado e esse uso serviu como instrumento de valorização do massivo, tendo, naquele momento, a televisão como a principal ferramenta de disseminação, ao mesmo tempo em que produziu um distanciamento crítico. É nesse sentido que no episódio "O Prefeitável" as alusões paródicas foram utilizadas para denunciar a formatação de um tipo de político que se construía midiaticamente através da televisão, apontando para o público a necessidade de interpretar os usos dos códigos televisivos para a produção de sentidos políticos em pleno ano de eleição presidencial.

Foi essa autorreferência ou, melhor dizendo, essa referência intensificada à linguagem televisiva que trouxe para a trama de "Armação" um alargamento no uso da paródia, pois o intuito da narrativa não era negar a televisão e o contexto mercadológico que a ela se une, mas chamar a atenção para a função simbólica que o meio possuía (possui), o lugar oficial que ocupava (ocupa) e a necessidade de fazer usos desse território, mapeando os lugares de atuação no contexto contemporâneo. É a partir dessa linha de análise que podemos identificar um elo comum entre a série e as outras dramaturgias da época, pois, através de sua estrutura narrativa, "Armação" não apenas desvelou a maneira de contar da televisão, mas também aquilo que corresponde a esse universo cultural. A ideia do divertimento, encarnada no viés cômico inscrito na trama, foi o mecanismo pelo qual o programa apontou uma exacerbação do consumo em torno do corpo juvenil. Assim, "Ar-Mar-Ação" (trio de palavras que originou o título da série) deixou a imaginação liberada e mapeou um prazer pela aquisição de bens culturais que o "seu rádio com imagem" ajudava a fabricar.

"ARMAÇÃO ILIMITADA", O CONSUMO E OUTRAS NARRATIVAS DA ÉPOCA

Os elementos narrativos inseridos nas imagens da série são caracterizados pela saturação de cores, cenários carregados de objetos, inclusive a luz néon que intensificou o brilho luminoso: refletindo a própria luminosidade eletrônica que a tela de TV projetava, acentuou a quantidade de informação na visualidade produzida pelo programa. Tais características espelhavam a euforia que o universo do consumo proclamou nas páginas de revistas e publicidades.

Com o intuito de apontar um fortalecimento da cultura midiática, "Armação" dialogou com estéticas que anunciavam o prazer, a fama, o cultivo do corpo, para, em alguns momentos, demonstrar as facilitaçoes ocorridas em torno desse padrão de comportamento e, em outros, apontar as problemáticas e o processo de intensificação em torno de uma cultura do consumo no país.

Essas características estéticas são referências de um movimento artístico nomeado como "arte pop", que se consolidou na Inglaterra e principalmente nos Estados Unidos nos anos de 1960. Profissionais como Richard Hamilton, Andy Warhol, Tom Wesselmann e Roy Lichtenstein foram figuras emblemáticas na produção de um novo olhar sobre as artes plásticas. Suas pinturas, recheadas de elementos simbólicos da cultura massiva – como as cores e formas originadas nos quadrinhos, colagens de Marylin Monroe, carros e comidas enlatadas –, assim como a preferência por serigrafias (técnica de pintura que favorece a serialização das obras) refletiam uma aproximação da obra de arte com o cotidiano, quebrando com uma distinção entre arte erudita e popular e reafirmando o massivo. Como aponta David McCarthy, era esse "mundo estranhamente duplicado de objetos à venda" a principal questão temática discutida nessas obras.[12]

O autor ainda aponta que a relação entre esses artistas e a fama era contraditória, pois "abrangia o famoso e o infame, os vencedores e as vítimas da vida pós-guerra", momento em que um ideal de glamour foi intensificado pela cultura massiva, principalmente nos Estados Unidos.[13] Essa cultura visual que trazia para a arte o descartável, o efêmero e o hedonismo, apregoados pelo universo do consumo, fez parte de uma nova maneira de experimentação da vida que se firmou entre os anos 1970 e 1980, principalmente. Esse momento foi marcado pela abolição das "fronteiras ou separações essenciais, notadamente a erosão da distinção anterior entre alta cultura e a chamada cultura de massa popular". Assim, produziu "um novo tipo de vida social" a partir de "uma nova ordem econômica" (neoliberal) que teve como marco nos países centrais os anos de 1960.[14]

Foi a partir desse discurso emergente em torno do consumo que começou a adentrar no país nos idos de 1980 uma "nova" imaginação e um novo tipo de vida. Essa prática apareceu nas preocupações estéticas que estão inscritas em "Armação Ilimitada". No auge das contradições desse processo, o Brasil lidava ainda com os resquícios de outras complexidades resultantes da Ditadura Militar. A chamada redemocratização teve que lidar com o crescimento inflacionário da economia nacional. É desse período a criação de sucessivos planos econômicos que tinham como finalidade a diminuição da inflação e o aquecimento do consumo – moeda principal do sistema capitalista. Nesse sentido, enquanto uma nova prática cultural adentrava no país a partir de um discurso emergente, não existia um equilíbrio financeiro que fomentasse um poder de consumo que esse discurso legitimava. Assim, do ponto de vista econômico, vivíamos sob o processo de uma modernização ainda não finalizada quando as principais potências econômicas mundiais já firmavam acordos que superavam os Estados nacionais, fomentando uma economia mundializada (globalizada). Do ponto de vista político, ainda estávamos na expectativa de um primeiro presidente civil no poder, após anos de Ditadura.

Do ponto de vista cultural, portanto, aprendíamos a conviver com as contradições que o nosso processo social declarava. Desse modo, simultaneamente à "onda" eufórica de uma cultura consumista, constituía-se um sentimento de descrença, dúvida e desconfiança que está inscrito em "Armação Ilimitada", mas também na telenovela "Que Rei Sou Eu?" (TV Globo, 1989), que contava a história de um reino muito distante: Avilan. Situado no período medieval, o tempo era apenas uma metáfora que servia como paródia para mapear as crises econômicas pelas quais o país passava naquele momento.

Por outro lado, em 1980, a telenovela "Água Viva" (TV Globo, 1980) trazia, já em sua abertura, uma acentuação do discurso vinculado ao corpo e ao prazer. As cenas que a compunham eram marcadas por corpos jovens em trajes de banho e praticando *windsurf* na praia. À medida que um balé aquático era dado a ver pelas imagens, a cantora Baby Consuelo entoava: "Menino do rio (em referência à cidade do Rio de Janeiro), calor que provoca arrepio, dragão tatuado no braço, calção corpo aberto no espaço, coração de eterno flerte, adoro ver-te", letra da canção composta por Caetano Veloso.

Desse modo, esboçou a atuação do corpo juvenil na produção de um novo discurso, revelado pelo sol, pela praia, pelos corpos sensuais, conclamando o público a articular prazer a consumo pelo olhar como uma espécie de referencial por meio do qual a cultura televisiva agregava valor às suas práticas de sentido. Paralelamente a esse processo, a abertura da novela "Transas e Caretas" (TV Globo, 1984) tinha como tema visual a história de uma mulher que comandava, através de um controle remoto, dois homens, cujos gestos simulavam uma espécie de movimentos robóticos enquanto tentavam escapar de um labirinto. Desde o início já sabemos que se tratava de um jogo, pois os primeiros enquadramentos são imagens de uma mão feminina (indicada pelas unhas pintadas de vermelho) posicionando o jogo em um aparelho eletrônico.

A partir de uma temática encontrada em várias narrativas novelescas, a história mostra o embate sexual entre homens e mulheres. A diferença nessa abertura é a apologia ao universo tecnológico como marca de futuro e modernidade. Assim, o cenário do labirinto foi criado graficamente, simulando peças eletrônicas que mudavam suas cores à medida que os personagens tocavam nelas. É interessante notar ainda que, nessa mesma abertura, duas cenas chamam a atenção para o enquadramento televisivo como "enquadramento do mundo".

Logo no início da abertura, assim que o brinquedo é ligado, assistimos a uma tela de televisão através da qual aparece o título da novela. No final, essa mesma tela volta a ser vista, quando os personagens masculinos conseguem se libertar do controle feminino ao "saírem" do aparelho televisivo, como se estivessem despontando do universo ficcional para um "real", unindo, desse modo, mundo televisivo a cotidiano. É esse ato narrativo que induz o nosso olhar para o enquadramento da televisão. Assim, a abertura articula o enunciado com a enunciação, produzindo um discurso que, ao mesmo tempo em que conta uma história, fala de si mesmo, produzindo uma metalinguagem.

Por fim, gostaria ainda de apontar outra dramaturgia do período: "Guerra dos Sexos" (TV Globo, 1983). Uma de suas características foi a introdução de recursos de linguagem simbólicos do formato documental na trama. Assim, ao exibir personagens da novela olhando para a câmera para simular uma conversa com o espectador, apontava a materialidade televisiva formulada entre o texto e a sua recepção como instrumentos internos da narrativa – questão já analisada em "Armação Ilimitada".

Paralelamente, havia uma personagem na trama – Nieta (Yara Amaral) – que adorava novelas, e por meio de suas ações esse universo foi mais uma vez conclamado a aparecer. Assim, ela assiste em uma cena ao capítulo inicial de "Eu Prometo" (1983), em outra faz menção ao início de uma nova história da mesma emissora: "Champagne" (TV Globo, 1983). Tais alusões são características que refletem esse espírito do tempo que venho apontando, pois têm como função chamar o nosso olhar para a intensificação de uma cultura televisiva. Essa telenovela consolidou o horário das sete horas da noite como um espaço para tramas cuja principal característica narrativa provinha de elementos característicos do humor.

Desse modo, em todos os exemplos citados, assim como em "Armação Ilimitada", a paródia foi o caminho pelo qual o universo televisivo se tornou uma das principais referências narrativas desse período, dando a ver não apenas a transformação no uso dessa característica discursiva – presente nas histórias que a TV nos conta desde os anos 1950 – como também foi a partir dessa "nova" estética que hoje podemos investigar e personificar o que chamamos de dramaturgia dos anos 1980.

A televisão, mais do que meio, passou a ser uma das instâncias centrais na fabulação de um novo modo de agir, composto pelos próprios referentes históricos que ela ajudou a criar. Assim, cultura televisiva alinhou-se à cultura do consumo, e a imagem foi o principal referente de sedução e atuação dessa nova juventude que, naquele momento, despontava no cenário cultural do país.

NOTAS

[1] DVD *Armação Ilimitada*, 2007.

[2] *Blackboy* era como uma espécie de voz-síntese do programa, que aparecia sempre para reforçar, discordar ou chamar o intervalo comercial. Apesar da nomenclatura designar um personagem do gênero masculino, foi interpretado pela atriz Nara Gil, indicando para o espectador o processo de inversões que constituía a estrutura narrativa do programa. A atriz simulava uma locutora de rádio que conversava diretamente com o público, através "do rádio com imagem", denominação utilizada pela mesma para se referir à série.

[3] Depoimento de André di Biase, "Um portal do tempo para os anos 80", em *O Globo*, 19 ago. 2007.

[4] Ver Edgar Morin, *Cultura de massas no século XX: neurose*, Rio de Janeiro, Forense, 2007.

[5] Durante a década foram produzidas 169 dramaturgias, subdivididas entre novelas, séries e minisséries, pelas emissoras abertas. Foram 89 na TV Globo, 1 na TV Tupi, 1 na TV Record, 17 na TV Manchete, 17 na TV Cultura, 25 na Bandeirantes e 19 no SBT. Tais dados não levam em conta episódios que foram elaborados para serem transmitidos em programas especiais como "Caso Verdade" e "Caso Especial" (TV Globo), entre outros. Seguindo uma linha que denomino como proposta realista, a Globo, principal emissora, elaborou um forte sistema de produção, distribuição e criação de telenovelas.

[6] Ver Edgar Morin, op. cit.

[7] Para Arlindo Machado, *talking head* ("cabeça falante") é uma espécie de formato televisivo originário dos programas de rádio e baseado no discurso oral, em que a fala é a principal estratégia narrativa. Para o autor, vários modelos de programas televisivos são herdeiros dessa matriz, entre eles a entrevista, a mesa-redonda e o debate. Cf. Arlindo Machado, *A televisão levada a sério*, São Paulo, Senac, 2003.

[8] Daniel Filho, *O circo eletrônico: fazendo TV no Brasil*, Rio de Janeiro, Jorge Zahar, 2001, p. 44.

[9] Arlindo Machado, op. cit., p. 22.

[10] Linda Hutcheon, *Uma teoria da paródia*, Lisboa, Edições 70, 1985, p. 78.

[11] Idem, p. 13.

[12] David McCarthy, *Arte pop*, São Paulo, Cosac Naify, 2002, p. 31.

[13] Idem, p. 37.

[14] Frederic Jameson, *A virada cultural*, Rio de Janeiro, Civilização Brasileira, 2006, pp. 18 e 20.

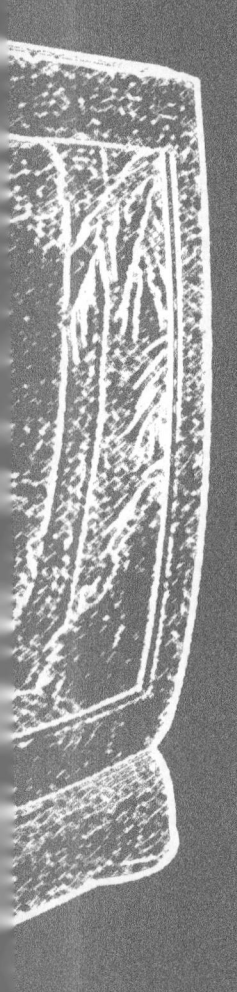

ANOS 1990
a televisão
em divergência

A segmentação, os canais pagos, o videocassete, as primeiras experiências de interatividade e de digitalização reconfiguraram o mercado televisivo. Os capítulos desta parte analisam as formas como as emissoras da TV aberta lidaram com aquele novo contexto midiático e as disputas que se deram entre elas. O SBT apostou na importação de programas mexicanos e reforçou sua estratégia de popularização na sua programação. A TV Manchete investiu na qualidade e teve sucesso com "Pantanal". Nesse momento, a TV Globo teve a sua liderança absoluta ameaçada. Então, produziu programas populares como "Domingão do Faustão" e lançou o "Linha Direta", combinando a narrativa jornalística à melodramática numa plataforma interativa.

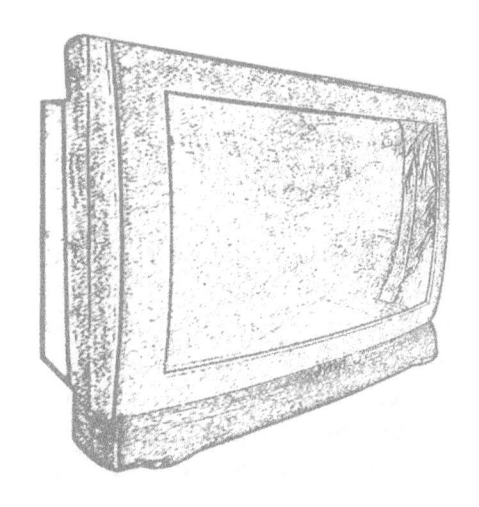

A RECONFIGURAÇÃO DO MERCADO DE TELEVISÃO PRÉ-DIGITALIZAÇÃO

Valério Cruz Brittos
Denis Gerson Simões

A década de 1990 é um divisor de águas no cenário internacional. Com o desfecho da Guerra Fria, abriram-se novas perspectivas mercadológicas no Ocidente, com a expansão do processo de globalização e o trânsito mais amplo de novas tecnologias, chegando, entre outros casos, ao início da popularização dos computadores domésticos e à consolidação do ambiente informatizado junto aos ofícios, num processo em constante desenvolvimento. Seguem-se a isso a ampliação do fluxo de informação e uma nova dinâmica de parcerias entre conglomerados comerciais, dentro de estruturações transnacionais. Forjou-se, paulatinamente, uma nova base de negociações, com uma pluralidade de fatores a tencionar os interesses envolvidos.

No Brasil isso não foi diferente, agrupando mudanças de perspectivas no espaço social, político e econômico, construindo novos diálogos com o ambiente internacional e reconfigurando os cenários regionais e do país. A consolidação do processo de redemocratização e o início da implantação de políticas neoliberais deram nova projeção ao mercado nacional, criando o ambiente para, na atualidade, consagrar a onda de digitalização, que chegou em amplas frentes. A multiplicidade da oferta de produtos e serviços fez com que vários setores tivessem que rever suas estratégias comerciais, principalmente com o ingresso de novos agentes transnacionais, a partir das privatizações de estatais brasileiras. Com a maior fragmentação do consumo e presença de grupos estrangeiros, as tradicionais organizações empresariais já estabelecidas na nação tiveram que reordenar seus negócios, fazendo alianças e partindo para novos nichos, no país e no exterior.

O cenário comunicacional brasileiro – e especialmente a televisão e toda a cadeia do audiovisual – inseriu-se plenamente nessa onda de mudanças, inclusive incentivando-a. Os anos 90 do século XX constituíram-se como momento destacado da fragilização da percepção sobre as fronteiras nacionais, resultante dos movimentos de globalização capitalista. O prenúncio era de uma mídia sem amarras, desvinculada de vontades do Estado, mas o que se consolidou foi o princípio da livre concorrência, com a ampliação no número de emissoras televisivas e o acirramento de lógicas mercadológicas. Frente a isso, grupos de televisual aberto do Brasil partiram para outros setores, como a TV paga, e a exploração de negócios em outros países, reposicionando-se de forma reativa, mas buscando a inovação. Trata-se de um período que, especialmente assinalado pelas características do capitalismo global, representa um momento de transição para uma lógica diferenciada das anteriormente visualizadas, constituindo agora o ambiente digital.

A convergência de produtos e serviços, como tendência forte do século XXI, é reflexo dessa reconfiguração capitalista. Exemplo disso é a telefonia celular, que tem seu início justamente com a expansão do setor de telecomunicações, com a privatização do sistema Telebras, antes estatal. Inegavelmente que a transição econômico-política ocorrida nessa década subsidiou toda uma rearticulação que demarcou frontalmente a sociedade da contemporaneidade. Assim, é com base nesse panorama dos anos 1990 que se observa a televisão que chegou ao processo de digitalização, conformando um meio de grande alcance no território nacional, que teve de se adaptar a questões prenunciadas na década anterior. Novas perspectivas técnicas e comerciais concretizaram-se no Brasil, o que dá corpo à *fase da multiplicidade da oferta* de produtos midiáticos.

BASE E CONTEXTO

De modo retrospectivo, visualizam-se como fases da televisão brasileira: a *elitista*, de 1950 a 1964; a *populista*, de 1964 a 1975; a *do desenvolvimento tecnológico*, de 1975 a 1985; a *da transição e da expansão internacional*, 1985 a 1990; e a *da globalização e da TV paga*, de 1990 a 2000.[1] A partir de 2000 adentra-se em outra, a *fase da qualidade digital*, em transcurso. Dessa forma, nestes sessenta anos, a TV brasileira passou por grandes transformações, incluindo a introdução do videoteipe e do processo de produção e transmissão em cores, com o acúmulo de inovações e direcionando-se a novos padrões de desenvolvimento tecnológico, abrindo possibilidades de negócios.

Dentro de uma visão mais ampla, o final da década de 1980 trouxe uma ação de profundas alterações no Ocidente, com a visualização de movimentos político-econômicos de alto impacto na sociedade. A queda do muro de Berlim, que teve seus vinte anos comemorados em 2009, por exemplo, não pode ser visualizado como um fenômeno pontual de um ano, pois é o resultado de desgastes do bloco do chamado socialismo real vindo especialmente da década de 1970, passando por questões diretamente ligadas às então potências soviéticas e às pressões por novos mercados do mundo capitalista.

Assim, chega-se à década de 1990. Com a redemocratização do Brasil no decênio de 1980, mesmo que por acordos políticos e anistias, houve um início de reorganização do Estado após o regime civil-militar. Em meio a esse processo de readequação do país às tendências políticas e econômicas internacionais, com destaque ao neoliberalismo já iniciado no governo Collor, houve ações diretas no mercado interno e uma mudança de lógicas provinda da entrada de conglomerados multinacionais:

> A forte participação do Estado na economia brasileira, com reflexos diretos sobre todos os setores do país, inclusive nos meios de comunicação, só começou a ser redirecionado a partir da década de 90 com os planos de privatizações iniciados no governo Collor de Mello e continuados por Itamar Franco e Fernando Henrique Cardoso. Isso como reflexo direto do neoliberalismo econômico e do processo de globalização que, durante a década de 90, deu início a uma série de transformações geopolíticas e socioeconômicas e à estruturação institucional dos valores culturais, ideológicos e religiosos.[2]

Foi na década de 1990 que se fez sentir grandes impactos já anteriormente anunciados em amplos segmentos. Esse foi o período de instrumentação de uma democracia caloura, que nos seus primeiros passos já se deparou com o processo de deposição do presidente Fernando Collor de Mello e depois com a experiência inédita da reeleição para o principal posto do Executivo nacional. Foram movimentos de base política, mas que apresentavam tendências de uma sociedade em modificação, sendo rearticulada com as experiências econômicas (com destaque às crises e a estabilização monetária), com uma maior liberdade individual e uma cultura de globalização, não necessariamente homogeneizante, mas que rompia com preceitos de uma visão predominantemente nacional ou regional.

Assim, o Brasil passou por grandes transformações na década de 1990, com muitas particularidades. O crescimento populacional seguiu, passando da média de 146 milhões de habitantes, em 1991, para 163 milhões, em 1999, um aumento de 11,6%; nesse mesmo período o número de domicílios ocupados cresceu a índices superiores, passando de 34,73 milhões para 43,66 milhões, o que representou uma ampliação de quase 25,7%. Evidenciou-se o aumento do número de famílias, sendo estas menores e menos centralizadas. Se verificado que o percentual de domicílios com TV cresceu quase 45% de 1990 a 1999,[3] pode-se concluir que não só houve o aumento do número de residências com equipamentos audiovisuais como também ocorreu uma situação econômica favorável para tais aquisições, ainda mais se visto que essa ampliação se pronunciou principalmente após 1994, ano do Plano Real. Neste ponto, é fundamental averiguar uma íntima ligação da questão monetária e as transformações que se fizeram nesse decênio nas mídias.

A transição dos anos 1980 para os 1990 foi um momento histórico em que se passou de uma economia abalada, vindo de uma sequência de planos em que a moeda desvalorizava rapidamente com uma inflação galopante, para um momento de maior equilíbrio, mesmo que ainda com problemas. Cruzado (1986), Cruzado Novo (1989), Cruzeiro (1990) e Cruzeiro Real (1993) pouco tempo se mantiveram circulantes; só com o Real (1994) houve uma estabilização. O efeito da estabilização da moeda, atuando em amplas frentes, gerou uma onda de otimismo na economia nacional. Com o aquecimento do mercado, ampliaram-se os interessados na exposição de suas marcas na comunicação de massa e também nos nichos segmentados. O país vivia um período de euforia de consumo, com a entrada de novos produtos do exterior para disputar espaço internamente, aquecendo a competitividade e a necessidade por diferenciais. Com isso, aumentaram os investimentos dos anunciantes nas mídias, e estas, por sua vez, na programação televisiva, buscando uma adequação às demandas. A grande oferta de produtos variados fragmentou o consumo, seja de bens materiais ou simbólicos. No período de 1994 a 1997, entraram a mais no mercado televisivo, via publicidade, R$ 2 bilhões.

O anuário *Mídia Dados*, em sua edição de 1997, apontou que esse mercado evidenciava um cenário arriscado de investimentos por parte das empresas:

> Compram-se mais eletrodomésticos, mas o terceiro televisor da casa pode ser preterido por uma viagem ao exterior; compram-se mais automóveis, mas eles podem ser trocados por uma casa na praia. Vai-se mais ao teatro, cinema, bares, restaurantes, clubes e festas; a audiência da TV se pulveriza. Consomem-se mais frios, "snacks", biscoitos, cereais matinais e chocolates, trocados no "check out" quem sabe pelo laticínio ou pela massa.[4]

Verifica-se um conjunto de ações que ganha impulso a partir do meio da década de 1990, que conforma a *fase da multipicidade da oferta*[5] e que sintetiza as mudanças vividas nos últimos vinte anos da televisão brasileira (tendo começado a se articular em 1990 e sendo definida em 1995). Esse período relaciona-se com a aceleração definitiva da globalização, a qual, embora não seja um fenômeno inteiramente novo, tem sido exacerbada e reconfigurada na contemporaneidade.

O impulso tecnológico provindo desse período estimulou a convergência entre telecomunicações e informática, criando novos equipamentos e reunindo os existentes.[6] Com a venda das companhias integrantes da Telecomunicações Brasileira S. A. (Telebras), ocorreu a propagação de associações e fusões entre empresas com base de telefonia (concessionárias e autorizadas), televisão a cabo e acesso à internet. O fornecimento de múltiplos serviços comunicacionais por uma mesma empresa, na grande parte das vezes multinacional, tornou-se tecnicamente possível e não tardou a ser ofertado no mercado.

Mas, retornando à realidade de 1998, verificou-se que o otimismo do Plano Real, sentido até 1997, deu lugar a uma sequência de preocupações. A queda vertiginosa da demanda em um curto espaço de tempo estagnou parte do mercado, que até pouco tempo antes ampliava seus investimentos e projetava crescimentos. Isso chegou de forma rápida e direta nas mídias: "acaba a Copa do Mundo da França (1998), os anunciantes como que combinaram entre si - e o fluxo de dinheiro parou".[7] Com a queda nos faturamentos das empresas, diminuíram os investimentos nos meios de comunicação. Após as turbulências, precisaram buscar novos focos. A regionalização dos investimentos publicitários foi uma das tendências desse período, mostrando-se forte até o final da década e início dos anos 2000, o que não contraria o próprio movimento que ocorreu nas TVs por assinatura, de terem canais regionalizados e enfoque em públicos segmentados. Mas os canais pagos também padeceram de uma estagnação nesse período, só retomando um crescimento quase na metade do decênio seguinte.

Assim, dentro desse contexto, tem relevo na década de 1990 uma mudança de padrões, com uma inicial expansão de serviços e investimentos em produtos diferenciados, a partir de momentos de otimismo do mercado, e depois uma re-adequação das mídias ao período de estagnação e retração. Simultaneamente a isso, houve o ingresso de novos agentes dentro do mercado comunicacional, com destaque às operadoras de TV por assinatura e de transmissão aberta em UHF (*ultra high frequency*, frequência ultra-alta, envolvendo os canais de 14 a 69), voltadas a públicos mais fracionados. De certa forma, toda a área comunicacional passou por esses abalos econômicos, que, ao atingirem em cheio os anunciantes, tiveram seus efeitos maximizados nos veículos.

GLOBALIZAÇÃO E MERCADO TELEVISIVO

O processo de globalização, embora não represente uma realidade totalmen-te nova, trouxe, nesse período, uma configuração diferenciada. A concentração empresarial – e de capital –, particularmente na área de comunicação, e a distri-buição mundial de canais de TV são dois símbolos dessa era. Estratégias foram refeitas nesse cenário em que informática, telecomunicações e outras tecnologias audiovisuais convergiam, uma disposição que ainda se mantém.[8]

A constituição de novas parcerias nesse período, entre elas a proliferação de ações público-privadas e as privatizações, pelo menos tirando das mãos do Estado o controle acionário, tendeu a redinamizar os mercados e repensar a oferta de produtos e serviços. A segmentação, processo que atingiu diretamente o consumo das mídias, exigiu medidas alternativas a produções generalistas desterritorializa-das, sendo interessante e necessário atender públicos específicos e contextos na-cionais. Desse modo, de um lado, seguiu-se o foco no público de massa, manten-do investimentos de grande porte em produtos para um consumidor mais amplo e, de outro, evidenciou-se a necessidade de apurar enfoques nos casos regionais e nos grupos fragmentados. Não se podia desperdiçar consumidores que fossem de interesse de anunciantes.

Na verdade, as redes convencionais tentaram e continuam tentando, mas cada vez é menos provável atingirem a todos indiscriminadamente com uma programação que engloba vários públicos. Se, contudo, isso já foi possível no passado, quando não havia os canais segmentados pagos, atualmente trata-se de uma proposta cada vez mais difícil de executar. A alternativa da TV aberta, em especial no período analisado, foi popularizar a programação como contraponto à diferenciação, com o intuito de atingir o público com menos condições econômicas de consumir outros meios. Proliferaram tragédias, dramas de toda ordem e sexo de forma apelativa, banalizando sentimentos e situações.

Com base nessa lógica, verificou-se que a globalização não implicou uma programação padronizada em todos os pontos do planeta envolvidos pelo capitalismo, não representando uma uniformização do conteúdo em escala global. Na verdade, reproduziram-se entrecruzamentos de parâmetros sociais, repercutindo na alteração profunda das noções de espaço e tempo e na tendência de realinhamento das fronteiras, fenômeno que chegou e chega aos bens simbólicos televisivos, constantemente marcados pela velocidade. Assim, é evidente que os produtos desterritorializados foram o eixo de programação das emissoras pagas, que muitas vezes transmitem mundialmente. Mas nos canais abertos nota-se um índice elevado de programas nacionais. Questões que em muitos casos não se alteraram no primeiro decênio do século XXI.

Frente a isso, os programadores de canais pagos se interessaram em nacionalizar mais suas grades de programação, incluindo produtos de empresas brasileiras e instituindo parcerias. Mas, ao contrário dos Estados Unidos, no Brasil não havia tradição de grandes produtoras para TV (o que começa a mudar), além daquelas voltadas para a publicidade, pois aqui a regra foi a própria veiculadora realizar seus bens culturais. Mais grave é que, enquanto a produção brasileira custava cerca de US$ 20 a US$ 30 mil a hora, a estrangeira, que é exibida em muitos países, chegava por US$ 3 mil cada sessenta minutos.

Nesse sentido, a maioria das operadoras de TV a cabo, nacionais e estrangeiras, enquanto ofereciam a seus assinantes uma infinidade de emissoras internacionais, também permitiram que grupos locais veiculassem, a preços acessíveis, suas produções, através de canais destinados exclusivamente a esse fim. Desse modo, a TV paga também propiciou o aumento da veiculação de produções locais através dos canais de utilidade pública, previstos pela Lei do Cabo, a Lei n. 8.977, de 6 de janeiro de 1995, determinação regulamentar que ainda hoje se mantém.

Em simultâneo à popularização, os canais abertos igualmente procuraram incrementar o espaço regional, como atesta o reforço que a própria Globo desenvolveu em seus telejornais locais. A ação do global nos Estados-nações não foi uníssona. Identificam-se determinações recíprocas e desiguais. Com efeito, mesmo o local, o regional e o nacional, somados a suas diversidades e identidades, diante da participação do mundial adquiriram novos significados, modificando-se e em alguns momentos reafirmando-se. No caso da televisão, nesses tempos globalizados, o que adveio de espaço local trouxe também o transnacional, em sua forma de produção.

Apesar de a relação manter-se assimétrica, destacando-se a preponderância norte-americana no mercado de TV, a globalização é um movimento multidirecional, não tendo sentido único, principalmente com o potencial aberto com a internet. Ianni explica que, com a globalização, a cultura encontra outros horizontes de universalização, enquanto se recria em suas singularidades:

> O que era local e nacional pode tornar-se também mundial. O que era antigo pode revelar-se novo, renovado, moderno, contemporâneo. Formas de vida e trabalho, imaginários e visões do mundo diferentes, às vezes radicalmente diversos, encontram-se, tencionam-se, subordinam-se, recriam-se.[9]

Consequentemente, deve ser considerado que o mundializado não foi sempre produzido fora do país. Produtos como as telenovelas, entre outros, incorporaram-se ao mercado ajustados aos padrões internacionais, sendo populares porque eram e são consumidos intensamente pelos públicos. Esses bens, ainda que não realizados em países hegemônicos, integram a cultura internacional-popular. Conforme Ortiz, há uma adequação ao nível internacional de produção, com a *qualidade* dos programas se *elevando*, tendo como referência o gosto dominante do *mass media* internacional.[10] Assim, países periféricos, como o Brasil, participam do mercado mundial, exportando bens simbólico-televisivos.

A reterritorialização e a existência de um padrão internacional explicam por que, com a globalização, a programação televisiva não é a mesma em todo o mundo capitalista. Há espaço para o local, o nacional, o transnacional e as apropriações de tendências majoritárias em escala mundial, como a que dramatiza, espetaculariza e expõe a (trágica) vida dos cidadãos, como se viu na década de 1990 com o "Programa do Ratinho", do SBT, "Cidade Alerta", da Record, "Magdalena", "Manchete Verdade" e "Tempo Quente", da Bandeirantes, e CNT Urgente, que simbolizaram parte da programação nacional desse período.

A globalização da TV, destacada a pós-redemocratização, deve ser atestada por sua vinculação geral com o mercado mundial, mas a análise específica da programação da televisão aberta brasileira também demonstra esse fenômeno: por essa via constata-se que a participação da produção nacional caiu, na década de 1990, para cerca de 65%, depois de manter-se acima de 70%, na década de 1980.[11] Já Ramos distingue duas ondas de globalização da televisão brasileira, a partir de seu envolvimento com o capital internacional.[12]

A primeira é concentrada na Rede Globo, que já nasce globalizada, na medida em que, desde sua implantação, na década de 1960, recebeu aportes de um sócio estrangeiro, o grupo norte-americano Time-Life. A convergência tecnológica entre telecomunicações, meios de comunicação de massa e informática, alavancada pelas redes digitais de banda larga, por terra (fibra ótica) ou ar (satélites), simboliza a segunda onda, que, inversamente à primeira, não dispõe de um projeto nacional.

Na busca de recursos financeiros e tecnológicos, a convergência como um todo, e a TV por assinatura em específico, seguiu em um processo de associações entre corporações transnacionais, proporcionando cooperações, fusões e formação de conglomerados. Com isso, os grupos brasileiros, estruturados em torno de poucas famílias, tiveram que se associar a outros, mas o modelo de concentração da propriedade – e de poder – não diminuiu, ampliou-se.

TV POR ASSINATURA E MUDANÇA

O ingresso da TV por assinatura no Brasil correspondeu a um período de mudanças na estrutura de negócios da televisão no país, atuando tanto na construção dos padrões tecno-estéticos quanto no próprio modelo de negócios do setor. Trata-se de um serviço que adentrou o meio brasileiro buscando atender a um segmento de mercado desassistido pela televisão aberta e também atuando para gerar novos hábitos de consumo. Representou a chegada de um comércio midiático já amplamente disseminado em vários locais do mundo, mas inexistente no maior país da América do Sul. Foram introduzidas opções para quem gosta de filme (HBO, Telecine, Cinemax), série (Sony, Warner, Fox), desenho animado (Cartoon, Fox Kids), jornalismo (CNN International e em espanhol, Globo News), esporte (SporTV e ESPN), clássico (Bravo), erotismo (Playboy), documentário (Discovery, GNT), música *country* (CMT) e viagem (Travel), entre muitas possibilidades.[13]

Observando dados mais quantitativos, no país, o crescimento da TV paga ocorreu de modo mais acelerado a partir de 1993, quando o número de assinantes passou de 250 mil (0,8% de penetração) para, em 1994, 700 mil (2,3%), seguindo uma ampliação durante a década: 1,2 milhão, em 1995 (3,6%); 1,765 milhão (5,1%), em 1996; 2.534.723 (7%), em 1997; 2.586.983 (7%), em 1998; e 2.734.206 (7,3%), em 1999.[14] Assim, a penetração da TV por assinatura neste período no país, com cerca de 2,7 milhões de assinantes, para um total de 33 milhões de televisores,[15] ainda representa baixos índices, inferiores inclusive à média latino-americana. Dados apresentam que em 1996 a Alemanha detinha 17 milhões de assinantes; a Inglaterra, 5 milhões e a Argentina 5,2 milhões.[16] Números superiores aos brasileiros em países com população inferior, mas com uma implementação anterior.

Depois de um início com bom crescimento, esse mercado manteve-se relativamente desacelerado no país de 1997 a 2004, coincidindo com a crise do mercado nacional pós-Plano Real. Até 2003 o setor alcançou em torno de 3,5 milhões de residências, tendo um acréscimo, desde 1999, de 800 mil moradias com o serviço, o que não foi visto com otimismo.[17] O exemplo da Net Brasil ilustra esse momento, quando em 1997 havia conquistado um milhão de novos assinantes, mas mantinha simultaneamente uma taxa de desconexão mais ou menos igual: o crescimento dependia da retenção de clientes antigos.[18] A partir de 2004 esse número aumentou de modo vertiginoso, dentro dos índices até então vigentes, tendo em 2008 a TV paga no país alcançado a quantidade de 6,3 milhões de residências, quase duplicando o volume de pagantes.[19] Até julho de 2009 havia 6.909.696 assinantes dos serviços de televisão fechada, o que mostra um crescimento de mais de 100% no passar de dez anos.

Em meio a esse processo, viu-se a necessidade de ação legal do Estado brasileiro frente ao ingresso de novos agentes na área comunicacional, tratando-se de um setor com forte hegemonia das grandes redes de TV aberta. Nesse contexto fez-se o diploma legal mais democrático na área das comunicações no Brasil, a Lei do Cabo, logicamente também assinalada por muitas limitações:

> A Lei n. 8.977, de 6 de janeiro de 1995, prevê que toda operadora de TV a cabo deverá dispor de seis canais de utilidade pública, assim distribuídos: três legislativos, um ligado à Câmara dos Deputados, outro ao Senado Federal e um terceiro para uso partilhado entre a Assembleia Legislativa e a Câmara dos Vereadores; um educativo-cultural, para ser usado pelos órgãos que lidam

com educação e cultura nos municípios e nos governos estaduais e federal; um universitário, de responsabilidade das universidades localizadas na área de prestação de serviço; e um comunitário, de uso livre e gratuito por qualquer entidade sem fins lucrativos. Além disso, a norma estabelece que pelo menos dois canais deverão ficar reservados para uso exclusivo em caráter eventual, podendo ser utilizados, por exemplo, para um sindicato transmitir uma assembleia ou um partido veicular sua convenção. Mas a história da TV brasileira mostra uma dificuldade muito grande para as maiorias apresentarem produções próprias em sua programação.[20]

Tendo a Lei do Cabo permitido, mesmo que em circuito fechado, o ingresso de agentes da sociedade civil no mercado televisivo, assim como viabilizado novos espaços ao Estado, a partir dessa ampliação da oferta de produtos comunicacionais houve também a entrada, incipiente, de novas lógicas de organização das mídias. Tratou-se de uma forte medida se comparada ao que já havia sido feito no setor em um passado recente de democracia. Dessa forma, a TV por assinatura teve importante papel no movimento de reorganização dos meios de comunicação no país na década de 1990, com efeitos socioeconômicos consideráveis junto ao mercado, uma realidade que vem em constantes mudanças nos últimos vinte anos. Mesmo não sendo a única, é um significativo indício das ações mercadológicas presentes na *fase da multiplicidade da oferta* que ocorrem nesse momento histórico.

Mais próxima do consumidor-alvo, a publicidade do produto teve seu impacto ampliado, enquanto experiência do espectador. Como a entrada de recursos publicitários é o principal sustentáculo da mídia aberta, atuou também no reposicionamento dos meios perante o mercado que se reorganizava, o que se rearticulou novamente a partir de 2000, com os largos avanços da internet, notadamente quanto ao serviço de banda larga (também ofertado pelas empresas de TV por assinatura).

Claro que se faz importante separar o contexto dos anos 1990 e o dos 2000. De modo sucinto e amplo, pode ser colocado que no primeiro há o ingresso dos serviços de mídias pagas e a estruturação de novas bases de mercado dentro de padrões globalizados, iniciando a entrada, em larga escala, de novas tecnologias ligadas aos meios comunicacionais e às telecomunicações no país, a partir das privatizações. No segundo, há, por parte das empresas de televisão por assinatura, o oferecimento de novos serviços, com venda casada à programação de televisual, uma medida que vem de projetos já dos anos 1990. Nessa questão, tem destaque a internet de banda larga e a telefonia, o que impulsionou uma nova onda de aquisições de contratos de mídias pagas. Em todo caso, é relevante ressaltar que em vários momentos, dentro desses períodos, houve aspectos econômicos específicos, com o favorecimento ou o prejuízo de investimentos, o que acabou por delinear o rumo desse segmento.

Foi, assim, na década de 1990 que ocorreu a sedimentação do sistema de televisão paga no país, um movimento que teve crescimento significativo nos anos de 1993 a 1997 e que depois voltou a alcançar nova inserção social a partir de 2004, mas sem conseguir atingir inserção mercadológica equivalente aos países em que o sistema fora implantado décadas antes e que já havia constituída uma *cultura* de consumo de TV por assinatura. O esfriamento do comércio de bens culturais em diversos momentos, assim como a queda da entrada de investimentos internacionais, com a desvalorização do real, também colaborou para esse resultado.[21]

Simultaneamente a isso, houve profundas alterações nas telecomunicações, que cresceram a partir das privatizações do sistema estatal. Esse movimento não pode ser desassociado dos investimentos que ocorrem no meio televisivo nesse período. Como ícone desse momento estava a telefonia móvel, com sua oferta em larga escala, mesmo que com altos custos de tarifas. Viu-se o ingresso de instituições com forte investimento internacional no mercado nacional, com interesse de atuação no contexto midiático brasileiro como espaço de ampliação de negócios. Fazia-se necessário, por parte das emissoras com concessões vigentes, reforçar as barreiras à entrada de novos atores econômicos, realizando mais parcerias e ampliando seu campo de atuação, a fim de diminuir os espaços de ingresso.

Esse cenário quebrou a ideia até então prevalecente de uma comunicação de base nacional e abriu espaço para visualizar o televisor como uma janela para o mundo, onde caíam as barreiras ao conteúdo estrangeiro. Mesmo que restrita a uma minoria, essa possibilidade passava a ser tangível: ter canais mais segmentados e com a promessa de menor inserção de horários publicitários. Todavia, esse televisor com ambiente globalizado, mesmo ilusoriamente desconectado da realidade local, estava com raízes também plantadas no país, seja por desejo dos próprios espectadores por conteúdos brasileiros e regionalizados, seja por necessidade do mercado, que não estava à deriva da realidade da nação.

PROGRAMAÇÃO E REORGANIZAÇÃO

Como expunha nos anos 1990 um executivo da área de TV por assinatura, a globalização, de conteúdos e interesses empresariais, era (e é) uma realidade inarredável:

Está havendo uma globalização muito rápida e violenta da distribuição de programação de televisão, cuja consequência será o que se poderia chamar de o fim dos guetos nacionais. Assim, como já ocorreu com o cinema nacional e a música brasileira, vamos sair do gueto em que vivemos em termos de televisão. A explosão é inevitável, não há como impedi-la. Não adianta olhar para o monstro e dizer "você não vai entrar no Brasil".[22]

No entanto, a televisão brasileira nunca foi uma ilha e os chamados enlatados (os produtos estrangeiros) existiam desde o início desse mercado, principalmente a partir da década de 1960, mesmo período em que o capital internacional investiu diretamente no negócio televisivo via Rede Globo. O panorama televisivo nacional mudou profundamente nos anos 1960.

Em 1990, junto com a TV paga, ganhou espaço a mídia via sinal UHF. Assim, foi por essa alternativa que nesse período surgiu a primeira emissora segmentada brasileira, a MTV, um canal aberto inaugurado nesse mesmo ano, pelo Grupo Abril, voltado ao jovem, com programação baseada na exibição de clipes, seguindo um formato presente em 38 países. Nos anos 1990 foram lançados também os canais nacionais pagos, igualmente segmentados, sendo os principais os da TVA[23] e os da Globosat (1991), inicialmente Telecine (filmes), GNT (documentários), Multishow (variedades) e Top Sport (SporTV atual). Hoje TVA e Globosat possuem outros canais, em associações.

Uma cena que começou a se incorporar ao cenário nacional, em núcleos com televisão por assinatura, é a filha reunir-se com amigas para assistir à MTV enquanto o pai vê o ESPN e a mãe assiste a um filme no Telecine, por exemplo.[24] Como grande parte do núcleo familiar só dispunha de um ponto de TV paga, muitas vezes havia uma alternância entre a posse do controle remoto, uma realidade ainda vigente.

Quanto à TV aberta, a concorrência foi intensificada. A disputa pela audiência, diante do maior número de emissoras e redes e da migração progressiva para a televisão fechada dos estratos socioeconômicos mais elevados, levou à queda na qualidade da programação, proliferando a exploração humana. Com isso alastraram-se produtos baseados no extinto "Aqui Agora" (SBT, 1991), uma revista sobre polícia, cotidiano e prestação de serviços que abriu as portas para a dramatização da notícia, tendência que não se extinguiu. Na verdade, a gênese do próprio "Aqui Agora" remete a espaços como "O Homem do Sapato Branco", apresentado por Jacinto Figueira Jr., na TV Globo, de 1965 a 1968, ao "Aqui e Agora", exibido pela TV Tupi em seus estertores, e a "O Povo na TV", veiculado pela TVS (hoje SBT), no início da década de 1980 (ver capítulo "A volta do 'jornalismo cão' na TV")

A TV Globo, cuja audiência total caiu dez pontos percentuais entre 1994 e 1998, foi a principal prejudicada, sendo a única das redes que perdeu audiência. Em 1994, a audiência geral da emissora líder era de 63%; em 1997, de 53%. A maior queda foi entre as dez horas e meia-noite: baixou de 57% para 44%, de 1995 a 1997. No período 1994-1997, o SBT manteve-se com o total de 18%; a TV Bandeirantes, em 5%; a Manchete aumentou de 2% para 5%; a Record, de 2% para 5%; e "outros" (TV paga, videocassete e videogame), de 10% para 15%. Essa perda provocou a diminuição da participação da TV Globo no mercado publicitário televisivo, mas num ritmo menor: de 37,6% (1993) para 33,3% (1997). Suas afiliadas também tiveram uma participação decrescente, partindo de 41,6%, em 1993, para 39,5%, em 1997. Enquanto isso, as demais emissoras cresceram sua participação de 20,8% (1993) para 27,2% (1997).[25] Já a disputa pelo segundo lugar da preferência do consumidor, entre SBT e Record, provocou contratações milionárias e ganhou novo contorno nos anos 2000, com um novo alinhamento de forças.

Na linha de muita audiência popular, o principal fenômeno do fim da década foi Carlos Massa, apresentador do "Programa do Ratinho", no SBT, que explorou como ponto forte o sensacionalismo da miséria. Ratinho, como é popularmente conhecido, retomou o gênero. Alvo da maior negociação da história da televisão brasileira, envolvendo uma multa de R$ 34 milhões à TV Record, Ratinho passou a receber do SBT cerca de R$ 1,3 milhão mensais, posteriormente renegociado em bases inferiores. Em compensação, alcançou uma média de audiência de 19%, com picos de primeiro lugar. A Record contra-atacou com a aquisição do passe da apresentadora de programas infantis Eliana (que retornou em 2009 ao SBT), não sendo o único câmbio no passar de anos de disputa.

Além das três principais, Globo, SBT e Record, consolidadas respectivamente na primeira, segunda e terceira colocações de audiência, novas redes foram acrescentadas à concorrência, na década de 1990. A própria Record, embora fundada em 1953, só se reestruturou como rede nacional em 1990.[26] A RedeVida e a Rede Mulher (que depois virou Record News) majoritariamente eram captadas por parabólicas e cabo, estando suas geradoras localizadas no interior paulista. Visando ao público católico, a RedeVida teve início em 1995. Suas retransmissoras foram criadas via dioceses e mobilização comunitária, apesar da geradora, no interior paulista, não ser propriedade da Igreja. Transmite ainda hoje missas, orações e programas pastorais e de entrevistas.

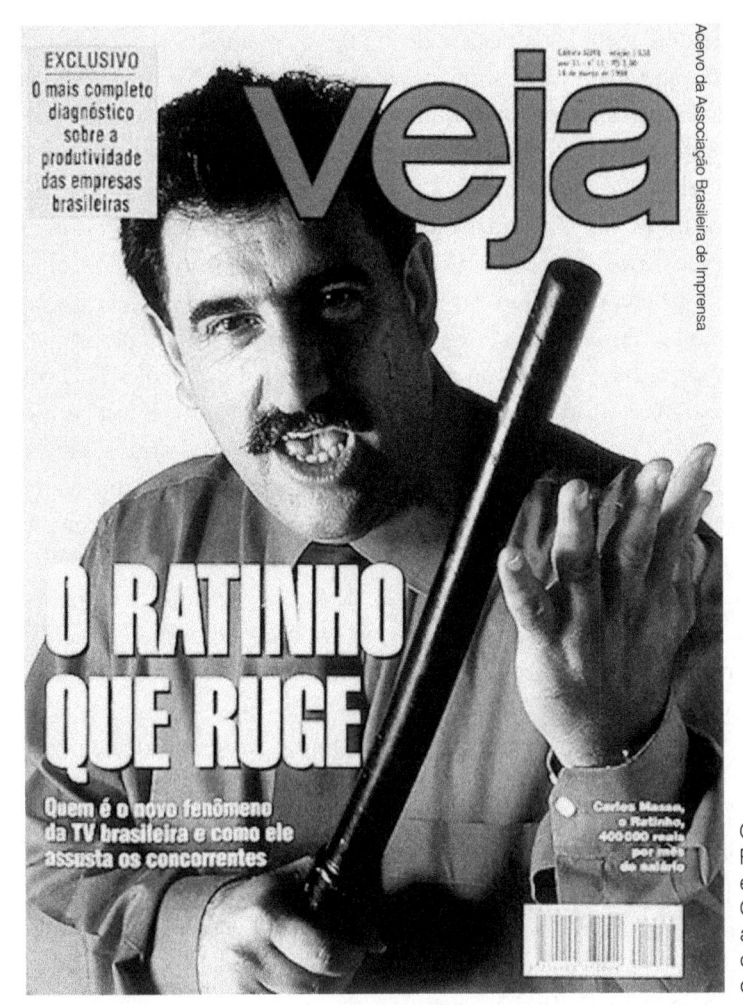

O apresentador Ratinho desbancou em audiência a TV Globo e ganhou a capa da *Veja* de 18 de março de 1998.

Fundada como Organizações Martinez (OM), em 1992, a CNT (Central Nacional de Televisão) tem sede em Curitiba (PR) e sustentava-se em programas popularescos e de entrevistas, filmes antigos e novelas importadas, sendo seu forte, hoje, a venda de espaço para grupos religiosos. Mesmo com a maioria das novas redes sendo pouco expressiva, cresceram os participantes da divisão de audiência, que ainda passou a ser repartida com os canais pagos, o que se refletiu nas verbas publicitárias, também partilhadas. Logo, a maior competitividade intensificou-se, o mesmo ocorrendo com o estreitamento das relações internacionais.

Verificada desde a metade da década de 1990,[27] a concorrência acirrou-se a partir de 1995, tornando o investimento pelas primeiras posições de audiência um negócio muito caro. Diante disso, a Manchete, apesar de ter elevado sua média de audiência entre 1994 e 1997, perdeu muitas afiliadas para a Bandeirantes, chegando a baixar em 1998 para a quinta colocação de preferência popular, descredenciando-se como uma das grandes redes nacionais, depois de ter sido uma opção importante nos anos 1980 e no início dos 1990. Esse quadro fez crescer as dificuldades da Manchete, o que redundou em seu fechamento e sua aquisição pelo grupo liderado por Amilcare Dallevo, que fundou a RedeTV!.

Na disputa por público proliferou a apelação, no final do século. Nos domingos, Gugu Liberato, com o "Domingo Legal", do SBT, e Fausto Silva, com o "Domingão do Faustão", da Globo, tornaram flagrante abusos de nudez, jogos sexuais e aberrações para conquistar audiência, com vantagem para o primeiro. Paralelamente, as telenovelas importadas latino-americanas, que se alternavam entre SBT, CNT, Bandeirantes e Rede Mulher, contribuíram com uma estética repetitiva. Como a globalização permite a mundialização de formatos oriundos de países periféricos, o SBT, por sua vez, desistiu de produzir novelas no esquema da TV Globo, incorporando o estilo de realização melodramática e barata da tradição mexicana,[28] projeto alterado posteriormente.

As concessões atingiram o telejornalismo. O "Jornal Nacional" desse período priorizou o sentimentalismo, os dramas humanos e o mundo animal, abordando menos as notícias consideradas sérias, como política, alterações constatadas também no "Globo Repórter".[29] O popularesco na Globo foi além, atingindo várias linhas de produtos, como textos de fácil identificação no "Você Decide" e nas telenovelas em geral. Concomitantemente, os programas brasileiros mostraram mais outros países e adotaram uma postura autorreflexiva, o que é próprio da cultura do final do decênio de 1990.[30]

Exemplificando esse contexto, a novela "Por Amor" usou de grande dose de drama sobre encontros e desencontros entre pais e filhos, enquanto sua sucessora, "Torre de Babel", foi reestruturada, sendo esquecidos os temas polêmicos, para melhorar seu desempenho de audiência. Também proliferaram os chamados remakes, novas produções de antigos sucessos, o que confirma a opção pelo mais fácil e já testado junto ao público.

No Brasil, como em tantos outros países, continuam a cair, um a um, os impedimentos para a concentração empresarial e a participação do capital transnacional na indústria televisiva e de convergência no conjunto. Mas ainda não

Agência O Globo

Na foto, Gabriela Rivero, a intérprete da Professora Helena, na novela mexicana "Carrossel", em visita ao presidente Collor. Essa telenovela infantil, exibida em 1991 no SBT, abalou a audiência do "Jornal Nacional" da TV Globo.

há uma política definida para esses setores, por parte do Governo Federal, tendo o país se movimentado mais sob o jogo do capital globalizado do que por seu ritmo próprio. O receptor ganha com a ampliação das opções de que dispõe na televisão, aberta e paga, mas paralelamente, em muitos momentos, ainda recebe programação de menor qualidade.

Observando o ingresso da sociedade nos anos 2010, verifica-se que ainda persistem problemas que tiveram a discussão iniciada no processo de democratização do país. Com o oligopólio das comunicações mantido na atualidade, mesmo que com o ingresso de novos agentes midiáticos na década de 1990 e sua reorganização nos anos 2000, foi preservado um sistema pouco representativo da diversidade nacional, sem ser possibilitada uma real democratização das comunicações nacionais. Persiste a esperança de que a digitalização permita uma desconcentração de poderes midiáticos, o que não deixaria o grande potencial da televisão restrito a poucos. Mas, assim como a TV por assinatura não conseguiu alterar esse quadro, é pouco provável que o Sistema Brasileiro de Televisão Terrestre (SBTVD) consiga resolver a questão, pelo menos em curto ou médio prazo.

NOTAS

[1] Sérgio Mattos, *O contexto midiático*, Salvador, Instituto Geográfico e Histórico da Bahia, 2009, p. 44.

[2] Idem, p. 30.

[3] Grupo de Mídia São Paulo, *Mídia Dados 1999*, São Paulo, Grupo de Mídia, 2000, pp. 15 e 89.

[4] Grupo de Mídia de São Paulo, *Mídia Dados 1997*, São Paulo, Grupo de Mídia, 1998, p. 9.

[5] Ver Valério Cruz Brittos, "Os 50 anos da TV brasileira e a fase da multiplicidade da oferta", em *Observatório: Revista do Obercom*, Lisboa, v. 1, n. 1, 2000, pp. 47-59.

[6] Ver Nicholas Negroponte, *A vida digital*, São Paulo, Companhia das Letras, 1995.

[7] Grupo de Mídia São Paulo, *Mídia Dados 1999*, São Paulo, Grupo de Mídia, 2000, pp. 67-8.

[8] Ver Valério Cruz Brittos, "Disputa e reconfiguração na televisão brasileira", em *Anos 90*, Porto Alegre, n. 12, dez. 1999, pp. 89-117.

[9] Octavio Ianni, *A era do globalismo*, Rio de Janeiro, Civilização Brasileira, 1996, p. 29.

[10] Renato Ortiz, *A moderna tradição brasileira*, São Paulo, Brasiliense, 1988, p. 205.

[11] O percentual de programação realizada no país, no total de horas de transmissão de TV (aberta), tem sido a seguinte: 1965 (61%), 1970 (50,1%), 1975 (53,5%), 1980 (74%), 1985 (73%), 1990 (64,2%), 1995 (66,3%). Em Sandra Reimão (coord.), *Em instantes: notas sobre a programação da TV brasileira (1965-1995)*, São Paulo, Fac. Salesianas, 1997.

[12] Ver Murilo César Ramos, "TV por assinatura: segunda onda de globalização da televisão brasileira", em Dênis de Moraes (org.), *Globalização, mídia e cultura contemporânea*, Campo Grande, Letra Livre, 1997, pp. 135-66.

[13] Ver Valério Brittos, *Multiplicidade e globalização da televisão brasileira*, disponível em <http://www.eptic.com.br>, acesso em 15 dez. 2009.

[14] Valério Cruz Brittos, *Recepção e TV a cabo: a força da cultura local*, São Leopoldo, Ed. Unisinos, 2001, p. 162.

[15] Ver dados em Valério Cruz Brittos, "Disputa e reconfiguração na televisão brasileira", em *Anos 90*, Porto Alegre, UFRGS, n.12, 1999, p.115.

[16] Paulo Roberto de Souza Melo, Ana Paula Fontenelle Gorini e Sérgio Eduardo Silveira Rosa, *Televisão por assinatura*, Brasília, BNDES, 1996, p. 7.

[17] Disponível em <http://www.midiafatos.com.br/PDF_htm/manual.pdf>, acesso em 16 jan. 2010.

[18] Grupo de Mídia São Paulo, op. cit., p. 116.

[19] Mídia Fatos, op. cit., p. 16.

[20] Valério Cruz Brittos, op. cit., p. 54.

[21] A desvalorização do real gerou desequilíbrio entre a receita das companhias distribuidoras de sinal no Brasil, que ganhavam em real, e a das provedoras de conteúdo no exterior, que recebiam em dólar. Ver Grupo de Mídia São Paulo, op. cit., p. 116.

[22] Luiz Gleiser, "Novas tecnologias: a TV segmentada", em Cândido José Mendes de Almeida e Maria Elisa de Araújo (orgs.), *As perspectivas da televisão brasileira ao vivo*, Rio de Janeiro, Imago/Centro Cultural Cândido Mendes, 1995, p. 12.

[23] A TVA teve início em 1989 como Canal+, somente com o norte-americano ESPN. O controle do negócio foi assumido em novembro de 1990 pelo Grupo Abril, que logo criou canais nacionais, embora de conteúdo internacional, como o HBO (filmes).

[24] Ver Valério Cruz Brittos, "TV a cabo: a dispersão da audiência", em *Sociedade em Debate*, Pelotas, v. 2, n. 4, 1996, pp. 17-23.

[25] Os dados estão disponíveis em Valério Cruz Brittos, op. cit., p. 115.

[26] A TV Record ligou-se em 1976 ao Grupo Silvio Santos, que posteriormente a vendeu à Igreja Universal do Reino de Deus (Iurd). Esta investiu em equipamentos, novas emissoras, contratação de profissionais e em uma programação variada e popular, que disputa com o SBT o 2º lugar em audiência.

[27] Em 1990 a Manchete exibiu "Pantanal", com audiência de até 46% em São Paulo. Outra telenovela que mexeu com a hegemonia global foi "Carrossel", produção infantil mexicana no SBT em 1991.

[28] "Fascinação" (1998) apresentou custo inferior ao de suas antecessoras, mas obteve audiência superior, o que fez o SBT construir um padrão de novelas próximo ao da mexicana Televisa, com quem manteve intercâmbio. Ver Rui Dantas, "Televisa pensa em produzir novelas nos estúdios do SBT", em *Folha de S.Paulo*, 13 ago. 1998, p. 8 (Folha Ilustrada).

[29] Na TV Globo, o "SP TV" (1ª edição) foi reformulado com a contratação de um repórter apontado como o "ratinho global", o jornalista Márcio Canuto.

[30] A primeira característica esteve mais presente no "Vídeo Show", no "Brasil Legal", da Globo. A segunda pôde ser identificada também no "Vídeo Show", no "Domingão do Faustão" e no "Domingo Legal", os dois primeiros da Globo e o segundo do SBT.

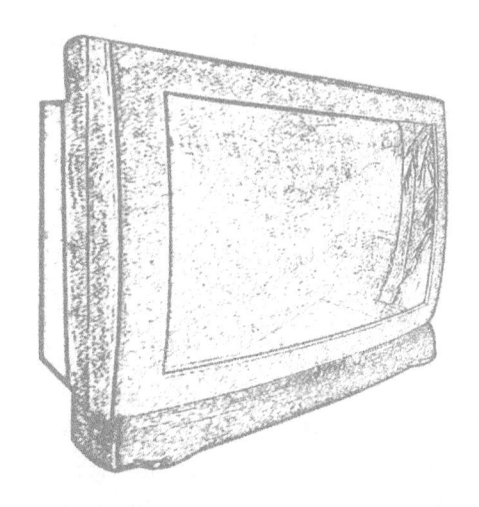

O SUCESSO DA TELENOVELA "PANTANAL" E AS NOVAS FORMAS DE FICÇÃO TELEVISIVA

Beatriz Becker

Impossível refletir sobre a produção televisiva na década de 1990 sem reconhecer "Pantanal" como uma referência de qualidade na história da televisão que mudou o rumo da teledramaturgia brasileira. O sucesso de "Pantanal" promoveu resultados de audiência tão impressionantes que provocou uma guerra entre as concorrentes, reafirmando um modelo de programação televisiva implantado pela Rede Globo de Televisão, baseado no entretenimento e na informação jornalística, que privilegiou o telejornalismo como um gênero estratégico na grade das emissoras para tentar garantir audiência e credibilidade. O telejornalismo recebeu expressivos investimentos e passou a estar cada vez mais envolvido com algumas das principais decisões do país na passagem dos anos 1980 para os 1990.

O debate entre Lula e Collor se transformou num exemplo clássico do poder da TV e dos noticiários na construção da política no país. Collor contou com uma conveniente edição do debate na reportagem do Jornal Nacional. Mas, se no final dos anos 1980, o Brasil e a TV elegeram um presidente pelo voto direto pela primeira vez em 28 anos, na década de 1990, também construíram e agendaram antecipadamente o *impeachment* do ex-presidente. É claro que o poder de influência da TV brasileira pode ser comprovado não apenas nas eleições presidenciais de 1989, mas aquele foi, certamente, um momento singular da interseção entre história e televisão. A sociedade civil passou a experimentar um cotidiano instável, já sob os efeitos da globalização. Até mesmo uma parcela expressiva da grande imprensa revelava inconformidade frente aos rumos do Brasil. O neoliberalismo nascia regido pelas leis de mercado e dispensava ética, crítica e esperança.

Quando "Pantanal" estreou, em 27 de março de 1990, o programa apenas repetiu a audiência de "Kananga do Japão" (1989), telenovela anterior da Rede Manchete. O índice de audiência na época era de 14 pontos, o que pode ser considerado razoável para uma rede iniciante como a Manchete e ainda mais no horário nobre das nove e meia da noite. Inesperadamente, a audiência começou a crescer, até chegar ao auge de 44 pontos. Como um fenômeno desses pôde acontecer naquele contexto? Arnaldo Bichucher, ex-diretor executivo de programação da Manchete, apresentou a seguinte hipótese.[1] No mesmo mês em que "Pantanal" estava estreando, o presidente Fernando Collor confiscou as cadernetas de poupança da população do país, deixando todos os brasileiros literalmente pobres da noite para o dia. A poupança, na época, representava a promessa de se poder realizar um dia o sonho da casa própria, do automóvel próprio, do aparelho eletrônico, da viagem de férias, do curso de aperfeiçoamento etc. Não foi, portanto, apenas um dinheiro que Collor tirou das mãos dos brasileiros, mas também todos os seus sonhos relacionados com as ideias de liberdade e modernidade, de pertencimento ao mundo urbano, de felicidade através do consumo, valores que a Rede Globo celebrava nas suas telenovelas e que a publicidade vendia nos intervalos. "Pantanal" surge justamente nesse momento em que os brasileiros ficaram sem as suas economias e as suas aspirações, escoadas pelo ralo. Mas, por uma feliz coincidência, ela falava de outro mundo, de um mundo rural, selvagem e distante, que só se podia ver na televisão aos domingos às sete da manhã, em programas destinados ao homem do campo. Então, o sonho de um paraíso urbano, liberal, hipermoderno e baseado no poder de consumo começa a ser substituído pela ideia de um paraíso perdido e recuperado, baseado na simplicidade da vida e naquilo que o dinheiro já não podia mais necessariamente comprar. "Pantanal" parecia prometer a devolução dos sonhos que Collor confiscou e as fantasias de um dia poder viver no paraíso, num lugar mágico, bonito, sensual, livre de toda a turbulência do mundo urbano, onde os homens poderiam existir em comunhão com a natureza. Desse modo, a telenovela resgatou algo da identidade rural da sociedade brasileira, negligenciada e silenciada durante o processo de modernização do país.

Além desse inesperado acerto histórico, "Pantanal" acertou também num outro plano: o da própria linguagem da telenovela. Por ser uma espécie de carro-chefe das redes de grande porte e ao mesmo tempo um formato de custos bastante elevados, em que se concentram interesses econômicos e políticos, a telenovela não pode falhar, sobretudo no item mais estratégico: o índice de audiência. O medo do insucesso faz com que os produtores repitam até a exaustão modelos e fórmulas já testadas e aprovadas, evitando, tanto quanto possível, os arroubos de criatividade, a experimentação de novas formas ou a intromissão em temas demasiado polêmicos. Com isso, criam-se rotinas de produção que acabam por se mumificar com o abuso da repetição e que tornam o produto altamente previsível em termos de linguagem, desenvolvimento de enredo, temáticas, inserção de *merchandising* etc. Já se sabe que a cada dois minutos e meio (ou menos) é preciso acontecer alguma coisa muito emocionante, forte ou grave, como um tiro, um flagrante de adultério, uma declaração de amor, um estupro ou a revelação de um segredo, pois se imagina que do contrário o espectador pode entediar-se e mudar de canal. A edição precisa ser muito rápida, com planos curtos e fechados, com muita ação o tempo todo, de modo a manter o espectador permanentemente motivado e interessado na trama.

De repente, surge uma telenovela que nitidamente foge dos padrões. Ela traz um outro andamento, um outro tempo, um outro ritmo, assumidamente mais lento, com planos contemplativos de longa duração, focalizando mais paisagens que protagonistas, com tratamento plástico mais elaborado e marcante presença da música. Contrariando as normas, os planos agora são bastante abertos, deixando sempre presente uma larga margem de cenário. Há uma intriga, ou várias delas que se embaralham, mas o personagem principal permanece sempre a natureza, que parece seguir sua vocação de eternidade, quase indiferente aos dramas humanos que acontecem aqui e ali. Alguns personagens, como o Velho do Rio e Juma Marruá, se misturam com a própria natureza, são místicos e selvagens, expressam a força e os mistérios dos ciclos da vida, sugerindo, inclusive, um olhar diferente sobre a espiritualidade. Longas sequências de pura contemplação, focalizando o sol se pondo ou o voo de seiscentas espécies de pássaros saudando a manhã, são intercaladas entre os planos que costuram a trama com os personagens humanos. A ecologia surge não apenas como um foco no plano temático, mas a telenovela, ela própria, parece querer praticar uma intervenção ecológica no seio da televisão. Depois da metralhadora dos cortes, da edição rápida e sincopada, dos diálogos curtos e dos gritos de histeria dos personagens, que até então marcavam a telenovela brasileira, "Pantanal" nos traz a serenidade, o tempo da meditação, a aceitação das coisas como pura duração, como sabedoria para reconhecer o valor da vida, com suas perdas e ganhos.

"Pantanal" pratica também uma intervenção ecológica no campo da política. Ela foi lançada no Ano Internacional do Meio Ambiente, contribuindo para popularizar tanto o discurso quanto a luta pela preservação da natureza. Em 1992, a telenovela foi novamente apresentada pela Rede Manchete em um novo horário e com um número menor de capítulos, precedendo a realização da Conferência Mundial sobre Meio Ambiente e Desenvolvimento, no Rio de Janeiro, a Rio 92, que reuniu autoridades de todos os países do mundo interessados em estabelecer uma nova ordem econômica, baseada no equilíbrio entre o desenvolvimento e a preservação da natureza. "Pantanal" antecipou, portanto, o debate sobre o tema no país, estimulando ações políticas e movimentos sociais. Ecologia, ONGs, preservação do meio ambiente, globalização e desenvolvimento sustentado foram alguns dos conceitos e ideias de que uma grande parcela da população brasileira tomou conhecimento pela primeira vez através da telenovela.

"Pantanal" é, enfim, um fenômeno de comunicação de massa que merece análise e avaliação. Mesmo depois de vinte anos de sua primeira aparição, a telenovela da extinta Rede Manchete não deixa de ser constantemente citada e referida como um dos exemplos mais expressivos de como podem conviver, na televisão, mesmo que com conflitos, inovação e audiência de massa, investimento industrial e ousadia formal e temática.

Este capítulo aponta para uma compreensão dos processos midiáticos como práticas sociais, sugerindo novas formas de interpretação e de apropriação dos meios e das linguagens, contribuindo assim para a promoção da diversidade de representações, a pluralidade de expressões e a democratização dos meios.[2] Está inserido num debate mais amplo sobre o conceito de *televisão de qualidade*, que não se trata, evidentemente, de uma questão de consenso. Trabalhos sobre o tema apontam definições distintas. Muitos se referem à qualidade como uma abordagem inovadora da linguagem televisiva, seja do ponto de vista técnico ou estético. Outros vinculam a qualidade em televisão a questões conjunturais de recepção e participação da audiência. A qualidade também pode ser entendida como vetor para a construção de valores sociais, tais como a cidadania, a solidariedade, os interesses coletivos ou a expressão de minorias excluídas. Ou ainda a qualidade pode ser uma forma mais aberta de pensar e fazer televisão, como forma de estimular a diversidade e a oferta de diferentes experiências multiculturais. Aqui, o conceito de qualidade está inserido num conjunto de investigações acadêmicas relevantes no campo do audiovisual, que se processa desde a segunda metade da década de 1980, principalmente nos Estados Unidos, na Europa e América Latina. Nesse debate, muitas contribuições são relevantes para indicar como uma produção televisiva de qualidade pode quebrar determinadas regras discursivas e temáticas, transformando e mesclando gêneros, inserindo novos pontos de vista e estimulando novas possibilidades de estruturas dramáticas.[3] A discussão da qualidade em televisão permite investigar o modo como a televisão intervém, através da sua mediação, em diferentes dimensões do cotidiano nacional, no comportamento, nos negócios e na agenda política da nação, e como um produto cultural criado no interior de uma indústria da comunicação pode ser esteticamente inovador, a ponto de gerar novos modos de perceber o Brasil e o mundo.

UMA NOVA LINGUAGEM PARA A TELENOVELA

"Pantanal" está indubitavelmente ligada a um movimento de renovação da telenovela brasileira. Ela é a primeira a utilizar sistematicamente a natureza como recurso cenográfico, rompendo com o esquema fácil da novela de estúdio. Chamou a atenção de profissionais e espectadores para a necessidade de discutir a identidade do país e buscar uma iconografia brasileira para a telenovela. Colocou também no ar um Brasil rural, pouco conhecido da maioria dos brasileiros, o Brasil da região pantaneira, tão bem expresso na poesia de Manoel de Barros. Desmistificou um padrão pasteurizado de teledramaturgia, baseado em cenários, figurinos e situações canônicas, quase sempre ligados a uma história urbana de ascensão social. Por fim, provou que índices de audiência expressivos não precisam estar vinculados apenas a produtos padronizados e estereotípicos, mas podem provir também de propostas de inovação e de desenlaçamento das rotinas.

Como sabemos, o modelo novelístico que se desenvolveu na televisão brasileira deriva do rádio. Foram as radionovelas que estabeleceram os padrões básicos de ficção seriada que, a partir de meados dos anos 1950, seriam transportados para a televisão. As primeiras telenovelas mostradas no Brasil eram versões para o português de roteiros importados de outros países latino-americanos, principalmente da Argentina, do México e de Cuba, ou então eram textos produzidos em português, mas por empresas de publicidade norte-americanas. Eram narrativas de absoluta fantasia, baseadas em situações prototípicas e praticamente sem nenhuma referência ao país ou ao seu povo. Como no rádio, essas ficções eram diretamente concebidas por seus patrocinadores (que, inclusive, colocavam seus próprios nomes no título do programa), ou por suas agências publicitárias, e, por isso, havia pouco investimento em dramaturgia. É a partir dos anos 1960 que o Brasil começa a deixar de traduzir originais mexicanos ou cubanos e passa a gravar sistematicamente novelas escritas por novelistas brasileiros, embora ainda reproduzindo os mesmos esquemas das importadas. O salto de qualidade acontece quando a televisão vai buscar os seus autores no teatro, lugar onde a dramaturgia brasileira já havia conhecido um notável desenvolvimento em termos de texto e fabulação. Os enredos se tornaram então mais imaginativos; os personagens, mais convincentes; os diálogos, mais próximos da fala cotidiana e as situações, mais condizentes com a realidade vivida pelo povo. Dias Gomes, Jorge Andrade, Oduvaldo Viana e Cassiano Gabus Mendes foram os principais nomes do grupo renovador da telenovela brasileira, culminando com Bráulio Pedroso, que modernizou a linguagem da ficção televisiva e introduziu a figura do anti-herói com seu ousado "Beto Rockfeller" (1968-1969).

A partir de meados dos anos 1970, em busca de ampliação de mercado, as redes brasileiras, principalmente a Rede Globo, expandem a sua produção de ficção televisiva para os seriados e minisséries, que já faziam sucesso através dos produtos importados. Seriados como "Plantão de Polícia" (1979-1981), "Malu Mulher" (1979-1981), "Carga Pesada" (1979-1981), "Armação Ilimitada" (1985-1988) e muitos outros permitiram experimentar novas possibilidades narrativas e temáticas, sobretudo porque a faixa de horário em que eram exibidos os deixava menos submissos às censuras externa e interna. A minissérie, particularmente a que dava os resultados mais qualitativos em termos dramatúrgicos na televisão brasileira, tinha um formato mais enxuto, com vinte capítulos no máximo (enquanto a média da telenovela é de 170 capítulos) e possibilitava elaborar um produto mais sofisticado, com uma discussão mais concentrada de temas emergentes, sem as concessões ao *merchandising* que outros programas não podiam evitar. Os seriados e as minisséries introduzem também a utilização do equipamento portátil de vídeo, até então restrito ao telejornalismo e ao documentário. Ao que parece, foi o especial "Morte e Vida Severina" (1981), dirigido por Walter Avancini, que utilizou pela primeira vez esse equipamento no campo da ficção televisiva, pelo menos em termos de Brasil. Tal equipamento possibilitou fazer teledramaturgia em locação, isto é, fora do estúdio, e, com isso, os seriados ganharam as ruas e as minisséries passaram a explorar temáticas regionais.

"Pantanal" teve a esperteza de tirar proveito de um movimento de renovação da telenovela que vinha desde "Beto Rockfeller" e de trazer para o domínio desse formato resultados que já haviam sido conquistados nos campos do seriado e da minissérie. Além disso, tirou proveito máximo do equipamento portátil e da gravação em exteriores. A telenovela da Rede Manchete representou também um investimento num trabalho mais demorado e mais cuidadoso, até então estranho às rotinas de produção de novelas e restrito apenas às minisséries. E conseguiu manter um padrão de qualidade até justamente os 173 capítulos previstos. Mas, em função do sucesso e dos interesses comerciais, a novela se estendeu até o 214º capítulo, o que resultou num certo afrouxamento da proposta e numa queda de interesse por parte do público. Mesmo assim, a telenovela se constituiu numa referência para a teledramaturgia brasileira, especialmente por causa da renovação do *timing* e da iconografia da narrativa, de um aproveitamento diferenciado do elenco e do modo como representou o amor e a natureza.

Jayme Monjardim, diretor geral de "Pantanal", trouxe à televisão uma noção de tempo que até então era mais própria do cinema, um tempo de suspensão, contemplação, espera, que se pode experimentar em filmes como os de Bresson, Antonioni, Bergman e Tarkovski. Pelo próprio fato de cada segundo, na televisão, custar preços astronômicos, a publicidade havia conseguido impor à tela pequena um tempo concentrado, sincopado, acelerado, de difícil assimilação à narrativa, sobretudo à narrativa de filiação melodramática, base da telenovela. A rápida sucessão das imagens dava como resultado aquilo que muitos críticos chamavam de "editite": edição muito rápida, tomadas muito curtas, dispostas de modo a produzir artificialmente emoções muito fortes. O ritmo da televisão passou a ser ditado pela metralhadora de cortes dos *spots* publicitários. Observações não sistemáticas à época de exibição de "Pantanal" demonstraram que a duração de cerca de 80% dos planos das telenovelas brasileiras era de vinte a oitenta segundos. Os planos de sessenta a oitenta segundos correspondiam a menos de um terço de todas as cenas. Somente 20% dos planos ultrapassavam esse patamar. Em "Pantanal", o tempo de duração dos planos foi pensado de forma diferente, mais próximo das caracterizações do teatro. A cada cena foi dada a possibilidade de representação do ambiente, do silêncio, da reflexão e do fitar o outro de forma despreocupada. Houve espaço para o vagar desinteressado, para se poder respirar e apreciar as mudanças das cenas com lentidão, principalmente porque o objetivo buscado pelo autor e pelo diretor geral era captar o tempo pantaneiro, que Manoel de Barros descreve assim: "As coisas que acontecem aqui, acontecem paradas. Acontecem porque não foram movidas. Ou então, melhor dizendo: desacontecem." [4]

A maioria das cenas de "Pantanal" era longa. Tinha em média um minuto e meio de duração. Houve, portanto, uma quebra das expectativas habituais e isso seduziu o telespectador. Às nove e vinte da noite, de segunda a sexta, o público descobriu que podia girar o botão de seu aparelho para acompanhar uma nova proposta de telenovela. O *timing* lento, suave, sem cortes sucessivos e sem estímulos visuais recorrentes cativaram o público, provavelmente enfastiado da linguagem visual picotada que a televisão lhe impunha. Na Rede Globo, recomendavam a Monjardim não fazer planos gerais, não fazer planos longos, rechear a ação de *closes* e cenas rápidas. Com a liberdade que teve na Rede Manchete, o diretor pôde inserir a televisão na grande tradição da linguagem cinematográfica que vai de Rossellini a Antonioni, em que se tem a dilatação do tempo, a lentidão das falas, os grandes espaços naturais, cenas de interior gravadas em ambientes autênticos, longe da tirania do estúdio e de seus tripés com rodas. Mas não se tratava de cinema na televisão, como observou o cineasta Gustavo Dahl na época:

> [d]a mesma forma que quando os filmes expressionistas alemães dos anos 1920 incorporavam as invenções de iluminação ou de encenação do teatro de Max Reinhardt não estavam fazendo teatro. Simplesmente rompe-se o jogo preconceituoso de uma linguagem de televisão que, dissociada de seu objeto narrativo, quer se impor como dogma supremo.[5]

Outro segredo do sucesso de "Pantanal" são as suas cores, resultado de uma sutil dosagem das luzes. Inútil perguntar a Francisco Carvalho em que estética ele se inspirou para fazer a fotografia de "Kananga do Japão" (1989-1990), "Pantanal" (1990) e "A História de Ana Raio e Zé Trovão" (1990-1991). Negro, ex-lavrador, Carvalho só estudou o suficiente para completar o segundo grau. No entanto, ele foi o primeiro profissional de telenovela a ostentar o título de *diretor de fotografia*, até então reservado apenas a profissionais do cinema e de algumas minisséries mais sofisticadas. Em geral, ele gosta de trabalhar mais com a luz natural. Em "Pantanal", preferia gravar na tapera de Juma Marruá, que não tinha luz elétrica porque ficava longe da fazenda. Sem os refletores, ele trabalhava só com espelhos, rebatedores e a imaginação, tirando máximo partido da luz externa. Essa opção por imagens externas teve como um de seus precursores Walter Avancini, que desenvolveu o mesmo trabalho na Rede Globo, em especiais como "Morte e Vida Severina" e em minisséries como "Grande Sertão: Veredas" (1985). Mas foi o surgimento de um equipamento mais leve, portátil, que facilitou o trabalho de gravação externa, criando novos caminhos para a televisão, tanto no telejornalismo quanto na linha dramática.

Ao contrário da grande maioria das outras telenovelas, em "Pantanal" se dava um destaque e uma promoção excepcional às ambientações e aos coadjuvantes (pontas), o que permitia relativizar um pouco o papel dos personagens principais. Isso acontecia porque o próprio Pantanal era o protagonista da novela. Não sem motivo, as cenas quase nunca eram filmadas em *close-up*. Aqui acontece uma outra ruptura. Desde Marshall McLuhan, aprendemos que o plano mais adequado à televisão é o plano aproximado (primeiro plano, plano de conjunto), devido à baixa definição da imagem eletrônica.[6] Na maioria das vezes, a televisão levou esse cânone à risca, mas "Pantanal" arriscou navegar na contramão e propor uma televisão em que predominam os planos mais abertos, como no cinema. O plano geral, na telenovela da Manchete, é quase sempre utilizado para caracterizar de fato o geral, ou seja, o ambiente em si, o conjunto, o contexto, e não um meio para a projeção individual do personagem na cena. Os diretores queriam que o telespectador percebesse a diferença visual do Pantanal imediatamente.

O som e a música também tiveram uma função muito importante nesse processo. Em geral, a música de fundo, que vez por outra assume a relevância do diálogo e até mesmo o ultrapassa, serve nas outras telenovelas mais para a promoção mercadológica de produtos fonográficos e também como linguagem acessória ao texto, uma espécie de "acompanhamento", somando-se assim à redundância das falas. Em "Pantanal", Monjardim procurou inovar. Empregou o som direto do próprio Pantanal e a sinfonia de ruídos da região traduzida nas músicas de Marcus Viana para o grupo Sagrado Coração da Terra, encomendadas especialmente para a novela. O silêncio, considerado quase que um sacrilégio na televisão mais vulgar, foi incorporado sem problemas, permitindo longas e líricas cenas de pura contemplação, sem palavras e sem música, às vezes só com os ruídos naturais da região. As composições de Sérgio Reis e Almir Satter foram responsáveis pelos bons momentos de roda de viola entre a "peãozada". Os dois compositores e cantores foram integrados à narrativa como personagens, nos papéis respectivamente do administrador da fazenda de Leôncio e de Xeréu Trindade, este o peão que vendeu a alma ao demônio. Isso permitia que a música entrasse naturalmente na trama, de forma diegética, como um elemento do cenário. Reis e Satter são músicos que jamais aderiram à modernização dos sintetizadores ou à eletrificação da viola e do violão e tampouco se travestiram com adereços e roupas extravagantes, como acontece com uma certa iconografia "sertaneja" contaminada pelo *country* norte-americano. O figurino, aliás, não deixou por menos. Os figurinistas tiveram o cuidado de mandar tingir os tecidos das roupas dos atores para não entrarem em choque com a cor natural do Pantanal.

As novelas da Rede Globo sempre lançaram pelo menos um ou dois artistas novos, mas o jovem ator era deixado para o segundo plano. "Rainha da Sucata", por exemplo, que concorria com "Pantanal" em parte do horário, tinha um elenco milionário, mas era constituído de atores que já haviam aparecido em várias novelas anteriores e em papéis quase sempre similares, o que determinava um certo desgaste das figuras novelescas globais. Depois de "Pantanal", o ator novo passou a ser mais valorizado. Agora já não se vê a mesma heroína com o mesmo galã nas telenovelas por muito tempo. A nova geração traz a inquietação, a busca de meios diferenciados de expressão e tenta se posicionar contra a pasteurização das interpretações que a televisão (mas também o teatro) promoveu durante um certo tempo. Até onde se pode investir no talento dramático das novas gerações, é uma decisão difícil, mas "Pantanal" provou ser possível usar rostos desconhecidos para induzir paixões no público, detonando um processo que abalou velhas crenças estabelecidas na rede concorrente e acabou por abrir uma verdadeira temporada de caça aos novatos, como a valorização dos atores Cristiana Oliveira e Paulo Gorgulho.

A trama de "Pantanal" remete ao chamado *realismo mágico*, tão celebrado na literatura latino-americana desde Gabriel García Márquez, mas de escassa reper-

Jove (Marcos Winter) e Juma (Cristiana Oliveira), casal de protagonistas da telenovela "Pantanal" da extinta Rede Manchete.

Agência O Globo

cussão em nossa televisão. Os capítulos de "Pantanal" se desenvolvem mostrando o conflito entre o selvagem e o moderno, entre a vida telúrica e a urbana. A novela foi dividida em três fases distintas que se sucedem em saltos programados, com as respectivas mudanças no elenco. O choque entre o urbano e o selvagem está na essência da paixão de Juma (Cristina Oliveira) e Jove (Marcos Winter). Ao encontrar Juma, uma pantaneira valente para quem o "bicho-homem" é o único perigo real (seus pais e irmãos foram assassinados em conflitos de terras), Jove tenta encontrar a felicidade dos opostos que seus pais não conseguiram. Como em qualquer outra telenovela, o amor ocupa em "Pantanal" um papel central, mas ele não era a principal busca da maioria dos personagens interpretados por jovens atores que foram lançados pela primeira vez na televisão brasileira.

A NATUREZA E O AMOR EM "PANTANAL"

Não foi por acaso que a Manchete decidiu investir em "Pantanal" justamente em 1990. Esse foi o Ano Internacional da Ecologia e já se previa que o tema estaria em grande evidência nas agendas da mídia. A ecologia advoga a defesa do meio ambiente e da qualidade de vida, rende dividendos políticos, ocupa pautas da ONU e de importantes reuniões internacionais e dá visibilidade a ideologias de diferentes grupos. Ao mesmo tempo, estimula a venda de produtos, agrega o valor da responsabilidade social a distintas empresas e marcas e mobiliza cifras milionárias em publicidade. Em outras palavras, ecologia também dá lucro e foi um dos principais motivos que conduziram a Rede Manchete a investir sete milhões de dólares na telenovela "Pantanal": 75% das cenas do programa foram gravadas no interior do Mato Grosso do Sul.

Mas a Rede Manchete conhecia muito bem os problemas de filmar no Pantanal: a telenovela corria o risco de se transformar num programa sobre o mundo animal, desses que se pode ver a qualquer hora em canais como National Geographic ou Discovery, mostrando a luta pela sobrevivência de piranhas, jacarés, tuiuius, onças e cobras. O risco também poderia estar em transformar a telenovela num panfleto político sobre a missão ecológica de salvar o Pantanal. A fauna e a flora estão lá, mas a trama se restringe mesmo aos problemas humanos, como em qualquer outra telenovela. O discurso preservacionista foi cuidadosamente diluído ao longo dos capítulos. "Pantanal" não é exatamente uma novela-denúncia, não discute a fundo os crimes ecológicos. Mas também é preciso considerar que, até a novela ir ao ar, o discurso ecológico estava reservado às elites pensantes e aos movimentos organizados de preservação do meio ambiente. Através das imagens da região e do drama dos personagens pantaneiros, os telespectadores despertaram para a importância de temas como a preservação de áreas naturais, o equilíbrio do ecossistema, a qualidade de vida.

O modo ousado como explorou as cenas de nudez e sexo ao longo de toda sua duração, propondo um erotismo lírico de rara presença na televisão aberta, foi, efetivamente, um dos aspectos mais polêmicos de "Pantanal". Pela primeira vez, pelo menos em termos de televisão brasileira, certos limites implícitos ou explícitos foram ultrapassados de forma sistemática e deliberada. "Pantanal" oferecia uma oportunidade de experimentar o apelo das cenas de sexo na televisão, através de uma estética e de uma temática diferenciadas das telenovelas urbanas e num contexto político em que parecia soprar uma brisa democrática. A chamada "síndrome do Pantanal" começa a acontecer em abril, um mês depois de a novela estrear, quando os melhores índices do Ibope começam a migrar da TV Globo para a TV Manchete. A novela investiu na espontaneidade do amor ingênuo e despojado. Bastou a provocante intervenção de "Pantanal" para o país descobrir que a linguagem da sedução também é falada nos idiomas da ternura e do afeto. Os espectadores descobrem um Pantanal matogrossense transfigurado pelo erotismo e pelos corpos nus, mas que celebrava o amor e a natureza, provocando êxtase e polêmica. O sucesso de "Pantanal" desencadeou uma onda de erotização no vídeo e a intervenção do Governo Federal. Para a imensa massa de telespectadores que vivia num meio urbano poluído, fechado, policiado, marcado pelo medo e pela solidão, chegar em casa à noite e defrontar-se com aquelas paisagens amplas e diferenciadas, aqueles personagens naturais, aquela liberdade e transparência, já representava, pelo menos, a promessa de que alguma forma de redenção e romantismo ainda era possível.

Saindo da clandestinidade e da vitrine de produtos de luxo, o amor brotou mais natural, mais espontâneo e vigoroso, sem o medo das palavras, do olho alheio censor ou do estigma do pecado. Às vezes, o erotismo de "Pantanal" pode vir também associado a mitos indígenas e pantaneiros sobre a força do telúrico, como é o caso das mulheres-onça (Maria e Juma Marruá) e da onça da vinheta de abertura, que se transforma em mulher, "em uma versão computadorizada do clichê que associa mulheres a feras selvagens, perigo e fascinação".[7] Comentando justamente essa famosa e polêmica abertura, Esther Hamburger observa:

> A mudança de identidade moça-animal aparece como uma troca de pele, uma mudança de textura. Em seguida um plano geral da paisagem, rio e árvores, ao qual se sobrepõe um *close* do rosto lindo da mulher, como se ela

fosse um espírito selvagem da floresta. O corpo dela então se lança para frente e ela nada em águas límpidas, exibindo o corpo nu. Uma câmera subaquática capta seu movimento em direção a um outro corpo, supostamente masculino. O enlace encerra a sequência. A exibição, que em outros contextos culturais poderia ser considerada semipornográfica, aqui se justifica como alusão à natureza pura e exuberante do Pantanal.[8]

A exuberância da vegetação e o canto dos pássaros compõem um cenário romântico, que pode parecer piegas ou funcionar como clichê para alguns, mas no contexto excessivamente modernoso e urbanista da televisão dos 1980 para os 1990 aparece como contraponto necessário de desrecalque e humanização.

A GUERRA DE AUDIÊNCIA E O TELEJORNALISMO

A propaganda sempre foi a principal base de sustentação econômica da televisão brasileira, ainda que o Estado possa aparecer também, em algumas conjunturas políticas, como um anunciante de peso. Para entender melhor o contexto da propaganda na época em que "Pantanal" foi ao ar, procedeu-se a uma revisão de alguns dados referentes ao ano de 1990, que revelam como foram distribuídas as verbas de publicidade entre os diferentes veículos. A telenovela começou a minar um monopólio estabelecido há longo tempo e apontou para a possibilidade de uma divisão mais equilibrada do mercado, através da quebra do monopólio global, saudável para o mercado e, especialmente, para a qualidade da programação. Como numa partida de xadrez, todos os lances foram importantes: horários mudados, chamadas de programação cuidadosamente inseridas, cancelamentos, suspensões, trocas de programas e toda a atenção dirigida às oscilações do Ibope, aos monitores ligados em todos os canais e à monitoração dos sinais do satélite. Mas o grande responsável por esse fenômeno foi o telespectador, o que significa que a audiência tem um peso importante, ainda que a relação entre a produção e a recepção seja assimétrica. Ao bater o índice de audiência da TV Globo em São Paulo, "Pantanal" conquistou dupla vitória. Desbravou o maior e mais cobiçado mercado publicitário do país e provou que propostas televisivas inovadoras podem ser reconhecidas e valorizadas.

Para o mercado nacional de teledramaturgia, "Pantanal" representou um fato significativo em termos de questionamento de um longo monopólio global. O rápido sucesso de "Pantanal" começou a incomodar a TV Globo, que preferiu, num primeiro momento, negar a utilização de qualquer estratégia para neutralizar os altos índices de audiência da novela. Mas a programação da emissora de Roberto Marinho foi alterada várias vezes e a guerra de audiência deflagrada. Em plena comemoração dos seus 25 anos, a TV Globo sentiu, pela primeira vez, o peso da concorrência, tudo por causa de uma novela rural cujo valor era menosprezado. A novela da TV Manchete criou também um horário novo de telenovelas, quebrou a hegemonia da TV Globo, pelo menos naquele momento, e fez os roteiristas repensarem suas obras de ficção. Mas isso aconteceu justamente num momento em que a telenovela de um determinado padrão começou a mostrar sinais de esgotamento como arma principal da programação.

O telejornalismo, ao contrário, estava em franca ascensão, principalmente por causa da redemocratização do país e da extinção da censura. Na perspectiva da TV Globo, o produto principal dos novos tempos seria o jornalismo. E o interesse pelo jornalismo televisivo foi a segunda grande mudança no comportamento do telespectador brasileiro em 1990. Na opinião do diretor-executivo do Ibope, Carlos Augusto Montenegro, foi o sucesso de "Pantanal" que fez a TV Globo "reparar" no interesse crescente do brasileiro pelo telejornalismo. "Este crescimento é mundial e, no Brasil, foi acelerado pela redemocratização do país, pelo Plano Collor e pela Copa do Mundo. A TV Globo sabe disso há tempos. Mas tenho certeza de que a decisão de investir agora no jornalismo se deve ao sucesso de Pantanal."[9] É claro que outros fatores também contribuíram para o crescimento do telejornalismo nos anos 1990 como a implantação da TV por assinatura; o impacto da cobertura ao vivo da Guerra do Golfo pela CNN no Brasil e no mundo, o primeiro canal 24 horas de notícia;[10] o lançamento da MTV (Music Television) no país – a primeira televisão segmentada instalada no Brasil e dedicada especificamente ao público jovem – e sua influência estética;[11] o início da exploração comercial da internet no Brasil em 1995 e a aposta no universo digital; e até mesmo os interesses do Estado de procurar regulamentar os serviços de radiodifusão.[12]

Porém, de fato, em junho de 1990, os indícios da ascensão do telejornalismo foram registrados por revistas e jornais em todo o país. "A hora do jornalismo: TV Globo prepara uma guinada na programação privilegiando telejornais", este era o título da matéria de capa do Caderno B do Jornal do Brasil, em 23 de junho de 1990. De todos os programas que a TV Globo colocou no ar para combater a audiência de "Pantanal", o mais bem-sucedido foi o "Globo Repórter". E o "Jornal Nacional" ganhava em audiência da novela que o antecedia, primeiro "Top Model" e depois "Mico Preto", e também da novela que o sucedia, "Rainha da Sucata", dados comprovados na observação das tabelas de audiência do Ibope nas semanas de 30 de abril a 6 de maio e de 4 a 10 de junho de 1990. Essa constatação quebrou o mito de que o principal telejornal da TV Globo só mantinha uma enorme quantidade de espectadores fiéis por estar entre duas novelas. Boni ressaltou: "A fórmula das novelas já atingiu tudo o que podia dar em termos de filosofia de programação. Isso não quer dizer que elas perderam o sentido, mas o jornalismo deixará de ser um complemento das novelas e passará a ser o produto mais competitivo da emissora."[13] Em 1990 e ao longo de toda essa década, o principal investimento da TV Globo foi mesmo no jornalismo – decisão também adotada por outras emissoras e que continua até hoje.[14]

De sua parte, a TV Manchete, apesar de sempre ter investido no jornalismo, decidiu contratar a jornalista Alice-Maria, ex-diretora executiva da Central Globo de Jornalismo, para o comando dos telejornais da emissora, com a tarefa de reformular os programas jornalísticos e enfrentar a TV Globo. A TV Bandeirantes também fez mudanças: preparou um visual inteiramente novo para os telejornais, dos cenários às vinhetas, e também incluiu reportagens especiais e mudanças no conteúdo das informações. O SBT resolveu trabalhar com correspondentes estrangeiros. Além disso, investiu muito no TJ Brasil, o seu telejornal das oito da noite, ancorado pelo jornalista Boris Casoy. E chegou a criar mais duas edições do TJ Brasil com a contratação da jornalista Lillian Witte Fibe. Aliás, o TJ Brasil consolidou a figura do âncora no telejornalismo brasileiro nos anos 1990, embora com atitudes um pouco diferentes das funções dos âncoras do telejornalismo norte-americano que sempre serviu de modelo para o desenvolvimento do noticiário eletrônico no país.[15] Boris Casoy exerceu atuação opinativa no conteúdo desse programa e desse modo direcionou editorialmente o telejornal.[16]

O SBT continuou a investir muito no telejornalismo. Em 1991, lançou o programa jornalístico "Aqui Agora" – uma cópia do "Novo Diário", popular programa da TV argentina, saindo do estúdio para a rua, explorando ambientes não convencionais e lançando uma técnica inovadora na forma de registrar e relatar os fatos na TV com o uso do plano-sequência que não exige edição e uma narrativa próxima à transmissão ao vivo, sem cortes. Esse programa também representou a transposição do jornalismo popular e dos programas policiais do rádio para a televisão. O "Aqui Agora" funcionou como um tribunal em que os repórteres eram os juízes e se transformou literalmente numa encenação. Inspirou, ainda, a criação de outros programas que reportavam a criminalidade e a violência de modo sensacionalista.[17] Mas sua credibilidade foi questionada. Programas que transgridem valores éticos e morais não se sustentam por muito tempo na telinha porque as emissoras não conseguem manter um perfil que garanta investimentos, anunciantes e, portanto, capital. E por essa razão, depois de uma série de reformulações, o "Aqui Agora" foi extinto.[18]

Em 1995, a TVE também investiu em mudanças na programação e no visual. Deixou o tom oficial de lado e foi reformulada, sob o comando de Walter Avancini. O telespectador ganhou novos programas. O "Sem Censura" comemorou dez anos como o *talk show* mais antigo da TV. A programação ainda foi enriquecida com programas da TV Cultura.[19]

A TV Globo continuou a investir em telejornalismo. A mudança no comando do jornalismo da emissora, com a substituição de Alberico Souza Cruz por um dos mais conceituados jornalistas do país, Evandro Carlos de Andrade, foi justificada pelo vice-presidente executivo da emissora, Roberto Irineu Marinho, com o argumento de que o objetivo seria aumentar o espaço na TV para o jornalismo comunitário, para os problemas da cidade, do cotidiano das pessoas. A emissora já percebia a necessidade de reformular sua produção jornalística. Posteriormente, deu um salto tecnológico e descentralizou o jornalismo da rede quando inaugurou a nova redação da praça mais rentável do país, São Paulo.

A primeira metade da década de 1990 foi uma das mais competitivas entre os noticiários das maiores redes de televisão aberta na história da TV brasileira. Os âncoras foram hipervalorizados porque sua figura se confunde com o próprio perfil do telejornal, e todas as emissoras passaram a reconhecer sua importância, disputando os melhores profissionais do mercado. A dança das cadeiras ou o troca-troca nas bancadas mexeu mesmo com vaidades e egos, trouxe à tona a disputa por prestígio e a corrida por salários mais altos.[20] Alguns profissionais foram muito reconhecidos, outros nem tanto. Alguns programas deram certo por mais tempo, outros saíram logo do ar. Os interesses ideológicos e políticos das emissoras comandaram a escolha e o tratamento das notícias, mas a necessidade de ofertar informação de qualidade também passou a ser considerada, porque a busca da credibilidade impunha limites.

O resultado mais evidente dessas mudanças foi a consagração dos telejornais como produtos estratégicos para as emissoras. Nos anos 1990, a briga pelos índices do Ibope, a disputa acirrada entre as emissoras concorrentes, realmente influenciou o telejornalismo brasileiro. Não só os noticiários de rede, mas também os telejornais locais no início dos anos 1990, foram revalorizados pela ênfase na regionalização na grade da programação e no mercado publicitário, provocada pelos efeitos de um movimento aparentemente inverso, o da globalização.[21] Essas mudanças nos telejornais, porém, tornaram todos muito parecidos, apesar das redefinições gráficas, editorias, de horários e de apresentadores; uma homogeneização registrada pela *Folha de S.Paulo* numa comparação entre o "Jornal Nacional" e o extinto "Aqui Agora".[22] O "Jornal Nacional" chegou até a superar, em alguns momentos, o Ibope das novelas. E há mais de quarenta anos a emissora não poupa investimentos no noticiário. As artes e as ilustrações gráficas têm sido produzidas em computadores de última geração. O cenário sempre foi bem iluminado e planejado de acordo com a própria intenção do noticiário: um espaço aparentemente neutro, imparcial, suportado por tecnologias avançadas e profissionais competentes, onde é possível tudo ver, olhar e contar sobre a realidade. Mas esse pretenso distanciamento ainda apresenta um conteúdo questionável a partir do próprio modo de construção das notícias, que muitas vezes deixa de privilegiar a multiplicidade de fontes, a inventividade estética, a contextualização, a pluralidade de interpretações, enfim, a diversidade.[23]

Na segunda metade da década de 1990, houve um esfriamento relativo da concorrência e dos investimentos em novas produções. Mas os telejornais não deixaram de ganhar prestígio e índices expressivos de audiência e passaram ainda a conviver com uma nova estrela no cenário da Comunicação, a internet, que, sem dúvida, começou a interferir nas rotinas produtivas dos noticiários e demandar outros desafios. Este capítulo não tem a pretensão de dar conta de toda a historicidade dos telejornais nos anos 1990, mas ressaltar que a reafirmação do gênero e do formato da grade da programação das emissoras de TV aberta "novela-telejornal-novela" também se deu a partir do sucesso de "Pantanal", até porque muitas mudanças ainda foram feitas em todas as emissoras por causa do horário eleitoral, que sempre representou um prejuízo geral para todos, produtores e espectadores, embora não para os políticos. Com a impossibilidade de veicular anúncios em seu horário nobre, as redes perderam quase quinze minutos de espaço publicitário diariamente, o que correspondia a cerca de 12% do faturamento do horário. A TV Manchete decidiu esticar a duração de "Pantanal" para garantir a audiência e o retorno financeiro da publicidade. A previsão inicial era de 173 capítulos, mas a novela chegou a ter 214. Aparentemente embriagada pelo sucesso de audiência que amedrontou a toda poderosa líder de audiência, "Pantanal" ameaçou atolar na redundância e principalmente na absorção de todo tipo de *merchandising*.

O RETORNO DE "PANTANAL" À TV

Dezoito anos depois, em 2008, o Brasil, certamente, não era mais o mesmo. Mas "Pantanal" voltou a despertar o interesse de milhões de brasileiros sintonizados dessa vez no SBT, garantindo à emissora o segundo lugar no horário de 22h20 às 23h37, com uma média de 16 pontos no Ibope.[24] Na noite de 31 de julho de 2008, a telenovela conseguiu novamente o feito de ficar em primeiro lugar por alguns minutos.[25]

Surgiram boatos de que os direitos de "Pantanal" foram comprados – paradoxalmente – pela Rede Globo de Televisão, que havia inicialmente rejeitado o projeto, forçando o autor Benedito Ruy Barbosa a buscar a Rede Manchete. Se for verdade, resta ainda saber se a emissora está realmente interessada em produzir uma nova versão da telenovela ou se prefere ter os direitos em suas mãos para evitar que algum aventureiro volte a repetir o êxito de "Pantanal", disparando uma outra guerra de audiência que lhe possa ser novamente desfavorável. Até mesmo uma eficientíssima empresa de comunicação erra de vez em quando e se vê obrigada a aprender com seus erros.

NOTAS

[1] Entrevista à autora em 1990.

[2] O texto aqui apresentado é uma síntese do livro *Pantanal: a reinvenção da telenovela*, escrito em coautoria com Arlindo Machado, sistematizado pela primeira vez na dissertação de mestrado apresentada pela autora ao Programa de Pós-Graduação da ECO-UFRJ em 1992, e também reúne reflexões de sua tese de doutorado, *Brasil 2000: 500 anos do descobrimento nos noticiários da TV*, mais especificamente do capítulo referente à história do telejornal na televisão brasileira.

[3] Entre as contribuições para a compreensão do conceito de televisão de qualidade, destacam-se as seguintes: Arlindo Machado, *A televisão levada a sério*, São Paulo, Senac, 2003; Omar Rincón, "Lutando por uma televisão melhor", entrevista a João Freire Filho, em *Eco-Pós*, Rio de Janeiro, v. 7, n. 1, 2004; e Robert Thompson, *Television's Second Golden Age*, Syracuse, Syracuse University Press, 1996.

[4] Manoel de Barros, *Gramática expositiva no chão: poesia quase toda*, Rio de Janeiro, Civilização Brasileira, 1990, p. 238.

[5] Gustavo Dahl, "Em torno de uma estética da lentidão", em *Jornal do Brasil*, Ideia/Ensaios, 20 maio 1990.

[6] Marshall McLuhan, *Os meios de comunicação como extensões do homem*, São Paulo, Cultrix, 1971, pp. 346-79.

[7] Esther Hamburger, *O Brasil antenado: a sociedade da novela*, Rio de Janeiro, Jorge Zahar, 2005, p. 126.

[8] Idem.

[9] "A hora do jornalismo", em *Jornal do Brasil*, Caderno B, Rio de Janeiro, 23 jun. 1990, p. 1.

[10] A CNN foi a única rede a mandar sinais ao vivo de Bagdá na primeira noite do conflito. Bernard Shaw e Peter Arnett narraram do quarto do hotel o bombardeio dos aliados à cidade. O mundo inteiro viu o ataque de precisão cirúrgica dos aliados à Bagdá e a explosão dos mísseis sobre Israel pela CNN graças à existência e ao uso dos satélites. Mais de um bilhão de pessoas assistiram às transmissões. Um recorde em eventos não esportivos na história da televisão brasileira. A Guerra do Golfo foi chamada por muitos jornalistas e estudiosos de Comunicação de "guerra da televisão" porque foi transmitida em tempo real. (Mas é importante lembrar que a primeira guerra transmitida pela TV foi a do Vietnã). A CNN provocou a criação de outros canais exclusivos de notícias pelas principais redes abertas em todo o mundo e também no Brasil. Impulsionou a construção do primeiro canal jornalístico do mercado de TV por assinatura no Brasil, o GNT – Globosat News Television – em 1991, e, cinco anos depois, o primeiro canal brasileiro com 24 horas de notícias, uma parceria da Central Globo de Jornalismo e a Globosat: o GloboNews.

[11] A estética da MTV foi marcada pela inserção do texto verbal no contexto da imagem, a narrativa não linear, a fragmentação e a velocidade das informações audiovisuais, os enquadramentos e movimentos de câmeras originais em muitos programas televisivos brasileiros, inclusive nos jornalísticos como o "Fantástico" e o "Esporte Espetacular", que passaram a utilizar a computação gráfica na criação de cenários e vinhetas.

[12] Beatriz Becker, *Brasil 2000: 500 anos do descobrimento nos noticiários da TV*, Rio de Janeiro, 2001, tese (doutorado em Comunicação), Escola de Comunicação, Universidade Federal do Rio de Janeiro, pp. 109-75.

[13] Neusa Sanches, "Falando sem parar", em *Veja*, v. 27, n. 4, 26 set. 1990, p. 116 (Televisão).

[14] Observamos, na história recente da televisão, que os telejornais se tornaram, efetivamente, produtos estratégicos das emissoras de televisão aberta. Eles são hoje um espaço importante de construção do sentido do nacional como um ritual diário. O telejornal tornou-se, portanto, um dos principais mediadores da realidade e também o produto de informação de maior impacto na contemporaneidade, através do qual a televisão cria e procura dar visibilidade a uma experiência coletiva e cotidiana de nação, refletindo e interferindo na expressão das identidades nacionais. Nos discursos midiáticos e também na programação das redes, os telejornais vendem credibilidade e atraem investimentos. São produtos de informação de tamanho poder que ganharam, nas reflexões críticas sobre as mediações dos meios, o conceito de *telerrealidade*, um poder também comprovado financeiramente, apontando os noticiários como um surpreendente valor comercial. No Brasil, os telejornais do horário nobre têm mantido os valores de *break* mais caros de toda a programação das emissoras de televisão aberta no Brasil, superados apenas quando há transmissão ao vivo de jogos e de campeonatos de futebol e, às vezes, por *games*, *reality shows* e determinadas sessões especiais de cinema ou novela. Não por acaso o telejornalismo tem despertado o interesse das emissoras e dos pesquisadores sobre as suas características narrativas nas interações com os telespectadores e na sua complexa função social.

[15] Sebastião Squirra, *Boris Casoy: o âncora no telejornalismo brasileiro*, Petrópolis, Vozes, 1993, pp. 179-80.

[16] É importante esclarecer alguns aspectos sobre a função do âncora no Brasil. O jornalista Carlos Nascimento é considerado pela mídia um dos precursores da função, ainda que o exercício dessa experiência tenha sido limitado à cobertura regional da TV Cultura de São Paulo. Já Boris Casoy escolhia ele mesmo os principais assuntos e redigia os próprios comentários apresentados no TJ Brasil, e posteriormente também para o "Jornal da Record". Entretanto, não se encarregava obrigatoriamente da redação ou edição das reportagens que entravam no telejornal como seus colegas nos EUA. No dia a dia, Boris Casoy delegava essa tarefa a outros profissionais também responsáveis pelo "TJ Brasil" e pelo "Jornal da Record". No Brasil, o âncora, além de apresentar o telejornal, não é necessariamente o único profissional responsável pela sua edição final.

[17] Na CNT, o apresentador Ratinho, antes de comandar o programa com seu próprio nome, esbravejava no "190 Urgente" e, na TV Record, o "Cidade Alerta" rodava matérias com repórteres simulando um ao vivo, como se presenciasse o exato momento de um tiroteio.

[18] Mais informações sobre o assunto, ler o capítulo "A volta do 'jornalismo cão' na TV", presente neste livro.

[19] Márcia Penna Firme, "Televisão com cara de escola", em *Jornal do Brasil*, Rio de Janeiro, 28 out. 1995, p. 12 (Caderno de TV).

[20] Conforme Nayse López, "A mulher de US$ 1 milhão", em *Jornal do Brasil*, Rio de Janeiro, 19 fev. 1995, p. 1 (Caderno B); Osmar de Souza, "Eles entendem de tudo: uma galeria de palpiteiros", em *Jornal do Brasil*, Rio de Janeiro, 29 04 1995, p. 1 (Caderno B); e Walter Lima Jr., "Sophia Loren no telejornal", em *IstoÉ*, São Paulo, n. 1257, 3 nov. 1993 (Televisão).

[21] Eduardo Fonseca Rocha, "Ponta de lança, o telejornalismo deixa de ser recheio de novelas", em *IstoÉ Senhor*, São Paulo, n. 1086, 11 jul. 1990 (Televisão).

[22] Esther Hamburger, "Mudança nos telejornais tornaram todos parecidos", em *Folha de S.Paulo*, São Paulo, 30 out. 1995, p. 8 (Folha Ilustrada).

[23] Ver Beatriz Becker, "Diversidade e pluralidade: desafios da produção de um telejornalismo de qualidade", em Gabriela Borges e Vítor Reia-Baptista (orgs.), *Discursos e práticas de qualidade na televisão*, Lisboa, Novos Horizontes, 2008, pp.357-67.

[24] Dados de "'Pantanal' empata com Record e fica em 2° lugar no Ibope", disponível em <http://www1.folha.uol.com.br/folha/ilustrada/ult90u414430.shtml> e de "Após polêmica, 'Pantanal' tem maior média no Ibope", disponível em <http://www1.folha.uol.com.br/folha/ilustrada/ult90u426161.shtml>, acesso em 9 jun. 2010.

[25] "Juma dá tiro, piranhas comem Levi e 'Pantanal' sobe no Ibope", disponível em http://www1.folha.uol.com.br/folha/ilustrada/ult90u428627.shtml, acesso em 9 jun. 2010.

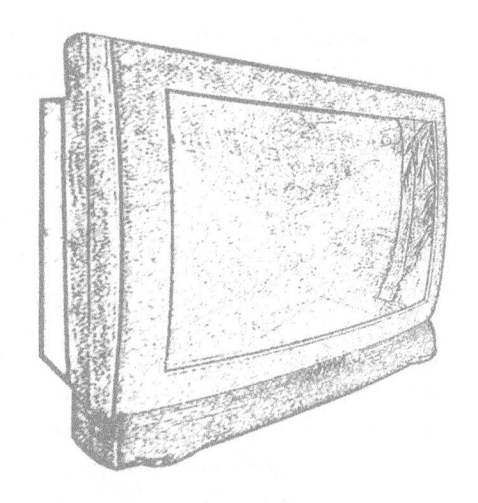

EM "LINHA DIRETA"
COM OS NOVOS PADRÕES
PARA O TELEJORNALISMO

Kleber Mendonça

"Medo. Impotência. Desamparo. São sentimentos cada vez mais presentes no cotidiano de todos nós. Nós que vivemos no dia a dia cercados por uma violência cega, uma violência que nos oprime. A partir de hoje você está em linha direta com seu direito, em linha direta com a cidadania." Quando o programa "Linha Direta", da TV Globo, foi ao ar pela primeira vez, no dia 27 de maio de 1999, essas foram as primeiras palavras declamadas, em tom grave e sinistro, pelo apresentador Marcelo Rezende.

A cada semana a atração apresentava, num híbrido de dramaturgia e jornalismo, dois crimes cujos protagonistas se encontravam foragidos e solicitava, aos telespectadores, informações que ajudassem na localização de tais criminosos. A abertura do programa de estreia resume sua dupla pretensão: ocupar um lugar mais importante do que o de promover entretenimento e oferecer informação e incluir o público como *parceiro* na produção dos conteúdos veiculados.

A partir daquele dia, a TV Globo iniciava uma combinação inédita nos meios de comunicação nacionais. De um lado, a "interatividade" midiática passou a ser articulada, naquele momento, a uma nova forma de produção de notícias. Uma construção elaborada a partir de uma complexa rede de significação que iria intercalar simulações – construídas a partir de elementos da teledramaturgia – com informações jornalísticas. Essa nova forma de "empacotar" a realidade seria a maneira encontrada pelo programa para combater a "violência cega". Nada melhor contra a cegueira, portanto, do que um espetáculo visual intenso capaz de bombardear, semanalmente, o telespectador com imagens sensacionais que se pretendiam, ainda assim, fiéis representações dos fatos.

O outro aspecto fundamental da novidade inaugurada pelo "Linha Direta" diz respeito à forma como o programa não só se dirigia a seu público, mas o incluía como personagem e parceiro dos episódios. Essa inclusão das audiências como ingrediente principal dos conteúdos televisivos viria a se tornar hegemônica nos anos seguintes. Ao convocar os telespectadores para efetuarem denúncias acerca dos criminosos apresentados em cada edição, o programa avançava um degrau no caminho de transformar a TV em um meio de comunicação que, minimamente, considerava a *interatividade* como instrumento narrativo.

Além disso, a linguagem utilizada pela emissora nas simulações dos crimes evidenciava o movimento da TV Globo na direção de uma nova fatia de audiência que parecia, naquele momento, optar por outras atrações (e outros canais). Assim, o surgimento do "Linha Direta" materializou o esforço da emissora em adequar seus programas (tanto em relação à linguagem como aos temas abordados) às exigências de um novo (e expressivo) público.

A síntese dessa verdadeira *descoberta do público* se converteu, também, em uma estratégia de autoridade da emissora: se de um lado há uma valorização da audiência como protagonista dos conteúdos e de seus resultados, tínhamos, em contrapartida, uma capacidade cada vez maior da emissora de tornar seus conteúdos (ficcionais e jornalísticos) um instrumento recebido e percebido pelas audiências como aliado em seu próprio projeto de conquista de cidadania. Entender a fundação do novo terreno midiático que permitiu a constituição desta "linha direta" com a cidadania é fundamental para dimensionar como esse lugar de autoridade da TV Globo pôde se estabelecer no âmbito social em menos de dez anos.

Um dos principais motivos do sucesso da atração foi, sem dúvida, a capacidade de utilizar uma linguagem melodramática de gosto mais popular e flexível do que a utilizada tradicionalmente nos telejornais. Ao permear a estrutura jornalística das reportagens com diálogos, imagens e outros recursos inerentes à narrativa ficcional literária e cinematográfica, os produtores do "Linha Direta" conseguiram recuperar o diálogo com uma parcela da população que, naquele momento, não se reconhecia mais na grade de programação da TV Globo.

Trata-se de um programa que, além de ter atingido excelentes índices de audiência ao longo de sua existência, apresentou pela primeira vez alguns elementos que se constituiriam em aspectos do jornalismo até hoje polêmicos, seja por potencializar movimentos como o sensacionalismo e a denúncia investigativa ou mesmo por utilizar as novas tecnologias para levar a "interatividade" a níveis jamais vistos.

O correto entendimento da combinação desses elementos em um produto (ainda assim) jornalístico como o "Linha Direta" pode ajudar a dimensionar melhor a adaptação crescente do jornalismo à ideia de espetáculo que tem norteado os caminhos dos meios de comunicação de massa até hoje. Para atingir este objetivo, o programa se valia de dois artifícios de autoridade: uma discursiva e outra "política".

No plano discursivo, a simulação e a narrativa híbrida permitiam a produção de uma "verdade" enfática o suficiente para mobilizar o telespectador a efetivar suas denúncias. Já em seu conflito "político" com a instância jurídica, na medida em que a sensação de insegurança decorrente da alegada inoperância da justiça era tomada como a razão principal para a existência dos casos apresentados, o programa conquistava uma legitimidade próxima a de um poder de Estado.

O programa utilizava recursos pouco ortodoxos na construção das simulações dos crimes. No entanto, o uso de atores e cenas dramatizadas não poderia levantar dúvidas acerca da veracidade do conteúdo apresentado. O programa abria mão da objetividade fria do jornalismo tradicional, mas em momento nenhum abandonava seu papel de veiculador de (supostas) verdades como passaporte para alçar a atração, também rotulada como entretenimento, ao *status* social pretendido.

Tal estratégia narrativa, que se tornaria cotidiana nos *merchandisings sociais* das novelas globais, permitiu à emissora reverter uma memória acerca de sua participação ambígua durante o regime militar por uma imagem de parceria junto à população mais carente na efetivação de seus direitos. A prova desse sucesso, naquele momento, além da audiência, foi o número de criminosos localizados a partir de sua veiculação no programa. Ao todo, segundo a emissora, cerca de quatrocentos criminosos foram apresentados à Justiça, nos oito anos de existência da atração (no ar até 6 de dezembro de 2007).

MATRIZES HISTÓRICAS DO "LINHA DIRETA"

A divulgação do programa "Linha Direta", durante seu lançamento em 1999, procurou insistir no argumento de que a atração fazia parte de uma série de campanhas organizadas pela TV Globo com o objetivo de promover a redução da violência no Brasil. A produção, comandada inicialmente por Marcelo Rezende, substituído, cerca de um ano depois, por Domingos Meirelles, tentava, com essa argumentação, abafar a péssima repercussão de sua entrevista-piloto.[1]

Em novembro de 1998, o programa "Fantástico" apresentava uma longa reportagem em que Marcelo Rezende traçava o perfil de um criminoso que ficou famoso por cometer uma série de estupros e assassinatos na capital paulista: o Maníaco do Parque. As declarações do criminoso, dos parentes das vítimas e da polícia foram intercaladas – ao som de uma trilha sonora típica de filmes de suspense – com simulações que buscavam reconstruir cenas da infância do criminoso, bem como alguns de seus crimes.

A entrevista rendeu uma audiência média de quarenta pontos no Ibope, o que permitiu à emissora minimizar a repercussão negativa da atração. O pretexto de tornar disponível toda essa máquina discursiva em um serviço de utilidade pública foi uma tentativa, bem-sucedida, de silenciar as críticas e as comparações entre a entrevista-piloto e o programa original. Tanto que, mesmo em sua segunda fase, quando a direção geral do programa passou para as mãos de Milton Abirached, a estrutura básica da época da estreia foi mantida. Um dos índices do sucesso do programa foi a expressiva marca de vinte mil ligações por semana, alcançada no auge de audiência da atração em 2001, quando chegou a atingir trinta pontos no ibope, segundo dados da própria emissora.

O advento do "Linha Direta" constitui-se, naquele momento, em um dos capítulos mais bem resolvidos, do ponto de vista da capacidade narrativa e de produção, de uma história de produtos jornalísticos fundamentados em uma certa espetacularização da violência. Antes dele, programas como "O Homem do Sapato Branco", "O Povo na TV", "Aqui Agora", "Cidade Alerta", "Cadeia 190" e "Na Rota do Crime" já se utilizaram, de diferentes maneiras, desse recurso. O programa também se calcava numa tradição radiofônica popular, como o "Plantão da Cidade", na Rádio Globo, ou o programa de Gil Gomes, no *dial* paulista, cujo sucesso e tradição garantiram ao apresentador o passaporte para o "Aqui Agora", do SBT.

Se alguns desses exemplos anteriores ao "Linha Direta" apenas apresentavam a violência de modo sensacional, outros já lidavam com a possibilidade da dramatização dos casos. Os programas de rádio faziam isso muito bem, herança dos tempos de sucesso das rádionovelas. Além da influência dos programas americanos desse gênero - como "Yesterday, Today and Tomorrow" e "The Insolved Misteries" -, o "Linha Direta" também foi buscar inspiração em outras atrações: os tribunais televisivos que simulavam julgamentos diante das câmeras. Esse recurso era utilizado por apresentadores como Flávio Cavalcanti e também por experiências como "O Grande Júri", da TV Manchete. Em todos eles, eram simulados todos os passos de um tribunal jurídico.

O programa herdou ainda o nome de uma atração apresentada, de março a junho de 1990, pelo jornalista Hélio Costa. Sua primeira versão, no entanto, se dedicava mais a abordar casos ligados à experiência paranormal, ao macabro e ao inexplicável. Em que pesem as muitas diferenças entre as duas versões do programa, a ênfase no "mistério" também faria parte da construção discursiva dos esquetes do "Linha Direta" do final da década. Não eram raros os casos em que o programa associava a maldade dos criminosos à prática de magia negra. Com a mesma frequência, o telespectador se deparava com momentos em que a intuição da vítima, pressentindo seu destino fatal, realçava o caráter inevitável da tragédia que se anunciava nas simulações.

Quanto à sua tipologia, os casos apresentados ao longo dos oito anos da produção podem ser separados em três grupos. A grande maioria tratava de crimes já julgados, em que o assassino encontra-se foragido. Em número bem menor, apareciam os casos ainda em aberto na Justiça, por causa de declarações conflitantes ou por falta de provas que incriminassem os suspeitos. Estes, aliás, nem poderiam ser chamados de culpados, uma vez que a Justiça ainda não concluíra o processo. Poucas reportagens, no entanto, abordavam casos em que nem a Justiça, nem os parentes das vítimas tinham a menor ideia do motivo ou de quem poderia ter cometido o crime.

O PLANO REAL E AS NOVAS AUDIÊNCIAS TELEVISIVAS

A opção por um programa com tais características não foi obra do acaso. É possível apontar algumas razões que levaram a emissora a alargar o conceito de *padrão Globo de qualidade*, apostando num híbrido de jornalismo e entretenimento com linguagem melodramática e com apelo ao sensacional. A utilização desse tipo de linguagem coincide com um período em que a emissora vinha perdendo, gradativamente, audiência.

Os anos finais da década de 1990 presenciou-se uma mudança radical nos conteúdos televisivos brasileiros: brigas entre ex-namorados em busca de testes de DNA, shows de aberrações e outros dramas familiares se tornaram uma constante em programas como o do apresentador Carlos Massa, o Ratinho, revelado pela TV Record e sucesso no SBT, que rivalizavam com as tradicionais atrações noturnas globais, chegando, inclusive, a superá-las em audiência. Em 2001, por exemplo, à exceção do humorístico "Casseta & Planeta", apenas a novela das oito não perdia para o "Programa do Ratinho", exibido, então, no horário nobre do SBT.

A queda dos índices de audiência da TV Globo naquele momento tinha explicações econômicas, ligadas ao sucesso inicial do Plano Real, aliado ao surgimento das TVs pagas no Brasil. Elizabeth Rondelli recorre a números de pesquisas realizadas pela DPZ e a dados da Simonsen Associados para dimensionar esse processo de mutação.[2] De 1994 a 1998, o número de residências brasileiras com televisão cresceu de 29,7 para 36 milhões. Como as classes A e B já possuíam TV, conclui-se que houve, no período, um acréscimo de público, nas classes C e D, que engrossou as estatísticas de audiência televisiva. Além disso, nesse mesmo período, foram vendidos mais de 27 milhões de aparelhos. Assim, houve, ainda, um acúmulo de televisores em uma mesma casa. Deve-se considerar, também, que, em muitos lares, os antigos aparelhos com seletor de canal foram substituídos por modelos com controle remoto.

Outro fator fundamental da reconfiguração de público foi o advento das TVs por assinatura, voltadas, preferencialmente, a um público com melhor poder aquisitivo, disposto a pagar mensalmente pela programação. A transformação de programas de televisão em mercadoria que precisaria ser adquirida levou à criação de uma programação diferenciada nesse nicho do mercado. A consequente migração do telespectador das classes A e B (ou de parte de sua atenção) para esse tipo de TV se refletiu também nas emissoras abertas, que se viram diante de um duplo processo de mutação. Em um movimento, perde-se uma considerável fatia de telespectadores com poder aquisitivo mais alto. Em outro, é incluída uma expressiva massa de público mais popular, muitos dos quais pouco identificados com os produtos televisivos comumente apresentados então.

Esse duplo movimento permitiu o sucesso de programas mais populares, voltados para conquistar esse novo telespectador. As novidades narrativas e temáticas começaram a ganhar mais destaque em canais com menor audiência e com uma grade de programação mais flexível do que a da TV Globo. Tais emissoras perceberam, rapidamente, nesse novo nicho de público a possibilidade de "usá-los como estratégia de apelo para garantir uma quantidade significativa da audiência".[3] Nesse momento, além do acréscimo de público, a democratização do controle remoto, aliada à melhor recepção das imagens dos novos aparelhos de TV, acabou resultando em disputas de audiência impensáveis dez anos antes. A TV Globo, com seu padrão de qualidade e uma maior rigidez na programação (fruto da sua sólida liderança), precisou de mais tempo para reagir a este movimento.

O "Linha Direta" foi um dos frutos mais bem-sucedidos dessa tentativa de adequação à nova parcela de audiência: em apenas seis meses, o programa chegou a ser o terceiro mais visto da televisão brasileira, perdendo apenas para o "Jornal Nacional" e para a novela das oito.[4] Não por acaso, tratava-se de um programa que propunha uma linguagem jornalística mais popular ao mesclá-la com elementos da telenovela – o produto que, tradicionalmente, possuía maior audiência e aceitação junto ao público que crescia.

O IMPACTO DA DESCOBERTA DO POPULAR NO TELEJORNALISMO GLOBAL

Os índices mostram que a emissora acertou em cheio ao optar por aperfeiçoar uma ideia já existente há tempos no jornalismo brasileiro, fundindo a linguagem da telenovela à temática policial e a uma narrativa dramática e sensacional. Essa é também uma adaptação brasileira de outro fenômeno que já vinha acontecendo no jornalismo norte-americano desde os anos 1960. Ao analisar o sucesso do programa "60 Minutes" e sua fórmula inovadora de trabalhar a notícia jornalística, Richard Campbell mostra como esse programa adapta formas familiares de histórias há muito associadas a gêneros de ficção americanos, como o romance policial.[5] Outro aspecto relevante apontado por Campbell é o novo papel do repórter, não mais neutro e asséptico, mas personagem dramático e heroico da reportagem que está apresentando.

Era justamente esta a figura então encarnada por Marcelo Rezende, e mais tarde por seu substituto Domingos Meirelles. No caso brasileiro, no entanto, a presença do apresentador assume ainda outros objetivos, uma vez que o papel de personagem principal não vai caber a nenhum repórter ou outro personagem – mas ao próprio programa em sua estratégia de mobilizar os telespectadores e solucionar os casos apresentados.

O gesto de reconquista do público que evidenciou essa espécie de *descoberta do popular* coincide, não por acaso, com a tendência em se optar por

265

programas que articulem uma linguagem entremeada com grandes pitadas de emoção, dramatização e violência. Características, portanto, de um modo de expressão historicamente associado às classes populares e definidas por alguns como *grotesco*.

Jesús Martín-Barbero aponta processo semelhante já na Europa de meados do século XIX.[6] Com o advento do folhetim, destinado a conquistar as camadas mais populares da sociedade de massa emergente, percebe-se o surgimento de um novo tipo de escritura a meio caminho entre a informação e a ficção. Essa foi a fórmula adotada para agradar um público pouco acostumado (ou adepto) a notícias objetivas ou a elaborados romances característicos da cultura erudita.

Essa constatação cai como uma luva para definir a estratégia da TV Globo em se aproximar de uma faixa de público, se não pouco acostumada à linguagem tradicional da TV, pelo menos mais afeita a uma forma prosaica de contar histórias. Qualquer história. Não importando quão verdadeira ela fosse ou sua vinculação à realidade, como a notícia jornalística. Martín-Barbero, no entanto, também alerta para o erro de se tentar explicar o surgimento de uma imprensa "sensacionalista" na América Latina apenas como reflexo do que ocorreu nos Estados Unidos e na Europa, onde o fenômeno foi associado ao desenvolvimento das tecnologias de impressão, o advento da publicidade e o crescimento da concorrência entre as empresas. Para analistas que defendem essa linha de pensamento, a possibilidade do aumento da produção levou as empresas jornalísticas a se dirigirem a um público recém-alfabetizado que até então não consumia jornais. Esse tipo de linguagem facilitaria, portanto, o acesso desse público aos conteúdos.

A tese de Martín-Barbero, no entanto, se estrutura a partir de uma perspectiva diferente. Ele localiza antecedentes discursivos dessas formas de comunicar que serão incorporados, logo depois, pelos jornais ditos sensacionalistas. Um dos exemplos citados refere-se à literatura de cordel brasileira, que, como outras manifestações, misturava o noticioso ao poético e à narrativa. Assim, o cordel se converteria em uma espécie de protojornalismo popular. Feito para ser lido (ou declamado) em lugares públicos com grandes audiências, já apresentava diversos elementos do que viria a ser incorporado pelos jornais populares. Já estão lá "os grandes títulos chamando a atenção para o fato narrado em versos, desenhos ilustrando o texto, a melodramatização de um discurso que parece fascinado pelo sangrento e o macabro".[7] De modo semelhante, o programa "Linha Direta" também se apresentava bastante afeito ao exagero e ao mesmo gosto dessa literatura popular, presente em nossa cultura antes mesmo do jornalismo impresso se instituir em empresas capitalistas.

Martín-Barbero defende que o sensacionalismo não se constitui apenas como uma estratégia de captura de público, mas responde à busca de conexão com as outras linguagens que circulam, marginalizadas, na sociedade. Para o pesquisador, o gesto de rompimento com a "objetividade" é indício de uma conexão cultural dos meios de comunicação de massa com uma estética melodramática popular, cujas raízes se mostram tão fortes quanto capazes de sobreviver às transformações impostas pela indústria cultural. Com isso, podemos evitar uma interpretação elitista, que tende a julgar qualquer narrativa popular como sinônimo de baixa qualidade ou pobreza estética.

Muniz Sodré aprofunda o conceito de realismo grotesco proposto por Bakhtin, articulando-o à concepção de *aisthesis* (estesia), para definir alguns programas da TV brasileira. Essa *estesia* consistiria, assim, em uma identificação e padronização do gosto médio em vigor num determinado nicho social, que, no Brasil, teria se afirmado como uma forma aprofundada do barroco: o grotesco. Trata-se do escândalo da diferença entre a forma e o fundo, ou como o desequilíbrio de elementos suscitando efeitos paradoxais, ridículos e excêntricos.[8]

Mikhail Bakhtin localiza as origens do grotesco medieval e renascentista na cultura cômica popular, especialmente a carnavalesca. Além de um estilo, o grotesco também implica uma maneira especial de ser na realidade, um reflexo às vezes crítico, outras cômico, dos modos de organização social.[9] A *estesia grotesca*, portanto, seria utilizada como matriz de uma linguagem e meio para alguns programas televisivos conquistarem grandes parcelas de audiência, principalmente das classes mais populares. Fato que permite esclarecer por que o humorístico "Casseta & Planeta Urgente" também não perdia em audiência para o "Programa do Ratinho": ele conseguia articular estas duas instâncias do grotesco – o cômico e o crítico –, parodiando até mesmo a própria estesia grotesca que ele e outros programas utilizam.

De modo semelhante, o "Linha Direta" foi, também, um exemplo bem-sucedido do gesto de aproximação a um público mais popular na medida em que a emissora foi capaz de conseguir produzir uma narrativa que dialogava com essa forma de ver o mundo. Tal gesto podia ser notado no conteúdo do programa quando, em seus esquetes, era exacerbada uma violência desesperadora que explodia no encontro do bem indefeso (a vítima) com o mal impune (o criminoso foragido). A transformação de brigas cotidianas, muitas das vezes protagonizadas na zona rural do país, em crimes taxados como hediondos, simulados (e reconstruídos) em cores berrantes, ajudava a construir uma linguagem afinada ao gosto popular.

Assim, ao produzir um programa que mesclava conteúdos noticiosos a sua capacidade única de lidar com a ficção televisiva – consequência de anos a fio veiculando três novelas diferentes diariamente –, a TV Globo conseguiu recuperar a audiência. E o fez no mesmo gesto em que construiu os alicerces necessários para sedimentar seu papel estratégico: a autoridade de se constituir em um poder intermediário entre a sociedade e a justiça na solução de crimes. Dessa forma, aprofundar um pouco mais a descrição das múltiplas tramas narrativas elaboradas pela emissora no referido programa pode jogar nova luz aos modos como a TV brasileira passou a propor ao público estratégias de autoridade e interatividade que se tornariam cada vez mais hegemônicas e habituais.

A COMPLEXA TRAMA NARRATIVA DO "LINHA DIRETA"

O acompanhamento e a análise aprofundada do programa permitiu perceber a forma com que o "Linha Direta" se estruturava narrativamente.[10] Do ponto de vista do conteúdo, toda semana eram levados ao público dois esquetes-reportagens sobre crimes que haviam chocado a população. Mas não se tratava apenas de contar histórias macabras. A condição *sine qua non* para fazer parte do programa era a ausência de solução dos casos. Seja porque a Justiça não pôde chegar a uma conclusão, ou porque (na maioria dos casos) o acusado encontrava-se foragido. De uma maneira ou de outra, o telespectador era sempre incitado a ajudar na solução, colaborando com alguma informação ou (no que era a maioria) denunciando o esconderijo do foragido. E é nesse aspecto que o programa se pretendia uma linha direta entre o cidadão e o Poder Judiciário para a solução dos casos.

O programa não se limitava, no entanto, a "noticiar" a existência de um criminoso foragido. Era preciso reconstruir o crime com o máximo de carga emotiva para que o telespectador, ao se identificar com a família da vítima – afinal, o crime "poderia ter acontecido com você" –, executasse a denúncia. Para atingir tal objetivo, a emissora articulava quatro núcleos que funcionavam em conjunto: a coordenação de jornalismo (responsável pela apuração dos fatos e redação do texto jornalístico), o núcleo de dramaturgia (que ficava a cargo da direção artística), o núcleo de roteiro (responsável pelo texto final e pela organização dos esquetes-reportagens), além da produção.[11]

Os esquetes se estruturavam de maneira bastante semelhante. Inicialmente o telespectador era apresentado à vítima e às suas qualidades até que aparecesse o vilão. Então, enquanto a mudança na trilha sonora trabalhava o suspense e auxiliava, juntamente com as imagens, na caracterização da maldade do criminoso em oposição à bondade da vítima, a narrativa conduzia o suspense de forma crescente até a execução do crime.

Num jogo de repetição e antecipação das imagens mais fortes, os roteiristas entrecortavam as simulações com as declarações dos parentes das vítimas, investigadores e promotores responsáveis pelo caso. Tudo conduzido, ainda, pela voz em *off* do narrador das simulações e pelas aparições do apresentador amarrando toda a trama, enquanto caminhava por um cenário "decorado" ora com pôsteres das vítimas, ora com retratos dos assassinos foragidos, ou enquanto passeava pelos lugares reais onde aconteceram os crimes.

A forma prosaica de contar o fato, exagerando nas cores emocionais, era fundamental para construir a identificação e a consequente indignação do telespectador. No fechamento dos esquetes, o sofrimento e o choro indignado dos parentes da vítima, em contraposição ao criminoso que escapava impunemente de todas as suas atrocidades, acentuavam o clima de desespero. Quanto maior a emoção, mais o foco da câmera se aproximava do personagem retratado. Seja o *close* no rosto transtornado, o detalhe das lágrimas escorrendo, das mãos nervosas tremendo ou da boca que, de tão emocionada, mal conseguia articular as frases: tudo atestava a sintonia entre a dor e a escolha da imagem.

Com tal cenário de angústia e sofrimento era possível estabelecer uma relação de empatia como telespectador. Este precisava entrar na trama da história, acompanhar passo a passo a tragédia que poderia estar acontecendo com a sua família. No instante de empatia total, o telespectador era conclamado a participar com alguma informação que pudesse terminar com aquela injustiça.

O narrador fechava todas as emissões com um bordão que assegurava que a identidade do telespectador seria mantida no mais absoluto sigilo. E era justamente o ato da denúncia concretizada, materializando a capacidade de mobilização popular do programa, que coroava o efeito de realidade da "notícia" veiculada e a eficácia da emissora em efetivar sua estratégia de autoridade.

Para melhor entendimento do modo como o programa articulava uma complexa narrativa, cabe evidenciar o funcionamento de três níveis distintos que estão constantemente se relacionando durante a veiculação dos esquetes-reportagens. Apenas a título de separação, nomearei os níveis como: *jornalístico*; *dramatúrgico* e de *edição*.

O *nível jornalístico* diz respeito à notícia, tal como entendida classicamente no jornalismo. Trata-se da produção da reportagem, definição da pauta, apuração das informações. Esse nível é aquele que apura o fato concreto; do inquérito policial, seleciona as melhores declarações dos parentes das vítimas, do delegado responsável pela investigação, dos juízes e promotores. O levantamento jornalístico é ainda responsável pelas declarações reais, pela seleção dos vídeos caseiros da família (quando existem), fotos, pelas reportagens anteriores sobre o crime (retiradas do arquivo da própria TV Globo), enfim, de todo conteúdo, tradicionalmente considerado informativo, presente nos esquetes, incluindo o texto que o apresentador lia durante todo o programa. Aqui, as testemunhas, a vítima e o criminoso estarão sendo definidos, a título de comparação, por nossa pesquisa, como *protagonistas*.[12] Esse é o nível, em síntese, que garante ao telespectador que o crime de fato aconteceu.

Já o *nível de teledramaturgia* era o responsável pela produção técnica das imagens da simulação dos eventos que levarão ao crime (e, claro, do próprio crime). A partir de uma linguagem melodramática, fundamentada numa *estesia* grotesca, o telespectador era apresentado a uma história construída a partir de elementos próprios à narrativa ficcional clássica. Nesse cenário, o bem e o mal se encontram e o resultado será fatal para um dos lados. O crime é refeito por atores responsáveis por encarnar, como *personagens*, aqueles *protagonistas* do nível jornalístico. Não por acaso, as feições dos atores escolhidos eram bastante semelhantes às descrições físicas das pessoas envolvidas nos acontecimentos reais.

O tempo, que distanciava o telespectador do momento do crime, era desfeito. As diferenças entre *personagem* e *protagonista* sumiam no mesmo momento em que o real era suplantado pelo efeito de realidade da simulação. O que nos remete ao terceiro nível, que merecerá uma análise mais detida, inclusive com exemplos pinçados do programa, para que sua função estratégica seja explicitada.

A COSTURA DA TRAMA: O NÍVEL DE EDIÇÃO

A síntese entre os dois níveis narrativos anteriormente descritos, realizada pelo *nível de edição*, tinha a missão de promover a costura necessária para apaziguar a tensão entre o nível *jornalístico*, cujo paradigma é o da notícia tradicional, e o nível da *simulação*, com elementos narrativos próprios da teledramaturgia. Era justamente o bom funcionamento do *nível de edição* o que impedia que o telespectador confundisse as imagens das simulações com cenas de ficção. Nesse momento, portanto, era garantido o efeito de realidade que permeava todos os esquetes e que era fundamental para o acatamento da estratégia do programa pelos telespectadores.

O *nível de edição* era o responsável por fazer o programa se assemelhar a um tipo de documentário televisivo distinto do cinematográfico e próximo ao modelo das revistas televisivas americanas, como o "60 Minutes", da CBS. De acordo com Campbell, a partir dos anos 1960 surge, nos Estados Unidos, uma proposta de produção de conteúdos jornalísticos que deveria "empacotar" a realidade nos moldes da ficção hollywoodiana como estratégia de conquista de audiência.[13] Dessa forma, surgem os novos documentários americanos, permeados de assuntos diversos (*faits divers*) e narrativas pessoais.

Recuperando a constatação de que o *nível de edição* era aquele responsável por apaziguar a tensão entre os outros dois níveis, permitindo que o efeito de realidade da simulação fosse igualado às informações apuradas pela produção jornalística, é possível inferir que o programa se transformava, assim, em um documentário nos moldes descritos por Campbell.

Ao percebermos os aspectos constitutivos do documentário, podemos notar que esse nível se torna visível a partir da presença de duas figuras que desempenham o mesmo papel em cada um dos outros dois níveis narrativos já citados: o apresentador do programa e a voz em *off* do narrador das simulações. Esses personagens-protagonistas são a voz da verdade e da seriedade do programa. Eram eles quem guiavam o roteiro do programa de modo a direcionar o sentido proposto. Sua onipresença convertia-se no amálgama entre os níveis de dramaturgia e jornalismo e transformava os esquetes-reportagens em documentário.

Além da figura do apresentador-narrador como a materialização do *nível de edição*, podem-se perceber outros elementos narrativos, como as escolhas dos trechos dos depoimentos e de sua colocação antes ou depois de uma determinada cena da simulação. É também neste nível narrativo que é percebida a escolha da trilha sonora que acompanhará, por exemplo, o choro indignado da mãe da vítima. O mesmo se pode dizer do trabalho do diretor de imagens optando pelo plano-detalhe nesse mesmo choro. Em síntese, esse é o nível responsável pelo roteiro do programa, que construirá a ponte entre a voz do apresentador em sua função de, repetidas vezes, "antecipar" as cenas futuras ou enfatizar o que acabava de ser mostrado em qualquer simulação.

O nível de edição também utilizava uma outra estratégia ao intercalar os dois outros níveis, definida aqui como *marcas de verdade*. Durante a costura dos esquetes, essas marcas serão espalhadas e, em conjunto com os efeitos de edição, roteiro e sonorização, construirão o efeito de realidade. Para visualizar a costura da trama, tomo como exemplo o esquete apresentado no programa do dia 7 de setembro de 2000.

A escolha desse exemplo não é aleatória, uma vez que pelo menos um dos três elementos a serem apresentados se encontrava na quase totalidade dos esquetes veiculados pelo programa. Dessa forma, esse caso torna-se emblemático, menos por possuir características únicas do que por conseguir reunir exemplos consistentes da narrativa do programa de um modo amplo.

O esquete aborda uma famosa briga entre as torcidas organizadas do Palmeiras e do São Paulo, no estádio do Pacaembu, em 1995. O caso ficou marcado na memória da imprensa brasileira por ter sido transmitido ao vivo. Pela mesma razão há uma profusão de imagens de arquivo do verdadeiro campo de batalha em que o estádio se transformou durante quase quinze minutos. O resultado do jogo foi o assassinato de um torcedor do São Paulo por dois outros do Palmeiras. Será justamente ao redor do fatídico encontro desses três personagens que a esquete se constituirá.

Uma das marcas de verdade mais utilizadas pelo programa já pode ser percebida logo no início da emissão: a presença do apresentador no local do crime. Na descrição transcrita a seguir (e em todas as outras) o áudio é indicado em corpo normal, enquanto as imagens serão esboçadas entre colchetes. O programa começa com imagens feitas dentro de um estádio de futebol.

> **Apresentador**: São Paulo. Estádio do Pacaembu. 20 de agosto de 1995. [A câmera apresenta uma panorâmica para a esquerda. O movimento, que percorre todo o estádio, termina no enquadramento do apresentador].
> **Apresentador**: Era um domingo nublado como o dia de hoje. [De fato, vê-se um céu nublado. Surge na tela a legenda: "Domingos Meirelles, no estádio Pacaembu/SP"].

A presença do apresentador no local do crime serve tanto como ilustração quanto como atestado, do programa, de que o crime aconteceu de fato. Por causa disso, em todas as esquetes, o apresentador ia até a cidade em que o crime se realizara para gravar suas falas, ora apontando para o local do crime, ora mostrando a casa em que a vítima ou o acusado moravam. Nesses casos, um efeito visual em cima de desenhos de mapas indicava a cidade em questão. Esse recurso estará majoritariamente presente nos casos de crimes ocorridos no interior do Brasil, em cidades pouco conhecidas, uma tônica do programa, também relacionada à estratégia de reconquista das audiências.

De volta ao exemplo analisado, não só o apresentador fala de dentro do estádio. Há trechos de declarações do promotor do caso gravadas no gramado. Em outras, um grupo de torcedores de diferentes clubes paulistas aparece na arquibancada em que a confusão começou, falando sobre o comportamento da vítima. Como não poderia deixar de ser, cada um deles encontra-se vestido com as camisetas de seu time.

A fala do apresentador, dizendo que o crime ocorrera "num domingo nublado como o dia de hoje", é fundamental para indicar ao telespectador que tudo é reconstruído fielmente. A gravação poderia ter sido realizada em qualquer dia (com sol ou chuva), ou mesmo no estúdio. No entanto a ênfase na semelhança realça a credibilidade da simulação. E essa oportunidade não será desperdiçada.

O segundo elemento obrigatório é o da transposição visual entre o *personagem* e o *protagonista*. Era preciso que o telespectador identificasse quem era a vítima e o assassino na simulação. Esse gesto de identificação começava na escolha de atores com tipos físicos e características semelhantes aos reais envolvidos. No entanto, a transposição também contribuía para o efeito de realidade. Na sequência a seguir, percebe-se o modo como essa aproximação personagem-protagonista foi efetivada. Havia diferentes recursos em outras edições. No entanto, a significação do gesto era idêntica: assinalar ao telespectador quem é quem. O gesto também permitia fixar na memória que o que está sendo mostrado não é só uma simulação, fato facilitado pela organização do roteiro do programa. Em nenhum dos casos apresentados pelo programa havia um bloco inteiro apenas com imagens de simulação ou do nível jornalístico. A intercalação do nível de dramaturgia aos dois outros era constante.

> **Narrador em *off*:** Adalberto, 20 anos, palmeirense. [Vê-se um gigantesco escudo do Palmeiras ao fundo. À sua frente, o ator enrola-se em uma bandeira verde. A imagem funde-se com outra, em que a câmera se movimenta em *zoom* para uma foto real de Adalberto. Quando o *zoom* termina, o narrador acaba de falar. A imagem congela e um efeito sonoro é ouvido. Corte rápido].
>
> **Narrador em *off*:** Márcio, 16 anos, são-paulino. [Um ator aparece sentado em uma arquibancada, torcendo nervoso, roendo as unhas. Corte rápido para outra imagem, em que o ator veste a camisa do São Paulo. Atrás dele, uma enorme bandeira com o escudo do time. Surge, então, a foto real de Márcio com o mesmo efeito sonoro].
>
> **Narrador em *off*:** Para alguns torcedores, futebol é diversão. [Cenas de torcidas].
>
> **Narrador em *off*:** Para outros... [Imagem mostra um ator negro de costa, que se vira para a câmera. Ao fundo, uma bandeira verde e branca. Desta vez, no entanto, o escudo do time não aparece].
>
> **Narrador em *off*:** é guerra! [Quando a palavra guerra é pronunciada, o ator mostra um canivete com a lâmina aberta para a câmera. Ouve-se o mesmo efeito sonoro, enquanto a imagem passa a mostrar o retrato falado de um dos assassinos, ainda não identificado].

Cada efeito sonoro marca a passagem de um nível para outro. Vemos primeiro o *personagem*, depois a foto do *protagonista*. Mas essa transposição, e a consequente igualdade entre os dois níveis, só é obtida a partir da combinação do texto do narrador em *off* com o efeito sonoro. Nota-se que o narrador fala o nome das pessoas reais, mas a imagem mostrada é a dos atores. A frase permite inferir que *personagem* e *protagonista* são idênticos.

No momento em que os telespectadores eram apresentados às fotos reais dos envolvidos, quem falava sempre era o apresentador e nunca o narrador. Assim, cada uma das figuras equivalentes do *nível de edição* se incumbia de uma área: o *apresentador*, da informação jornalística do fato; e o *narrador*, da informação simulada. As marcas de verdade que surgiam a partir da combinação entre a escolha das imagens, o efeito sonoro e o texto que conduzia a passagem entre o personagem e o protagonista constituíam a materialidade do funcionamento do nível narrativo.

Ainda em relação às marcas de verdade, há duas últimas que estavam sempre presentes nos esquetes:

Narrador: O balconista Adalberto [...] vai ao jogo com um amigo. Daqui a algumas horas, ele vai cometer um assassinato. [Vê-se um Monza preto com dois atores dentro. Ambos gritam o nome de seu time e fazem muito barulho. Há faixas pelo carro e bandeiras, manchadas de sangue, saindo pela janela. Na tomada seguinte, o carro aparece de frente. Pode-se ver claramente a placa do veículo: LHS 9242. Em seguida, há um corte para as imagens, veiculadas no "Jornal Nacional", em que a paulada de Adalberto será desferida contra a cabeça da vítima. O gesto, no entanto, é congelado antes de se concretizar].

Em nada menos do que todos os esquetes em que havia veículos envolvidos, não só a marca e a cor do carro utilizado para a gravação da simulação eram as mesmas do original como o programa fazia questão de exibir, de preferência em *close*, os números da placa. O cuidado era tão grande que, nos casos de crimes ocorridos há mais tempo, as placas ainda eram de apenas duas letras e de cor amarela. Essa marca de verdade também contribuía para a "certeza" de que a simulação de fato correspondia ao que aconteceu.

O outro exemplo do trabalho significativo do nível documentário é visto nessa sequência de duas maneiras: através da fala do narrador e da imagem real do assassinato. A voz do narrador avisando que "daqui a algumas horas ele vai cometer um assassinato" antecipava o crime que ainda não tinha sido mostrado em todas as suas cores. Esse gesto narrativo era constante embora houvesse variações na sua forma. Algumas vezes o apresentador avisava que a vítima "tem menos de uma hora de vida" ou ainda acrescentava que "era a última vez que a filha abraçava seu pai". A frase – diga-se de passagem, proscrita do jornalismo tradicional por todos os manuais de redação – não era apenas uma figura de linguagem. Ela cumpria, também, a missão de impedir que o telespectador confundisse simulação com ficção.

Outro modo de antecipar o crime é através da imagem de sua simulação, ou, no caso analisado, do flagrante real do acontecimento. A imagem que congela o gesto fatal produz o suspense necessário para que o telespectador se horrorize ainda mais com o que vê. Gestos semelhantes a esse eram usuais no programa. Havia momentos em que a abertura do programa já apresentava o crime sendo cometido, ou a vítima ensanguentada tentando escapar de seu destino.

O jogo de antecipação e repetição tornava, também, a narrativa do programa ainda mais ágil. Essa opção também é plena de objetivos. A inspiração vinha de estruturas narrativas semelhantes à linguagem clássica de ficção. Nessa maneira de "empacotar" histórias, perpetuada por Hollywood, a narrativa romântica é sempre constituída por tomadas mais longas e cortes menos abruptos do que os de narrativas de ação. O maior exemplo disso é o uso de cortes rápidos associados a efeitos sonoros impactantes presentes nos filmes de terror e suspense. É óbvia, portanto, a opção dos roteiristas do programa de se aproximarem dessas narrativas, na mesma medida em que se afastam daquelas.

A capacidade do *nível de edição* de impregnar, com um conjunto de marcas de verdade, tanto o nível jornalístico quanto o de *dramaturgia* permitia que qualquer dúvida sobre a veracidade das imagens desaparecesse. Quando isso acontecia, era sinal de que o complexo emaranhado narrativo trançado concomitantemente pelos três níveis conseguia produzir o efeito de verdade pretendido.

O grande risco dessa competente e bem elaborada estratégia narrativa é que ela podia, algumas vezes, encobrir gestos de interpretação dos fatos, por parte dos roteiristas e da emissora, de modo a conferir à simulação uma equivalência total à verdade. Com isso, o programa poderia estabelecer evidências que permitiriam a produção de uma espécie de *verdade jornalística* cujos métodos de construção se distanciavam dos princípios de elaboração da *verdade jurídica*, por exemplo.[14]

O PROGRAMA COMO PERSONAGEM PRINCIPAL DE SUAS REPORTAGENS

O objetivo final dessa complexa trama narrativa era o de criar condições de participação do espectador que possibilitassem ao programa atingir a solução dos casos apresentados. Pode-se inferir, portanto, que o personagem principal do programa, que viria (com a confiança e a ajuda do público) socorrer a Justiça em sua tarefa, era o próprio "Linha Direta".

A questão da estratégia de autoridade está ligada a processos de exclusão e (auto)atribuição de prestígios e poderes. Ao descrever as características dessa estratégia, Eni Orlandi explicita as relações de forças presentes na academia, do ponto de vista da seriedade dos estudos científicos. Segundo essa análise, o enunciador, ao caracterizar algum trabalho como sério, utiliza uma forma de arregimentação de poder que tem como capacidade a de fazer com que aqueles a quem o enunciador denomina sérios passem a reconhecer o enunciador como aquele que os nomeou e, portanto, a se sujeitar a ele.[15]

Esse mecanismo, ao mesmo tempo em que legitima a autoridade do enunciador e exclui os discordantes (que passam a ser taxados como não sérios), também tem outra vantagem. Ele permite o deslocamento do mediador. Este passa de simples crítico a juiz e censor, no mesmo movimento em que se coloca fora da discussão. Sobrepondo essa análise ao "Linha Direta", pode-se perceber, na narrativa utilizada para construir os efeitos de verdade das esquetes-reportagens veiculadas, a estratégia de se constituir a voz de seriedade do programa. Ele se coloca no lugar de divulgador da verdade (única e indiscutível) para, num segundo e mais importante momento, tornar-se mobilizador, no âmbito social, graças à sua autoridade, de modo a interferir no final da história que acabou de contar.

Há, portanto, uma recusa do papel de mero veículo de informação e uma tentativa de convencimento de que a competência, seriedade e objetividade na apuração dos fatos eram mantidas no momento de repassar a denúncia do telespectador à Justiça. Essa era a natureza da "interatividade" midiática proposta pelo programa e que permitia a ele se incluir como personagem. Sem simulação, assumia o papel de polícia - ao realizar o inquérito e buscar os criminosos -, ao mesmo tempo em que não abria mão do papel de Justiça - quando promovia acareações, produzia a "verdade" dos fatos e emitia uma espécie de mandato de busca a seus espectadores.

Em resumo, pode-se dizer que o "Linha Direta" foi um dos primeiros (e mais evidentes) exemplos de uma estratégia que iria se tornar habitual na emissora: a busca por desempenhar tarefas de utilidade pública. Tal proposta pode ser percebida hoje, de diferentes formas, em quase todas as atrações da TV Globo. Se de um lado temos a possibilidade da interação ampliada a graus impensáveis nas atrações pioneiras (como o "Você Decide", contemporâneo do "Linha Direta", em que o telespectador votava decidindo o final da história), cabe, ainda, uma última reflexão acerca das características (e consequências) dessa *convocação* das audiências pelas emissoras de TV.

Ao analisar a transmissão ao vivo da Guerra do Golfo, realizada pela CNN, Paul Virilio defende a ideia de que o papel daquela emissora se afastava tanto da "teleaudição" quanto da "televisão", tornando-se, na verdade, uma "teleação" - estratégia na qual os espectadores se envolvem numa situação de interatividade absoluta. Tal "interatividade", no entanto, por se exercer imediatamente, não comporta o tempo necessário à reflexão. Dessa forma, a *interação* acaba se concretizando nos moldes de uma mera *reação*, provocada no telespectador pelo bombardeamento das imagens.[16]

Transpor essa análise ao caso do programa da TV Globo permite-nos mencionar, também, os riscos de um aspecto despolitizante daquela atração. Na medida em que a *interação* podia ser domesticada em *reação* - de acordo com o desejo da emissora, convertida em personagem que "manda" fazer corretamente (ou que proíbe) -, esboçava-se uma nova configuração social na qual a delação passa a ser vista como prática comum (e desejada) de cidadãos mobilizados pela narrativa. A "linha direta" com "nossos direitos" podia, em certa medida, resvalar num atalho tão perigoso quanto fascinante. Sobretudo nos momentos em que aceitar os efeitos de verdade sugeridos se transformava em acatar uma estratégia de autoridade fundamentada em saberes e pontos de vista que, por mais opacos que pudessem ser, continuavam teimando em se mostrar transparentes.

NOTAS

[1] O "Linha Direta" contou com o piloto exibido no "Fantástico", no dia 22 de novembro de 1998, meses antes da estreia do programa, que foi em 27 de maio de 1999. Marcelo Rezende, futuro apresentador, entrevistou o motoboy Francisco de Assis Pereira, que ficou conhecido como o "maníaco do parque", depois de ter estuprado, torturado e matado pelo menos seis mulheres e atacado outras nove no Parque do Estado, na região sul da cidade de São Paulo.

[2] Conferir Elizabeth Rondelli, "Televisão aberta e por assinatura: consumo cultural e política de programação", em *Lugar Comum*, n. 5-6, Rio de Janeiro, Nepcom/UFRJ, 1998.

[3] Idem, p. 41.

[4] Segundo dados da reportagem de Martha Mendonça, "Na Cena do Crime", publicada na revista *Época* de 29 de novembro de 1999, o programa atingiu, em 18 de novembro de 1999, o pico de 42 pontos de audiência e, até o final desse ano, se manteve na faixa dos 38 pontos. Depois disso, no entanto, a audiência do programa decaiu, estabilizando-se por alguns anos na faixa dos 30 pontos. Mesmo assim, manteve índices, naquela época, mais altos do que o "Programa do Ratinho" e mantinha brigas duras por audiência com programas como o "Show do Milhão", *game show* apresentado por Silvio Santos, no SBT. Nos últimos anos, a queda na audiência apontou para uma certa estagnação da fórmula do programa. Nem os novos formatos do programa ("Linha Direta - Mistério" e "Linha Direta - Justiça"), centrados mais na estética do que na "utilidade pública", conseguiram recuperar os índices daquele momento.

[5] Richard Campbell, 60 *Minutes and the News: a Mythology for Middle America*, Chicago, University of Illinois Press, 1991.

[6] Jesús Mártin-Barbero, *Dos meios às mediações: comunicação, cultura e hegemonia*, Rio de Janeiro, Editora UFRJ, 1997.

[7] Idem, p. 245.

[8] Muniz Sodré, O *social irradiado: violência urbana, neogrotesco e mídia*, São Paulo, Cortez, 1992.

[9] Mikhail Bakhtin, A *cultura popular na idade média e no renascimento*, São Paulo, Hucitec, 1993.

[10] Conferir Kleber Mendonça, A *punição pela audiência: um estudo do Linha Direta*, Rio de Janeiro, Quartet/Faperj, 2002.

[11] Dados extraídos da reportagem da revista *Época* (ver nota 3) e disponíveis na página de internet da emissora.

[12] Utiliza-se aqui o termo *protagonista* não no sentido de personagem principal, mas como pessoa que desempenha ou ocupa o primeiro lugar em um acontecimento.

[13] Ver Richard Campbell, op. cit.

[14] Ver a esse respeito as análises apresentadas em Kleber Mendonça, op. cit.

[15] Eni Orlandi, A *linguagem e seu funcionamento*, São Paulo, Brasiliense, 1984.

[16] Paul Virilio, *L'Ecran du desert*, Paris, Galilée, 1991.

ANOS 2000
a televisão
em convergência

O avanço do processo de digitalização alterou a forma de ver e de produzir televisão. No Brasil, a convergência digital está associada à expansão da televisão. Para além da assistência, a programação televisiva continua em sites, blogs, twitters, celulares. Assim, as empresas de televisão vêm ampliando os seus negócios e sua penetração social com a chamada "transmídia". A associação de cinema e televisão e os *reality shows* são exemplos dessas novas possibilidades de interatividade num contexto transmidiático.

CINEMA E TELEVISÃO
NO CONTEXTO
DA TRANSMEDIAÇÃO

Yvana Fechine
Alexandre Figueirôa

As transformações mais significativas da televisão aberta brasileira decorrem de processos de duas ordens que repercutiram nos meios de comunicação como um todo: de um lado, o desenvolvimento acelerado das tecnologias digitais e, de outro, a intensificação dos fluxos midiáticos transnacionais. Em uma era de economia e circulação cultural globalizada, a televisão em geral absorveu parte de suas lógicas e estas se refletiram tanto nas estratégias de mercado adotadas quanto na reconfiguração dos seus conteúdos a partir, sobretudo, da circulação de formatos transnacionais, dos quais os melhores exemplos são os *reality shows*. A convergência dos meios, propiciada por sua digitalização, também levou a televisão brasileira, nos anos 2000, a investir mais em estratégias de produção *cross media* e a operar de modo sinérgico com outros meios (internet, celular, cinema). Testemunhamos, nesse período, uma expressiva articulação das emissoras de TV, inclusive públicas, com a produção cinematográfica nacional. Pelo caráter singular que essa aproximação entre cinema e TV possui na conformação do mercado de produção audiovisual brasileiro, nos deteremos aqui nesse aspecto, mas não sem antes delinear o cenário de mudanças dos anos 2000.

Nesse período, o marco histórico mais importante para a televisão brasileira é a sua digitalização. Em grandes emissoras, a aquisição de câmeras e ilhas digitais começa ainda em meados dos anos 1990, assim como a edição automática da programação e disponibilização em tempo real dos primeiros programas na internet.[1] A digitalização da produção, que se consolidará na década seguinte, culmina com a produção pela TV Globo, em novembro de 1999, dos primeiros programas em HDTV (alta definição) da teledramaturgia brasileira.[2] Nos anos 2000, essa produção em alta definição já almeja também a articulação com a produção cinematográfica, como veremos adiante, a expansão do mercado de DVDs e, posteriormente, de Blu-Ray (nova geração de vídeos de alta definição). Nessa mesma década, as emissoras de televisão começam a apostar mais assumidamente na convergência entre televisão e internet, lançando portais que integram sua programação tanto com conteúdos exclusivos para a web quanto com a produção de outros meios (jornais, rádio). Os melhores exemplos disso são o portal Globo.com, lançado em março de 2000, que integra todo o conteúdo das empresas das Organizações Globo, e o R7.com, um grande portal de jornalismo e entretenimento da Record, no ar desde setembro de 2009.

Ao mesmo tempo em que refletiu o ambiente de convergência de meios, essa estratégia de aproximação entre TV e internet também foi estimulada pela implantação do novo sistema de transmissão digital. No Brasil, a TV digital começou a operar comercialmente em dezembro de 2007 com a primeira concessão outorgada às emissoras de São Paulo (capital). Entramos em 2010, com a cobertura do sinal digital disponível em 26 regiões metropolitanas, atingindo mais de 60 milhões de habitantes, e com o compromisso de adoção do padrão nipo-brasileiro de TV digital aberta por outros países latinos. Além da imagem em alta definição, o Sistema Brasileiro de TV Digital permite a mobilidade, a portabilidade e a interatividade. O último ano da década prometia o início das transmissões interativas, a partir da oferta de *set-top boxes* com o *middleware* Ginga[3] configurado para distintos perfis de interatividade.

Em meio ainda aos desafios enfrentados para popularização da nova tecnologia, chegamos ao final desta primeira década do século XXI com dois resultados efetivos da digitalização da TV: o acesso da população de maior poder aquisitivo a uma imagem de alta definição e um "aprendizado" sobre interatividade propiciado, tanto a produtores quanto a telespectadores, pela articulação de conteúdos da televisão com a internet. Esse aprendizado tem se dado, de modo geral, pela remissibilidade de conteúdos de um meio a outro e pelo estímulo à participação direta do espectador nos programas, antecipando práticas interativas que, em futuro bem próximo, ocorrerão na mesma plataforma (TV digital interativa). Além da disponibilização de conteúdos exibidos, essa articulação assume as mais distintas formas de manifestação. Temos hoje programas de auditório que reproduzem os vídeos mais comentados na internet, que exibem vídeos enviados por internautas ou que usam redes sociais como o Twitter ou Orkut para pesquisar e/ou selecionar personagens e atrações. É também cada vez mais frequente o uso dessas mesmas redes sociais da web por apresentadores de TV, inclusive dos telejornais, para se aproximarem dos telespectadores ou mesmo para atraírem novos públicos.

Os telejornais também desdobram em seus sites os assuntos abordados na edição do dia oferecendo textos complementares (serviços, documentos na íntegra, receitas etc.) ou conversas por meio de chats com especialistas. Há ainda muitos quadros de programas de TV e blogs concebidos para se realimentarem reciprocamente. A internet é usada para realização de enquetes, envio de recados, dúvidas e sugestões a partir de links disponíveis nos sites dos programas que, agora, também hospedam blogs dos seus profissionais. Nem mesmo a telenovela, um dos formatos mais tradicionais da TV, ficou alheia às possibilidades de articulação com a web. Além de seções com informações sobre personagens, capítulos, bastidores e vídeos, os sites de telenovelas da Globo recebem conteúdos relacionados ao tema da trama enviados pelos internautas, assim como abriga blogs de autores e dos próprios personagens (nesse último caso, interagem com os telespectadores como se tivessem uma existência real). Aliada a uma cultura das mídias globalizada, a convergência dos meios vem tanto provocando transformações nos formatos já existentes quanto favorecendo o surgimento de novas formas expressivas vocacionadas para a transnacionalização e para a transmediação. Os *reality shows*, que se popularizam também na TV brasileira, ao longo dos anos 2000, são, ao mesmo tempo, o marco e a grande síntese dessas tendências. Programas como o "Big Brother" – exibido até 2008 em 51 países, distribuídos pelos cinco continentes, sempre com grandes audiências – demonstram exemplarmente a aposta rentável das emissoras de televisão em formatos globais que comportam adaptações às características culturais e valores sociais de cada país.

Não por acaso essa circulação cultural globalizada coincide com a disseminação das tecnologias digitais e móveis que, ao serem incorporadas à produção televisiva, acabaram configurando conteúdos orientados pela transmediação. O conceito de transmediação remete, genericamente, a toda produção de sentido fundada na reiteração, *pervasividade* (ver definição pp. 313-314) e distribuição articulada de conteúdos em distintas plataformas tecnológicas (TV, cinema, internet, celular etc.). Constrói-se, a partir dessa circulação de conteúdos associados, um ambiente narrativo explorado pelas distintas mídias a partir de suas especificidades. Compreendida aqui em uma acepção mais ampla, a transmediação designa, por um lado, um conjunto de estratégias *cross media* que opera a partir da repercussão, das ressonâncias e da retroalimentação de conteúdos de um meio a outro, tal como ocorre hoje exemplarmente entre a televisão e a internet, mas também entre cinema e TV, como veremos mais adiante.

O conceito de transmediação remete, por outro lado, ao aparecimento, na indústria do entretenimento, do que Henry Jenkins descreveu mais especificamente como *transmedia storytelling* ou "narrativa transmidiática". Segundo Jenkins, uma narrativa transmidiática desdobra-se através de múltiplas plataformas de mídia, manifestando-se em cada uma delas com um novo texto, que contribui para o universo ficcional como um todo. Em uma narrativa transmidiática, o enredo original desdobra-se em distintos momentos de sua linha temporal, enfocando novos aspectos ou pontos de vista, explorando personagens secundários e/ou complexificando a atuação dos protagonistas a partir de situações e ambientes próprios a cada plataforma tecnológica. Idealmente, a narrativa proposta por cada meio deve fazer sentido tanto para os espectadores que tomam contato com aquele universo ficcional pela primeira vez por meio de uma determinada mídia quanto para aqueles outros que buscam aquele universo ficcional em múltiplas mídias.[4]

Tal como vem sendo tratada no contexto da cultura digital por autores como Henry Jenkins, a transmediação é um fenômeno localizado no âmbito dos grandes conglomerados de comunicação, que possuem interesses no cinema, na TV aberta e a cabo, em jornais e revistas, no mercado editorial e nas mídias digitais. Esses conglomerados já atuam hoje de acordo com uma lógica comercial que Jenkins denomina de "franquias de entretenimento", referindo-se ao modo como, a partir da convergência tecnológica, um mesmo produto é explorado, sinergicamente, pelas suas diferentes empresas observando um fluxo *cross media* de consumo. A despeito da importância da internet nos fenômenos de transmediação na indústria midiática internacional, não se pode pensar as novas formas culturais de entretenimento no contexto brasileiro sem reconhecer ainda o protagonismo da TV e, em particular, da Rede Globo, principal divisão de um conglomerado nacional de comunicação, com atuação também no cinema, no jornalismo impresso, no mercado editorial, nos meios digitais. Por isso, é justamente na TV Globo que se observa uma estratégia que, se não pode ser tratada exatamente nos mesmos termos de Jenkin pelas especificidades da indústria midiática brasileira, pode ao menos ser analisada a partir das lógicas da circularidade e complementaridade inerentes à transmediação.

No Brasil, o compartilhamento de conteúdos inerentes à convergência de mídias coincidiu com a chamada "retomada" do cinema nacional decorrente de novas políticas de incentivo à realização de filmes, favorecendo a aproximação entre esses dois campos de produção audiovisual que estiveram historicamente distantes por razões que veremos mais adiante. Nessa aproximação, podemos considerar como divisor de águas o projeto claramente assumido pelo diretor Guel Arraes de integrar a produção ficcional para TV ao cinema, conformando universos narrativos compartilhados entre minisséries e seriados da TV Globo e filmes produzidos ou apoiados pela Globo Filmes, braço cinematográfico das Organizações Globo. De modo geral, essa articulação de conteúdos tem ocorrido por meio de: minisséries remontadas como filmes (o filme é uma versão mais curta da minissérie), filmes remontados como minisséries (a minissérie é uma versão maior do filme), filmes que se desdobram em seriados (o filme funciona como piloto ou inspira novos episódios) ou vice-versa. Os exemplos mais evidentes dessa estratégia são produtos como "Cidade dos Homens", "Carandiru – Outras Histórias", "Antônia", "Os Normais", "A Grande Família", "Ó Paí, Ó" e "O Bem-Amado", entre outros projetos que detalharemos ainda neste capítulo. Antes, porém, de descrevermos os modos pelos quais se deu essa articulação entre cinema e televisão, que imprimiu uma marca importante no mercado de produção audiovisual brasileiro nos anos 2000, é preciso entender melhor as circunstâncias históricas que revestem essa aproximação de tanta singularidade no Brasil.

CINEMA E TELEVISÃO NO BRASIL, UMA HISTÓRIA DE DESCONFIANÇAS

A relação entre cinema e televisão no Brasil, diferentemente do que aconteceu, por exemplo, em países como a França e os Estados Unidos, foi ao longo dos anos atravessada por uma desconfiança mútua de ambas as partes e caracterizada pelo distanciamento, consequência direta do contexto político do país e do cenário audiovisual em que os dois meios se desenvolveram. Em linhas gerais, o surgimento da televisão obrigou o cinema a reconfigurar o seu campo de ação e a promover uma série de adaptações de modo a preservar seu território. Pedro Butcher assinala que "esse aspecto se evidencia nas mudanças que o cinema sofreu tanto do ponto de vista de sua viabilidade financeira como de sua sobrevivência estética".[5] Nesse sentido, os dois países anteriormente citados podem ser apontados como emblemáticos:

> Nos Estados Unidos, o cinema inicialmente entrou em conflito com a TV, mas aos poucos a legislação e as forças econômicas em jogo redesenharam a cadeia audiovisual de forma que TV e cinema passaram a fazer parte de um mesmo complexo, sem que perdessem certo grau de autonomia; na França, por sua vez, onde a TV foi majoritariamente pública até os anos 80, a forte intermediação do Estado levou os canais a se tornarem os principais meios financiadores do cinema, fato que se intensificou, principalmente, com o surgimento da TV paga (mais especificamente o Canal Plus).[6]

No caso do Brasil, a chegada da televisão, em 1950, com a inauguração da TV Tupi, não provocou a mesma reação. Explica-se tal condição pelo fato de o país não dispor de uma indústria cinematográfica bem constituída, o que levou os dois meios de expressão a seguirem seus rumos sem estabelecerem de imediato nenhuma conexão. Só no início dos anos 1960, a TV Excelsior associou-se a dois produtores e realizou a primeira série nacional para televisão, "O Vigilante Rodoviário", que teve 38 episódios rodados em película e exibidos exclusivamente na televisão. Após essa experiência, novas tentativas de associação entre cinema e televisão só viriam a ocorrer no início da década seguinte: uma mediada pelo Estado, tendo como protagonista a Empresa Brasileira de Filmes S/A (Embrafilme), e a outra, uma iniciativa de Walter Clark e de outros empresários, que, em associação com a TV Globo, criaram uma empresa chamada Indústria Cinematográfica Brasileira (ICB).

No caso do empreendimento estatal, a forma como isso ocorreu revela certa complexidade, mas, *grosso modo*, podemos destacar que o regime militar, após o AI-5, interessado em estabelecer pontes cordiais com os diversos segmentos sociais e culturais e em minar polos de oposição política, investiu, inicialmente, na produção cinematográfica, quadro este que levou a criação, em 1969, da Embrafilme. A classe cinematográfica, num primeiro momento, reagiu de forma indignada pelo fato de o novo órgão não considerar a expansão do mercado nacional e pela sua subserviência a uma instância militar.[7] Essas marcas iniciais, contudo, vão se dissolver gradativamente na medida em que o órgão passou a financiar a produção e distribuição para o mercado interno e quando o regime militar indicou cineastas para o encaminhamento da política cinematográfica. Na década de 1970, principalmente na gestão de Roberto Farias (1974-1979), a Embrafilme diversificou a produção, dando-lhe abrangência profissional e temática de absoluta liberalidade, fortalecendo a figura do produtor e facilitando seu acesso aos recursos governamentais enquanto clientelas privilegiadas.

Ao mesmo tempo, o regime militar, na sua estratégia de obter aliados seguros ao seu projeto nacionalista e ter maior controle dos meios de comunicação, passou a investir de forma maciça na televisão. A oligopolização do mercado televisivo no Brasil se consolidou na década de 1970 graças à infraestrutura montada pelo Estado autoritário.[8] A TV Globo foi o principal vetor desse processo. Graças ao acordo com o grupo Time-Life, a emissora recebeu recursos de assistência técnica, administração e equipamentos que lhe permitiram construir uma imagem de prestígio respaldada pelo "padrão Globo de qualidade", que se caracteriza por um repertório direcionado para o gosto da classe média, visualmente limpo e tecnicamente benfeito. Com isso, a TV Globo consolidou-se como principal veículo de comunicação do Brasil, alcançando 18% do total das verbas publicitárias em 1976.[9] Por trás deste sistema de produção industrial na TV estavam nomes como José Bonifácio Sobrinho (o Boni), Walter Clark e Daniel Filho. Essa hegemonia foi construída, segundo aponta Roberto Moreira, pela conquista de autonomia da emissora em relação às agências publicitárias; o uso de pesquisas para direcionar o conteúdo da produção e a grade da programação às demandas do público; e a busca de uma hegemonia em todos os gêneros de programas, com ênfase na teledramaturgia, que logo se revelaria o pilar desse processo.[10]

Tunico Amancio observa que, "atenta aos novos tempos, a Embrafilme também se voltou para a televisão".[11] Em 1977, lançou, em nível nacional, o programa de pilotos para séries de televisão, concebido dentro da perspectiva de identificação com temas brasileiros e de ampliação do mercado para o filme nacional.[12] No total, 22 projetos foram selecionados. Em entrevista a Amancio, Roberto Farias revela que, embora a proposta fosse bastante avançada para a época, a Embrafilme fez a seleção sem consulta prévia às emissoras, e, por conta dos riscos, muitos dos que ganharam o financiamento para a produção, em vez de fazer um piloto em 16mm para mostrar à televisão, conseguiram outros aportes financeiros e fizeram filmes de longas-metragens. Farias atribuiu o fracasso da iniciativa ao fato de que "a televisão entendeu, na época, que o governo militar poderia estar pretendendo, através disso, dominar a programação de televisão".[13]

A hipótese levantada por Amancio é que, na verdade, a Embrafilme confiava na possibilidade de uma futura obrigatoriedade de exibição de seriados nacionais na televisão, caracterizando o abandono da perspectiva comercial competitiva da TV em vigor em favor de um paternalismo de Estado. De fato, o discurso oficial propalado nos jornais dizia que o objetivo do governo era substituir os enlatados estrangeiros por produções nacionais. No entanto, sobretudo na TV Globo, o entendimento dizia que isso ocorreria, mas era viabilizado a partir de outro modelo de negócios, ou seja, a estratégia da TV Globo era exatamente consolidar o seu modelo hegemônico por meio de seu "padrão de qualidade" e manter, ela própria, as rédeas e o controle da produção de conteúdo nacional, o que realmente aconteceu, pois é no final dos anos 1970 que estreiam as séries "Malu Mulher", "Carga Pesada" e "Plantão de Polícia". Isso pode ser confirmado no próprio livro de Amancio, na reprodução de uma entrevista de Boni à revista *Veja*, quando ele afirmou:

> Não há nenhuma perspectiva de a Globo comprar esses seriados. Se podemos produzir eletronicamente cada episódio a um custo médio bem próximo de 500 mil cruzeiros, não tem sentido comprar um filme que não custou menos de 2 milhões de cruzeiros. Além disso, a linguagem do cinema não é a da TV. Se a Embrafilme quisesse mesmo fazer seriados para a televisão, deveria ter montado um centro de produção eletrônica, fazer os homens de cinema e televisão, fazer pesquisa de mercado para saber o que interessa ou não fazer.[14]

Já a experiência da ICB ocorreu em 1972 quando a TV Globo já estava constituída como rede nacional, detinha 70% da audiência e resolveu diversificar seus negócios, aproveitando o êxito das telenovelas que já a fizera entrar no mercado fonográfico com a gravadora Som Livre. A TV Globo não entrou com dinheiro e sua participação era apenas na divulgação dos filmes na emissora. Segundo Pedro Butcher:

> A ICB tinha como objetivo entrar com força na produção e, eventualmente, na distribuição. A empresa chegou a realizar cinco longas-metragens – *A estrela Sobe*, de Bruno Barreto (1974), *Guerra Conjugal*, de Joaquim Pedro de Andrade (1975), *O Flagrante*, de Reginaldo Farias (1975), *Isto é Pelé*, de Luiz Carlos Barreto (1975), e *O crime do Zé Bigorna*, de Anselmo Duarte (1977) – e

lançou pelo menos três – *O Casal*, de Daniel Filho (1975), *Marília e Marina*, de Luiz Fernando Goulart (1976), e *Os Doces Bárbaros*, de Jom Tob Azulay (1977). Em 1974, expandiu sua atuação por intermédio de um acordo com a Gaumont para distribuir filmes franceses no Brasil.[15]

Em 1974, quando Walter Clark articulava com o produtor Luiz Carlos Barreto a participação da ICB na realização de *Dona Flor e seus dois maridos*, Roberto Marinho resolveu retirar a participação da TV Globo. Butcher observa que, segundo Clark, isso ocorreu porque Roberto Marinho não queria desagradar os amigos Severiano Ribeiro, o maior exibidor do Brasil, e Harry Stone, representante da Motion Pictures Association, associação que representa os interesses dos grandes estúdios de Hollywood fora dos Estados Unidos, que dominavam o mercado cinematográfico brasileiro e, evidentemente, não gostariam de um concorrente do porte da TV Globo. Isso arrefeceu os ânimos da ICB, que ainda fez algumas produções, entretanto sem a pretensão de implantar no Brasil uma indústria cinematográfica poderosa.

Mesmo que alguns cineastas tenham ido trabalhar na televisão, como foi o caso de Eduardo Coutinho, Paulo Gil Soares e Maurice Capovilla, que integraram a equipe do programa "Globo Repórter", produzindo documentários para a televisão, no campo da ficção, com exceção do empreendimento da ICB, esse afastamento perpetuou-se até o fim do regime militar e a posterior extinção da Embrafilme no governo Collor, no final dos anos 1980.

REFAZENDO LAÇOS PERDIDOS

A reaproximação entre o cinema e a televisão no Brasil começou a se desenhar em meados dos anos 1990 e implicou a constituição, a nosso ver, em dois dos acontecimentos mais significativos que marcam a televisão brasileira a partir do ano 2000: a expansão da atuação da Globo Filmes, no âmbito da TV comercial, e o lançamento do Programa de Fomento à Produção e Teledifusão do Documentário Brasileiro (DOC TV) pelo Ministério da Cultura, no âmbito da TV pública. Essas duas iniciativas, além de promoverem um reencontro entre cinema e televisão – embora sejam distintas em suas formas de ação –, estão lastreadas por um elo comum: a defesa do conteúdo nacional na paisagem do audiovisual brasileiro a partir da busca por uma identidade nacional e uma resistência, até certo ponto, ao processo de globalização, como atestou Pedro Butcher.[16]

No contexto do audiovisual brasileiro, a reaproximação entre os dois meios se configurou também por conta de alguns acontecimentos, entre os quais destacaríamos o que se chamou de "cinema da retomada", processo de reativação da atividade cinematográfica no país, ocorrido a partir de 1994. Além disso, a crise financeira e a ameaça de perda da hegemonia enfrentada pelas Organizações Globo a partir da segunda metade dos anos 1990, levou a TV Globo a deter-se com a formulação de respostas antecipadas à revisão da política do audiovisual. Esse cenário começou a se desenhar a partir da abertura democrática e na reforma da legislação do setor, a qual procurou firmar uma articulação entre o setor cinematográfico e o televisivo.[17]

Com efeito, no III Congresso Brasileiro de Cinema (CBC), realizado em junho de 2000, os representantes das entidades do setor audiovisual manifestavam preocupação com a continuidade e existência da atividade cinematográfica e sua sustentabilidade. No documento elaborado pelos participantes reclamava-se da ausência sistemática do cinema brasileiro nas telas da TV. No ano seguinte, no IV CBC, houve um apoio à nova regulamentação do setor desenhada a partir da criação da Agência Nacional de Cinema (Ancine) e do Conselho Superior de Cinema, e renovaram-se as reivindicações pela inclusão do cinema brasileiro na TV brasileira, como um direito da população. A defesa do conteúdo audiovisual nacional tinha como base a convicção de que o cinema brasileiro é a expressão essencial da criatividade e da diversidade cultural do povo brasileiro, algo que tanto o projeto da Globo Filmes quanto o DOC TV levaram em consideração.

Ao analisar o impacto da Globo Filmes no cinema brasileiro, Pedro Butcher propõe que "o elemento mais importante da nova fase da produção cinematográfica iniciada em 1994 seja a influência que a própria televisão já exercia sobre o filme brasileiro, mesmo antes da criação da Globo Filmes".[18] Para ele, um elemento comum a tantos filmes da "retomada" está no estabelecimento do referencial televisivo, marcando uma diferença essencial em relação aos ciclos anteriores do cinema brasileiro:

> Com o estabelecimento do poderio do conteúdo audiovisual da TV Globo e de sua bem-sucedida audiência, o cinema brasileiro contemporâneo precisou se reerguer da crise diante de um enorme desequilíbrio em termos de capacidade produtiva e, sobretudo, de alcance de público. Se, no passado, os filmes nacionais moldavam-se segundo modelos estrangeiros (fossem eles hollywoodianos ou europeus), esse modelo transferiu-se para dentro do Brasil mesmo, morando, agora, no "padrão Globo".[19]

Aqui podemos abrir um pequeno parêntese sobre o que aconteceu nas relações entre o cinema e a televisão no Reino Unido e, talvez, compreender melhor as características peculiares desse processo aqui no Brasil. O renascimento do cinema britânico em meados dos anos 1980 ocorreu graças a uma união estratégica entre a produção cinematográfica com a televisão pública, no caso o Channel Four e depois a BBC, que produziu filmes e minisséries populares com baixo orçamento e em 16mm.[20] O Channel Four, é preciso ressaltar, não operava como produtora, mas comprava ou encomendava trabalhos a produtoras independentes, e foi nessa combinação entre produção independente e serviço público que a emissora, por vezes, atuando num esquema de coprodução, conseguia manter-se ideologicamente contrária ao governo de Margareth Thatcher e garantir sua sobrevivência. Os filmes eram exibidos na televisão e depois levados para as salas de cinema, inclusive no exterior.

No Brasil, os efeitos da expansão da TV, na década de 1970, se refletiram, inicialmente, não no modelo de produção de filmes, mas na sua presença como tema de algumas obras. *Bye bye Brasil* (1979), de Carlos Diegues, descrevia a decadência de uma trupe de artistas mambembes que perde seu público para a televisão. Em 1989, Diegues realizou *Dias melhores virão* sobre uma dubladora de filmes estrangeiros. O filme ficou pronto durante a crise da Embrafilme e, por conta das dificuldades de distribuição, Diegues decidiu exibi-lo na TV Globo antes de sua estreia nos cinemas. Butcher acrescenta que no período da retomada a televisão se faz presente, de formas distintas, logo em seus primeiros filmes. *Capitalismo selvagem* (1994), de André Klotzel, por exemplo, faz uma sátira explícita à linguagem das telenovelas e à sua predominância no Brasil.[21] Outros filmes como *Pequeno dicionário amoroso* (1997), de Sandra Werneck, e todas as produções estreladas por Xuxa e Renato Aragão, que sempre alcançaram sucesso de público nos cinemas, demonstravam influência, de certo modo, da TV Globo sobre a produção cinematográfica.[22] Um ano antes da entrada da Globo Filmes na produção – em 1997 –, *Guerra de Canudos*, de Sérgio Rezende, foi comprado pela Globo e exibido como minissérie não muito tempo depois de ter saído de cartaz dos cinemas.

A Globo Filmes foi pensada inicialmente para acumular as funções de coprodutora e distribuidora de longas-metragens nacionais. A primeira tentativa ocorreu em 1995, quando as leis de incentivo começaram a surtir efeitos mais sólidos, a quantidade de projetos cinematográficos aumentou substancialmente e despontaram os primeiros sucessos de público da "retomada". Mas, em seguida, ela corrigiu seus propósitos e verificou que seria mais simples cuidar apenas da produção de conteúdos do que correr riscos empresariais para montar uma estrutura de distribuição.

O primeiro filme com o selo Globo Filmes foi *Simão, o fantasma trapalhão*, realizado pela produtora de Renato Aragão e que estreou nos cinemas em dezembro de 1998 com 245 cópias. Butcher informa que a obra teve um total de 1,6 milhão de espectadores, deslanchando, com força, a participação da Globo Filmes no mercado. Em janeiro de 1999, estreou *Zoando na TV*, filme concebido como veículo para a apresentadora Angélica, produzido com recursos próprios da TV Globo e com a direção de José Alvarenga Jr. A distribuição foi da Columbia Pictures, que lançou o filme com 142 cópias. Três meses depois, em abril de 1999, foi a vez de *Orfeu*, de Carlos Diegues, primeiro teste de associação da Globo com um produtor de fora. Com distribuição da Warner, o filme, inspirado no musical de Vinicius de Moraes, atraiu um público de 961 mil espectadores.

O público total dos filmes brasileiros no primeiro ano de atuação da Globo Filmes foi de 5,7 milhões de espectadores. Os filmes com o selo da Globo Filmes somaram 3,6 milhões, o equivalente a 63% do total, esboçando, naquele momento, a concentração do público dos filmes nacionais nas coproduções da emissora. Com o êxito de suas primeiras investidas no campo constituído pela relação entre cinema e televisão, a TV Globo vai proferir, a partir dos primeiros anos do novo século, um discurso afirmativo de hegemonia no panorama audiovisual brasileiro tal e qual vinha efetivando nas décadas precedentes, quando se consagrou líder absoluta do mercado televisivo. O seu aclamado padrão de qualidade estava agora também a serviço do cinema em que ela revelava mais uma vez sua competência, como bem detectou Butcher ao constatar que

> a Globo Filmes teria sido criada com a função de "ensinar" o cinema brasileiro a se superar nos aspectos em que ele foi incompetente, ou seja, em uma capacidade de compreender efetivamente o gosto do público e criar uma a base comercial capaz de gerar a sua própria sustentabilidade.[23]

Isso sem contar ainda a incorporação do discurso do nacional-popular à sua retórica, sendo ela mais um elemento em defesa da identidade nacional.

Nos anos seguintes, a participação da Globo Filmes vai se tornar significativa no mercado cinematográfico brasileiro e envolveu produtores e atores dos quadros da TV Globo. Os filmes se beneficiarão do *merchandising* televisivo e os maiores sucessos de bilheteria do cinema nacional estão associados à empresa. Entre 1998 e 2005, por exemplo, a Globo Filmes participou de 36 longas-metragens nacionais, mas em apenas quatro ela foi produtora exclusiva.

Ao se associar a um projeto, a Globo Filmes não usa recursos próprios para financiar a produção, preferindo oferecer espaço em mídia no momento do lançamento. Com raras exceções, o capital oferecido pela Globo Filmes, até aqui, tem sido um "capital virtual" que só se concretiza no momento da distribuição. Esse espaço em mídia tem custos para o produtor, mas é bastante reduzido por meio de descontos. A percentagem da participação da Globo Filmes no contrato depende das intenções do distribuidor, e o espaço em mídia pode ser mais ou menos amplo. O filme, porém, contará com a estrutura nacional da emissora para sua promoção tanto nos formatos tradicionais (anúncios e *spots* de TV) como em *cross media* (com citação e promoção nos programas da emissora ou como pauta de reportagens nos programas jornalísticos). A presença da marca Globo, embora não seja uma garantia de sucesso absoluto, na hora do balanço das bilheterias, tem se revelado um negócio rentável. Basta ver o público alcançado por algumas das produções que atingiram números bem representativos, colocando filmes brasileiros ao lado de *blockbusters* norte-americanos: *O auto da compadecida* (2000), de Guel Arraes (2,1 milhões); *Cidade de Deus* (2002), de Fernando Meirelles (3,3 milhões); *Carandiru* (2003), de Hector Babenco (4,6 milhões); *Lisbela e o prisioneiro* (2003), de Guel Arraes (3,1 milhões); *Os normais* (2003), de José Alvarenga Jr. (2,9 milhões); *Sexo, amor e traição* (2004), de Jorge Fernando (2,2 milhões); *Os dois filhos de Francisco* (2005), de Breno Silveira (5,3 milhões). *Se eu fosse você* (2006), de Daniel Filho (3,6 milhões); *A grande família* (2007), de Mauricio Farias (2 milhões); *Se eu fosse você 2* (2009), de Daniel Filho (6 milhões).

O PAPEL ESTRATÉGICO DE GUEL ARRAES

Se, externamente, a aproximação da TV Globo com o cinema pode ser atribuída à necessidade de a televisão repensar seu lugar no mercado audiovisual brasileiro frente às mudanças de ordem político-econômica e tecnológica, internamente, essa articulação foi impulsionada pela inquietação de um grupo de profissionais capitaneado pelo diretor Guel Arraes. Depois do reconhecimento obtido dentro e fora da emissora por programas que se tornaram uma referência de qualidade na TV - "Armação Ilimitada" (1985-1988), "TV Pirata" (1988-1990, 1992), "Programa Legal" (1991-1992) e "Brasil Legal" (1994-1998), "Comédia da Vida Privada" (1994) e "Muvuca" (1998-2000), entre outros -, o núcleo Guel

Arraes passou também a sentir, a partir de meados dos anos 1990, as pressões impostas pela concorrência de programas popularescos, de baixo custo, exibidos por outras emissoras. Conhecidas por seu experimentalismo, as produções do núcleo demandavam, além de custos altos, um trabalho exaustivo de criação e execução comparável, segundo Guel Arraes, ao exigido para realização de um filme nacional.

Além da pressão por bons índices de audiência, muitos dos criadores ligados ao núcleo Guel Arraes, mais maduros e experientes, começaram a "se cansar" da efemeridade da TV. Segundo Guel Arraes, havia no grupo uma sensação de "desperdício mesmo de esforços" ao produzir programas inovadores que perdiam para as velhas "fórmulas" da TV.[24] Esse momento de crise do grupo coincide com a "retomada" do cinema brasileiro, impulsionando a emissora em direção ao cinema e reacendendo em Guel Arraes e em outros criadores do núcleo, como Jorge Furtado, o desejo de retornarem à produção cinematográfica na qual haviam iniciado suas carreiras. O projeto de adaptação de O auto da compadecida, levado ao ar em 1999 com bons índices de audiência e repercussão muito positiva na mídia, reconcilia Guel Arraes com a TV e reabre as portas do cinema para ele.

Produzido originalmente como uma minissérie de quatro capítulos "O Auto da Compadecida" foi reeditado e distribuído como filme um ano depois de sua exibição pela TV Globo, que não apenas apoiou na divulgação, mas também financiou a transferência do material remontado para película. Com mais de 2,1 milhões de espectadores, um êxito de bilheteria naquele momento de "retomada", O auto da compadecida inaugurou uma nova estratégia de produção no mercado audiovisual brasileiro, evidenciou o papel da televisão broadcasting na indústria nacional do audiovisual como meio proponente, produtor e agente criador de produtos vocacionados para a circulação entre meios. Adotando a mesma estratégia, Guel Arraes dirige, já no ano seguinte, a minissérie "A Invenção do Brasil" (2000), que foi igualmente remontada e lançada com êxito como filme em 2001, com o título Caramuru – A invenção do Brasil. A bem-sucedida estratégia comercial protagonizada por esses produtos do tipo "dois em um" abriu caminho na TV Globo para várias outras experiências semelhantes de concepção de produtos ficcionais de entretenimento concebidos, ao mesmo tempo, para exibição na TV, no cinema e, posteriormente, para comercialização em DVD. Afirma Guel Arraes:

> [...] "O Auto" tanto deu um ânimo para o nosso trabalho na televisão quanto ajudou na criação de uma nova estratégia da Globo Filmes, que deslanchou depois disso. A Globos Filmes não se propunha originalmente a fazer

isso: a transformar projetos de minissérie em filme. A ideia era pra produzir cinema de roteiro original. Essa associação da Globo Filmes com a televisão foi totalmente fortuita. Surgiu dessa percepção de que se podiam fazer coisas na televisão que não eram descartáveis. Hoje, muitos trabalhos da TV já são feitos em filme, pensando em desdobramentos.[25]

É curioso hoje observar como a motivação para produção precursora de "O Auto da Compadecida" como produto, ao mesmo tempo, para TV e cinema deve-se menos a uma decisão empresarial estratégica e mais à intuição de um diretor artístico que buscava, na época, fôlego novo para o seu núcleo de produção. Estimulado pelo êxito de "O Auto da Compadecida", Guel Arraes passa, no entanto, a assumir, dentro e fora da TV Globo, uma proposta mais explícita de articulação entre cinema e TV no Brasil. Nas entrevistas concedidas por ocasião do lançamento dos seus filmes, Guel Arraes insiste na proposição de um "cinema popular brasileiro", que alie a "inquietação artística", exercitada pelo seu grupo na televisão, com o entretenimento de apelo comercial, ambos necessários, segundo ele, ao fortalecimento do mercado cinematográfico nacional. Dentro da emissora,

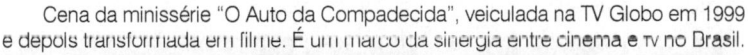

Cena da minissérie "O Auto da Compadecida", veiculada na TV Globo em 1999 e depois transformada em filme. É um marco da sinergia entre cinema e TV no Brasil.

Agência O Globo

o diretor defende, desde 2000, a criação de um núcleo cujo objetivo seria conciliar a produção da televisão com a cinematográfica, inserido no contexto dos investimentos na convergência de mídias.[26]

Embora não tenha sido criado um núcleo formal, Guel Arraes constata que há, hoje, uma maior integração entre a Rede Globo e a Globo Filmes não apenas a partir da atuação de diretores e produtores artísticos da TV em projetos da produtora, mas também a partir do envolvimento dos grandes executivos da emissora nas estratégias de articulações entre cinema e TV. Hoje, o diretor da Central Globo de Produção, Manoel Martins, responsável pelos grandes projetos de entretenimento da emissora, tem assento no conselho artístico da Globo Filmes, assim como o diretor da Central Globo de Comunicação, Luis Erlanger, tem participado diretamente de campanhas de lançamento dos filmes.[27] A disposição de Guel Arraes de colaborar para a aproximação entre cinema e TV pode também ser constatada por sua participação, ao longo dos anos 2000, como produtor artístico e/ou diretor em vários projetos de articulação entre os dois meios que se tornaram um marco importante na história da televisão brasileira nesta década.

Merecem ser destacados, inicialmente, os filmes cujos personagens e enredo saíram diretamente de programas da televisão, como *Os normais* e *A grande família*. O primeiro, um *sitcom* exibido entre 2001 e 2003, deu origem a dois filmes que exploravam as aventuras do casal de noivos Rui e Vani, interpretados, no cinema e na TV por Luis Fernando Guimarães e por Fernanda Torres. O primeiro filme, *Os normais – o filme* (2003), dirigido por José Alvarenga Jr., contava como o casal de noivos se conheceu e foi rodado em HDTV, assim como o seriado, o primeiro na Globo a ser gravado inteiramente em alta definição. O segundo, *Os normais 2 – a noite mais maluca de todas* (2009), também dirigido por José Alvarenga Jr., explora as dificuldades na vida sexual do casal depois de anos de relacionamento. Os dois filmes foram coproduzidos pela Globo Filmes, contaram com Guel Arraes como produtor artístico e com os mesmos roteiristas do seriado de TV (Fernanda Young e Alexandre Machado). Só para se ter uma ideia da importância da televisão na divulgação desses filmes, *Os normais 2* contou com 1,2 mil inserções distribuídas na programação da Rede Globo e mais 1,2 mil inserções nos canais da rede Globosat.

Outra importante experiência de produção no âmbito da TV Globo e da Globo Filmes foi o longa *A grande família – o filme* (2007), baseado em um dos humorísticos mais longevos da emissora. Dirigido por Maurício Farias, o mesmo diretor do seriado de TV, e produzido por Guel Arraes, que fez o roteiro com Claudio Paiva (redator do programa de TV), *A grande família – o filme*, que foi o segundo filme mais visto no Brasil em 2007, já teve sua segunda versão cinematográfica anunciada. O seriado da TV (no ar desde 2001, originado do seriado homônimo exibido entre 1972 e 1975) trata das aventuras de uma típica família suburbana brasileira, tendo à frente o casal Lineu e Nenê; já o filme "volta no tempo", mostrando com o casal se conheceu. Nesse caso, a estratégia foi mais ousada, pois os cinco milhões aplicados na produção do filme foram investidos pela Globo Filmes, pela distribuidora Europa e pela Caixa Econômica Federal, que teve sua marca divulgada em cenas do longa-metragem. Filmado e finalizado com tecnologia digital, o filme também empregou, na sua realização, recursos de infraestrutura da emissora de TV por meio da Central Globo de Produção/Projac (complexo de estúdios e produção da Rede Globo inaugurado em 2 de outubro de 1995, no Rio de Janeiro).

Por caminho semelhante seguiu "O Bem-Amado", peça de teatro dos anos 1960, escrita por Dias Gomes, que foi transformada em novela pela TV Globo em 1973 e, posteriormente, originou em seriado homônimo, levado ao ar entre 1980 e 1984. Retomando, 35 anos depois, a mesma história de um prefeito que busca um defunto para inaugurar o cemitério, Guel Arraes investiu, ao longo de 2009, na produção concomitante de uma minissérie e um longa-metragem também coproduzidos pela Globo Filmes. *O bem-amado – o filme* (2010) foi produzido e dirigido por Guel Arraes, que também assinou o roteiro com Claudio Paiva, seu parceiro em vários programas do núcleo na TV. Para permitir a montagem dos dois produtos, foi criado um roteiro propositalmente maior que permitiu, a partir da utilização do filme como piloto, a edição de uma minissérie com quatro capítulos para a TV Globo. Em troca dessa filmagem suplementar, a emissora financiou uma parte dos custos de produção, estabelecendo uma nova forma de parceria com os produtores de cinema, que foi repetida em *Chico Xavier – o filme* (2010, Daniel Filho).

Ao longo dos anos 2000, Guel Arraes também esteve diretamente envolvido em pelo menos mais três filmes, com assinatura da Globo Filmes, derivados de programas da TV Globo: dirigiu e produziu *Lisbela e o prisioneiro* (2003), que ele mesmo já havia adaptado para o programa Brasil Especial em 1993; produziu e roterizou *O coronel e o lobisomem* (2005, direção de Mauricio Farias), caso especial adaptado e dirigido também pelo próprio Guel em 1994; produziu *Casseta & Planeta – seus problemas acabaram* (2006, direção de José Lavigne), com o grupo de humoristas que faz o programa "Casseta & Planeta Urgente" vinculado ao núcleo Guel Arraes desde 1998. Este último, a exemplo de *A grande família – o filme*, também contou com investimento direto da Rede Globo a partir da utilização da infraestrutura do Projac. Em 2003, a trupe de humoristas estreou seu primeiro longa, o filme *Casseta & Planeta – a taça do mundo* (direção de Lula Buarque de Holanda), com a expectativa de vender 2,5 milhões de ingressos, mas estacionou em pouco mais de 690 mil. Com a participação de Guel Arraes e com direção entregue ao mesmo diretor do humorístico na TV, José Lavigne, *Casseta & Planeta – seus problemas acabaram* investiu mais no universo e nos personagens do programa, obtendo mais êxito, porém sem alcançar ao menos um milhão de espectadores.

Dirigindo um dos núcleos de produção na TV e atuando como produtor artístico em vários projetos da Globo Filmes, a partir da criação e seleção de projetos, Guel Arraes foi também um dos principais responsáveis pelas parcerias da Rede Globo com produtoras independentes. Dessas parcerias, surgiram alguns dos projetos de maior repercussão, no âmbito do núcleo Guel Arraes, ao longo dos anos 2000. Supervisionado pelo próprio Guel Arraes e produzido pela O2 Filmes, o seriado "Cidade dos Homens" é um dos melhores exemplos dessa produção orientada pela articulação entre cinema e televisão. O seriado abordou o cotidiano de Laranjinha e Acerola, dois adolescentes pobres que moram em uma favela carioca, convivendo com situações de violência ligadas, sobretudo, ao tráfico de drogas. O primeiro produto explorando esse universo ficcional em torno do qual foram desenvolvidos, além do seriado, mais dois filmes, foi o "Palace II", episódio do programa "Brava Gente", exibido em 2000 pela TV Globo e dirigido por Fernando Meirelles, sócio da O2 e, hoje, um dos mais famosos diretores de cinema do país. "Palace II" era a adaptação de um trecho do livro *Cidade de Deus*, de Paulo Lins. Posteriormente, o livro como um todo foi adaptado para o cinema numa coprodução da O2 Filmes, Globo Filmes e Videofilmes. Três meses depois da estreia de *Cidade de Deus* (2002, direção de Fernando Meirelles), que foi visto por mais de 3,3 milhões de espectadores e chegou a ser indicado ao Oscar em quatro categorias, a Rede Globo lançou o seriado "Cidade dos Homens", com quatro episódios exibidos na Semana da Criança, entre 15 e 18 de outubro, no horário das dez e meia da noite. Com excelentes índices de audiência para o horário (superiores à média de vinte pontos) nos quatro episódios de estreia, o seriado garantiu a realização de uma segunda produção, mantendo-se no ar, até 2005.

Depois de quatro temporadas (2002-2005) e de ter sido visto por mais de 22 milhões de espectadores, "Cidade dos Homens", que já havia chegado à TV como um desdobramento da proposta do filme *Cidade de Deus*, deu origem, em 2007, ao filme homônimo produzido novamente pela Globo Filmes e O2 filmes, associados a Fox Filmes e Petrobras. No filme, Laranjinha e Acerola, que no seriado eram adolescentes, estão com 18 anos e preparam-se para ingressar na vida

"Cidades dos Homens" também foi um seriado de TV que virou filme. Na foto, os atores Cinara Leal, Darlan Cunha e Douglas Silva gravam no morro Chapéu Mangueira, no Leme, Rio de Janeiro.

adulta, passando, agora, a enfrentar questões como a construção de uma família (um deles torna-se pai), a busca por emprego, a expulsão da favela provocada por guerras entre traficantes. Além do filme e da comercialização de DVDs, o seriado "Cidade dos Homens" rendeu à Rede Globo prêmios nacionais e internacionais e foi vendido para mais de 25 países.

Estimulada pelo êxito de "Cidade dos Homens" na televisão e um bom desempenho no cinema, a Rede Globo apostou, a seguir, em "Antônia", um seriado que surgiu do filme homônimo dirigido por Tata Amaral. A proposta da minissérie foi apresentada pela diretora do filme à produtora O2, que possui contrato com a Rede Globo e, por meio dela, foi acolhida pelo diretor Guel Arraes. Também ambientado na periferia, "Antônia" conta a história de um quarteto de rap formado por meninas que moram na Vila Brasilândia (zona norte de São Paulo). A minissérie foi exibida em duas temporadas em 2006 e 2007. As entrevistas concedidas pela diretora Tata Amaral, por ocasião do lançamento de "Antônia", evidenciam o modo como o seriado e o filme foram concebidos a partir de uma estratégia comercial de *cross media*: "Queremos usar a série para divulgar as meninas e a música, e assim levar mais gente para o cinema", explicou a diretora na ocasião, acrescentando ainda que os dois produtos possuíam narrativas complementares. "É importante assistir ao filme porque o seriado é como uma continuação do filme", explicou a cineasta, na época.[29] Foram lançados ainda um CD com a trilha sonora do seriado e do filme e DVDs, da Globo Marcas e Som Livre, contendo as duas primeiras temporadas com um *making of* das duas edições do seriado, clipes com as músicas do quarteto, um documentário sobre a Vila Brasilândia e uma brincadeira interativa.

Também sob a coordenação de Guel Arraes e com direção do reconhecido cineasta Hector Babenco, a produtora HB Filmes produziu para a Rede Globo a série "Carandiru - Outras Histórias" (2005), com dez episódios. O programa foi baseado no filme *Carandiru* (2003), também dirigido por ele, que teve mais de cinco milhões de espectadores, um recorde de bilheteria no cinema nacional. O filme de Babenco, por sua vez, foi inspirado no livro do médico Drauzio Varella, conhecido por apresentar quadros com temas de saúde no "Fantástico", programa de variedades da Globo. Com boa parte do elenco sendo aproveitada no seriado, o filme *Carandiru* foi exibido na programação Tela Quente da Globo no mesmo período de exibição do seriado.

A experiência de articulação entre e cinema e TV repetiu-se com o filme Ó *paí, ó*, dirigido por Monique Gardenberg, em 2007. O filme conta a história dos moradores de um cortiço localizado nas proximidades do Pelourinho, um dos lugares mais famosos do centro histórico de Salvador. No primeiro dia de Carnaval, a megera dona do prédio fecha o registro de água para estragar a festa da divertida trupe baiana. Coproduzido pela Globo Filmes, Ó *paí, ó*, que havia sido baseado em peça homônima montada pelo Bando de Teatro Olodum em 1992, foi transformado em um seriado exibido pela TV Globo em 2008. Os seis episódios para a televisão foram escritos por Guel Arraes e Jorge Furtado, com a colaboração de Monique Gardenberg, Mauro Lima e dos atores do Bando de Teatro Olodum. No seriado, o ator Lázaro Ramos, que começou a carreira no Olodum, atua com os antigos companheiros de palco, compondo, com muito humor, um retrato irreverente e musical de uma Bahia pop e contemporânea, a partir do cotidiano dos habitantes de um cortiço bem nos moldes do antigo "Balança, Mas Não Cai", também da TV Globo. Em 2009, a TV Globo exibiu a segunda temporada do seriado.

Outro importante nome a transitar entre o cinema e a televisão é Daniel Filho (ex-diretor da Central Globo de Produções e ex-diretor de criação da TV). Ele desempenha um papel estratégico na seleção dos projetos a serem apoiados como diretor artístico da Globo Filmes, onde está desde 2001. Com sua produtora, a Liberly, Daniel Filho atua na articulação das produções televisiva e cinematográfica, embora isso não se dê de modo tão direto quanto o de Guel Arraes. Sua influência, graças à longa experiência e carreira bem-sucedida, é, talvez, maior na definição das políticas de ocupação do espaço audiovisual. Com filmes protagonizados pelas grandes estrelas da Globo e o apoio da Globo Filmes, Daniel Filho tornou-se um dos diretores mais bem-sucedidos da "retomada", mas seus filmes, embora fiéis aos "padrões" que desenvolveu na televisão, não dialogam tão diretamente com a programação da TV quanto os produzidos e/ou dirigidos por Guel Arraes. Baseiam-se, em sua maioria, em adaptações de textos teatrais que tratam dos conflitos de classe média. Guel Arraes, ao contrário, apostou nos próprios programas de TV como "matrizes" ou "bases" artísticas para remontagens ou para a criação de novos roteiros. Isso parece uma contribuição bem mais efetiva para uma articulação de conteúdos entre cinema e TV que a proporcionada por Daniel Filho ou mesmo por Renato Aragão, outro importante nome do cinema nacional. Encarnando, há mais de três décadas na TV, o trapalhão Didi Mocó, Renato Aragão emprestou a popularidade de seu personagem na TV aos protagonistas de filmes infantis, com excelentes bilheterias, desde os anos 1960, quando suas produções não contavam com o selo Globo Filmes. Apesar da atuação precursora de Renato Aragão ente os dois meios, Guel Arraes e Daniel Filho são peças-chave na construção do projeto estético da Globo Filmes. "Posso afirmar que já existe hoje um 'padrão Globo Filmes' para o cinema", afirmou Daniel Filho em entrevista à revista *Forbes*, em setembro de 2005.[28]

A liderança da TV Globo estimulou as demais emissoras brasileiras de TV aberta a se aventurarem também na produção de filmes. Em 2005, chegaram aos cinemas os primeiros longas-metragens com os selos da SBT Filmes, Record Filmes e Band Filmes (da TV Bandeirantes). Todas reproduziram a principal modalidade de parceria estabelecida pela TV Globo: associação com produtores independentes e um investimento indireto na forma de espaço em mídia no momento da estreia do filme. A Record Filmes lançou *Eliana e o segredo dos golfinhos*, aventura ecológica quase toda rodada no México, produzida e estrelada pela apresentadora Eliana, que comandava programas de variedades na emissora desde 1998. A direção foi entregue a Eliana Fonseca, autora de curtas e diretora-assistente de vários filmes da Xuxa. A Fox ficou responsável pelo lançamento e o filme levou 330 mil espectadores aos cinemas. A Band Filmes, em coprodução com a Polifilmes, lançou, em fevereiro de 2005, *Garrincha – estrela solitária*, cinebiografia do jogador de futebol brasileiro adaptada do livro de Ruy Castro, dirigida por Milton Alencar. O filme chegou ao mercado com apenas vinte cópias, e foi um grande fracasso, o público final não passou de 7,8 mil espectadores. O primeiro longametragem da SBT Filmes foi *Coisa de mulher*, produção de Diler Trindade. A estreia foi em setembro e, segundo Pedro Butcher, Diler chegou a apostar em um público de seiscentos mil espectadores. Mesmo contando com participações especiais de Hebe Camargo e de Adriane Galisteu, apresentadoras do SBT que reproduziram, em seus programas, o sistema da *cross media* da TV Globo, *Coisa de mulher* não chegou a cem mil espectadores.

Mas, se no cenário da TV aberta comercial brasileira a parceria entre cinema e televisão permanece praticamente restrita à TV Globo, na primeira década do novo século a televisão pública protagonizou uma experiência que, embora esteja ancorada, sobretudo, nos investimentos governamentais, vem dando frutos animadores num realinhamento das forças produtivas do audiovisual nacional: o lançamento, em 2003, pelo Ministério da Cultura do DOC TV.

A EXPERIÊNCIA DO DOC TV

A iniciativa do Ministério da Cultura ao lançar o DOC TV refletiu a política de comunicação desenvolvida pelo Governo Federal e retomou procedimentos já experimentados em outros períodos de nossa história política e social na aproximação entre Estado e o documentário audiovisual, cujas matrizes estéticas acompanham a tendência de construção de uma imagem documental de tendência nacionalista e ancorada na intenção de retratar nessas obras a identidade cultural do país e a imagem do homem brasileiro comum. Tais matrizes, com pequenas variações, foram vistas a partir dos anos 1930, quando da criação por Getúlio Vargas do Instituto Nacional de Cinema Educativo (Ince), durante a permanência do cineasta Humberto Mauro à frente do órgão; nos documentários produzidos pelo Centro de Cultural Popular da União Nacional dos Estudantes, um dos berços da estética do Cinema Novo; e também no "Globo Repórter", da TV Globo, quando da passagem pelo programa de Eduardo Coutinho, Paulo Gil Soares, entre outros nomes, todos ligados às questões do nacional-popular no Brasil.

A primeira série do projeto, que se chamou "Brasil Imaginário", financiou e apoiou 26 documentários versando sobre a multiplicidade de expressões da cultura regional. Ao longo de um ano e contando com o apoio da Associação Brasileira de Documentaristas, produtores e TVs públicas organizaram polos regionais de produção em vinte estados brasileiros para selecionar, por meio de concursos públicos estaduais, os projetos de documentários realizados para o DOC TV. Os documentários se desenvolveram a partir de um amplo exercício de coprodução, que envolveu a parceria dos canais públicos com empresas produtoras e profissionais independentes, movimentando o setor audiovisual nos estados participantes. Os documentários foram exibidos para todo o país pela TV Cultura, de junho a dezembro de 2004, aos sábados na faixa das nove da noite.

Os objetivos centrais do DOC TV, quando do seu lançamento, foram assim expressos pela coordenação nacional do projeto: fomentar a regionalização da produção de documentários; incentivar a parceria da produção independente com as TVs públicas; valorizar as manifestações culturais regionais; e implantar um circuito nacional de teledifusão de documentários através da rede pública de televisão. Pretendia-se com o projeto revelar a diversidade cultural do país e o potencial da parceria entre a produção independente, as emissoras públicas, a iniciativa privada e o setor público no Brasil. Os temas escolhidos e a tendência da abordagem dos documentários produzidos pelo DOC TV na sua primeira edição apontam para o anseio de reconquistar no audiovisual um espaço de resistência na televisão e que foi interpretado, na maioria das vezes, tanto pelas comissões de seleção quanto pelos produtores, como necessidade de um olhar que retomava, mesmo inconscientemente, a ideologia do nacional-popular apesar da conjuntura histórica bem diferente daquela vivida entre os anos 1960 e 1980.

O ressurgimento do nacional-popular no DOC TV nos parece claramente estar ligado ao paradigma de visão da realidade política e social do país preconizado de alguma forma pela ABD (Associação Brasileira dos Documentaristas) e a orientação do Governo Federal cujas bases ideológicas têm vínculos com o Partido dos Trabalhadores e sua herança sindical. Nos anos 1970, sindicalistas e abedistas resistiam ao regime militar, com os sindicatos lutando nas áreas da política salarial e econômica e a ABD praticando a resistência cultural através de curtas-metragens engajados e a luta por mais espaço para a expressão audiovisual genuinamente nacional. A identidade nacional agora é revelada pelas diferenças regionais e a história é contada a partir da memória do povo, e não mais da memória oficial – algo bem próximo ao que os cinedocumentaristas de esquerda da primeira fase do "Globo Repórter" fizeram, entre 1973 e 1983. Mesmo os heróis são líderes populares enaltecidos pela luta e resistência à Ditadura Militar. A série "Brasil Imaginário" foi o retorno do mosaico da realidade brasileira. Os programas mostraram a situação de índios e negros; músicas, mitos, lendas, hábitos e tradições de regiões e de seus habitantes; escritos poéticos que refletem a alma do povo brasileiro, resistências às ditaduras de Getúlio Vargas e pós-64; e migrações que modificaram paisagens sociais do país.

A escolha por temas da cultura popular mais tradicional e fatos históricos que marcaram a sociedade brasileira, pelo primeiro DOC TV, demonstrou certa resistência às culturas estrangeiras e se reforçaram as identidades nacionais e locais. De certo modo, a primeira edição do DOC TV não escapou da armadilha da diversidade temática e igualou-se a outros concursos que elegem o melhor tema para produzir filmes e condicionam o projeto de documentário às estruturas clássicas da narrativa para esse gênero. Alguns produtores, no entanto, dialogam com a cultura audiovisual televisiva ao utilizarem como modelo para o documentário os esquemas de reportagens dos telejornais e, até mesmo, abusando deles, sucumbindo ao mero registro e a uma organização pouco criativa de entrevistas de campo entremeadas por cenas apenas ilustrativas dos depoimentos. Sente-se até mesmo uma incômoda "indiferença" do autor, pautando-se muito mais pelos valores do fazer jornalístico (a exemplo de uma suposta imparcialidade do repórter) do que pela inquietação estética, chegando a impedir a manifestação de pontos de vista mais abertos e inerentes aos seus valores pessoais.

Contudo, se em um primeiro momento o DOC TV sucumbiu à armadilha de modelos sociológicos do passado e a uma compreensão do documentário calcada em uma perspectiva já superada (didatismo, servilismo estatal, formato jornalístico, folclorismo pitoresco, fragilidade estética etc.) no próprio campo institucional da produção documental contemporânea, os seus promotores souberam fazer autocrítica e nas edições seguintes o programa foi corrigindo esses desvios e buscando uma linguagem mais atualizada, melhorando de forma significativa a qualidade dos documentários. Para isso, passaram a ser realizadas oficinas que reuníram os autores de projetos selecionados com renomados documentaristas brasileiros, como Jean-Claude Bernardet, Eduardo Coutinho, Eduardo Escorel, Maurice Capovilla, Geraldo Sarno, Jorge Bodanzky, Ruy Guerra, Giba Assis Brasil, entre outros, para a discussão detalhada de cada projeto. Na quarta edição do Programa, uma nova ação de formação foi introduzida, a Oficina de Desenho Criativo de Produção, que reuniu os 35 autores dos projetos de documentário selecionados nos concursos estaduais e seus respectivos produtores executivos com expoentes da produção nacional de documentários e representantes da Coordenação Executiva do Programa DOC TV. Para inaugurar essa Oficina, foram convidadas as produtoras Raquel Zangrandi (Video Filmes) e Monica Schmiedt (M. Schmiedt Produções).

A partir da segunda edição do DOC TV, foram realizadas também as chamadas Carteiras Especiais, com documentários viabilizados a partir da articulação de recursos financeiros de empresas do setor público e/ou privado, em um determinado estado ou região do Brasil, para produzir mais filmes que os já garantidos pelo Convênio Minc/FNC. O modelo de negócio atraiu R$ 4 milhões em investimentos diretos na produção audiovisual brasileira. Em 2006, os 61 documentários das duas primeiras séries do DOC TV foram lançados em DVD pela Home Video, ação desenvolvida pela TV Cultura, por meio da Cultura Marcas e Log On Editora Multimídia. As três primeiras séries do DOC TV produziram 114 documentários e cerca de três mil horas de programação, divulgada semanalmente por 35 semanas consecutivas em emissoras de TV de 26 estados e do Distrito Federal. A exibição dos trabalhos produzidos para o DOC TV IV ocorre ao longo de 2010.

O êxito da iniciativa se traduz ainda pelo fato do DOC TV ter se tornado modelo de política pública para o setor e ter servido, em 2006, como inspiração para a criação de um Programa análogo internacional, o DOC TV Ibero-América, que em 2010 foi para a sua segunda edição de difusão, agora intitulado DOC TV América Latina. A partir do pleito da Comunidade Cinematográfica Ibero-Americana, à Secretaria do Audiovisual do Ministério da Cultura, o DOC TV IB implantou sua sistemática de coprodução e teledifusão de documentários em 13 países latino-americanos, além de Portugal e Espanha. Cada país participante produz um documentário que exponha de forma original situações, manifestações e processos contemporâneos da diversidade cultural latinoamericana. O trabalho é divulgado em uma rede de televisões públicas que promove o fortalecimento da identidade e diversidade cultural dos países do continente. Outros desdobramentos são os processos de implantação dos Programas DOC TV México, DOC TV Colômbia, DOC TV Cinergia (América Central) e mais o DOC TV CPLP, com oito países integrantes da Comunidade dos Países de Língua Portuguesa.

Outro exemplo do sucesso e pertinência dessas transformações na paisagem do audiovisual que busca fortalecer os laços entre o cinema e a televisão talvez seja o Concurso Cultural Documenta Brasil, resultado de parceria inédita entre a Secretaria do Audiovisual do Ministério da Cultura, Associação Brasileira de Produtoras Independentes de Televisão (ABPITV), Petrobras e o SBT – Sistema Brasileiro de Televisão. O concurso, lançado em 2006, selecionou quatro projetos de documentários que receberam recursos de R$ 550 mil cada. Esse valor destinou-se à produção de documentários que foram exibidos pelo SBT em versão de 48 minutos e, posteriormente, em versão de longa-metragem (70 min.), em salas de cinema digital. Somente puderam concorrer empresas brasileiras de produção independente e projetos inéditos com conteúdo nacional.

Orlando Senna, secretário do Audiovisual na ocasião, afirmou que o Programa foi um passo decisivo para a articulação de novos modelos para o relacionamento da televisão brasileira com a produção independente. Para Senna, ele surgiu do amadurecimento dos conceitos praticados inicialmente pela Secretaria do Audiovisual junto às TVs públicas com o programa DOC TV e articulou na prática o enlace do cinema com a televisão. Opinião compartilhada pelo presidente da Associação Brasileira de Produtores Independentes, Fernando Dias. O primeiro filme vencedor exibido no SBT, no horário da meia-noite, foi *Pindorama – a verdadeira história dos sete anões*, de Roberto Berliner. Em seguida vieram *KFZ-1348*, de Gabriel Mascaro e Marcelo Pedroso, *Estratégia xavante*, de Belisário Franca, e *Rita Cadillac – a lady do povo*, de Toni Venturi. Desses projetos, os documentários de Mascaro e Pedroso e o de Venturi, além da exibição na televisão, também já circularam em festivais e salas de cinema. No final de 2009, a Secretaria do Audiovisual lançou novo edital em parceria com a Empresa Brasil de Comunicação (EBC) para apoio de realização de cinco documentários longas-metragens para serem exibidos em salas de cinema digital, teledifusão pela EBC/TV Brasil, canal internacional da EBC, internet e emissoras associadas da Rede Pública de Televisão.

SÍNTESES E SINALIZAÇÕES

Do ponto de vista da circulação de conteúdos, a aproximação entre cinema e televisão, que testemunhamos na última década, resultou em uma valorização recíproca de suas produções. Com a TV como aliada, a produção de filmes e as bilheterias cresceram, colaborando para a formação de público e prestígio do cinema nacional. Graças à articulação com o cinema, a televisão qualificou e diversificou sua programação ao mesmo tempo em que provocou reacomodações na hierarquia da cadeia audiovisual. Tanto comercialmente quanto artisticamente, o cinema costuma ser considerado a primeira ponta da cadeia e a televisão aberta, a última. Iniciativas como o DOC TV e Documenta Brasil, a atuação de produtoras como a Globo Filmes ou uma proposta aberta de transformação de programas de TV em filmes, como a assumida por Guel Arraes na TV Globo, colaboraram, no entanto, no decorrer da década, para a dissolução de posições e fronteiras na cadeia de produção e circulação do audiovisual.

Um balanço rápido dos modos pelos quais se deu essa aproximação entre as produções televisiva e cinematográfica nacionais, nos anos 2000, revela as reconfigurações em curso no próprio mercado audiovisual brasileiro frente a convergências de várias ordens. Podemos alinhar as diversas iniciativas de aproximação entre cinema e TV, entre nós, com pelo menos duas estratégias de caráter mais geral: a produção associada de conteúdos e o agendamento de interesses entre os dois meios. A primeira estratégia já foi de certo modo abordada, ao longo do capítulo, ao descrevermos propostas e projetos que consideramos representativos da década (produções no âmbito da TV Globo e Globo Filmes e programas públicos de incentivo à produção de documentários para TV, sobretudo). Essa produção associada de conteúdos entre cinema e televisão assumiu, no entanto, outras distintas formas de manifestação ao longo da década: reprocessamentos, desdobramentos, criações originais.

O que denominamos aqui de reprocessamento de conteúdos remete à proposição de diferentes "versões" do mesmo produto para os distintos meios. São experiências exemplares desse tipo de procedimento *O auto da compadecida*, *A invenção do Brasil* e *O bem-amado*, assim como "Som & Fúria", minissérie inspirada em uma similar canadense sobre os bastidores de uma companhia teatral na montagem do clássico *Hamlet*. Produzida pela O2 para a TV Globo e contando com codireção de Fernando Meirelles, a minissérie foi exibida na TV em agosto de 2009 e três meses depois, a partir da remontagem de quatro dos oito episódios da minissérie, acrescida apenas da refilmagem de uma cena para garantir a nova unidade, a produtora lançou *Som & Fúria – o filme* (104 min.). A versão cinematográfica surgiu de um compacto de quase duas horas feito para um festival de televisão em Roma, às vésperas da estreia da minissérie na TV Globo, e foi exibida em caráter experimental em apenas uma sala do cinema de São Paulo. "Som & Fúria", "Ó Paí, Ó" e "Decamerão – A Comédia do Sexo"[30] devem ser objeto de uma nova forma de reprocessamento a ser implementada pela TV Globo: a reedição de minissérie ou seriados em telefilmes de aproximadamente uma hora e meia.

A estratégia que denominamos de *desdobramentos* designa um conjunto de filmes que surgiram ou foram inspirados diretamente em programas de televisão, mas são resultados de um novo processo de criação e execução (filmagens e roteiro próprios). Da TV, vieram experiências-piloto, atores, temas e universos ficcionais já conhecidos do público – os programas funcionaram como "base" ou "matriz", como já descrevemos anteriormente. São resultado desse tipo de procedimento filmes como *O bem-amado*, *Lisbela e o prisioneiro*, *O coronel e o lobisomem*, *Casseta & Planeta – seus problemas acabaram*, *Casseta & Planeta – a taça do mundo* e *Cidade dos homens*, entre outros. Já o que entendemos aqui como *criações originais* corresponde, por um lado, à própria atuação da Globo Filmes e ao seu "padrão" de coprodução: mesmo quando os filmes são propostos como projeto completamente desvinculados da programação da TV Globo, a produtora condiciona o seu apoio a uma certa "intervenção artística" da emissora, seja a partir do protagonismo assumido em sua produção pelos profissionais da casa (atores, diretores, produtores artísticos), seja pela adoção, na seleção e execução dos projetos, de critérios espelhados daquilo que considera um aprendizado acumulado pela emissora sobre as preferências do público. Podemos alinhar a essa estratégia, especialmente, os campeões de bilheteria supervisionados e dirigidos por Daniel Filho na Globo Filmes. Por outro lado, também consideramos como exemplo dessa estratégia de criações originais toda produção de documentários, subsidiada por programas como DOC TV, dirigida especialmente para as emissoras públicas.

Por fim, é importante destacar outro fenômeno associado à aproximação entre cinema e televisão nos últimos anos que denominamos de *agendamento*. O uso do termo é inspirado na hipótese do *agenda setting*, segundo a qual os meios de comunicação, ao descreverem e representarem a realidade exterior, sugerem ao público aquilo sobre o que é necessário discutir e ter uma opinião.[31] Empregamos aqui o termo, por extensão, para designar um conjunto de influências recíprocas entre televisão e cinema, sobretudo no que diz respeito ao "agendamento" recíproco de temas, de formas expressivas, de universos narrativos a serem explorados. Identificamos um exemplo eloquente desse agendamento a partir do sucesso de *Tropa de elite*, dirigido por José Padilha, que foi o filme nacional mais visto e de maior repercussão em 2007. O filme, que colocou em pauta a "a guerra civil" no Rio de Janeiro, ao retratar o dia a dia do Batalhão de Operações Especiais da Polícia Militar (Bope) daquele estado, provocou, na ocasião, muita polêmica tanto pelo seu aparecimento em DVDs piratas e pela internet antes mesmo do lançamento quanto pelo modo como retratou a violência policial e o crime organizado nas favelas da cidade. Ao sucesso do filme, cujo tema ecoava inevitavelmente nos noticiários das emissoras de TV, seguiram-se muitas especulações sobre a sua transformação em um seriado para televisão em meio à disputa, de bastidores, entre a TV Globo e TV Record. O diretor José Padilha preferiu, no entanto, investir, em 2010, em *Tropa de elite 2*.

Inspirados no filme, nos temas e cenários por ele "agendados", a TV Globo e a TV Record colocaram no ar dois seriados policiais, "A Lei e o Crime" e "Força-tarefa", respectivamente. Com atores de *Tropa de elite*, filmagem em alta definição e temática também centrada na violência do Rio, "A Lei e o Crime", primeiro seriado da emissora estreou em janeiro de 2009 e tratava dos principais assuntos do noticiário policial carioca (tráfico de drogas, milícias, policiais corruptos, operações em morros). Com a boa aceitação do público, a TV Record ampliou a primeira temporada de 16 para 23 episódios e anunciou a segunda para 2010, próximo ao lançamento de *Tropa de elite 2*. Em abril de 2009, a TV Globo começou a exibir semanalmente os 12 episódios de "Força-tarefa", que trata de corrupção policial, mostrando o dia a dia de uma equipe de policiais militares cujo objetivo é investigar e reprimir crimes cometidos por seus colegas de farda. O seriado é também ambientado nas favelas e bairros pobres do Rio de Janeiro.

O "agendamento" do universo narrativo da periferia na produção audiovisual brasileira dos anos 2000 – a partir, sobretudo dos problemas enfrentados pelos moradores das favelas do Rio e de São Paulo – não começou, no entanto, com *Tropa de elite* e os seriados que o filme inspirou na TV. O marco desse agendamento foi, sem dúvida, o sucesso nacional e internacional do filme *Cidade de Deus*, de Fernando Meirelles, que abriu caminho na teledramaturgia para o que alguns jornalistas denominaram de produtos derivados da onda *favela movie*. Na TV Globo, o agendamento da periferia no cinema brasileiro repercute diretamente na produção de seriados como "Cidade dos Homens", "Antônia" e "Ó Paí, Ó", além de programas de outros gêneros, como "Central da Periferia" (2006), apresentado por Regina Casé e dirigido pelo próprio Guel Arraes.[32] Na TV Record, a novela "Vidas Opostas" (2006-2007) também inovou ao levar para o horário nobre o cotidiano dos moradores das favelas, com especial ênfase às situações de violência (guerras entre traficantes, prisões, corrupção policial etc.).

Lançando um olhar sobre todos esses fatos e dados, não é difícil prever que, nos próximos anos, consolidado o cenário de convergência dos meios e digitalização da imagem, haverá uma maior sinergia entre os protagonistas da produção audiovisual brasileira para garantirem sua sobrevivência e para estarem em sintonia com o processo de globalização econômica. Mesmo seguindo caminhos diversos marcados por posturas ideológicas diferenciadas, a experiência, de um lado, da Globo Filmes e TV Globo, no âmbito mais comercial, e, de outro, do DOC TV, no âmbito da comunicação pública, são sinalizações promissoras da necessária e inevitável aproximação entre a televisão e o cinema brasileiros diante da própria tendência à transmediação na indústria do entretenimento. Chegamos ao final da primeira década de 2000 já com uma crescente produção de obras para serem exibidas nos dois meios, com um expressivo investimento em ações de *cross media* e com uma progressiva diluição das fronteiras estéticas e de linguagem entre cinema e televisão. O reflexo de tal panorama pode ser visto na consolidação dos empreendimentos multimidiáticos, nas mudanças dos padrões de consumo dos espectadores e também nas escolas de produção e realização do audiovisual, nas quais diferenças e antigas desconfianças entre cinema e televisão estão sendo substituídas por programas, disciplinas e pesquisas capazes de formarem profissionais aptos a transitar com naturalidade e desenvoltura em ambas as formas, sem estabelecer distinções hierárquicas de um meio sobre o outro. Talvez ainda estejamos um pouco longe do que já ocorre hoje nos Estados Unidos, mas os primeiros passos foram dados.

NOTAS

[1] O "Fantástico", revista dominical da TV Globo, foi o primeiro programa brasileiro transmitido em tempo real para o mundo inteiro pela internet, durante a Copa do Mundo da França (1998).

[2] Os dois últimos episódios da série "Mulher" foram produzidos em alta definição.

[3] Ginga é o *middleware opensource* que gerenciará as funções de interatividade na televisão digital do Brasil, desenvolvido pela Pontifícia Universidade Católica do Rio de Janeiro (PUC-Rio) e pela Universidade Federal de Pernambuco (UFPE). A interatividade na TV digital só é possível pela adoção de um *middleware* (mediador entre softwares). Permitir essa interação entre softwares é o objetivo do Ginga. Por isso, somente os *set top boxes* (os aparelhos conversores do sinal digital) com Ginga possibilitam a interatividade.

[4] Henry Jenkins, *Cultura da convergência*, São Paulo, Aleph, 2008.

[5] Pedro Butcher, *A dona da história: origens da Globo Filmes e seu impacto no audiovisual brasileiro*, Rio de Janeiro, 2006, dissertação (mestrado em Comunicação) – UFRJ, p.1 9.

[6] Idem.

[7] Tunico Amancio, *Artes e manhas da Embrafilme: cinema estatal brasileiro em sua época de ouro (1977-1981)*, Niterói, Eduff, 2000, p. 24.

[8] Maria Eduarda da Mota Rocha, "O núcleo Guel Arraes e a reconstrução da imagem da TV Globo", em Alexandre Figueirôa e Yvana Fechine (eds.), *Guel Arraes: um inventor no audiovisual brasileiro*, Recife, Cepe, 2008, p. 94.

[9] Idem, p. 95.

[10] Roberto Moreira, "Vendo a televisão a partir do cinema", em Eugênio Bucci (org.), *A TV aos 50: criticando a televisão brasileira no seu cinquentenário*, São Paulo, Fundação Perseu Abramo, 2000, pp. 55-8.

[11] Tunico Amancio, op. cit., p.91.

[12] Idem, p. 92.

[13] Idem, p. 93.

[14] Idem.

[15] Pedro Butcher, op. cit., p. 25.

[16] Idem, p. 27.

[17] Idem, p. 12.

[18] Idem, p. 64.

[19] Idem, pp. 64-5.

[20] Mauro Baptista, "O cinema britânico: realismo, classe e televisão pública (1984-2007)", em Fernando Mascarello e Mauro Baptista (orgs.), *Cinema mundial contemporâneo*, Campinas, Papirus, 2008, p. 78.

21 Pedro Buchter, op. cit., p. 67.

22 Xuxa Meneghel está na TV Globo desde 1986 e em toda sua carreira participou de 17 filmes. Seus filmes levaram aos cinemas cerca de 28 milhões de espectadores. Renato Aragão está na Globo desde 1977, inicialmente liderando a trupe dos Trapalhões (até 1994), e depois seguindo carreira solo. Os filmes dos Trapalhões estão entre as maiores bilheterias do cinema nacional: nas décadas de 1970 e 1980 atingiam público médio de 4 a 5 milhões de espectadores.

23 Pedro Butcher, op. cit., p. 53.

24 "Depoimento de Guel Arraes", em Yvana Fechine e Alexandre Figueirôa (eds.), op. cit., p. 314.

25 Idem, pp. 315-6.

26 Conferir, por exemplo, as declarações de Guel Arraes em "Globo pode formar núcleo de cinema", entrevista de Laura Mattos, em *Folha de S.Paulo*, Ilustrada,17 out. 2000.

27 Informações dadas por Guel Arraes em entrevista aos autores em fevereiro de 2010.

28 Entrevista concedida ao portal UOL em 9 nov. 2006, disponível em <http://televisao.uol.com.br/ult-not/2006/11/09/ult698u11590.jhtm>, acesso em 22 fev. 2008.

29 Apud Pedro Butcher, op. cit., p. 97.

30 Apresentado inicialmente como especial de fim de ano da TV Globo, o projeto "Decamerão – A Comédia do Sexo" é baseado na coletânea de contos de Giovanni Boccaccio (1313-1375). A minissérie com quatro episódios, exibida em julho de 2009, foi roteirizada, entre outros, por Guel Arraes e Jorge Furtado, que também assumiu a direção.

31 Mauro Wolf, *Teorias da comunicação*, Lisboa, Presença, 2000, p. 145.

32 "Central da Periferia" destaca os circuitos alternativos da produção cultural da periferia. O foco principal é a música, mas o programa aborda também projetos sociais e peculiaridades regionais, adotando um tom politizado.

A FICÇÃO TELEVISIVA NO MERCADO DIGITAL

Ana Silvia Médola
Léo Vitor Redondo

As lógicas da produção e do consumo de informação e entretenimento nas redes da esfera digital contemplam, entre outros aspectos, a criação de novos espaços de comunicação e socialização. Tal ampliação gera diversas configurações de fluxos comunicacionais e, por conseguinte, os meios estruturados em suportes de base analógica enfrentam, na atualidade, processos de transformação de seus modos de produção, distribuição e consumo. Nesse sentido, convém analisar aspectos referentes às novas práticas de consumo de dramaturgia de televisão no Brasil com foco na interatividade. A partir de um levantamento exploratório das formas de interatividade existentes nos programas de ficção produzidos pelas redes nacionais de transmissão aberta, procura-se evidenciar como o recurso da *pervasividade* torna-se importante na comunicação interativa no atual estágio dos processos de convergência midiática.

Conceito bastante utilizado atualmente, a *computação pervasiva*, neologismo do termo inglês *pervasive computing*, refere-se à disseminação de *chips* e da informática nos mais diversos ambientes e aparelhos. Ela está intimamente ligada aos conceitos de computação ubíqua e de interoperabilidade, os quais se referem à ideia de conteúdos que podem ser acessados de qualquer lugar através de dispositivos móveis e *wireless* (sem fio) que se comunicam. Assim, a pervasividade alude à disseminação e expansão, e carrega a ideia de "*every where display*" (espalhada em todo lugar).

Dessa forma, a pervasividade na relação conteudística conota a produção de conteúdos que migram de suportes ou que criam subprodutos, ou até mesmo complexificam-se em outras mídias, já que essas não se encontram ainda totalmente convergidas. Tem-se, assim, a compreensão de que o conteúdo de um meio estende-se de tal forma que sua expansão atinge outras mídias. Isso já acontecia anteriormente no plano do conteúdo com a repercussão de jornais e revistas sobre as novelas da televisão, mas hoje, no entanto, esse fenômeno adquire novos contornos, pois são desenvolvidos conteúdos relativos às novelas pelos seus próprios núcleos de produção, que saem do âmbito da televisão, encontrando espaço e audiência em outras mídias caracterizadas agora pelas possibilidades de mobilidade, portabilidade e interatividade.

Podendo ser considerado um paliativo que antecede à total convergência dos meios, as relações interativas baseadas na pervasividade constituem, em profundidade, um dispositivo capaz de forjar uma nova cultura de consumo na qual a participação da audiência nos processos criativos das histórias é ponto central.

Já há alguns anos a televisão aberta sente as dificuldades com a queda de audiência decorrente da inserção de outros meios, como a TV a cabo e a internet, no cotidiano de segmentos mais privilegiados economicamente. A proporção dessa mudança de comportamento pode ser observada no gráfico a seguir da pesquisa Datanexus, o qual ilustra a audiência da televisão entre aqueles que possuem ou não acesso à internet.[1] A diferença da audiência entre esses dois públicos é notada durante todo o período analisado, mas se acentua após a uma e meia da tarde, sendo que no horário nobre, das oito às dez e meia da noite, observa-se que 22% estão assistindo à TV, contra 12% dos moradores com acesso à internet.[2]

De acordo com esse instituto, a população da Grande São Paulo que não tem internet consome 12% de seu tempo vendo televisão. Em contrapartida, as

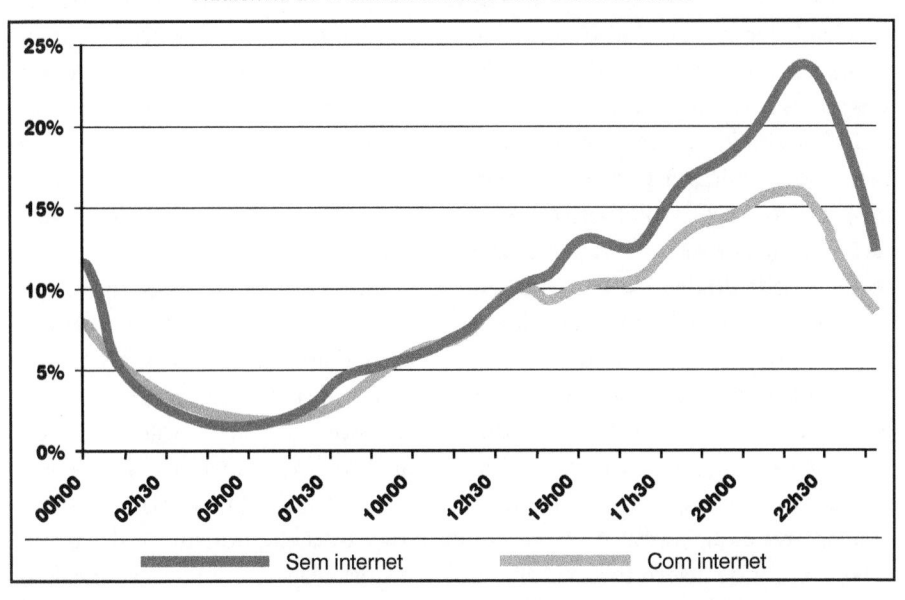

Audiência de TV em residências com e sem internet[3]

pessoas que têm internet dedicam 9,4% do seu tempo à TV. Cientes de que as dificuldades aumentam em função principalmente dessa migração dos telespectadores de TV para os ambientes conectados em rede, as emissoras estão investindo em ações de fidelização da audiência mais sintonizadas com o movimento em curso de convergência dos suportes. A televisão digital apresenta-se como uma das soluções capazes de concretizar a convergência entre TV, computador e telefone. No entanto, esse processo ainda demanda tempo para a completa implantação na totalidade do território nacional e ainda é muito prematuro apontar o tipo de configuração dessa associação, pois historicamente, no Brasil, os interesses econômicos costumam suplantar os interesses sociais, sempre mediados pelas ações políticas. Assim, o delineamento do caráter sociocultural desse movimento ainda está bastante indefinido.

Observa-se na atualidade que tanto as estratégias discursivas no plano do conteúdo quanto as ações de gestão e comercialização estão ancoradas no movimento de transição pautado não mais no paradigma da comunicação massiva, na relação um-todos, mas sim da comunicação em rede, na relação todos-todos, em que o foco central é a comunicação interativa.

No contexto dos estudos de linguagem, a questão da interação, do ponto de vista da enunciação, é condição necessária para a ocorrência de qualquer relação

315

comunicativa.[4] Com o processo de convergência dos suportes, o conceito de interatividade mediada por dispositivos eletrônicos é um dos que desperta muita discussão entre os estudiosos do tema.[5] Alex Primo acredita que "reduzir a interação a aspectos meramente tecnológicos, em qualquer situação interativa, é desprezar a complexidade do processo de interação mediada".[6] No entanto, o autor também não acredita ser pertinente abordar a questão da interatividade nos termos próprios dos modos interpessoais da comunicação humana. Para ele, essa comparação só tem pertinência enquanto recurso metafórico, embora a referência à bidirecionalidade do diálogo seja recorrente nas descrições dos processos interativos.

A perspectiva da convergência total já mobiliza produtores e receptores de ficção televisiva desencadeando uma nova prática midiática no cenário brasileiro. Os telespectadores são convocados a exercer algum tipo de participação nos programas estabelecendo novos níveis de diálogo entre emissor e receptor. Tanto é certo que a adesão da audiência é decisiva para a manutenção de qualquer produção que, só para citar um exemplo já bastante discutido na academia, as pesquisas de opinião quantitativa e qualitativa passaram a interferir na decisão dos rumos das telenovelas, a partir de determinado momento da história da teledramaturgia brasileira.

No entanto, o primeiro programa de ficção na televisão brasileira que efetivamente utilizou outro dispositivo técnico para estabelecer uma interação mediada foi o "Você Decide", da TV Globo, programa com histórias independentes cujas narrativas eram construídas para que o telespectador votasse, por telefone, em um dos finais propostos, entre duas ou três opções, para o desfecho da trama.[7] Embora sem o foco centrado na narrativa, outro exemplo de proposta interativa também da TV Globo é o "Intercine", no qual o telespectador pode votar por telefone 0800 em um dos dois filmes oferecidos para exibição.[8] Essas experiências precedem as formas de participação possibilitadas pela convergência dos meios que irá transformar o telespectador em usuário:

> A participação digital do espectador está mudando: de atividades sequenciais (assistir e, então, interagir) para atividades simultâneas, porém separadas (interagir enquanto se assiste), para uma experiência combinada (assistir e interagir num mesmo ambiente). Embora ainda não possamos prever os resultados econômicos da fusão televisão-internet, esses níveis crescentes de audiência significativa estão nos preparando para um meio no qual, no futuro próximo, seremos capazes de apontar e clicar através das diferentes ramificações de um único programa de TV com a mesma facilidade com que, hoje, usamos o controle remoto para ir de um canal ao outro.[9]

No Brasil, desde 2006, as redes de televisão produtoras e emissoras de programas de ficção começaram a investir na transição do primeiro para o segundo estágio descrito por Murray, ou seja, mobilizar o telespectador a interagir enquanto assiste ao programa. Entretanto, as duas formas de participação ainda convivem. Após assistir ao capítulo da novela, o telespectador pode entrar no blog do autor no dia seguinte e manifestar suas opiniões, caracterizando a ação de assistir e depois interagir. O que define o segundo estágio é a interação simultânea, porém em meios separados, antecipando aspectos da convergência total dos meios possibilitada pela TV digital, cujas características mais evidentes para o receptor são a interatividade, a mobilidade, a portabilidade. Tais elementos são intrínsecos à "pervasividade" na perspectiva das ciências da computação – *pervasive computing* – e dizem respeito aos sistemas híbridos interativos.

A transposição do conceito de pervasividade na computação para as formas de consumo na esfera da comunicação encontra respaldo na diversificação de produtos criados a partir das narrativas televisivas tradicionais, com vista à recepção em outros dispositivos de mediação. Entre os objetivos mais evidentes das empresas de televisão está a necessidade de se inserirem economicamente acompanhando as tendências do novo cenário tecnológico. Numa realidade que possibilita a ubiquidade e o imediatismo no acesso a conteúdos, os núcleos de produção ficcionais da televisão encontram na pervasividade formas para dar sobrevida a programas já desgastados e investir na criação de novos formatos, sempre voltados para a geração de receitas. Estar inserido em uma lógica de produção apoiada no caráter pervasivo dos meios digitais constitui uma estratégia decisiva para se readequar ao atual contexto midiático.

Conforme já mencionado, a pervasividade na comunicação significa a produção de conteúdos que migram de suportes, criando subprodutos em diferentes meios. Não é de hoje que as narrativas de televisão alimentam debates em programas de entrevistas, reportagens de programas jornalísticos e revistas eletrônicas sobre temas abordados em seus enredos, em uma autorreferência constante aos produtos ficcionais. Programas especializados em bastidores (*making of*) e notícias relacionadas às produções de ficção, chamados de "parasitas" por Steven Johnson, e também as "metaformas", produções que ampliam as costumeiras possibilidades enunciativas oferecidas pela televisão analógica, emergiram significantemente na década de 1990. Segundo esse autor:

O programa de "comentário" autorreferente prosperou. Vinte anos atrás, o gênero "meta" nem sequer existia na TV. Qual era, por exemplo, o equivalente de "Beavis e Butt-Head" na década de 1970? Ou da autocontemplação de "Reliable Sources" da CNN? Ou do "Mystery Science Theater" da Comedy Central? Ou do "Talk Soup" do E-Channel? Ou, aliás, de *qualquer coisa* do E-Channel? [...] A narração de televisão – como meio de comunicação – fez avanços modestos nos últimos vinte anos [...]. Mas a televisão que fala da televisão, que comenta a televisão, atravessou um período de crescimento espetacular.[10]

Essas experiências estrangeiras possuem equivalentes no Brasil com programas como "TV Fama" da RedeTV!, "VideoShow" da TV Globo e os demais que apresentam noticiários sobre o mundo das produções televisivas equivalentes aos da apresentadora Sônia Abrão, "A Tarde É Sua", também "RedeTV!". Esses programas existem em função dos conteúdos das teledramaturgias. A TV Globo, desde julho de 2000, por exemplo, criou uma forma de negócio beneficiando-se de suas novelas. No canal pago ShopTime, das Organizações Globo, são vendidos produtos exibidos nas novelas globais, desde móveis que compõem o cenário até vestidos, pulseiras e colares que vestem os personagens. E o principal objetivo desse empreendimento de acordo com Marcelo Duarte, idealizador do projeto e, na época, diretor da Central Globo de Desenvolvimento Comercial, é proporcionar a interatividade: "A receita é insignificante. Nosso objetivo é cultivar o hábito da interatividade."[11]

Observamos que, em realidade, a estrutura de comercialização que sustenta o mercado da ficção televisiva passa a requisitar a participação da audiência, uma vez que os núcleos de produção de conteúdos criam produtos que extrapolam o meio televisivo ampliando as perspectivas de interação do telespectador visando, principalmente, ao lucro em outras formas de mediação. Em última instância, a estratégia de promover entre os telespectadores o hábito de interagir resulta na diversificação do leque de produtos comercializáveis, favorecendo o aumento de receita. As novelas, os seriados, as séries espalham-se em todas as direções e podem ser acessados a qualquer hora, mas sempre com um custo. A telenovela, por exemplo, permeia hoje listas de discussão, fóruns, assuntos debatidos em chats, blogs de autores e personagens, jogos, galerias de fotos e vídeos na internet, *ringtones* de celulares e matérias produzidas para diversos meios: tudo o que será direcionado para um único suporte multimídia, a TV digital.

Vejamos os quadros dos tipos de interatividade e conteúdos pervasivos praticados pelas principais emissoras de televisão do país nos dois últimos anos, período em que efetivamente direcionaram parte da produção ao contexto da convergência midiática em curso.

Consideramos somente as produções nacionais das redes de televisão de transmissão aberta. Dividimos em duas tabelas em função da segmentação anual – 2006 e 2007. Vejamos:

INTERATIVIDADE E CONTEÚDO PERVASIVO NA FICÇÃO TELEVISIVA BRASIL – ANO 2006			
EMISSORA	FICÇÃO	HORÁRIO	TIPO DE INTERATIVIDADE E CONTEÚDO PERVASIVO
GLOBO	BELÍSSIMA	21h	MENU BÁSICO GLOBO*
			PUBLICAÇÃO DE RECADOS
			JOGO
	BANG BANG	19h	MENU BÁSICO GLOBO*
	ALMA GÊMEA	18h	MENU BÁSICO GLOBO*
	JK	23h	MENU BÁSICO GLOBO*
			PUBLICAÇÃO DE RECADOS
			CONTEÚDO ESPECIAL (HISTÓRIA DE JK)
			PROMOÇÃO
			FOTONOVELA
			QUIZ
	MALHAÇÃO	17h30	MENU BÁSICO GLOBO*
			PUBLICAÇÃO DE RECADOS
			BLOG DO ZECK
	SINHÁ MOÇA	18h	MENU BÁSICO GLOBO*
			FOTONOVELA
			CONTEÚDO ESPECIAL (CASTRO ALVES)
			RECEITAS COM CAFÉ
	MINHA NADA MOLE VIDA	23h	MENU BÁSICO GLOBO*
			TESTE
	COBRAS E LAGARTOS	19h	MENU BÁSICO GLOBO*
			PUBLICAÇÃO DE RECADOS
			FOTONOVELA
			QUIZ
	PÁGINAS DA VIDA	21h	MENU BÁSICO GLOBO*
			RINGTONES
			VOCÊ NA NOVELA (PUBLICAÇÃO DE RECADOS)
			FOTONOVELA
			CENA COMENTADA
			MESA-REDONDA
			CONTEÚDO ESPECIAL (SÍNDROME DE DOWN)
			CONTEÚDO ESPECIAL (AMA-SOBRE ARTE)
			QUIZ
			ACESSO A DEFICIENTES VISUAIS
	O PROFETA	18h	MENU BÁSICO GLOBO*
			COMUNIDADE
			FÓRUNS
			JOGOS
			BLOG CENAS COMENTADAS
			QUIZ
	PÉ NA JACA	19h	MENU BÁSICO GLOBO*
			PUBLICAÇÃO DE RECADO
			QUIZ
			RECEITA CULINÁRIA
	ANTÔNIA	23h15	MENU BÁSICO GLOBO*
			NA BALADA
			VÍDEO INTERATIVO
			16 POSSIBILIDADES
	SOB NOVA DIREÇÃO	22h15	MENU BÁSICO GLOBO*
			BLOG DAS PERSONAGENS
	A DIARISTA	22h15	MENU BÁSICO GLOBO*
			JOGOS
	A GRANDE FAMÍLIA	22h15	MENU BÁSICO GLOBO*
			JOGOS

	AVASSALADORAS	22h15	HISTÓRIA, CRÉDITOS, PERSONAGENS
	CIDADÃO BRASILEIRO	20h30	HISTÓRIA, CRÉDITOS, PERSONAGENS
	BICHO DO MATO	19h	HISTÓRIA, CRÉDITOS, PERSONAGENS
	ALTA ESTAÇÃO	18h	HISTÓRIA, CRÉDITOS, PERSONAGENS
	VIDAS OPOSTAS	22h	HISTÓRIA, CRÉDITOS, PERSONAGENS
RECORD	PROVA DE AMOR		TRAMA INTERATIVA E FINAL INTERATIVO ATRAVÉS DE TELEFONE FIXO
		19h15	HISTÓRIA, CRÉDITOS, PERSONAGENS
SBT	CRISTAL	19h	HISTÓRIA, CRÉDITOS, PERSONAGENS
	PAIXÕES PROIBIDAS	22h / 17h30	HISTÓRIA, CRÉDITOS, PERSONAGENS
	FLORIBELLA		QUIZ PELO CELULAR
BAND		20h10	HISTÓRIA, CRÉDITOS, PERSONAGENS
			TELETEXTO
	MANDACARU	21h30	HISTÓRIA, CRÉDITOS, PERSONAGENS
	ANTUNES FILHO EM PRETO E BRANCO		SEM SITE
TV CULTURA	TEATRO RÁ-TIM-BUM	16h	SEM SITE
	UM MENINO MUITO MALUQUINHO	14h	SEM SITE

* MENU BÁSICO GLOBO: Os sites das ficções televisivas da Rede Globo possuem links com uma formatação de apresentação presente em todos os produtos. Esses menus contemplam, em sua maioria, capítulos, personagens, revista, vídeos, créditos, história, galeria de fotos, bastidores, *ringtones*, novidades e sinopses.

Legenda:

INTERATIVIDADE MEDIADA PELO TELEFONE FIXO

INTERATIVIDADE MEDIADA PELA INTERNET

INTERATIVIDADE MEDIADA PELO CELULAR – SMS

O quadro anterior apresenta dados do ano de 2006 sobre os conteúdos pervasivos direcionados para a interatividade referentes às ficções de televisão presentes nas principais redes de TV aberta no país, sendo quatro comerciais e uma estatal, pontuando respectivamente seus horários na grade de programação. Ao todo foram exibidas 16 telenovelas, uma *soap opera*,[12] 6 seriados e 4 séries. As categorias dos conteúdos pervasivos e interativos são diferenciadas por três tonalidades de cinza – (1) claro, (2) escuro e (3) médio –, representando, respectivamente: (1) a interatividade mediada por telefone fixo – como é o caso da novela "Prova de Amor", que, assim como o já citado "Intercine", em que a somatória das ligações de telespectadores determina qual será o próximo filme a ser exibido, utilizou esses dados para determinar o rumo de sua narrativa; (2) a interatividade mediada pela internet – composta por portais, sites, fóruns e blogs na web e que se caracterizam por possuírem conteúdos estendidos das tramas de novelas, podendo haver outros conteúdos adicionais e complementares organizados, entre eles, jogos, enquetes, brindes e debates. Essa interatividade é frequentemente utilizada para planejamentos de produção de conteúdos futuros, mas necessariamente não há essa função; (3) a interatividade mediada pelo celular – o aparelho de celular é utilizado neste caso como o suporte que viabiliza a interatividade através do envio e recebimento de SMS (*short messages service* – serviços de mensagens curtas de texto através do celular de até 160 caracteres em CDMA e TDMA e 250 em GSM). O telefone é, portanto, o meio da convergência estabelecendo conexão direta (fixo ou móvel) e indireta (conexão com internet).

Já desde 2006, a Rede Globo – maior produtora brasileira de ficção – destaca-se pelo uso da internet disponibilizando conteúdos de suas obras de ficção em seu portal na web. Cada produto televisivo possui uma página própria na internet, que é organizada a partir de um menu básico utilizado em todos os sites que em sua maioria possuem os links de: a) capítulos – com informações dos capítulos anteriores em ordem cronológica; b) personagens – descrevendo o perfil de cada personagem e as relações estabelecidas entre eles; c) revista – entrevistas com atores e demais profissionais da equipe técnica como também matérias relativas ao conteúdo da novela e sua produção; d) vídeos – cenas do produto televisivo disponibilizadas na internet para serem assistidas e comentadas; e) créditos – ficha técnica da equipe de produção; f) história – relativo ao argumento da ficção e sua contextualização; g) galeria de fotos – disponibiliza fotos do elenco e de cenas da ficção; h) bastidores – descreve processos e curiosidades das gravações, truques de estúdio, caracterizações, maquiagens e figurinos; i) *ringtones* – toques para celular do tema musical disponibilizados para *download*; j) novidades – informações sobre a produção, agenda dos atores, por exemplo, quem irá comparecer a determinado programa etc. e, por fim, k) sinopses – antecipando acontecimentos dos capítulos seguintes.

Esses conteúdos podem ser considerados extensões da narrativa televisiva. A ênfase é dada aos sites das telenovelas, o principal produto da emissora, que são diferenciados pelo tema que cada uma possibilita para o desenvolvimento de jogos, fóruns e blogs relacionados com a trama. Na seção "Bastidores" da novela "Pé na Jaca", de 2006-2007, apresenta-se a receita de "cuca de banana" que é feita para o personagem Arthur, além de destacar a boa fama que o doce tem entre os atores e a diretora. Assim também ocorre no site de "Alma Gêmea", de 2005-2006, com

Atores de "Malhação" comemoram os 15 anos do programa, completados em 2010. Ao longo da sua existência, a *soap opera* contou com diferentes formatos e atualmente pode ser assistido também na internet.

receitas com café, um dos elementos que compõem o ambiente narrativo da novela, e com o "bamba de couve" que Heitor prepara em um programa na novela "Paraíso Tropical", exibida entre 2006-2007.

O desenvolvimento de jogos é encontrado nos sites de novelas como "Paraíso Tropical", em que se deve descobrir quem é Paula e quem é Taís, as gêmeas interpretadas pela atriz Alessandra Negrini, por meio da seção "Revistas" onde são disponibilizados os detalhes da caracterização de cada uma; "O Profeta", que possui três jogos inseridos na *home*: jogo da memória, forca e tétris; e nas séries "A Diarista" – jogo da memória e tétris; e "A Grande Família" – jogos paciência e da memória. Essas duas séries possuem no menu inicial um link próprio para uma seção chamada "Diversão". Esses jogos possuem uma interatividade que nada interfere nas narrativas, pois, na verdade, as ficções emprestam os personagens para figurar estruturas lúdicas já conhecidas, tendo mais especificamente a função de alcançar a fidelização do público associando a atividade de interação ao produto.

É possível observar que a interatividade possui um viés diferenciado no SBT e na TV Bandeirantes, pois utilizam como principal suporte para mediação o envio e o recebimento de SMS por celulares através de jogos de perguntas e respostas, o *quiz*. Emprego diferenciado às SMS (*short message service*) foi dado com o teletexto e as comunidades pela TV Bandeirantes. O primeiro emprego permite ao telespectador de Floribella enviar uma mensagem de texto e ter sua mensagem exibida durante a novela. E a interação ocorre em um ambiente de bate-papo entre os telespectadores da novela, criado a partir da conexão de celulares, formando comunidades.

Os sites oficiais das ficções, controladas pelas emissoras e seus próprios núcleos de produção, garantem a integridade do produto disponibilizando fotos, trechos de vídeos para serem assistidos, *ringtones* (toques de celulares), *wallpapers* e *screensavers* para *download*, sinopses e listagem dos capítulos com a melhor apresentação e qualidade possível. Isso rivaliza com o trabalho amador realizado pelos fãs e oportunistas garantindo ao telespectador obter os conteúdos que deseja no próprio site da ficção. Os sites passam a abrigar e moderar discussões sobre cenas e temas abordados na narrativa, recados para o elenco e equipe de produção, entrevistas e dicas de culinária, além de estética e moda sugeridas pelos personagens e atores.

Verifica-se, portanto, que a TV Globo está sintonizada com as novas tendências no consumo de mídia que oferece certa autonomia à audiência, principalmente entre o público jovem, como é possível observar na *soap opera* "Malhação".

Atenta ao fato de que os telespectadores desejam acessá-la também no computador, em momentos diferentes de sua exibição na TV, a ação da emissora criou uma parceria com o Youtube, disponibilizando trechos de episódios com boa definição no link http://br.youtube.com/malhacao, de modo a impedir que vídeos caseiros proliferem entre os internautas.

O processo de articulação entre interatividade e pervasividade identificado em 2006 tem continuidade em 2007, conforme tabela a seguir:

INTERATIVIDADE E CONTEÚDO PERVASIVO NA FICÇÃO TELEVISIVA BRASIL — ANO 2007			
EMISSORA	FICÇÃO	HORÁRIO	TIPO DE INTERATIVIDADE E CONTEÚDO PERVASIVO
GLOBO	PÉ NA JACA	19h	MENU BÁSICO GLOBO*
	PARAÍSO TROPICAL	21h	MENU BÁSICO GLOBO*
	DUAS CARAS	21h	MENU BÁSICO GLOBO*
	O PROFETA	18h	MENU BÁSICO GLOBO*
			COMUNIDADE
			FÓRUNS
			JOGOS
			BLOG CENAS COMENTADAS
			QUIZ
	ETERNA MAGIA	18h	MENU BÁSICO GLOBO*
			JOGO
	PEDRA DO REINO	23h	MENU BÁSICO GLOBO*
			EXIBIÇÃO DE CINEMA DE ALTA DEFINIÇÃO
	SETE PECADOS	19h	MENU BÁSICO GLOBO*
			QUIZ
	TOMA LÁ, DÁ CÁ	22h45	MENU BÁSICO GLOBO*
	MALHAÇÃO	17h30	MENU BÁSICO GLOBO*
			PUBLICAÇÃO DE RECADOS
			BLOG DO ZECK
			QUIZ
			FÓRUNS
	O SISTEMA	23h	MENU BÁSICO GLOBO*
			FÓRUM
	DESEJO PROIBIDO	18h	MENU BÁSICO GLOBO*
			PUBLICAÇÃO DE RECADO
			QUIZ
			FÓRUM
	SOB NOVA DIREÇÃO	22h15	MENU BÁSICO GLOBO*
			BLOG DAS PERSONAGENS
	A DIARISTA	22h15	MENU BÁSICO GLOBO*
			JOGOS
	A GRANDE FAMÍLIA	22h15	MENU BÁSICO GLOBO*
			JOGOS

RECORD	ALTA ESTAÇÃO	18h	PERSONAGENS, HISTÓRIA, *WALLPAPER*, FOTOS, BASTIDORES
	PROVA DE AMOR	19h15	TRAMA INTERATIVA E FINAL INTERATIVO ATRA-VÉS DE TELEFONE FIXO
			HISTÓRIA, CRÉDITOS, PERSONAGENS
	LUZ DO SOL	20h30	PERSONAGENS, HITÓRIA, *WALLPAPER*, FOTOS, BASTIDORES
	CAMINHOS DO CORAÇÃO	22h	PERSONAGENS, HISTÓRIA, CAPÍTULOS, CONTA-TO, EXTRAS, *WALLPAPER*, GALERIA DE FOTOS, BASTIDORES
SBT	AMOR E INTRIGAS	21h	PERSONAGENS, BASTIDORES, CAPÍTULOS, EXTRAS
	MARIA ESPERANÇA	19h15	PERSONAGENS, CONTATO, BASTIDORES, SINOP-SE, CAPÍTULOS, ELENCO
	AMIGAS E RIVAIS	19h30	CAPÍTULOS, ELENCO, SINOPSE
BAND	DANCE DANCE DANCE	20h15	QUIZ, COMUNIDADE E JOGO DE RELACIONA-MENTO PELO CELULAR COM PRÊMIOS
TV CULTURA	GRANDE TEA-TRO EM PRETO E BRANCO	22h40	SEM SITE
	ELAS POR ELAS	00h15	SEM SITE
	DIREÇÕES	DOMINGO 20h / 00h	SEM SITE
	UM MENINO MUITO MALU-QUINHO	14h	SEM SITE
REDETV!	DONAS DE CASA DESESPERADAS	QUARTA 23h / DOMINGO 22h	FICHA TÉCNICA, EPISÓDIOS, *MAKING-OFF*, *WALLPAPER*, SINOPSES

* MENU BÁSICO GLOBO: Os sites das ficções televisivas da Rede Globo possuem links com uma formatação de apresentação presente em todos os produtos. Esses menus contemplam, em sua maioria, capítulos, personagens, revista, vídeos, créditos, história, vídeos, galeria de fotos, bastidores, *ringtones,* novidades e sinopses.

327

Legenda:

INTERATIVIDADE MEDIADA PELO TELEFONE FIXO

INTERATIVIDADE MEDIADA PELA INTERNET

INTERATIVIDADE MEDIADA PELO CELULAR – SMS

Em 2007, uma outra emissora, a RedeTV!, iniciou uma produção de ficção televisiva com a série "Donas de Casa Desesperadas", versão brasileira de "Desperate Housewives" e coproduzida pela Disney, detentora dos direitos da versão original. Nesse período foram somadas 14 novelas, 1 *soap opera*, 5 seriados, 4 séries e 2 minisséries de produção brasileira. A TV Record inovou ao permitir, pela primeira vez em uma novela, que o telespectador escolhesse, por telefone, o rumo da narrativa dentre duas opções oferecidas em dois momentos durante sua exibição. Essa forma de interatividade já fora experimentada nos episódios de "Você Decide", da TV Globo, mas, se tratando de uma novela, a decisão ocorreu em pleno andamento da trama e repercutiu nos capítulos seguintes. A novela em questão é "Prova de Amor", escrita por um dos autores do extinto seriado "Você Decide".

A primeira experiência ocorreu no dia 18 de maio de 2006, em que o público decidiu se durante o capítulo 161 a personagem Pati, interpretada por Renata Dominguez, seria assassinada pelo próprio irmão, o vilão Lopo, interpretado por Leonardo Vieira, ou se conseguiria fugir – final este exibido por ter contabilizado 92% dos votos. A segunda oportunidade em que o telespectador opinou foi no final da novela, exibido dia 8 de julho de 2006, em que se escolheu com quem a personagem Teresa deveria casar-se, com seu namorado, Hélio, ou com seu ex-marido, Cadu.

Nesse ano, houve outra ampliação dos recursos de interatividade com a adoção do blog como forma de diário virtual e público dos personagens, utilizado em alguns dos sites da TV Globo. As personagens Piti e Belinha, da série "Sob Nova Direção", possuíam um blog conjunto, o "Blog das Meninas", em que eram exploradas características das personagens fora do audiovisual, como se pode ver:

Amigos,
Tive um acesso de riso! Nunca senti tantas cócegas! Bigode ficou meio contrariado. Disse que nunca tinha passado por uma situação como essa. Dis-

se que ele não se preocupasse! Era um riso do bem! Isso significava que ele me divertia e isso era maravilhoso numa relação! É preciso rir e se divertir juntos. Ele acabou concordando.

Mas nossas diferenças começaram a aparecer logo, logo. Para vocês terem uma ideia, Bigode dorme com uma rede de cabelo nos bigodes. Não me perguntem como ele consegue fazer isso, o que sei é que ele entra no banheiro antes de ir para a cama e depois de muito, muito tempo, ele sai lá de dentro com seus bigodes protegidos por uma rede![13]

O blog funciona como um diário em que são expandidas as histórias dos episódios e criadas novas situações como a descrita anteriormente, em que Piti descreve um conflito em sua relação com Bigode. A leitura do blog, como de outros conteúdos desses sites, é mais bem compreendida pelos espectadores das respectivas teleficções, que saberiam, por exemplo, que Bigode é o namorado que Piti conheceu durante a série.

O blog também é recurso utilizado por autores de novelas como Aguinaldo Silva e Glória Perez. Com maior repercussão, tanto pelos comentários polêmicos publicados como também porque sua novela "Duas Caras" estava sendo exibida durante o período analisado, o blog de Aguinaldo Silva (http://bloglog.globo. com/aguinaldosilva), traz as intenções do autor para determinadas cenas e personagens, bem como respostas para as críticas da mídia. O blog também é uma forma de entrar em contato com o autor e discutir com ele o rumo da novela, configurando um novo tipo de interlocução entre audiência e autor. Aguinaldo Silva utiliza o meio para criar verdadeiros debates instigando os telespectadores-internautas a manifestarem suas opiniões, o que o ajudando a escrever os roteiros. Trata-se de uma forma de interatividade realizada após a veiculação dos capítulos, como pode ser conferido a seguir:

Vou precisar da ajuda de vocês que me leem. É o seguinte: Juvenal Antena, o personagem de Antônio Fagundes, nasceu pra ser polêmico. A pergunta que se faz é: um cidadão que ocupa o lugar do Estado numa comunidade na qual este não atua, e se torna o rei do pedaço, é um vilão ou é um herói? Gostaria que vocês se pronunciassem a respeito nos comentários, e vou logo avisando: pretendo seguir o que decidir a maioria.[14]

Ainda no blog de Aguinaldo Silva encontra-se:

> Me deem [sic] uma luz e me respondam: ao criar uma comunidade na qual ele será depois prefeito, delegado, promotor e juiz de Direito, Juvenal Antena é ou não bandido? Respostas, por favor: estou esperando.[15]

Perguntas similares podem ser e são feitas nos sites oficiais das ficções, mas na forma de enquete, o que permite uma participação limitada e um resultado quantitativo, podendo o internauta opinar apenas através das escolhas dentre as opções oferecidas, na maioria das vezes duais e maniqueístas. No entanto, o blog possibilita um tipo de contato mais imediato entre telespectador-internauta e a produção do programa, criando a percepção para o usuário de que se trata de uma relação direta e colaborativa, o que reforça a imagem institucional da emissora junto ao telespectador que tem a participação como objeto-valor. É importante ressaltar ainda que essa comunicação não ocorre sem a eventual interferência de um moderador que tem a função de preservar um nível de interação que resguarde a imagem do autor, da emissora e do produto e que mesmo as manifestações não publicadas no blog podem contribuir para balizar as ações da emissora em relação ao referido programa.

PERSPECTIVAS DA FICÇÃO TELEVISIVA NO MERCADO DIGITAL

As duas tabelas descritivas das produções interativas e dos conteúdos pervasivos nos anos de 2006 e 2007 mostram que, diferentemente da maioria, apenas a TV Cultura não utiliza o site e nem formas de interatividade por telefone, relacionadas às suas produções ficcionais, e apenas a Rede Record retira as páginas da internet após o término dos programas, o que demonstra que essas emissoras ainda não compreenderam alguns aspectos da natureza do processo de transferência dos conteúdos analógicos para as plataformas digitais, já que mudanças estruturais incidem na organização e disponibilização da informação no ciberespaço, na permissão do acesso e na produção de conteúdos compartilhados. No entanto, tal processo não ocorre à revelia de formas de controle econômico e político na arena das relações globalizadas. Ao contrário, se na superfície há uma aparente estrutura de democratização do acesso à informação e à comunicação, na base do processo intensificam-se o controle e o domínio dos segmentos lucrativos de um novo mercado a ser explorado: o da participação do telespectador de narrativas ficcionais.

A TV Globo destaca-se na confecção de sites. Todas as suas narrativas ficcionais veiculadas na TV têm um site próprio e com conteúdo específico não apenas para diferenciar um produto do outro, mas principalmente para atender às demandas da segmentação dos diferentes públicos. Além dos menus básicos dirigidos aos interesses por interatividade, ainda que bastante primários, observa-se um movimento de expansão por parte da emissora, criando subprodutos derivados da narrativa televisiva. Dentre os objetivos dessa ação identificamos a necessidade de reforçar as estratégias de construção de imagem institucional, com o *marketing* social, como, por exemplo, o realizado em torno do tema da síndrome de Down, na novela "Páginas da Vida" (TV Globo – 2006).

Outras redes como o SBT e a TV Bandeirantes investem mais na interatividade por celular principalmente através de jogos de perguntas e respostas, recebidas e enviadas pelos telespectadores através de SMS, referentes aos acontecimentos ocorridos no desenvolver das narrativas. O sucesso nesses jogos, usualmente chamados de *quiz*, depende do conhecimento adquirido ao acompanhar os episódios dos programas assiduamente, reforçando a fidelidade do telespectador no consumo do produto. A participação é incentivada com o oferecimento de prêmios para os que alcançarem a melhor pontuação em um *ranking* nacional. Essa é uma tendência já identificada em outros países em que a interatividade está vinculada a uma ludicidade baseada na compensação através da distribuição de prêmios, o que deixa ainda bastante evidente que a criação desses produtos de entretenimento está atrelada à ampliação de receitas dos diferentes agentes desse processo de convergência, ou seja, empresas de telefonia e emissoras de televisão.

A convergência de suportes ainda não é total. A pervasividade dos conteúdos nos diferentes dispositivos tecnológicos encontra-se no estágio de transição de "atividades sequenciais (assistir e, então, interagir) para atividades simultâneas, porém separadas (interagir enquanto se assiste)".[16] As empresas de comunicação preparam-se para a convergência total que será uma realidade em um futuro breve e constituirá uma experiência combinada e simultânea de assistir e interagir num mesmo ambiente. Nesse sentido, o interesse das emissoras na tentativa de estabelecer uma prática interativa com os telespectadores, nesse momento, reflete a preocupação de readequação das formas tradicionais de produção de bens culturais em um novo sistema de mercado pautado por paradigmas estabelecidos pelas tecnologias de informação e comunicação. Os conteúdos relacionados à ficção televisiva representam um dos gêneros de programas inseridos nessa nova prática da indústria midiática, e as ações das emissoras passam a ter como objetivo forjar uma cultura de consumo interativa e multimidiática.

NOTAS

1 Apud Pedro Cabral, "O horário nobre da internet brasileira", em *Portal Agência Click*, 8 abr. 2004, disponível em <http://www.agenciaclick.com.br/br/estudos/artigo_1316.asp>, acesso em 20 abr. 2004.

2 Daniel Castro, "Outro canal: internet já tira audiência da televisão", em *Portal Folha On Line*, 5 mar. 2004, disponível em <http://www1.folha.uol.com.br/folha/ilustrada/ult90u42096.shtml>, acesso em 20 abr. 2008.

3 O gráfico apresenta a porcentagem de pessoas vendo TV das 0h00 às 23h59, segundo acesso à internet no domicílio minuto a minuto – média dos meses de novembro e dezembro de 2003. Disponível em: <http://www.agenciaclick.com.br/br/estudos/artigo_1316.asp>, acesso em 7 jun. 2010.

4 Ver Algirdas Julien Greimas e Joseph Courtés, *Semiótica: diccionario razonado de la teoria del lenguage II*, Madrid, Gredos, 1991.

5 Conferir, por exemplo, Alex Primo, *Interação mediada por computador: comunicação, cibercultura, cognição*, Porto Alegre, Sulina, 2007; e Pierre Lévy, *Cibercultura*, São Paulo, Editora 34, 1999.

6 Alex Primo, op. cit., p. 126.

7 "Você Decide", programa da TV Globo exibido entre 9 de abril de 1992 e 17 de agosto de 2000, formado por 323 episódios interativos mediados pelo sistema telefônico 0800. O programa contava com um apresentador intermediário que suscitava a participação do telespectador. Nas duas primeiras temporadas eram instalados telões em ruas de grandes cidades, onde ocorriam entrevistas com os presentes sobre o programa. Em 1998, o programa chegou a ter três finais interativos e em 2001 foram reprisados 15 episódios no "Vale a Pena Ver de Novo" simulando também a interação através do telefone.

8 "O 'Intercine' é a primeira sessão de cinema interativa na TV, onde o telespectador escolhe o filme que quer assistir no dia seguinte. Humor, ação, emoção e aventura compõem o cardápio diário do 'Intercine', de terça a sexta-feira. O programa estreou, na TV Globo, em 1º de abril de 1996 e é exibido após o Programa do Jô." Citação do site da Globo disponível em <http://comercial.redeglobo.com.br/programacao_filme/filmes_intro.php>, acesso em 7 jun. 2010.

9 Janet H. Murray, *Hamlet no Holodeck: o futuro da narrativa no ciberespaço*, São Paulo, Editora Unesp, 2003, p. 237.

10 Steven Johnson, *Cultura da interface: como o computador transforma nossa maneira de criar e comunicar*, Rio de Janeiro, Jorge Zahar, 2001, p. 26.

11 Aida Veiga, "Assistiu, comprou", em *Portal Veja On-Line*, disponível em <http://veja.abril.com.br/200900/p_107.html>, acesso em 10 jul. 2008.

12 Apesar de a telenovela ser comumente traduzida para os países de língua inglesa por *soap opera*, há entre esses formatos diferenças fundamentais. A telenovela é estruturada para ter início, meio e fim. Ela tem uma duração determinada, tendo em média 200 capítulos. A *soap opera*, ao contrário, pode ser "infinita", permanecendo no ar enquanto houver público e anunciantes. Ela, portanto, não está comprometida a se desenvolver em direção a um final, como a telenovela. O exemplo brasileiro de *soap opera* é "Malhação".

13 "Blog das meninas", em *Portal Globo* – Sob Nova Direção, 16 jun. 2007, disponível em <http://redeglobo.globo.com/Blog/0,,4690,00.html>, acesso em 30 abr. 2008.

14 Aguinaldo Silva, "Sobrevivi", postagem no "Blog de Aguinaldo Silva", disponível em <http://bloglog.globo.com/blog/post.do?act=loadSite&id=1344&permalink=true>, acesso em 30 abr. 2008.

15 Idem.

16 Janet H. Murray, op. cit., p. 237.

BIBLIOGRAFIA

ADORNO, Theodor; HORKHEIMER, Max. A indústria cultural: o esclarecimento como mistificação das massas. *Dialética do esclarecimento*. Rio de Janeiro: Jorge Zahar, 2002, pp. 113-56.

ANDERSON, Benedict. *Nação e consciência nacional*. São Paulo: Companhia das Letras, 1989.

AUGUSTO, Sergio. *Este mundo é um pandeiro*: a chanchada de Getúlio a JK. São Paulo: Companhia das Letras, 1989.

ALMEIDA, Cândido José de; FALCÃO, Ângela; MACEDO, Cláudia (orgs.). TV ao vivo: depoimentos. São Paulo: Brasiliense, 1988.

ALMEIDA, Claudio Aguiar. *Cultura e sociedade no Brasil (1940-1968)*. São Paulo: Atual, 1997.

ALVES, Vida. *Tupi, uma linda história de amor*. São Paulo: Imprensa Oficial, 2008.

AMANCIO, Tunico. *Artes e manhas da Embrafilme*: cinema estatal brasileiro em sua época de ouro (1977-1981). Niterói: Eduff, 2000.

AZEVEDO, Lia Calabre de. Sistema Brasileiro de Televisão. In: ALVES, Alzira Alves de et al. *Dicionário histórico-biográfico brasileiro*. Rio de Janeiro: FGV, 2001.

BAKHTIN, Mikhail. *A cultura popular na Idade Média e no Renascimento*: o contexto de François Rabelais. São Paulo: Hucitec, 1996.

_____. *Problemas na poética de Dostoiévski*. Rio de Janeiro: Forense Universitária, 2005.

BAPTISTA, Mauro. O cinema britânico: realismo, classe e televisão pública (1984-2007). In: _____; MASCARELLO, Fernando (orgs). *Cinema mundial contemporâneo*. Campinas: Papirus, 2008, pp.71-9.

BARBOSA, Marialva. *História cultural da imprensa*. Rio de Janeiro: Maud X, 2007.

_____. Imprensa e encenações de modernidade no início da República. *Revista Vivência*, Natal, UFRN, 2010.

_____; RIBEIRO, Ana Paula Goulart. "Telejornalismo da Globo: vestígios, narrativa e temporalidade". In: BRITTOS, Valério Cruz; BOLAÑO, César. *Rede Globo*: 40 anos de poder e hegemonia. São Paulo: Paulus, 2005, pp. 205-24.

BARBOSA LIMA, Fernando; MACHADO, Arlindo; PRIOLLI, Gabriel. *Televisão e vídeo*. Rio de Janeiro: Zahar, 1985.

BARROS, Sonia Miceli Pessôa de. *Imitação da vida*: pesquisa exploratória sobre a telenovela no Brasil. São Paulo, 1974. Dissertação (Mestrado em Ciências Sociais) – Departamento de Ciências Sociais, Universidade de São Paulo.

BECKER, Beatriz. *O sucesso da telenovela Pantanal*: um fenômeno de mídia. Rio de Janeiro, 1992. Dissertação (mestrado em Comunicação), Escola de Comunicação – Universidade Federal do Rio de Janeiro.

_____. *Brasil 2000*: 500 anos do descobrimento nos noticiários da TV. Rio de Janeiro, 2001. Tese (Doutorado em Comunicação) – Escola de Comunicação, Universidade Federal do Rio de Janeiro.

_____. Diversidade e pluralidade: desafios da produção de um telejornalismo de qualidade. In: BORGES, Gabriela; REIA-BAPTISTA, Vítor (orgs.). *Discursos e práticas de qualidade na televisão*. Lisboa: Novos Horizontes, 2008, pp. 357-67.

_____; MACHADO, Arlindo. *Pantanal*: a reinvenção da telenovela. São Paulo: Educ, 2008.

BENJAMIN, Walter. O narrador. *Sobre arte, técnica, linguagem e política*. Lisboa: Relógio D'Água, 1992.

BENTES, Ivana. Aqui e Agora: o cinema do submundo ou teleshow da realidade. *Imagens*, n. 2, ago. 1994, pp. 44-9.

_____. *Cartas ao mundo*. São Paulo: Companhia das Letras, 1997.

BERGAMO, Alexandre. Imitação da ordem: as pesquisas sobre televisão no Brasil. *Tempo Social*, v. 18, n. 1, 2006, pp. 303-28.

BERTON, Philippe. *L'Utopie de la communication*. Paris: La Découverte, 1997.

BOURDIEU, Pierre. *O poder simbólico*. Rio de Janeiro: Bertrand Brasil, 2003.

BORELLI, Silvia Helena Simões; ORTIZ, Renato; RAMOS, José Mário Ortiz. *Telenovela*: história e produção. São Paulo: Brasiliense, 1989.

BRANDÃO, Cristina. *O Grande Teatro Tupi do Rio de Janeiro*: o teleteatro e suas múltiplas faces. Juiz de Fora, OP.COM/Editora da UFJF, 2005.

_____. A radicalização de Beto Rockfeller: o discurso contemporâneo da telenovela brasileira. In: COUTINHO, Iluska; JÚNIOR, Potiguara Mendes (orgs). *Comunicação*: tecnologia e identidade. Rio de Janeiro: Mauad, 2007, pp. 165-81.

BRITTOS, Valério Cruz. Disputa e reconfiguração na televisão brasileira. *Anos 90*, Porto Alegre, n. 12, dez. 1999, pp. 89-117.

_____. Multiplicidade e globalização da televisão brasileira. *Eptic On Line*: revista eletrónica internacional de economía política de las tecnologías de la información y de la comunicación, Aracaju, v. 2, n. 1, jan./jun. 2000. Disponível em: <http://www.eptic.com.br>. Acesso em: 15 dez. 2009.

_____. Os 50 anos da TV brasileira e a fase da multiplicidade da oferta. *Observatório*: revista do Obercom, Lisboa, v. 1, n. 1, 2000, pp. 47-59.

_____. *Recepção e TV a cabo*: a força da cultura local. São Leopoldo: Ed. Unisinos, 2001.

BUSETTO, Áureo. Sem aviões da Panair e imagens da TV Excelsior no ar: um episódio sobre a relação regime militar e televisão. In: KUSHNIR, Beatriz (org.). *Maços na gaveta*: reflexões sobre mídia. Niterói: Eduff, 2009, pp. 53-64.

Butcher, Pedro. *A dona da história*: origens da Globo Filmes e seu impacto no audiovisual brasileiro. Rio de Janeiro, 2006. Dissertação (Mestrado em Comunicação) – Escola de Comunicação, Universidade Federal do Rio de Janeiro.

Campbell, Richard. *60 Minutes and the News*: a Mythology for Middle America. Chicago: University of Illinois Press, 1991.

Canclini, Néstor García. *Consumidores e cidadãos*: conflitos multiculturais da globalização. Rio de Janeiro: Ed. ufrj, 1995.

_____. tv a cabo: a dispersão da audiência. *Sociedade em Debate*, Pelotas, v. 2, n. 4, 1996, pp. 17-23.

Carvalho, Elizabeth. Telejornalismo: a década do jornal da tranquilidade. Carvalho, Elizabeth et al. *Anos 70*: televisão. Rio de Janeiro: Gráfica Europa, 1980, pp. 31-46.

Casetti, Francesco; Odin, Roger. De la paleo à la neo-television: approche sémio-pragmatique. *Communications*, n. 51, Paris, 1990, pp. 9-28.

Castelo Branco, Humberto Alencar. O poder nacional e a segurança nacional. *Revista da Escola Superior de Guerra*, Rio de Janeiro, esg, ano i, n. 3, v. 2, ago. 1984, pp. 9-21.

Castelo Branco, Renato et al. *História da propaganda no Brasil*. São Paulo: T. A. Queiroz, 1990.

Castro, Cosette. *Por que os reality shows conquistam audiências?* São Paulo: Paulus, 2006.

Catani, Afrânio; Nogueira, Maria Alice (orgs.). *Escritos de educação*. Petrópolis: Vozes, 2001.

Clark, Walter; Barbosa Lima, Fernando. Um pouco de história e de reflexão. In: Almeida, Candido; Macedo, Cláudia; Falcão, Ângela (orgs.). *tv ao vivo*: depoimentos. São Paulo: Brasiliense, 1988.

Contier, Arnaldo. *Brasil Novo*: música, nação e modernidade. São Paulo, 1986. Tese (Livre-docência História) – Faculdade de Filosofia e Ciências Humanas, Universidade de São Paulo.

Costa, Alcir Henrique. Rio e Excelsior: projetos fracassados?. In: Costa, Alair Henrique; Kehl, Maria Rita; Simões, Inimá. *Um país no ar*: história da tv brasileira em três canais. São Paulo: Brasiliense, 1986.

Dreifus, René. *1964, a conquista do Estado*: ação política, poder e golpe de classe. Petrópolis: Vozes, 1981.

Durst, Walter George. *Rosa lúbrica*. Rio de Janeiro: Paz e Terra, 1978.

Eco, Umberto. Música, rádio e televisão. *Apocalípticos e integrados*. São Paulo: Perspectiva, 1993, pp. 315-24.

Enne, Ana Lúcia; Souza, Theobaldi de. O caso "Capistrano" e o romance Casa de Pensão, de Aluísio Azevedo: algumas reflexões sobre ficção literária e ficção jornalística. *Revista Galáxia*, São Paulo, n. 18, 2009, pp. 204-16.

Eyerman, Ron; Jamison Andrew. Social Movements and Cultural Transformation. *Media, Culture and Society*, London, Sage, v. 17, n. 3, 1995, pp. 454-60.

Favaretto, Celso. *Tropicália*: alegoria, alegria. São Paulo: Ateliê, 1995.

Fechine, Yvana. A programação da tv no cenário de digitalização dos meios: configurações que emergem dos reality show. In: Filho, João Freire (org.). *A tv em transição*. Porto Alegre: Sulina, 2009, pp. 139-170.

_____. Produção ficcional brasileira no ambiente de convergência: experiências sinalizadoras a partir do núcleo Guel Arraes. In: Lopes, Maria Immacolata Vassalo de (org.). *Ficção televisiva no Brasil*: temas e perspectivas. São Paulo: Globo, 2009, pp. 353-94.

_____; Figueirôa, Alexandre (orgs.). *Guel Arraes*: um inventor no audiovisual brasileiro. Recife: Cepe, 2008.

Ferraz, Carlos. Análise e perspectivas da interatividade na tv digital. In: Squirra, Sebastião; Fechine, Yvana (orgs.). *Televisão digital*: desafios para a comunicação. Porto Alegre: Sulina, 2009, pp. 15-43.

335

Fico, Carlos. *Reinventando o otimismo*: ditadura, propaganda e imaginário social no Brasil. Rio de Janeiro: Editora FGV, 1997.

Fígaro, Roseli. A nossa próxima atração: entrevista com Mário Fanucchi. *Comunicação & Sociedade*, São Paulo, v. 3, n. 10, 1997, pp. 69-87.

Figueirôa, Alexandre. Os documentários audiovisuais produzidos pelo estado brasileiro: o DOC TV. *Anais do XXIX Congresso Brasileiro de Ciências da Comunicação*. São Paulo: Intercom, 2006, p. 14.

Filho, Daniel. *O circo eletrônico*: fazendo TV no Brasil. Rio de Janeiro: Jorge Zahar, 2001.

Fonseca, Heber. *Caetano, esse cara*. Rio de Janeiro: Revan, 1993.

Francfort, Elmo. *Rede Manchete*: aconteceu, virou história. São Paulo: Imprensa Oficial, 2008.

Freire Filho, João. Memórias do mundo-cão: 50 anos de debate sobre o nível da TV no Brasil. In: Lopes, Maria Immacolata Vassallo de; Bunnano, Milly (orgs.), *Comunicação social e ética*: Colóquio Brasil-Itália. São Paulo: Intercom, 2005, pp. 164-80.

_____. (org.). *A TV em transição*. Porto Alegre: Sulina, 2009.

Gleiser, Luiz. *Além da notícia*: o Jornal Nacional e a televisão brasileira. Rio de Janeiro, 1983. Dissertação (Mestrado em Comunicação) – Escola de Comunicação, Universidade Federal do Rio de Janeiro.

_____. Novas tecnologias: a TV segmentada. In: Almeida, Cândido José Mendes de; Araújo, Maria Elisa de (orgs.). *As perspectivas da televisão brasileira ao vivo*. Rio de Janeiro: Imago/Centro Cultural Cândido Mendes, 1995, pp. 9-23.

Gramsci, Antonio. *Concepção dialética da história*. Rio de Janeiro: Civilização Brasileira, 1981.

Greimas, Algirdas Julien; Courtés, Joseph. *Semiótica, diccionario razonado de la teoria del lenguage II*. Madrid: Gredos, 1991.

Hamburger, Esther. *O Brasil antenado*: a sociedade da novela. Rio de Janeiro: Jorge Zahar, 2005.

Hagen, Sean. O casal 20 do telejornalismo e o mito da perfeição: como a mídia constrói a imagem dos apresentadores Fátima Bernardes e William Bonner. Porto alegre, 2004. Dissertação (Mestrado em Comunicação), Departamento de Comunicação – Universidade Federal do Rio Grande do Sul.

Herz, Daniel. *A história secreta da Rede Globo*. Porto Alegre: Tchê, 1987.

Hutcheon, Linda. *Uma teoria da paródia*. Lisboa: Edições 70, 1985.

Ianni, Octavio. *A era do globalismo*. Rio de Janeiro: Civilização Brasileira, 1996.

Jambeiro, Othon. O Brasil na sociedade da informação: bases para um esquema de análise. In: Jambeiro, Oton; Bolaño, Cesar; Brittos, Valério (orgs.). *Comunicação, informação e cultura*: dinâmicas globais e estruturas de poder. Salvador, Edufba, 2004.

Jameson, Frederic. *A virada cultural*. Rio de Janeiro: Civilização Brasileira, 2006.

_____. *Pós-modernismo*: a lógica cultural no capitalismo tardio. São Paulo: Ática, 1996.

Jenkins, Henry. *Cultura da convergência*. São Paulo: Aleph, 2008.

_____. Quentin Tarantino's Star Wars? Digital Cinema, Media Convergence, and Participatory Culture. In: Jenkins, Henry; Thorburn, David (eds.). *Rethinking Media Change*. Cambridge, MIT Press, 2003, pp. 281-314.

Johnson, Steve. *Cultura da interface*: como o computador transforma nossa maneira de criar e comunicar. Rio de Janeiro: Jorge Zahar, 2001.

Joseff, Bella. O espaço da paródia, o problema da intertextualidade e a carnavalização. *Revista Tempo Brasileiro*, n. 62, 1980, pp. 53-70.

Júnior, Gonçalo. *Pais da TV*: a história da televisão contada por... São Paulo: Conrad, 2001.

Kaplan, Cora. What We Have Again to Say: Williams, Feminism and the 1840s. In: Prendergast, Christopher (ed.). *Cultural Materalism*: on Raymond Williams. Minneapolis: University of Minnesota Press, 1995, pp. 211-36.

KEHL, Maria Rita. As novelas, novelinhas, novelões: mil e uma noites para as multidões. In: CARVALHO, Elisabeth et al. *Anos 70*: televisão. Rio de Janeiro: Gráfica Europa, 1980, pp. 49-73.

_____. Eu vi um Brasil na TV. In: COSTA, Alcir Henrique; KEHL, Maria Rita; SIMÕES, Inimá. *Um país no ar*: a história da TV brasileira em três canais. São Paulo, Brasiliense/Funarte, 1986, pp. 167-276.

KLAGSBRUNN, Marta; RESENTE, Beatriz. *A telenovela no Rio de Janeiro (1950-1963)*. Rio de Janeiro: Ciec, 1991.

LÉVY, Pierre. *Cibercultura*. São Paulo: Editora 34, 1999.

LOPES, Maria Immacolata Vassalo de. Transmediação, plataformas múltiplas, colaboratividade e criatividade na ficção televisiva brasileira. In: LOPES, Maria Immacolada Vassalo (org.). *Ficção televisiva no Brasil*: temas e perspectivas. São Paulo: Globo, 2009, pp. 353-94.

MACHADO, Arlindo. *A arte do vídeo*. São Paulo: Brasiliense, 1988.

_____. *A televisão levada a sério*. São Paulo: Senac, 2003.

MARCONDES FILHO, Ciro. *Quem manipula quem?*: poder e massas na indústria da cultura e comunicação no Brasil. Petrópolis: Vozes, 1986.

MARTÍN-BARBERO, Jesús. *Dos meios às mediações*: comunicação, cultura e hegemonia. Rio de Janeiro: Editora UFRJ, 1997.

_____; REY, Germán. *Os exercícios do ver*: hegemonia audiovisual e ficção televisiva. São Paulo: Senac, 2001.

MATTELART, Michele e Armand. La recepcion: el retorno al sujeto. *Dialogos de la comunicacion*, Lima, n. 30, 1991, pp. 10-8.

_____. *O carnaval das imagens*: a ficção na TV. São Paulo: Brasiliense, 1989.

MATTOS, Sérgio. *História da televisão brasileira*: uma visão econômica, social e política. Petrópolis: Vozes, 2002.

_____. *O contexto midiático*. Salvador: Instituto Geográfico e Histórico da Bahia, 2009.

MAYER, Vicki. A Vida como ela é, pode ser, deve ser. O programa Aqui Agora e cidadania no Brasil. *Intercom – Revista Brasileira de Ciências da Comunicação*, São Paulo, v. 29, n. 1, 2006, pp. 15-37.

MCCARTHY, David. *Arte pop*. São Paulo: Cosac Naify, 2002.

MCLUHAN, Marshall. *Os meios de comunicação como extensões do homem*. São Paulo: Cultrix, 1971.

MEMÓRIA GLOBO. *Jornal Nacional*: a notícia faz história. Rio de Janeiro: Jorge Zahar, 2004.

_____. *Dicionário da TV Globo*: programas de dramaturgia e entretenimento. Rio de Janeiro: Jorge Zahar, 2003.

MELLO, Zuza Homem de. *A era dos festivais*: uma parábola. São Paulo: Editora 34, 2003.

MELO, Paulo Roberto de Souza; GORINI, Ana Paula Fontenelle; ROSA, Sérgio Eduardo Silveira. *Televisão por assinatura*. Brasília: BNDES,1996.

_____. *Música popular brasileira*. São Paulo: Edusp, 1976.

MENDONÇA, Kleber. *A punição pela audiência*: um estudo do Linha Direta. Rio de Janeiro: Quartet/ Faperj, 2002.

MENDONÇA, Sonia Regina de. As bases do desenvolvimento capitalista dependente: da industrialização restringida à internacionalização. In: LINHARES, Maria Yedda (org). *História geral do Brasil*. Rio de Janeiro: Campus, 1990, pp. 243-72.

_____. *Estado e economia no Brasil*: opções de desenvolvimento. Rio de Janeiro: Graal, 1986.

MICELI, Sergio. O papel político dos meios de comunicação de massa. In: SCHWARTZ, Jorge; SOSNOWSKI, Saul (orgs.). *Brasil*: o trânsito da memória. São Paulo: Edusp, 1994, pp. 41-67.

MIRA, Maria Celeste. A disputa pela audiência na TV aberta. In: BORELLI, Silvia Helena Simões; PRIOLLI, Gabriel (coords). A deusa ferida: por que a Rede Globo não é mais a campeã absoluta de audiência. São Paulo: Summus, 2000, pp.109-32.

_____. Circo eletrônico: Sílvio Santos e o SBT. São Paulo: Loyola/Olho D'Água, 1995.

MORELLI, Rita. Indústria fonográfica: uma abordagem antropológica. Campinas: Editora Unicamp, 1991.

MOREIRA, Roberto. Vendo a televisão a partir do cinema. In: BUCCI, Eugênio. (org.). A TV aos 50: criticando a televisão brasileira no seu cinquentenário. São Paulo: Fundação Perseu Abramo, 2000, pp. 49-64.

MORIN, Edgar. Cultura de massas no século XX: neurose. Rio de Janeiro: Forense, 2007.

_____. Sociologia. Portugal: Europa-América, 1984.

MOTA, Maria Regina de Paula. A épica eletrônica de Glauber: um estudo sobre cinema e televisão. Belo Horizonte: UFMG, 2001.

MURRAY, Janet H. Hamlet no Holodeck: o futuro da narrativa no ciberespaço. São Paulo: Editora Unesp, 2003.

NAPOLITANO, Marcos. Cultura brasileira: utopia e massificação (1950-1980). São Paulo: Contexto, 2004.

_____. Seguindo a canção: engajamento político e indústria cultural na MPB. São Paulo: Fapesp/Annablume, 2001.

_____; VILLAÇA, Mariana Martins. Tropicalismo: as relíquias do Brasil em debate. Revista Brasileira de História, v. 18, n. 35, 1998, pp. 53-75.

NEGROPONTE, Nicholas. A vida digital. São Paulo: Companhia das Letras, 1995.

NERCOLINI, Marildo. A construção cultural pelas metáforas: a MPB e o rock nacional argentino repensam as fronteiras globalizadas. Rio de Janeiro, 2005. Tese (Doutorado em Ciência da Literatura) – Faculdade de Letras, UFRJ.

_____. Artista-intelectual: a voz possível em uma sociedade que foi calada. Porto Alegre, 1997. Dissertação (mestrado em Sociologia) – Departamento de Sociologia, Universidade Federal do Rio Grande do Sul.

NOGUEIRA, Armando. "Telejornalismo I: a experiência da Rede Globo". In MACEDO, Cláudia Macedo; FALCÃO, Angela; MENDES, Cândido José Mendes de. TV ao vivo: depoimentos. São Paulo: Brasiliense, 1988.

OLIVEIRA, Lúcia Maciel Barbosa de. Nossos comerciais, por favor!: a televisão brasileira e a Escola Superior de Guerra: o caso Flávio Cavalcanti. São Paulo: Beca, 2001.

OLIVEIRA SOBRINHO, José Bonifácio (coord.). 50 anos de TV no Brasil. São Paulo: Globo, 2000.

ORLANDI, Eni. A linguagem e seu funcionamento. São Paulo: Brasiliense, 1984.

ORTIZ, Renato. A evolução histórica da telenovela. In: BORELLI, Silvia Helena Simões; ORTIZ, Renato; RAMOS, José Mário Ortiz. Telenovela: história e produção. São Paulo: Brasiliense, 1989, pp.11-54.

_____. A moderna tradição brasileira: cultura brasileira e indústria cultural. São Paulo: Brasiliense, 1988.

PAIANO, Enor. O berimbau e o som universal: lutas culturas e indústria fonográfica nos anos 60. São Paulo, 1991. Dissertação (Mestrado em Ciências da Comunicação) – Escola de Comunicação e Artes, Universidade de São Paulo.

PAIVA, Claudio Cardoso. "Afinidades estéticas no contexto da latinidade: o realismo mágico de Dias Gomes". In: SOUZA, Lícia Soares et al. (orgs.). América: terra de utopias. Salvador: Editora da Uneb, 2003.

PAIVA, Raquel; SODRÉ, Muniz. O império do grotesco. Rio de Janeiro: Mauad, 2002.

PAULA FREITAS, Ayêska; LOBO, Júlio César. Glauber: a conquista de um sonho – os anos verdes. Belo Horizonte: Dimensão, 1996.

PEREIRA, Carlos Alberto Messeder; MIRANDA, Ricardo. *O nacional e o popular na cultura brasileira*: televisão. São Paulo: Brasiliense, 1983.

PORTO, Mauro. Novos apresentadores ou novo jornalismo?: o Jornal Nacional antes e depois da saída de Cid Moreira. *Comunicação e Espaço Público*, v. 5, n. 1-2, 2002, pp. 9-31.

PORTO E SILVA, Flávio Luiz. *O teleteatro paulista nas décadas de 50 e 60*. São Paulo: Idart, 1981.

PRIMO, Alex. *Interação mediada por computador*: comunicação, cibercultura, cognição. Porto Alegre: Sulina, 2007.

PRIOLLI, Gabriel. A tela pequena no Brasil grande. In: BARBOSA LIMA, Fernando; MACHADO, Arlindo; PRIOLLI, Gabriel. *Televisão e vídeo*. Rio de Janeiro: Jorge Zahar, 1985, pp. 19-52.

_____. Crítica de televisão. In: ALMEIDA, Cândido; MACEDO, Cláudia; FALCÃO, Ângela (orgs.). *TV ao vivo*: epoimentos. São Paulo: Brasiliense, 1988, p. 147-155.

PROKOP, Dieter. Fascinação e tédio na comunicação: produtos de monopólio e consciência. In: MARCONDES FILHO, Ciro (org.). *Prokop*. São Paulo: Ática, pp. 148-94.

RAMOS, Murilo César. TV por assinatura: segunda onda de globalização da televisão brasileira. In: MORAES, Dênis de (org.). *Globalização, mídia e cultura contemporânea*. Campo Grande: Letra Livre, 1997, pp. 135-66.

REGO, Patrícia de Matos Sá Rego. *Cabo de guerra na TV*: estudo da autoridade do jornalista do RJTV. Niterói, 2000. Dissertação (Mestrado em Comunicação) – Instituto de Artes e Comunicação Social, Universidade Federal Fluminense.

REIMÃO, Sandra (coord.). *Em instantes*: notas sobre a programação da TV brasileira (1965-1995). São Paulo: Fac. Salesianas, 1997.

REZENDE, Guilherme Jorge. *Telejornalismo no Brasil*: um perfil editorial. São Paulo: Summus, 2000.

REZENDE, Sidney. *Ideário de Glauber Rocha*. Rio de Janeiro: Philobiblion, 1986.

RIBEIRO, Ana Paula Goulart. *Imprensa e história do Rio de Janeiro dos anos 1950*. Rio de Janeiro, E-papers, 2007.

RIBEIRO, Santuza Naves; BOTELHO, Isaura. Show, a coreografia do milagre. In: CARVALHO, Elisabeth et al. *Anos 70*: televisão. Rio de Janeiro: Gráfica Europa, 1980, pp. 74-82.

_____. A televisão e a política de integração nacional. In: CARVALHO, Elisabeth et al. *Anos 70*: televisão. Rio de Janeiro: Gráfica Europa, 1980, pp. 93-102.

RICOEUR, Paul. *Ideologia e utopia*. Lisboa: Edições 70, 1991.

RIDENTI, Marcelo. *Em busca do povo brasileiro*: artistas da revolução, do CPC à era da TV. Rio de Janeiro: Record, 2000.

RINCÓN, Omar. Lutando por uma televisão melhor: entrevista a João Freire Filho. *Eco-Pós*, Rio de Janeiro, v. 7, n. 1, 2004, pp. 113-25.

ROCHA, Glauber. *Revolução do cinema novo*. São Paulo: Cosac & Naif, 2004.

ROCHA, Maria Eduarda da Mota. O núcleo Guel Arraes e a reconstrução da imagem da TV Globo. In: FECHINE, Yvana; FIGUEIRÔA, Alexandre (eds). *Guel Arraes*: um inventor no audiovisual brasileiro. Recife: Cepe, 2008, pp. 93-110.

RODNITZKY, Jerome. Popular Music as Politics and Protest. In: BINDAS, Kenneth J. (ed). *America's Musical Pulse*. Santa Barbara: Praeger Publisher, 1992, pp. 3-12.

RONDELLI, Elizabeth. Televisão aberta e por assinatura: consumo cultural e política de programação. *Lugar Comum*, Rio de Janeiro, Nepcom/UFRJ, n. 5-6, 1998, pp.33-58.

SACRAMENTO, Igor. *Depois da revolução, a televisão*: cineastas de esquerda no jornalismo televisivo dos anos 1970. Rio de Janeiro, 2008. Dissertação (Mestrado em Comunicação) – Escola de Comunicação, Universidade Federal do Rio de Janeiro.

_____; SILVA, Marco Antonio Roxo da; RIBEIRO, Ana Paula Goulart. O PCB e a modernização midiática no Brasil: propostas para a análise das relações entre comunistas e a televisão no anos 1970. V *Encontro de Estudos Multdisciplinares em Cultura* – Enecult, Salvador, 2009, pp. 1-15.

SANTOS, Martha Isabel Alves dos. *Telejornalismo do grotesco*: telejornal Aqui Agora. São Paulo, 2006. Dissertação (Mestrado em Comunicação) – Departamento de Comunicação, Universidade Paulista.

SARLO, Beatriz. *Paisagens imaginárias*. São Paulo: Edusp, 2005.

SCHWARZ, Roberto. Cultura e política, 1964-69. *O pai de família e outros estudos*. Rio de Janeiro: Paz e Terra, 1978, pp. 61-72.

SCOLARI, Carlos Alberto. Ecología de la hipertelevisón: complejidad narrativa, simulación y trans-medialidad en la televisión contemporânea. In: SQUIRRA, Sebastião; FECHINE, Yvana (orgs.). *Televisão digital*: desafios para a comunicação. Porto Alegre: Sulina, 2009, pp. 174-201.

SCOVILLE, Eduardo. *Na barriga da baleia*: a Rede Globo de Televisão e a música popular brasileira na primeira metade dos anos 1970. Curitiba, 2007. Tese (Doutorado em História) – Departamento de História, Universidade Federal do Paraná.

SIMÕES, Inimá. TV a Chateaubriand. In: COSTA, Alcir Henrique; KEHL, Maria Rita; SIMÕES, Inimá. *Um país no ar*: história da TV brasileira em três canais. São Paulo: Brasiliense, 1986, pp.11-122.

SILVA, Marco Antonio Roxo da. A condenável retórica do nariz de cera e o diploma de jornalismo. In: SACRAMENTO, Igor; LOPES, Fernanda Lima (orgs.). *Retórica e mídia*: estudos ibero-brasileiros. Florianópolis, Insular, 2009.

_____. *Companheiros em luta*: a greve dos jornalistas de 1979. Niterói, 2003. Dissertação (Mestrado em Comunicação) – Instituto de Artes e Comunicação Social, Universidade Federal Fluminense.

SIQUEIRA, Carla. Carla Siqueira. *Sexo, crime e sindicato*: sensacionalismo e populismo nos jornais Última Hora, O Dia e Luta Democrática durante o segundo governo Vargas (1951-1954). Rio de Janeiro, 2002. Tese (Doutorado em História) – Departamento de Comunicação, Pontifícia Universidade Católica.

SIRINELLI, Jean-François. Os intelectuais. In : REMOND, René (org). *Por uma história política*, Rio de Janeiro: Editora UFRJ/FGV, 1996, pp. 231-69.

SODRÉ, Muniz. *A comunicação do grotesco*. Petrópolis: Vozes, 1972.

_____. *O monopólio da fala*: função e linguagem da televisão no Brasil. Petrópolis: Vozes, 1977.

_____. *O social irradiado*: violência urbana, neogrotesco e mídia. São Paulo: Cortez, 1992.

SOUZA, Cláudio Mello e. *Jornal Nacional*: 15 anos de história. Rio de Janeiro: Rio Gráfica, 1984.

SOUZA, Tárik de. A aliança televisiva e os festivais da canção. *Brasil musical*. Rio de Janeiro: Art Bureau, s.d.

SQUIRRA, Sebastião. *Boris Casoy, o âncora no telejornalismo brasileiro*. Petrópolis: Vozes, 1993.

THOMPSON, Robert. *Television's Second Golden Age*. Syracuse: Syracuse University Press, 1996.

TINHORÃO, José Ramos. *Música popular*: do gramofone ao rádio e TV. São Paulo: Ática, 1981.

TREECE, David. Guns and Roses: Bossa Nova and Brazil's Music of Popular Protest. *Popular Music*, v. 16, n.1, 1997, pp.1-29.

VELOSO, Caetano. *Verdade tropical*. São Paulo: Companhia das Letras, 1998.

VIEIRA, Michele. *O rádio no imaginário científico*: de tecnologia a meio de massa (1922-1932). Niterói, 2010. Dissertação (Mestrado em Comunicação) – Instituto de Artes e Comunicação Social, Universidade Federal Fluminense.

VIRILIO, Paul. *L'Ecran du desert*. Paris: Galilée, 1991.

WANDERLEY, Sonia. *Cultura política e televisão*: entre a massa e o popular. Niterói, 2005. Tese (Doutorado em História) – Departamento de História, Universidade Federal Fluminense.

WILLIAMS, Raymond. *Marxismo e literatura*. Rio de Janeiro: Jorge Zahar, 1979.

_____. *Towards 2000*. London: Peguin Books, 1985.

WOLF, Mauro. *Teorias da comunicação*. Lisboa: Presença, 2001.

XAVIER, Ricardo (Rixa). *Almanaque da TV*: 50 anos de memória e informação. Rio de Janeiro: Objetiva, 2000.

ZUMTHOR, Paul. *A letra e a voz*. São Paulo: Companhia das Letras, 1993.

OS ORGANIZADORES

Ana Paula Goulart Ribeiro

É graduada em Jornalismo pela Universidade Federal Fluminense (1990), tendo também cursado História na mesma instituição. Fez mestrado (1995) e doutorado (2000) em Comunicação e Cultura na Universidade Federal do Rio de Janeiro. É professora da Escola de Comunicação da UFRJ. Faz parte do corpo docente do Programa de Pós-graduação em Comunicação, coordena a linha de pesquisa Mídia e Mediações Socioculturais e edita a revista *ECO-Pós*. Coordena o Grupo de Trabalho de História do Jornalismo da Alcar (Associação Brasileira de Pesquisadores de História da Mídia). Foi responsável pela redação do livro *Jornal Nacional: a notícia faz história* e é autora do livro *Imprensa e história no Rio de Janeiro dos anos 50*. Organizou, com Lúcia Ferreira, a coletânea *Mídia e memória*, com Micael Herschmann, o livro *Comunicação e história* e, com Igor Sacramento, a publicação *Mikhail Bakhtin: linguagem, cultura e mídia*. Suas áreas de interesse são: Mídia e Memória; História dos Meios de Comunicação; Teoria da Linguagem e Análise do Discurso.

Igor Sacramento

É graduado em Comunicação Social/Jornalismo (2005), mestre (2008) e doutorando (desde 2008) em Comunicação e Cultura pela ECO/UFRJ. Organizou, com Fernanda Lima Lopes, a coletânea *Retórica e mídia: estudos ibero-brasileiros* e, com Ana Paula Goulart Ribeiro, o livro *Mikhail Bakhtin: linguagem, cultura e mídia*. Atualmente, dedica-se à pesquisa para sua tese de doutorado, provisoriamente intitulada *Dias Gomes, do PCB à TV: muito mais do que apenas subversivo*. Suas áreas de interesse são: Mídia e Intelectuais; Teoria e História da Comunicação; Comunicação e Cultura Brasileira; Comunicação e Discurso; Estudos Culturais e Midiáticos.

Marco Roxo

É graduado em Comunicação Social/Jornalismo pela UFF (2000). Tem mestrado (2003) e doutorado (2007) em Comunicação pelo Programa de Pós-Graduação em Comunicação da UFF. Atualmente, é professor adjunto do Departamento de Estudos Culturais e Mídia do IACS/UFF. Seus temas de pesquisa incidem principalmente sobre a história do jornalismo, na qual investiga o processo de formação da cultura profissional dos jornalistas brasileiros.

OS AUTORES

Alexandre Bergamo

É doutor em Sociologia pela Universidade de São Paulo e professor da Universidade Estadual Paulista Júlio de Mesquita Filho (FFC/Unesp).

Alexandre Figueirôa

É doutor em Estudos Cinematográficos e Audiovisuais pela Universidade Paris 3 (Sorbonne Nouvelle) e professor do Departamento de Comunicação Social da Universidade Católica de Pernambuco (Unicap).

Ana Silvia Médola

É doutora em Comunicação e Semiótica pela Pontifícia Universidade Católica de São Paulo e professora do Programa de Pós-Graduação em Comunicação e do Programa de Pós-Graduação em TV Digital: Informação e Conhecimento (Unesp).

Beatriz Becker

É doutora em Comunicação e Cultura pela Escola de Comunicação da Universidade Federal do Rio de Janeiro, com pós-doutorado pela PUC-SP, e professora da ECO/UFRJ.

Denis Gerson Simões

É mestrando no Programa de Pós-Graduação em Ciências da Comunicação da Universidade do Vale do Rio dos Sinos (Unisinos).

Cristina Brandão

É doutora (2004) em Teatro pela Unirio e professora titular da Faculdade de Comunicação da Universidade Federal de Juiz de Fora.

Kleber Mendonça

É doutor em Comunicação pela Universidade Federal Fluminense e professor adjunto do Departamento de Estudos Culturais e Mídia e do Programa de Pós-Graduação em Comunicação da mesma instituição.

Léo Vitor Redondo

É mestrando do Programa de Pós-Graduação em Comunicação (Unesp).

Marcos Napolitano

É doutor em História Social pela USP e professor de História do Brasil Independente na mesma universidade. Pela Contexto é autor de *Cultura brasileira: utopia e massificação (1950-1980)*, *Como usar a televisão na sala de aula* e *Como usar o cinema na sala de aula* e coautor de *Fontes históricas* e *História na sala de aula*.

Maria Celeste Mira

É doutora em Ciências Sociais pela Universidade de Campinas e professora do Departamento de Antropologia e do Programa de Estudos Pós-Graduados em Ciências Sociais da PUC-SP.

Marialva Carlos Barbosa

É doutora em Histórica pela UFF e tem pós-doutorado pelo Laboratoire d'Anthropologie des Institutions et des Organisations Sociales du Centre National de la Recherche Scientifique (LAIOS-CNRS). Atualmente, é professora do Programa de Pós-Graduação em Comunicação e Linguagens da Universidade Tuiti do Paraná (UTP).

Marina Caminha

É doutoranda em Comunicação pela Universidade Federal Fluminense.

Regina Mota

É doutora em Comunicação e Semiótica pela PUC-SP e professora do Programa de Pós-Graduação em Comunicação Social do Departamento de Comunicação Social da Faculdade de Filosofia e Ciências Humanas (Fafich) da Universidade Federal de Minas Gerais

Valério Cruz Brittos

É doutor em Comunicação e Cultura Contemporâneas pela Universidade Federal da Bahia e professor do Programa de Pós-Graduação em Ciências da Comunicação da Unisinos.

Yvana Fechine

É doutora em Comunicação e Semiótica pela PUC-SP e professora do Programa de Pós-Graduação em Comunicação da Universidade Federal de Pernambuco.

OS PORTUGUESES
Ana Silvia Scott

A SEGUNDA GUERRA MUNDIAL
Philippe Masson

HISTÓRIA DA SEXUALIDADE
Peter N. Stearns

HISTÓRIA DA CIDADANIA
Jaime Pinsky e Carla Bassanezi Pinsky

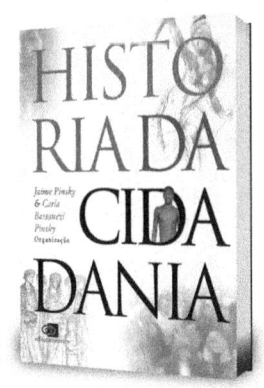